俯身躬耕 潜心育人
北京林业大学教育教学改革优秀论文选编

专业探索
课程实践
课程建设
教学体系构建
教学模式探讨
改革与实践

2021

黄国华／主编

图书在版编目(CIP)数据

俯身躬耕　潜心育人：北京林业大学教育教学改革优秀论文选编：2021／黄国华主编.—北京：中国林业出版社，2021.12
ISBN 978-7-5219-1633-1

Ⅰ.①俯…　Ⅱ.①黄…　Ⅲ.①北京林业大学-教学改革-文集　Ⅳ.①S7-40

中国版本图书馆 CIP 数据核字(2022)第 057730 号

策划编辑：杜　娟　　　　　　责任编辑：杜　娟　李　鹏
电话：(010)83143553

出版发行	中国林业出版社(100009　北京市西城区德内大街刘海胡同7号)
经　销	新华书店
印　刷	北京中科印刷有限公司
版　次	2021年12月第1版
印　次	2021年12月第1次印刷
开　本	787mm×1092mm　1/16
印　张	23
字　数	590 千字
定　价	80.00 元

未经许可，不得以任何方式复制或抄袭本书之部分或全部内容。

版权所有　侵权必究

编委会

主　　任：安黎哲
副 主 任：黄国华
编　　委：（按姓氏笔画排序）

万　璐	王　瑾	王毅力	尹大伟	尹淑霞
冯　强	母　军	刘　松	刘晓东	孙　楠
杜艳秋	李春平	杨智辉	宋国勇	张守红
张军国	张秀芹	张柏林	陈来荣	罗　乐
郑　曦	宗世祥	胡明形	董世魁	程　翔
满昌慧				

编写组

主　　编：黄国华
编　　者：

杜艳秋	李蒙慧	高　瑜	谭文斌	向　燕
徐桂娟	李　坤	吴　畅	邓志敏	赵红梅
马晓亮	田　慧	郅茜文	曾颖祯	张　正
尹　俐	宋昭颐	金　蓉	强晓琦	南冬冬
方　嫣				

执行编辑：杜艳秋

前 言

2021年是中国共产党成立100周年，是"十四五"开局之年。这一年，教育系统以推动高质量发展为主题，以改革创新为根本动力，更好地统筹发展与安全，巩固拓展新冠肺炎疫情防控背景下教育改革发展成果，推动师德师风建设常态化、长效化，推进教育治理体系和治理能力现代化。

2021年，北京林业大学主动贯彻落实党中央和国家、教育部的有关要求，立足新发展阶段，贯彻新发展理念，构建新发展格局，将《深化本科教育教学改革总体方案》持续向深水区推进，适时启动新一轮人才培养方案修订，强化通识教育与学分结构调整，构筑以素质教育与习惯养成为基础，专业能力、创新创业与学生个性化发展有机结合的人才培养方案，及时更新教学内容，提升专业核心竞争力和人才培养水平。学校持续推进一流专业建设，获批第二批国家级一流专业建设点6个，北京市级一流专业建设点4个，完成第二批一流专业建设点三年规划编制工作，并遴选推荐14个专业申报第三批国家级一流专业建设点、14个专业申报第三批北京市级一流专业建设点。召开本科课程建设推进会，研制《北京林业大学关于加强课程建设工作的意见》，组织教师报名参加一流本科课程建设应用与申报培育工作坊。

学校积极推动本科教学改革，鼓励教师参与教育教学改革研究，年度立项校级教育教学研究项目126项，其中重点项目10项，一般项目116项。老师们基于这些项目围绕新农科、新文科、新工科等持续探索，研究一流专业、一流课程的建设，通识教育的养成，教学内容的改革，考核评价的变化，教学效果的评估等，以课题研究带动真实的本科教学变革，以真实变革促进课题研究的科学推进。

在教学与改革的同步作用下，老师们持续总结，不断凝练，将自己的教学经验、改革思路、路径与成效等撰写成一篇篇教改论文，积极投稿我校2021年优秀教育教学论文征集活动。经多轮专家匿名审阅，97篇论文脱颖而出，其中52篇围绕一流课程和通识教育的论文成为本论文集的主要来源，充分体现了老师们在教学领域俯身躬耕的辛勤劳作，潜心育人的高尚情操。

回首2021，我们收获鲜花掌声；回首2021，我们心怀真诚坦荡。面向2022，我们将挥别昨日的光荣与梦想，开启北京林业大学本科教学新航程，精心打造本科教育新成绩！

黄国华
2021年12月

目 录

前　言

通识教育

3　"互联网+"背景下高校实验室安全教育实践
　　——以北京林业大学基础化学实验室为例
　　　　　　　　　　　　　　　/ 陈红艳
9　"森林疗养"课程教学模式研究与实践
　　　　　　　　　　　　　/ 程小琴　任思雨
15　"大学排球"课程核心素养指标筛选和培育路径研究
　　　　　　　　　　　　　　　/ 满昌慧
22　以听说读写能力培养提高大学生学习能力的探讨
　　　　　　　　　　　　　/ 匡文浓　陈贝贝
29　生物质能源实验体系构建及教学实践
　　　　　　　　　　　/ 邓立红　宋先亮　何　静
34　多教学模式融合的"林业无人机定量遥感"课程设计研究
　　　　　　　　　　　　　　　/ 李林源
39　论生态定位研究站对高校实践教学的支持作用
　　——以山西吉县森林生态系统国家野外科学观测研究站为例
　　　　　　　　　　　　　/ 王若水　张建军
45　利用 Mathematica 可视化设计"复变函数"实验课
　　——以"儒歇定理"为例
　　　　　　　　　　　　　　　/ 武晓昱
51　荧光原位杂交纳入"遗传学"实验教学的探索与实践
　　　　　　　　　　　　　/ 张平冬　胡冬梅
57　面向策划—评估全流程设计能力培养的"风景园林建筑设计"课程改革研究
　　　　　　　　　　　　　　　/ 张若诗
66　思政课程"1234"自助式实践教学体系研究
　　——以"形势与政策"课为例
　　　　　　　　　　　　　　　/ 郄汀洁
72　给排水专业认证下"水工程伦理与法规"教学模式探究
　　　　　　　　　　　　　/ 于雯超　王　辉

| 80 | 高阶融合，梯次提升
——新时代"城乡社会综合调查研究"课程创新探索
/ 钱 云　赵 婷
| 89 | 通过"科技论文写作"培养本科生基础写作能力
/ 漆建波
| 96 | 基于 Unity3D 虚拟仿真技术在林业机械相关课程教学改革中的应用
/ 黄青青　吴 建　李文彬　李 江　谢 都
| 105 | 基于林业高校"林学概论"通识课程的教学法改革研究
——以北京林业大学为例
/ 王佳茜　李国雷　彭祚登　刘 勇
| 112 | 基于随机通达教学策略的"物业法律法规"课程设计研究
/ 贾 薇　乔 瑜
| 119 | 提高本科毕业论文（设计）质量的管理改革与实践
——以北京林业大学为例
/ 齐 磊　王毅力　尹大伟

一流课程

| 127 | "木材学实验"课程双语教学实践与探索
——以北京林业大学木材科学与工程专业（中加合作办学项目）为例
/ 商俊博　马尔妮　曹金珍
| 133 | "双一流"目标驱动下的专业英语能力提升探究
——以"观赏园艺专业英语"课程为例
/ 于 超
| 139 | "生物化学实验"一流课程建设的探索与实践
——以学生自主创新设计实验教学实践为例
/ 林善枝　修 宇　徐桂娟　侯佳音　史玲玲
| 145 | "家具材料与结构"课程改革的探索与实践
/ 郭洪武　刘 毅　张求慧　杨国超
| 152 | 《民法典》之侵权责任的教学改革研究
/ 姚 贝
| 157 | 一体两翼：心理学系专业硕士培养教学的改革与探讨
/ 王广新
| 164 | 一流专业建设背景下土木工程专业改革与探索
/ 黄建坤　冀晓东　李翔宇　李亚强　孟鑫淼
| 170 | 一流课程及疫情背景下课程探索与实践
——以工学院"汽车 CAD/CAE 技术"课程为例
/ 陈忠加　王青春
| 175 | 一流课程建设中混合式教学的研究分析
——基于知网文献的文本挖掘
/ 尤薇佳　唐文浩

182	一流课程建设背景下林业特色课程教学改革初探	
	——以"林业与园林机械"课程为例	
	/ 袁湘月 陈忠加 俞国胜	
189	工程认证标准下"泵与风机"一流课程建设的探索与实践	
	——以北京林业大学为例	
	/ 刘永泽 张立秋 封莉	
196	工程教育专业认证"问题"课程的革新	
	——北京林业大学"固废实验"课程 OBE 达成度评价及持续改进	
	/ 徐康宁	
203	无人机技术在园林竖向空间设计教学中的应用	
	/ 刘通	
211	木材科学与工程专业新工科建设的探索与实践	
	/ 张扬 于志明 刘红光 张伟 林剑	
218	以项目实践为中心的教学改革实践	
	——新工科指导下的计算机类人才培养实践与探索	
	/ 蒋东辰 赵传钢 高宝	
224	北京林业大学统计学人才培养方案适应性分析	
	/ 方良 周在莹 胡明形 陈文汇	
233	北美及国内一流林学本科课程体系与教学法对比研究	
	/ 段劼 赛江涛 王丹蕾 刘岩	
240	地理科学类专业资源环境课程体系优化探讨	
	/ 魏天兴 沙国良 傅彦超	
248	在线教育环境下"高等数学"课程融合式智慧教学设计探究	
	/ 张桂芳 褚梦雪	
256	论高校思想政治理论课讲授的"五度"	
	/ 朱洪强 邬梦莹	
262	农林经济管理专业"数理经济学"参与式教学模式设计	
	/ 王会 王卫东 李强	
269	"泛函分析"思想融入"数学分析"的教学研究	
	/ 梁斌	
275	国际人才培养视域下"风景园林设计"双语课程教学模式初探	
	/ 王晞月 李倞	
282	国家一流本科线下课程教学改革成效与路径	
	——以"动物生理学 A"为例	
	/ 翁强 袁峥嵘 韩莹莹 张浩林	
288	建构主义在环境设计"空间教学"中的应用	
	——以"空间概念"课程为例	
	/ 姚璐	
295	基于"两性一度"金课标准的一流实践课程建设	
	——以"木制品胶黏剂与涂料基础实验"课程为例	
	/ 龚珊珊 李京超 周文瑞 李建章	

303 基于BOPPPS模型的"微生物学实验"教学的探索与实践
　　　　　　　　　　　　　/ 郑　菲　国　辉　何湘伟　何晓青
309 基于一流课程建设的"森林真菌学"实践教学模式探索
　　　　　　　　　　　　　/ 员　瑗　司　静　戴玉成　崔宝凯　何双辉
316 基于科教融合的一流本科课程建设探索
　　——以"草地生态学"课程为例
　　　　　　　　　　　　　/ 平晓燕　纪宝明　李耀明　苏德荣　张　静
321 基于聚类分析的学生评教指标和评语挖掘研究
　　——以北京林业大学为例
　　　　　　　　　　　　　/ 马　宁　张荣秋　孟玲燕　陈俊生
330 强化工程案例教学的"水资源利用与保护"课程改革及实践
　　　　　　　　　　　　　/ 李　敏　黄　凯　梁　帅　邱　斌　党　岩
336 新工科背景下"机械原理"讲纳行创一体化模式改革与实践
　　　　　　　　　　　　　/ 王亚雄　康　峰
343 融入专业特征与历史使命，提升思政课吸引力
　　——基于北京林业大学"自然辩证法概论"课程调研
　　　　　　　　　　　　　/ 徐保军　韩静怡
349 融合式"设计思维"课程教学改革研究
　　　　　　　　　　　　　/ 田　原　韩志汝

通识教育

2021

"互联网+"背景下高校实验室安全教育实践

——以北京林业大学基础化学实验室为例

陈红艳

（北京林业大学理学院，北京　100083）

摘要：针对高校基础化学实验室安全工作复杂、实验内容不确定、实验人员安全意识薄弱等问题，本文提出了实施实验室安全教育的必要性和模式。在"互联网+"时代，管理者充分利用互联网提供的便利，实施安全教育，本文阐述了辅助实验室安全教育的5种网络资源：高校实验室管理职能部门的网站平台、微信公众号、高校慕课资源、雨课堂和问卷星，具体介绍了北京林业大学基础化学实验室加强安全教育的做法，为完善高校基础化学实验室安全教育提供参考。

关键词：互联网+；网络资源；基础化学实验室；安全教育

高校实验室是高校师生开展科研、本科生和研究生教学的实验场所和重要基地，是培养学生动手能力、实验实践能力和创新意识的基础环境。实验室安全工作是反映高校教学、科研及管理水平的一项重要标志。规范的实验室安全管理对于保证实验的顺利进行和师生的身体健康具有非常重要的意义，创建安全、卫生的实验室工作环境是高校各部门、各级领导以及广大师生员工的共同责任和义务。近年来，国内高校实验室危险事故频发，在实验室安全事故中，人为因素占据主要地位，高校实验室安全教育工作不容忽视，安全教育是实验室安全的基本保障。

化学实验室试剂种类繁多，许多化学药品易燃、易爆、有毒或有腐蚀性，进行化学实验教学与科学研究具有一定的危险性。为了更好地发挥化学实验室为教学科研服务的功能，高校必须采取切实有效的安全管理措施[1-2]。日新月异的互联网技术给人们的日常生活和工作带来了诸多的挑战和极大的便利，知识的更新和传播速度不断加快。当代大学生个性鲜明，思想活跃，网络成为其生活和学习中不可或缺的一部分。"互联网+"时代，学校传统的面对面单向传输式现场教学模式已经不能满足学生的需求。利用互联网信息技术进行化学实验室安全教育[3-4]，可以使高校实验室安全管理向着规范化、专业化和信息化的方向发展，保障实验室人员的安全和健康，防止环境污染，保证实验室工作安全而有效地进行。

为了更好地在教学中开展实验室安全教育，做到安全教育有效有用，笔者针对基础化学实验室安全教育的必要性进行分析，探索利用互联网技术实施安全教育的教学形式，提升教学质量和教学效果。

一、实验室安全教育的必要性

随着高校办学规模和招生数量的扩大，使用实验室人数日益增长，随之带来的实验室

作者简介：陈红艳，北京市海淀区清华东路35号北京林业大学理学院，副教授，chybo1999@163.com。
资助项目：北京林业大学教育教学改革项目"利用互联网技术加强基础化学实验教学中安全教育的探索和实践"（BJFU2019JY085）。

安全工作面临越来越多的问题，安全隐患越来越突出。对于各高校而言，必须做到防患于未然，坚持以人为本、安全第一、预防为主、综合治理的方针，实验室安全教育势在必行[5]。安全教育是一个持续过程，安全永远在路上。基于实验室安全工作的复杂性、实验内容的不确定性、实验者安全意识薄弱等因素，为保证实验室工作的顺利开展，有必要加强实验安全教育，培养实验室安全意识，增强实验室安全知识，教会实验者识别漏电、中毒、火灾、辐射等潜在风险，从而有效地防止实验室事故的发生，为师生营造一个和谐的实验环境，提升人才培养质量。

（一）实验室安全工作的复杂性

实验室是高校人财物相对集中的场所，存在着众多的安全隐患。高校教学实验安全工作直接关系广大师生的生命财产安全，关系学校和社会的安全稳定。实验室安全工作包括危险化学品的安全管理、生物安全管理、辐射安全管理、实验废弃物安全管理、仪器设备安全管理、水电安全管理、安全设施与实验环境管理、实验室内务管理以及环境保护等多方面的工作。教育部办公厅颁发的高等学校实验室安全检查项目表包含了12个大项，150小项，说明实验室安全的复杂性。实验室的危险源有危险化学品、电器设备、微生物、高温高压容器等。操作涉及危险源的实验必须高度谨慎、重视规范操作，防止实验室危险事故的发生。在复杂的实验室环境中，要加强实验人员的安全意识，保障实验人员人身安全及健康，并减少因事故造成的财产损失。

（二）实验内容的不确定性

高校化学实验室开展的实验涉及教学的实验内容和科学研究的内容，具有项目多、实验性质复杂的特点。除了教学中的少部分实验属于验证性外，大部分实验都是探索性的实验，不确定性因素较多。日常教学和科研活动中的不认真或违规操作是实验室安全事故的主要"导火索"，对参与实验的人员必须做好安全教育，以保证实验顺利开展。

（三）实验人员的安全意识薄弱

每年，北京林业大学基础化学实验教学中心的化学教学实验项目多达50余项，实验涉及的学生人数有三千多人，人员流动性大。参与实验的本科生多数是非化学专业的学生，他们往往表现出：化学基础知识不强、化学实验动手能力差、实验室安全意识薄弱的问题。因此，指导学生学习实验室安全技术，加强学生实验安全教育，培养学生安全意识就显得非常重要。除了本科生，研究生和教师也是高校进入实验室的主要人员。研究生作为科研的生力军，实验室是他们的主战场，实施实验操作和自身防护等相关的安全教育，必须成为培养过程中必不可少的环节。教师肩负着科学研究和人才培养的重任，对实验室的安全也要高度重视，应主动学习安全知识、定期进行安全培训，规范行为安全，提高安全意识。

二、实验室安全教育的模式

目前，学生的学习方式发生了很大改变，他们的特点是更倾向于碎片化学习，学习知识不限于课堂，主要表现为自主学习行为、学习模式多元化。因此，实验室安全教育的模式要随之而改变。北京林业大学重视学生实验室安全素质的培养，采取多种形式加强实验室安全教育。安全教育的形式依据使用实验室的人员不同进行分类分级实施。开展实验室安全教育的模式主要有开设安全课程、举办安全教育培训、开展安全应急演练、组织安全知识考试、举办讲座等，见表1。

表 1　实验室安全教育的模式

实验人员	开设安全教育课程	开展安全教育培训	开展安全应急演练	组织安全知识考试	举办讲座
本科生	有	未做要求	每年至少一次	有	有
研究生	有	每年至少一次	每年至少一次	有	有
教师、研究人员	未做要求	每年至少一次	每年至少一次	有	有

实验室与设备管理处是北京林业大学管理实验室的职能部门，负责实验室的安全运行管理，通过安全工作简报发行、板报宣传、安全文化月举办、安全专项整治、实验室安全评估、安全知识竞赛、微视频比赛等方式，加强安全宣传，多方位提高师生实验室安全意识。对实验教师、研究生和实验人员开展各级安全教育培训活动，定期开展结合学科特点的应急演练，每年至少开展一次培训活动并存档记录。对各类实验人员组织实验室安全知识考试，通过者发放合格证书，才准予进入实验室开展实验工作。对于本科生，教务处要求开设实验室安全必修课或选修课，特别是对于涉及化学、生物、辐射等高风险实验的相关院系和专业，需要开设有学分的安全教育必修课；鼓励其他专业开设安全选修课。

三、实验室安全教育的网络资源

随着移动互联网和大数据技术的发展，各类平台的功能日益强大，可以助力教学活动的开展。日常学习生活中，学生善于上网搜索，从网上获取知识信息。因此，利用网络信息技术对实验室安全教育模式优化改进，为广大师生营造不限于课堂、多元化模式的实验安全教育环境。借助信息化教学手段，可以有效开发和共享教育资源，提高实验室安全教学效率，完善学习评价，增进师生互动。基于当今网络技术的发展，用于实验室安全教育的网络资源有实验室管理职能部门的网站平台、微信公众号、高校慕课（MOOC）资源、雨课堂、问卷星等。

（一）学校实验室管理网站平台

北京林业大学实验室与设备管理处部门网站上嵌套有实验室安全平台，如图1所示。这个平台方便师生自学实验室安全知识，设置了在线学习、在线练习、模拟考试、在线考试、在线题库管理、在线组卷、查看成绩证书等功能。学生能够通过校园网络访问"实验室安全知识培训及考试平台"开展线上培训。学生可以采用自主学习、在线练习、自主考试的方式，依托平台反复多次地学习和练习，全面系统地学习实验室安全和环保知识，以达到熟练掌握的程度。学习达到一定的培训学时，可以进行题库模拟测试。题库内容包含通识类和各专业学科分类安全知识、安全规范、国家相关法律法规、应急措施等。学生进行安全测试，成绩90分以上者，获得实验室准入资格。

图 1　学校实验室与设备管理处网站上的实验室安全平台

（二）微信公众号

微信公众号是在微信的基础上增添的功能平台，通过建立微信公众号，实现和特定群体的文字、图片、语音的全方位沟通互动,许多课程依托微信公众号开展混合教学。北京林业大学化学实验教学中心负责基础化学实验的教学工作,建成了"北林大化学实验教学中心"公众号,如图2所示,并设置了实验管理、实验教学和实验安全三个功能模块。在这个微信公众号中把仪器设施设备安全使用说明、安全管理规章制度、实验室安全知识等列入其中,有效展现安全教育内容。在平台上构建在线实验课堂,把实验操作视频、最新的实验方法与技术介绍置于平台内,让学生方便进行碎片化学习,能增强阅读性和趣味性,与实验课堂学习互为补充。利用微信公众平台可实现教学辅助无限延伸,以实现实验室安全教育的线上线下混合教学模式。

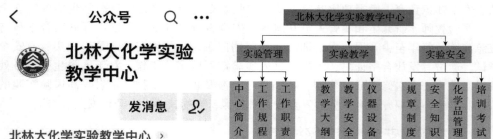

图 2　北京林业大学化学实验教学中心公众号及其界面设计框架

(三) 高校的慕课资源

慕课具有开放性、及时性和个性化的特点,丰富了在线教育资源。基于线上教学的优势,众多高校制作了实验室安全教育的视频,置于教学网上便于学生选课学习,例如:中国大学 MOOC 平台上中国科学技术大学制作的"化学实验室安全知识 MOOC"课程、学堂在线慕课平台上西南石油大学的"实验室安全教育"课程和首都医科大学的"实验室安全培训"、智慧树平台上各高校制作的"实验室安全"课程等。这些课程都是各学校制作的精品课程,是师生自主学习实验室安全知识的资源,通过学习掌握实验室安全事故发生的基本规律和防范措施等,提高安全意识。

(四) 雨课堂

雨课堂方便实施线上线下相结合的实验室安全教育教学,让师生互动更多、教学更为便捷。教师把实验课实验安全知识教育的教学课件、试题、视频等教学资料建设好,上传到雨课堂里,方便课前、课中和课后使用。课前学生先自学教学资料,教师在课堂上讲重点。雨课堂可以全面提升课堂教学体验,利用雨课堂中的实时答题、课后答题等功能进行安全知识的辅助教学,为师生提供完整立体的数据支持和个性化报表,让教与学更明了。课后传送复习题和测试题,学生提交试卷答案后,就会有成绩的总结报表出来,这样可以很容易地检验学生知识掌握情况。学生通过安全测试考核合格后,方可进入实验室做实验。

(五) 问卷星

问卷星是目前比较流行的一款数据收集和反馈软件,能够及时地帮助教师收集学生的信息。运用问卷星进行学生实验室安全知识学情调查,方便教师掌握学生学习状况;使用问卷星出实验室安全知识测试题,建立试题库,方便对学生进行安全知识测试,可以检验学习效果。

四、实验室安全教育的教学实践

北京林业大学化学实验教学中心采取多种形式加强实验室安全教育,切实提高师生的安全意识。各类教学科研人员进入基础化学实验室,必须经过实验室安全教育,通过安全考试,获得合格证,方能在实验室开展教学和科研工作。图3显示了实施实验室安全教育的流程。为了对进入实验室的人员实施实验室安全教育，各种互联网工具被用于辅助教育教学，使用情况如图3中加底色的文本框。被培训人员可以灵活地使用这些网络资源，丰富安全知识和增加实验室防范技能，养成重视实验室安全的习惯，以便于更好地开展化学实验。教师利用这些网络资源，方便实施实验室安全课程线上线下混合教学。

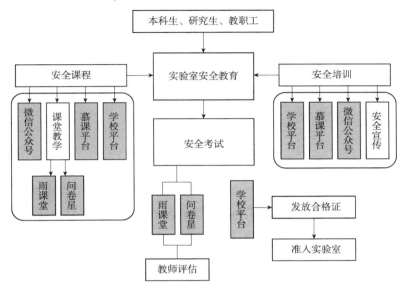

图3　实验室安全教育的实施流程

为了落实教育部对高校安全稳定规划的要求，化学基础实验课实现安全教育"进课堂、进教材、落实学分"。在化学实验中心开设的10门化学实验课都安排了安全教育的教学内容，不同专业的学生会涉及不同安全课程内容，近化学专业的学生门数多，其他专业学生门数少。把安全教育的内容编入课程教学大纲，分配一定学时，并认定学分。教师在安全课程教学中，把5种互联网资源运用于课堂教学中，全方位打造新颖、立体的"互联网+"教学模式，让学生充分掌握安全知识，严格遵守实验室相关规定，保证实验的顺利进行。

化学实验中心教师在实验教材编写时，把实验室安全知识作为主要内容编入教材，要求学生实验中重视安全操作，严格遵守操作规程，避免在实验中犯错误引起安全事故，熟悉一般事故的预防和处理方法，才能防止意外事故的发生。教师还提供给学生学习安全知识的资料和书籍，如《实验室操作规程汇编》《实验室安全警示教育宣传册》《图说高校实验室安全》等。化学实验中心在实验室内和走廊悬挂实验室安全守则、应急预案，通过文字和图片的方式达到安全警示作用。为了多方位提高师生实验室安全意识，化学实验中心结合举办讲座、板报宣传、观看录像等形式，起到多方位提醒的效果。化学实验中心每年组织安全教育讲座以及消防演练，增加学生验室安全和消防意识。

五、结　语

互联网是信息传输最便捷的工具。为了使实验室安全教育更加高效化，化学实验室管理者和实验教师积极紧随"互联网+"时代的步伐，将互联网技术应用于实验室建设与管理中。让互联网助力实验室安全教育，一方面有助于调动学习安全知识的积极性；另一方面使安全教育的空间和时间更为灵活，可以节约硬件公共资源，提高服务教学和人才培养的效率，持续地促进学生自主学习能力的培养。化学实验教学中心建立实验室安全教育的长效机制，提高师生应对实验室突发安全事故的应对能力。

参考文献

[1] 卿大咏, 蒲科羽, 王娜, 等. 高校化学化工类专业开设实验室安全教育课程的实践与探索[J]. 当代化工研究, 2020(23): 119-121.

[2] 熊顺子, 彭华松, 刘金生, 等. 高校院系实验室安全教育与演练体系探究[J]. 实验室研究与探索, 2018, 37(12): 296-299.

[3] 刘焱, 温韬. 互联网模式下高校医学实验室安全管理现状分析及对策[J]. 医学教育管理, 2020, 6(6): 205-208.

[4] 倪红军, 李霞, 周巧扣, 等. 基于微信小程序的高校实验室安全教育平台构建[J]. 实验室研究与探索, 2020, 39(12): 280-284.

[5] 张海峰, 张帆, 刘一. 高校实验室安全教育存在的问题与对策[J]. 实验室技术与管理, 2017, 34(9): 243-247.

Practice of laboratory safety education in universities under the background of "Internet+": Take the basic chemistry laboratory of Beijing Forestry University for example

Chen Hongyan

(College of Science, Beijing Forestry University, Beijing 100083)

Abstract Aiming at the problems of the complexity of laboratory safety work, the uncertainty of experimental content and the weak safety consciousness of experimenters in university basic chemistry laboratory, the necessity and mode of implementing laboratory safety education were put forward. In the era of "Internet+", administrators make full use of the convenience provided by the Internet to implement safety education, and describe five network resources to assist laboratory safety education: the website platform of the functional department of laboratory management in universities, Wechat public number, MOOC resources in universities, Rain Classroom and Sojump. This paper introduces the methods of strengthening safety education in basic chemistry laboratory of Beijing Forestry University, and provides reference for improving safety education in basic chemistry laboratory of universities.

Keywords Internet+, network resource, basic chemistry laboratory, safety education

"森林疗养"课程教学模式研究与实践

程小琴　任思雨

（北京林业大学生态与自然保护学院，北京　100083）

摘要： "森林疗养"是北京林业大学全校公共选修课，"森林疗养"课程以森林疗养基地的建设及森林疗养实施方法为主线，以相应的知识和技能为重点，传授森林疗养的理论、方法和技术。通过该课程的学习，增强了学生对专业的认识以及创新思维，更好地结合理论与实践。为了提高教学效果，本文对"森林疗养"的教学模式进行优化创新与实践，探索了理论学习与作业疗法实验相结合的特色教学模式。通过学习作业疗法在森林疗养中的运用，提高了学生对课程学习的兴趣。实践结果可为高校开展相关作业疗法活动提供参考，同时还可为预防和缓解大学生身心健康问题提供有效的途径。

关键词： 森林疗养；教学模式；作业疗法；身心健康

一、"森林疗养"课程的背景与现状

（一）课程背景

随着社会发展与科技进步，人们面临的竞争压力越来越强，对精神放松与身体健康的需求增大。大学生是焦虑症、抑郁症等疾病的高发群体，且心理问题的严重性逐渐递增[1]。交际困境、学业负担、择业压力是当代大学生产生负面心理状态的重要因素，繁重的课业使很多人少了和自己对话的时间，出现焦虑、抑郁、自卑、孤独等情绪问题[2]。在新冠疫情的影响下，大学生不得不减少外出，导致社交活动减少，学校的延期开学可能使大学生不能按时完成学业，而加剧焦虑和抑郁程度[3]。因此，更需要通过有效的手段和措施使大学生放慢节奏、稳定心态、减少焦虑，重获幸福力。目前，已有实验证实作业疗法活动可以有效提高抑郁症治疗的康复疗效[4]。在课程中加入作业疗法的实操实践内容，既可以帮助学生缓解负面情绪、融入课堂，又可以增加对专业知识的理解，也为解决大学生身心健康问题提供有效的途径。

森林疗养是建设"健康中国"的重要组成部分。发展森林疗养业，与建设生态文明和推动绿色发展的时代要求相契合，满足了人们追求健康生活的多样化需求。"森林疗养"课程自开设以来，课程建设成既遵循大学生教育的普遍性，又突出林学教育的特殊性，知识性与实践性并重，专业复合与先进技术并重的特色课程。"森林疗养"课程既要重视理论知识的学习，也要注意实操实践能力的训练，充分了解和利用森林资源，学会森林疗养活动的开展。同时，了解基本实验流程的设计，提高理论与实践相结合的能力，为科学实证研究做铺垫。

（二）课程现状和问题

"森林疗养"课程内容为森林疗养理论基础、森林环境与人体健康、森林疗养常见方法、

作者简介：程小琴，北京市海淀区清华东路35号北京林业大学生态与自然保护学院，副教授，cxq_200074@163.com；
　　　　　任思雨，北京市海淀区清华东路35号北京林业大学生态与自然保护学院，本科生，rensiyu@bjfu.edu.cn。
资助项目：北京林业大学教育教学研究重点项目（BJFU2021JYZD009）；
　　　　　北京林业大学课程思政教研教改专项课题"森林疗养"（2020KCSZ258）。

森林疗养与自然教育、"森林疗养"课程编制等，了解森林疗养的内涵及其意义。由于森林疗养是一个仍处于起步阶段的产业，学生往往对其没有清晰的认知，主动性不足，缺乏创新思维，在互动交流环节中也缺乏学习的积极主动性。因此，我们应该在课程的实施中充分发挥同学们的主动意识，了解森林疗养中一些活动的具体实施与流程设计，并从中提高科学研究的能力与专业学习的兴趣。

二、"森林疗养"课程教学模式探索——设计作业疗法活动

（一）教学活动简介及特色

实践是培养创新思维的重要手段，也是加深理论理解的重要方法。作业疗法活动是"森林疗养"课程在教学上的一次全新尝试，学生将在课程中进行时长将近两小时的作业疗法活动。通过在压力诱导后进行两种作业疗法活动，填写主观焦虑情绪变化的状态焦虑量表（S-AI）和测定客观的生理指标来探究其对大学生的压力缓解效益，探讨作业疗法对大学生焦虑和生理的影响，拓展学生的实操技能与创新能力，同时还可为实证研究提供数据补充，为大学开展相关作业疗法活动提供参考。

（二）流程及组织形式

作业疗法实践活动全程在北京林业大学教室内进行，2020—2021学年第二学期临班123中40名学生参与滴胶标本制作和团扇贴花设计作业活动，2021—2022学年第一学期临班568中70名学生参与压花相框制作和木质书签设计作业活动。活动共分为6个阶段，分别采用了主观和客观评价方式评价学生的压力水平。使用状态焦虑量表（S-AI）测量学生在特定时间或情境下短暂性的焦虑水平，SD量表法记录大家对这次作业疗法活动的整体感受，生理指标选用简易、快速的"体检宝"手机APP进行监测，心率（HR）、血压（包括收缩压和舒张压）、血氧（SpO_2）作为生理变化的量度[5]。由于"体检宝"APP只有安卓版本可以多项指标同时测量，因此处理生理数据时排除使用苹果手机的学生测量结果。

实践流程如图1所示，首先进入教室，7分钟介绍实践的目的、流程及APP的使用方法，3分钟休息后进行第一次"体检宝"测量，学生们填写S-AI问卷作为基线值（包含基本信息）。接着利用一个3分钟快速心算任务诱导学生的压力反应，催促答题并立即反馈，做完后进行第二次"体检宝"测量，并填写S-AI问卷作为体验前值。活动正式开始前，为消除紧张情绪，7分钟进行技术介绍并举例，观看自制手工视频，3分钟休息，期间发放材料。随后进入实践的主要阶段，播放由大自然中的声音组成的音乐，进行预先设计的作业疗法活动，

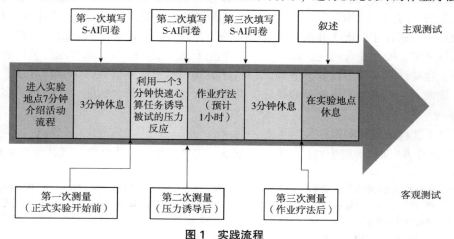

图1　实践流程

作业期间帮助学生制作、给出建议及解决问题。作业疗法结束，填写 S-AI 问卷作为体验后值，3 分钟休息后进行第三次"体检宝"测量。最后填写 SD 量表及感想叙述。通过学生们亲自体验作业疗法的全过程来熟悉实验流程的设计，由被动的知识接受者转为主动的实践者。

三、作业疗法效果评估

（一）作业疗法对大学生的生心理效应

作业疗法实践的生心理指标测量结果见表 1 和表 2。统计分析表明，作业疗法能有效地缓解大学生的焦虑情绪，对人体的心理和生理都产生了一定的积极影响，生理方面具体表现在心率（HR）、血压（收缩压和舒张压）和血氧饱和度（SpO_2）的指标变化上。实践结果表明，两次作业疗法活动后的心率相对于日常基线值和作业疗法前的心率值都有所下降，因此该作业疗法对人体心率是有积极影响的。血压相对于作业疗法前收缩压和舒张压均下降，反映了焦虑与紧张有一定程度的缓解。此外，作业疗法后血氧饱和度均更接近于 98% 的正常值。综合来看，两次作业疗法活动对人体生理有积极影响。有研究证明，通过在实验室内播放自然声音，可以使交感神经张力下降，副交感神经张力增加，从而缓解压力和焦虑[6]。通过状态焦虑量表（S-AI）对大学生心理指标数据的收集，最终计算出状态焦虑的总分值进行前后比较。作业疗法活动后大学生的焦虑程度相比基值和作业疗法前都有所下降，说明该作业活动对心理焦虑的改善效果较好。在基于 SD 法的评价中，得分偏向左侧形容词，均在 3 分以下，总体感受优良，如图 2 和图 3 所示。综上所述，学生在作业疗法活动后的焦虑程度、负面情绪、心率、血压均有所降低，能在一定程度上缓解压力、调整身心，并在诱导的压力下能更有效地抑制负面情绪。

表 1 第一次作业疗法实践生心理指标测试结果表

	时间	个案数	平均值	标准差	检验值（P-value）
心率（HR）	基值	25	80.28	12.341	0.010
	作业疗法前	25	82.56	11.004	0.001
	作业疗法后	25	71.08	11.948	
收缩压	基值	25	121.20	7.665	0.010
	作业疗法前	25	125.84	8.390	2.8×10^{-5}
	作业疗法后	25	115.40	7.533	
舒张压	基值	25	80.48	5.569	0.005
	作业疗法前	25	83.80	5.824	1×10^{-5}
	作业疗法后	25	75.96	5.381	
血氧饱和度（SpO_2）	基值	25	96.96	0.790	0.011
	作业疗法前	25	96.88	0.971	0.008
	作业疗法后	25	97.52	0.714	
S-AI	基值	40	45.38	10.335	4.6×10^{-7}
	作业疗法前	40	49.40	11.677	1.9×10^{-9}
	作业疗法后	40	32.73	10.228	

注：P-value 是作业疗法后相对于"时间"的检验结果。

表 2　第二次作业疗法实践生心理指标测试结果表

	时间	个案数	平均值	标准差	检验值（P-value）
心率（HR）	基值	36	77.63	12.773	0.357
	作业疗法前	36	85.06	9.576	0.000
	作业疗法后	36	74.94	8.995	
收缩压	基值	36	118.61	8.354	0.380
	作业疗法前	36	126.58	8.033	0.000
	作业疗法后	36	116.91	7.533	
舒张压	基值	36	78.58	6.905	0.287
	作业疗法前	36	84.25	5.588	0.000
	作业疗法后	36	76.97	5.784	
血氧饱和度（SpO_2）	基值	36	97.11	0.919	0.151
	作业疗法前	36	96.72	0.914	0.001
	作业疗法后	36	97.39	0.688	
S-AI	基值	60	41.32	10.326	0.000
	作业疗法前	60	45.60	10.846	0.000
	作业疗法后	60	33.27	10.175	

注：P-value 是作业疗法后相对于"时间"的检验结果。

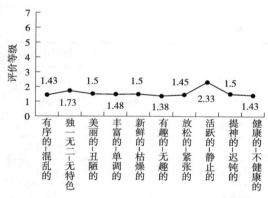

图 2　第一次作业疗法实践 SD 评价结果折线图　　图 3　第二次作业疗法实践 SD 评价结果折线图

（二）两次作业疗法活动比较

生理指标的活动前后变化值比较如图 4 所示。由此可见，第一次活动的滴胶标本制作和团扇贴花设计作业对血压和心率的改善效果优于第二次活动的压花相框制作和木质书签设计作业，两次作业活动对血氧的改善作用无明显差异。

主观方面，两次作业疗法活动结束后，结果显示，进行第一次作业疗法活动的学生有 82.5% 的人对该活动很满意，15% 的人表示满意，满意度平均得分 4.78 分（总分 5 分）。参与第二次作业疗法的学生有 66.7% 的人表示很满意，30% 的人表示满意，满意度平均得分 4.63 分，相比第一次实践活动的满意度较低，见表 3。表明大学生对滴胶标本制作和团扇贴花作业的满意度较高。其中 77.5% 的人表示更喜欢团扇贴花设计，22.5% 的人更喜欢滴胶标本制作，可能是由于滴胶标本制作相对较难，技术介绍时间较短，被试者操作起来较为困难。

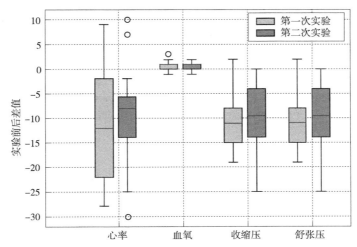

图 4　大学生两次不同活动前后心率、收缩压、舒张压、血氧变化值比较

综合以上结果，第一次作业疗法活动对学生的积极影响更显著，学生对团扇贴花设计活动最为满意。在实践后的叙述和交流中，多名同学表示心理焦虑得到缓解，同时增加了对森林疗养专业内容学习的兴趣，开拓了自己的创新思维，对森林疗养中活动流程的设计与开展也有了清晰的认知。经过这两次的实践活动，了解学生最喜欢的活动及最不喜欢的活动，并进一步知道原因，以及希望增加何种活动，为后续实践开展提供一定参考。

（三）建　议

通过对实践的设计和过程中的经验，总结了以下建议供大家参考。在作业疗法活动的设计上，不宜太难，尽量降低技术含量，或者从易到难，循序渐进、分步进行，这样更有助于学生树立信心和获得成就感。在作业内容的选择上，最好能够与日常相联系，即使学生离开了课堂也可以在宿舍或者其他地方进行操作，有助于回归社会。同时，应根据学生的兴趣爱好选择作业内容，做好引导工作，增强融入感。除此之外，还可以选择需多人合作完成的作业项目，增进学生之间的友谊，提升大家的人际交流能力。在进行作业疗法的过程中，要及时发现体验者的进步，适当对其进行发自内心的鼓励，以增强体验者的自信心与兴趣性，调动其积极性。作业疗法结束后，交流感想也是不可或缺的，这个环节既能提高体验者的互动能力，又能了解疗法的主观效果，积累经验对活动进行改进，且正面的反馈能激起组织者的成就感与使命感。

四、结　语

在"森林疗养"课程中，通过对教学内容的优化和对教学模式的创新与实践，为森林康养专业的本科教学提供了良好的实操实践基础，提升学生的想象创造力和综合竞争力，在2021年的"森林疗养"课程中收到了良好的教学效果。拓展了同学们的专业知识，加深了对作业疗法应用领域和森林疗养的理解，激发了同学们的学习热情，专业技能和实操技术得到提升。在实践结束后，同学们也积极地探讨，对活动流程提出改进建议和活动创新建议，进行了进一步的设计深化和完善，并从中获得成就感，为将来的学习打下实践基础。

参考文献

[1] Watkins D C, Hunt J B, Eisenberg D. Increased demand for mental health services on college campuses: Perspectives from administrators[J]. Qualitative Social Work, 2012, 11(3): 1-19.

[2] 王丽聪. 新形势下大学生心理健康现状与教育[J]. 科学大众(科学教育), 2020(2): 157.
[3] 昌敬惠, 袁愈新, 王冬. 新型冠状病毒肺炎疫情下大学生心理健康状况及影响因素分析[J]. 南方医科大学学报, 2020, 40(2): 171-176.
[4] 谭乔芮. 作业疗法治疗抑郁症应用进展[J]. 中国疗养医学, 2019, 28(1): 50-53.
[5] 张永会, 高长青, 王嵘. 脉搏波分析方法及其应用[J]. 北京生物医学工程, 2019, 38(3): 319-326.
[6] Alvarsson J J, Wiens S, Nilsson M E. Stress recovery during exposure to nature sound and environmental noise[J]. International Journal of Environmental Research and Public Health, 2010, 7(3): 1036-1046.

Research and Practice on teaching mode of *Forest Therapy* course

Cheng Xiaoqin　　Ren Siyu

(School of Nature Conservation, Beijing Forestry University, Beijing　100083)

Abstract　*Forest therapy* is a public elective course of Beijing Forestry University. The course of *Forest Therapy* takes the construction of forest therapy base and the implementation method of forest therapy as the main line, with emphasis on imparting relevant knowledge and skills, and imparting forest therapy theories, methods and technologies. Through the learning of this course, students can enhance their understanding of the major and innovative thinking, and better combine theory with practice. In order to improve the teaching effect, this paper optimizes the teaching mode of *Forest Therapy* and explores a special teaching mode combining theoretical learning and occupational therapy experiments, which deepens students' understanding of the profession and increases their interest in learning the course. The results of the experiment can provide reference for the development of occupational therapy activities in universities, and also provide an effective way to prevent and alleviate the physical and mental health problems of college students.

Keywords　*Forest Therapy*, teaching mode, occupational therapy, physical and mental health

"大学排球"课程核心素养指标筛选和培育路径研究

满昌慧

（北京林业大学体育教学部，北京 100083）

摘要：本文从核心素养的角度对"大学排球"普修课学生培养问题展开研究，运用文献资料法、专家访谈法、问卷调查法、数理统计法等研究方法，确定"大学排球"普修课学生核心素养指标体系。在此基础上，总结归纳培养"大学排球"普修课核心素养培育的路径，通过加强排球教学改革，强化体育教师核心素养培育意识，发挥排球运动竞赛的育人功能，发挥学生社团的育人功能，培养提高学生核心素养能力。

关键词：大学排球课程；核心素养；指标体系；培育

核心素养理论是我国为了落实党和国家对"立德树人"的根本要求，结合国情需要提出的具有时代意义的新的教育理论。体育学科核心素养强调的是体育与人的发展，最终目标是落实"立德树人"根本任务。核心素养的落地最终要落实到具体课程体系中，然而目前通过体育课程改革达成培养学生的核心素养目标，尚处在起步阶段，体育核心素养与专项课程融合不足，培养目标不够全面、课程目标侧重点不均衡[1]。不同运动项目核心素养指标体系缺乏系统的阐释，对其培养路径探索的系统性研究不足。学生体育学科核心素养体系的构建不能照搬或机械模仿其他学科[2]。因此本研究结合当前我国普通高校排球课程教学现状，构建"大学排球"课程核心素养指标体系，探索培养学生核心素养的有效途径，构建新型培养模式。

一、研究对象

以"大学排球"课程核心素养指标体系构建和探究培育路径为研究对象。

二、研究思路与研究方法

（一）研究思路

本研究以体育核心素养理论为基础，研究"大学排球"课程建设和发展的现状，分析问题产生的原因，总结指标体系构建的难点和重点，针对这些重点难点提出培育机制（图1）。

（二）研究方法

1. 文献资料法

根据本文研究目的和研究内容的要求，通过中国知网和万方数据资源系统，以体育核心素养、排球教学设计为关键词搜集查阅文献资料，进行整理与分析，为本文研究思路设计提供理论支持和方法学参考。

作者简介：满昌慧，北京市海淀区清华东路35号北京林业大学体育教学部，副教授，mchh@bjfu.edu.cn。

资助项目：北京林业大学教育教学改革项目"信息化背景下多元反馈教学法在排球课中的应用研究"（BJFU2021JY107）。

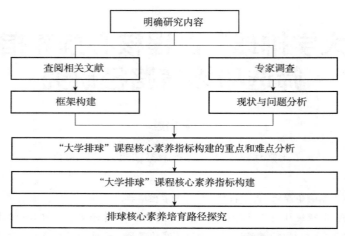

图 1 "大学排球"核心素养研究思路流程图

2. 访谈法

根据研究需要，对北京市开展排球教学较好的高校一线教师进行实地或电话访谈，内容主要是排球普修课对培养学生核心素养的现状、困境和解决途径，同时对"大学排球"课程核心素养的内容体系进行调研，为编制专家调查问卷做准备。

3. 专家调查法(德尔菲法)

本研究根据专家访谈意见和相关文献分析，初步建构大学排球核心素养指标体系，制定"大学排球"课程核心素养体系专家调查问卷，包括指标体系的初步筛选和各高校体育课程核心素养培育现状和策略调查。在第一轮调查中，通过电子问卷对北京市开展排球教学较好的高校中 18 名一线教师进行问卷调查，回收率是 100%。

通过第一轮专家调查结果，对指标体系进一步完善，并制定第二轮、第三轮专家调查问卷及权重打分表，请专家进行二级指标、三级指标的重要程度打分，最后根据打分结果进行权重系数的分析。

4. 数理统计法

经过对两轮专家问卷调查结果统计，运用 SPSS 计算各指标的均值和标准差，运用 Kendall's W 一致性检验分析剔除数据，检验问卷的效度，为指标体系的构建提供数据依据。最后运用 AHP 层次分析法和百分比权重法计算得出各指标的权重。

三、研究结果与分析

核心素养是学生适应社会发展和终身发展需要的必备品格和关键能力的综合表现，"大学排球"课程学生核心素养相关指标的筛选和确定要体现学生核心素养状况。因此，要通过有效的排球教学手段去促进学生学科核心素养的形成。

（一）"大学排球"课程学生核心素养相关指标筛选

为了建立以培养学生核心素养为指导的课程目标，本文在符合课程标准的基础上，结合教材、"大学排球"课程开展实际情况、学生的需要筛选课程内容。根据核心素养培育的特点，结合大学实际情况设计具体的教学元素。然后按照体育学科核心素养的三个维度即运动能力、健康行为、体育品德[2]，以及学生自身发展和社会发展的需要、排球普修课培养特点，在专家访谈和文献资料研究的基础上初步构建指标体系。其中运动能力包括 B1 排球运动认知、B2 排球技能运用、B3 排球体能发展。健康行为的二级指标设置为 B4 运动锻炼意识与习惯、B5 健康知识掌握与运用、B6 情绪调控、B7 环境适应，体育品德指 B8 体育道德、B9 女排精神和 B10 体育品格。

为了保证指标体系构建的科学性、系统性、时效性、可操作性，本文通过德尔菲法，对专家进行三轮问卷调查和反馈。

1. 二级指标的第一轮筛选统计

根据表 1 调查结果，10 个二级指标的均值 x 均大于 5 分，说明专家们认可本文设定的二级指标。其中"排球技能运用""女排精神"两项指标均值得分较高，说明这两项二级指标在"大学排球"课程核心素养指标体系中非常重要，在排球课程中需要着重进行培养。从表 2 中显示，二级指标一致性检验中，Kendall's W 一致性检验 P 值小于 0.001，说明全部专家对二级指标的评价具有较强的一致性。

表 1 第一轮二级指标统计结果

二级指标	均值 x	标准差 S	变异系数 V
B1 排球运动认知	7.9	1.441	0.165
B2 排球技能运用	8.5	0.821	0.478
B3 排球体能发展	7.5	0.978	0.162
B4 运动锻炼意识与习惯	8.3	1.233	0.157
B5 健康知识掌握与运用	7.4	1.141	0.143
B6 情绪调控	7.2	1.367	0.179
B7 环境适应	6.5	1.214	0.109
B8 体育道德	8.1	0.942	0.154
B9 女排精神	8.5	0.857	0.534
B10 体育品格	8.3	0.972	0.127

表 2 第一轮二级指标一致性检验统计表

轮次	专家人数	Kendall 和谐系数	Sig(P 值)
第一轮	18	0.44	0.000

2. 第二轮专家调查结果与分析

为了验证第一轮调查结果，本文再次对 18 名参与调查的专家进行第二轮"大学排球"课程学生核心素养指标体系问卷调查统计。表 3、表 4 的调查结果表明，两轮专家的意见趋于一致，说明专家们认为 10 个二级指标都能很好地反映"大学排球"课程学生的核心素养。

表 3 第二轮二级指标统计结果

二级指标	均值 x	标准差 S	变异系数 V
B1 排球运动认知	8.4	1.023	0.145
B2 排球技能运用	8.6	1.421	0.078
B3 排球体能发展	8.2	1.017	0.141
B4 运动锻炼意识与习惯	8.4	1.042	0.092
B5 健康知识掌握与运用	7.7	0.951	0.141

(续)

二级指标	均值 x	标准差 S	变异系数 V
B6 情绪管理	7.5	0.932	0.126
B7 环境适应	7.4	0.557	0.247
B8 体育道德	8.4	1.103	0.138
B9 女排精神	8.3	0.934	0.124
B10 体育品格	8.7	1.057	0.136

表 4 第二轮二级指标一致性检验统计表

轮次	专家人数	Kendall 和谐系数	Sig(P 值)
第二轮	18	0.45	0.000

3. 第三轮指标权重专家调查结果统计与分析

通过第三轮调查问卷，用 AHP 层次分析法分析一二级指标权重，同时根据专家对各个三级指标进行重要程度赋值，计算各三级指标所得分数的平均值，然后将归属于同一二级指标的三级指标所得均值相加定为分母，各三级指标所得均值定为分子，通过分子除以分母得出各个三级指标的权重。具体内容见表 5。

表 5 "大学排球"普修课学生核心素养指标体系权重

一级指标	权重	二级指标	权重	三级指标	权重
运动能力	0.42	排球运动认知	0.04	排球发展史认知	0.13
				排球核心技术认知	0.27
				排球主要战术认知	0.28
				排球规则认知	0.18
				场地器材认知	0.14
		排球技能运用	0.32	排球技术展示和比赛	0.44
				排球健身练习方法习得	0.56
		发展体能	0.12	发展专项力量素质	0.25
				发展专项速度素质	0.25
				发展一般耐力素质	0.07
				发展一般柔韧素质	0.16
				发展专项灵敏、协调素质	0.27
		运动锻炼意识与习惯	0.09	排球动机意识	0.34
				排球安全意识	0.16
				参与运动习惯	0.31
				一般锻炼意识	0.19
健康行为	0.18	健康知识掌握与运用	0.01	掌握健康的基本知识	0.31
				掌握健康的基本技能	0.36
				良好生活习惯	0.33

(续)

一级指标	权重	二级指标	权重	三级指标	权重
健康行为	0.18	情绪调控	0.02	合理的情绪表达	0.35
				积极的情绪互动	0.27
				有效的情绪控制	0.38
		环境适应	0.03	人际交往	0.35
				竞争意识	0.37
				创新意识	0.28
体育品德	0.40	体育道德	0.12	遵守规则	0.39
				诚信自律	0.29
				公平正义	0.32
		女排精神	0.16	勇敢顽强	0.37
				积极进取	0.32
				追求卓越	0.31
		体育品格	0.09	相互尊重	0.34
				团队合作	0.35
				正确的竞争观	0.31

在运动能力一级指标中，排球运动认知指标包括排球发展史认知、排球核心技术认知、排球主要战术认知、排球规则认知、场地器材认知5项三级指标。如果学生对排球项目起源、主要技战术、比赛规则和场地设施有基本的了解，就能达到排球项目的基本认知水平。

排球技能运用主要包括排球技术展示和比赛、排球健身练习方法习得等两方面，学生通过排球教学，达到对排球技战术的运用，不但可以参与比赛，还可以利用排球技术来进行日常健身。发展体能指标主要包括发展学生专项素质和一般素质，在排球教学中，学生通过针对性地练习，可以发展专项力量素质、专项速度素质和专项灵敏、协调素质，还可以促进一般耐力素质的发展。锻炼意识与习惯包括锻炼意识和锻炼习惯，表现形式为排球安全意识、参与运动习惯、一般锻炼意识。锻炼习惯是学生作为锻炼主体对锻炼活动的自觉认识、情感和意志的统一，使学生在生理、心理、行为和社会等多个方面体现出的一种综合性的固定模式，体育锻炼意识与习惯的内容和学生的健康行为密切相关。

在健康行为一级指标中，健康知识掌握包括掌握健康的基本知识、基本技能，良好生活习惯则是健康知识在生活中的运用。排球项目的情绪调控主要指学生在排球项目学习中能进行合理的情绪表达，培养学生管理情绪的能力。环境适应主要指做人要学会适应社会，适应环境，适应他人，包括人际交往、竞争意识、创新意识，排球普修课应该着重培养学生的适应能力。引导学生处理好学习和校园生活，提高学习效果和生活质量。

在体育品德一级指标中，包括体育道德、女排精神和体育品格3项二级指标，每个二级指标下分3项三级指标。从指标的含义看，"大学排球"课程要重视通过排球运动培养学生的女排精神和品格，思政教育不仅可以发挥健身育人功能，而且也会对学生终身体育意识产生潜移默化的影响，充分说明排球运动既是身体的活动，也是心理和社会的活动，促进学生社会化发展。

从表5中还可以发现，在排球普修课中学生最需要培养的核心素养一级指标依次是运动能力、体育品德、健康行为，说明了排球课程不仅要培养学生扎实的运动能力，更需要塑造学生良好的道德品质。"大学排球"课程不仅仅是传授知识技能，还要通过有效的课程教学去促进学生其他核心素养的形成。

（二）"大学排球"课程学生核心素养培养现状调查和培育机制总结归纳

专家调查问卷显示，在目前"大学排球"课程设置中，核心素养一级指标中的运动能力、健康行为排在课程目标前两位，体育品德排在最后。在二级指标中，运动锻炼意识与习惯、体育道德、体育品格在课程内容中的比重偏少。在三级指标中，诚信自律、积极进取、创新意识、有效的情绪控制、良好生活习惯、正确的竞争观、排球动机意识、参与运动习惯等8项指标在现有排球课程体系中需要加强培养。

从"大学排球"课程核心素养指标体系建构看出，学生核心素养的形成和提升是一个长期的过程，在教学中三方面相互交叉、相互影响，不能逐一培养，必须强化目标意识，三个目标相辅相成，教学中注重运动能力、健康行为、体育品德的统筹发展。

在专家访谈和问卷调查的基础上，本文归纳出下列培育举措：

"大学排球"课程整合是面向学生核心素养发展的必然选择，应重视学生核心素养体系中权重较高指标的培养，需要对症探索培育机制，调整课程目标和课程实施方案。

1. 强化排球实践教学改革，不断提高学生核心素养能力

学科核心素养落地的关键在于教学[4]。培育体育核心素养是复杂的系统性工程，需要创新高校排球教学模式，利用信息化多媒体平台强大的交互功能进行优势整合，将传统的排球教学与"互联网+"技术的优势进行融合，来促进体育核心素养的提高，来实现"大学排球"课堂线上、线下教与学的一体化，促进高校排球教学信息化建设。

2. 强化体育教师核心素养培育意识，推动学生体育核心素养发展

提升教师综合素养是学生发展体育核心素养的前提[5]。体育教师在思维意识层面加强对体育核心素养含义、目标、体系和机制的认知，通过合理分配教学时间，教师要有目的有意识地把握重要指标的反复提升，注意兼顾一般指标，从而不断推动学生核心素养的良好发展。教师的教育综合能力与学生的发展紧密相连[6]。体育教师在工作中要加强对自身教学能力的完善，履职尽责、主动作为和自尊自律，以身作则发挥榜样的作用，激发学生体育参与感，引领学生热爱体育，提高学生体育核心素养。建立体育教师的培训制度，帮助排球教师树立核心素养理念，提升自我核心素养水平，逐步贯彻落实核心素养培养工作。

3. 发挥排球运动竞赛的育人功能，提升学生核心素养能力

体育竞赛是排球课堂知识的补充和延伸，可以培养和提升大学生排球核心素养，有助于培养学生沟通交际能力和组织管理能力，促进学生身心健康的发展。因此学校要建立学生排球比赛发展的良性机制，充分发挥其育人的功能，不断完善评价机制和激励机制。同时学校要把竞赛活动和教学活动有机地结合起来，课内课外多方位、多渠道培养学生的综合素质。

4. 加强学生社团活动管理，培养提高学生核心素养能力

学生社团活动有助于拓宽和加深学生排球专业知识与能力。学校要大力发展学生体育社团，进行监督管理，提升社团活动的品质。学校应建立机制，鼓励体育教师积极指导体育社团，提高社团活动的质量和品质。体育社团要调整管理方式，增强学生线上交流与合作。融入网络创新元素，丰富社团活动的内容和形式。

5. 体育核心素养必须体现体育学科的本质和价值功能[7]

根据学校人才培养方案和专业特色，有针对性地编写体育核心素养校本教材，发挥体育在人才培养中的基础作用[8]。

四、结论与建议

"大学排球"普修课学生核心素养指标体系一级指标包括运动能力、体育品德和健康行为,通过层次分析法和百分比权重法计算得出各项指标的权重。

在排球普修课中学生核心素养二级指标中,最重要的是排球技能运用,其次是女排精神、发展体能和体育道德。在三级指标中,排在靠前的是排球技术展示和比赛、排球健身练习方法习得、遵守规则、掌握健康的基本技能、排球动机意识、发展专项灵敏、协调素质、有效情绪控制等指标。

目前"大学排球"课程设置对体育品德的培养不足,体育锻炼意识与习惯、体育道德、体育品格在课程内容中的比重偏少。诚信自律、积极进取、创新意识、有效的情绪控制、良好生活习惯、正确的竞争观、排球动机意识、参与运动习惯等指标需要加强培养。

学科核心素养引领课程目标,需要逐步建立具体措施及实施制度,并且长期用心去研究总结,形成系统方案,在排球课程思政理念、教学模式创新、排球课堂实践等方面,实现体育核心素养内容与排球教学深度融合。

参考文献

[1] 马玉. 基于体育核心素养下普通高校武术课程体系构建研究[D]. 大庆:东北石油大学,2019.
[2] 于素梅. 中国学生体育学科核心素养框架体系建构[J]. 体育学刊,2017,24(4):6.
[3] 罗伟柱,邓星华. 体育深度教学:体育学科核心素养培育的应然进路[J]. 体育学刊,2020,27(2):90-95.
[4] 程传银. 发展学生体育学科核心素养的教学论解读[J]. 沈阳体育学院学报,2019,38(3):1-7.
[5] 王军伟. 高校学生体育核心素养培育研究[J]. 武术研究,2019,4(11):126-129.
[6] 刘如,周尤. 核心素养视域下体育教师专业发展的逻辑与思路研究[J]. 辽宁体育科技,2021,43(5):94.
[7] 赵凤霞,程传银,张新辉,等. 体育核心素养模型构建研究[J]. 体育文化导刊,2017(1):157.
[8] 赵富学,程传银,尚力沛. 体育学科核心素养研究的问题及其破解之道[J]. 体育学刊,2019,26(6):88-93.

Research on the selection and cultivation path of core literacy indicators of *College Volleyball* course

Man Changhui

(Physical Education Department, Beijing Forestry University, Beijing 100083)

Abstract This paper studies the cultivation of *College Volleyball* optional course students from the perspective of core literacy, and determines the core literacy index system of *College Volleyball* general course students by using the research methods of literature, expert interview, questionnaire and mathematical statistics. On this basis, explore the path of cultivating the core literacy of *College Volleyball* optional course, strengthen the awareness of cultivating the core literacy of physical education teachers, give full play to the educational function of volleyball competition, give full play to the educational function of student associations, and cultivate and improve students' core literacy ability by strengthening volleyball teaching reform.

Keywords *College Volleyball* course, Core literacy, Index system, Cultivation

以听说读写能力培养提高大学生学习能力的探讨

匡文浓　陈贝贝

（北京林业大学林学院，北京　100083）

摘要： 听说读写能力是学生吸收、转化和输出知识的基本保障，提高学生听说读写能力是促进人才培养质量提升的有效路径之一，但当前本科教育中对学生听说读写能力的重视程度还不够。本文在分析听说读写能力培养对提高大学生学习能力作用的基础上，基于问卷调查对大学生听说读写能力的培养进行了探讨。363份问卷调查结果显示，97.8%的人认为听说读写能力会影响大学生学习能力，认为非常有必要培养大学生听说读写能力的人数比例从大学生、研究生到教师逐渐增加；87.9%的大学生表示愿意花专门的时间来提高自身的听说读写能力，其中"说"是学生认为自身最欠缺也最希望得到提升的能力。基于调查结果，建议高校可以通过学校开设课程进行专项训练、教师在授课过程中融入对听说能力的培养、组织学习沙龙以及让学生参与科研项目等多种途径提高大学生的听说读写能力。

关键词： 能力提升；语言素养；人才培养

　　人才培养是高校的根本任务，包括学生品德养成、思维训练、知识传授和能力培养[1]。"听说读写"是获取和输出知识的四种基本能力[2]，学生通过"听"和"读"获取外界的知识和信息，通过"说"和"写"输出自身的思想，从而实现信息吸收、转化和输出的全过程。提高学生吸收知识的效率和质量、增强学生输出知识和思想的能力，是提升学生学习能力和综合素质培养的有效路径之一。当前对学生听说读写能力的培养主要集中在小学和中学阶段[3-4]，有研究表明大学阶段培养学生的听说读写能力是提升学生综合素质的重要内容[5]，重视和提升大学生语言表达能力已刻不容缓[6]。本科教育模式有别于小学和中学，是学生从被动教育向主动获取知识的转变阶段。在从"听众"向"提问者"和"思考者"转变的过程中，吸收和输出知识的方法也随之变化，这就意味着学生在本科教育阶段如何听、如何说、如何读、如何写有别于小学和中学阶段。当前本科教育主要集中在通识教育以及某一领域的基础和专业理论、知识和技能教育[7]，但对学生听说读写等获取和输出知识的基础能力的培养尚缺乏足够的重视，在课程安排和课程设计上对学生听说读写能力的培养力度不够。因此有必要厘清听说读写能力培养对提高大学生学习能力的作用，了解大学生对听说读写与学习能力之间关系的看法、对自身听说读写能力的认知以及对提高自身听说读写能力的意愿，为进行大学生学习能力培养提供必要基础。本文旨在分析听说读写能力培养在提高学生学习能力方面的重要作用，结合问卷调查分析，对本科教育中如何培养学生的听说读写能力提出几点建议。

作者简介：匡文浓，北京市海淀区清华东路35号北京林业大学林学院，讲师，kuangwn@bjfu.edu.cn；
　　　　　陈贝贝，通讯作者，北京市海淀区清华东路35号北京林业大学林学院，实验师，chenbei@bjfu.edu.cn。
资助项目：北京林业大学教育教学改革项目"林学类专业综合实习植物认知环节的教学改革与实践"（BJFU2021JY009）；
　　　　　北京林业大学教育教学改革项目"梁希实验班（林学与森保）本科学业导航机制的探索与实践"（BJFU2019JY008）。

一、 听说读写能力培养对提高大学生学习能力的作用

（一）"听"和"读"

"听"是学生接收教师或他人知识和思想的一个关键渠道，培养学生"听"的能力可以使学生更准确地吸收来自授课教师及其他人传递的信息。小学和中学教育中教师授课内容为教材上的基本内容再加上适当延伸，授课教师通常会对重点内容进行多次强调，学生通过被动接收即可掌握大部分内容。但本科教育涉猎面更广且授课形式更加多样，同时还融入了诸如科学前沿和交叉学科知识等非教材框架的内容，学生如果继续保持小学和中学学习过程中"听"的习惯将无法很好地掌握授课内容，因此培养学生"听"的能力可以使其更准确地从繁多的知识中提炼出自己所需的内容，实现知识由教师向学生的准确传输。本科阶段教师授课知识的广度和深度，决定了学生需要更强的"听"的能力，以实现对授课内容的准确吸收。部分学生在教学过程中对专业课甚至是所学专业失去兴趣，往往是从未能听懂教师授课内容开始，而大学的培养目标又决定了教师授课内容需要保持一定的广度和深度。解决这一矛盾最好的方法就是提高学生"听"的能力，使其能够有能力吸收授课教师讲授的内容，从而避免学生因为"听不懂"课程内容而对课程或者专业失去学习兴趣和信心。

"读"是学生获取专业知识的另一个重要渠道，是学生根据知识点对专业知识进行深化和拓展的关键途径。由于课堂教学时间的限制，教师通常不能在上课内容中涵盖所有知识点。因此，培养学生课下自主吸收、深化和拓展知识的能力是实现高水平人才培养的关键点之一。与中学教育中教材统一化的形式不同，本科教育中除了采用经典教材外，涉及的知识往往还会直接与研究性的文献或书籍相关，而这些文献和书籍的表述方式和方法更加专业化。如何从繁多的文献或书籍中挑选合适的读物，然后从专业的文献和书籍中获取与知识点有关的内容，对学生"读"的能力提出了挑战。而一旦学生具有较强的"读"的能力，就会更容易、更广泛、更深入地获取知识，从而有利于深化授课教学内容。在本科教育中，如何将更前沿更深入的知识传授给学生是授课教师面临的一个难题，这一方面受限于学生专业知识积累较少，另一方面受限于学生掌握的专业知识较浅。提高学生"读"的能力可以使学生更容易通过文献阅读等方法获得更深入更广泛的知识，提高自己的专业积累，从而有利于授课教师开展更深入的课堂设计，实现"学生能力提升—课堂教学深化—提升学生能力"的良性循环。

培养高水平的创新型、复合型人才，对学生掌握知识的深度和广度都有更高的要求。培养学生更好的"听"和"读"的能力，有助于提升学生知识获取和吸收能力，有利于促进课堂教学的深入化和前沿化。本科教育是高等教育的中间层次，提高学生个人能力和专业知识的积累程度可以加深学生对专业的了解，提升专业认可度，同时为其进入更深层次的学习打下良好的基础。学生在专业学习中掌握的内容越深越前沿，就越有可能激发其对专业的兴趣度，也更有可能在未来选择从事本专业相关的工作，从而减少专业人才流失。学生具有更好的"听"和"读"的能力，是培养高水平复合型、创新型人才的基础条件。

（二）"说"和"写"

"说"是人与外界沟通的重要手段之一，良好的"说"的能力是保证非文字性交流过程顺利和完整的关键手段。培养学生"说"的能力，可以使学生更顺畅地和别人交流，传递自己的思想。教学过程一般包括三个阶段，即教师输出—学生输入—学生输出。学生准确地向教师传递自己对授课内容的掌握程度，可以使教师输出—学生输入的过程更加精准地完成，同时学生还可以就自己对某一知识点的看法与教师进行交流，从而实现授课内容和形式的精细化，而这些都建立在学生具备良好的"说"的能力的基础之上。对整个培养过程而言，

学生输出是最终目的，而"说"则是学生输出的关键表达形式。中学教育阶段，学生"说"的能力主要体现在对知识复述的准确性和完整性。而本科教育阶段，学生往往需要使用更专业、更合适的语言及形式向别人阐述并传递自己所掌握的知识，这对学生"说"的能力提出更高要求。一些学生由于"说"的能力较弱，不愿意或者害怕与别人分享自己的看法和思想，严重影响学习效果，提高"说"的能力有助于增强学生表达的自信心，提高其表达的欲望。在本科毕业论文开题和答辩过程中，我们发现一些学生甚至不能完整地把开题报告中的内容讲述出来，以往研究中也发现了类似的情况[5]，因此培养学生"说"的能力对本科教育而言至关重要。

"写"是通过书面的形式向别人传递自己所想法和思想的重要手段之一，其往往比"说"更加正式。在中学阶段对学生"写"的能力有了较多的培养，但与中学阶段相比，本科教育阶段对学生"写"的能力有了更高要求。如本科毕业论文不管是写作的字数、逻辑还是专业程度都远远超过中学阶段，如何使学生具有更强的"写"能力是大学教育中需要重视的内容之一。在培养高水平的复合型、创新型人才过程中，不仅要使学生学习到更高水平的知识，更要使学生学以致用，将所学到的知识用到生产实践中的同时，将自己产生的新的思想和看法传递给更多的人。而在将想法落实的重要手段就是"写"，如本科教育中用到的各种教材、文献以及其他资料，都是通过"写"的方式传播知识。同时，"写"还是对学生思想进行整理的一个过程，许多想法往往在"说"的过程中能表述清楚，但将其准确地写出来却不容易。这是因为"说"是一种即时的交流形式，对内容的逻辑性、结构的完整性要求相对较低。而"写"则不同，"写"需要用更多的时间对表达内容及逻辑进行梳理，读者对此的期望也更高，因此如何在本科教育中培养学生"写"的能力，将其心中所想以科学合理的写作形式呈现出来是非常必要的。此外，本科教育面临"严起来"的要求，如何让学生在毕业时写出一篇合格的毕业论文是我们需要关注的重点之一，当前学生毕业论文的写作水平良莠不齐，在一流学科建设背景下，提高学生"写"的能力刻不容缓。

培养高水平创新型、复合型人才，对学生"说"和"写"的能力培养是至关重要的。作为学生知识和思想输出的关键手段，"说"和"写"的能力是评价整个教育环节是否具有较高水平的重要体现。提高学生"说"和"写"的能力，一方面有助于提高学生与教师交流的准确性，另一方面提高了学生综合素质。同时，培养学生输出知识和思想的能力，有助于提升学生的自信心，促进其在输出知识和思想的过程中更好地实现人生理想和社会价值。

二、问卷调查的设计和实施

总的来说，本科教育除了需要传授给学生专业知识以外，提高其听说读写能力也是需要重视的内容之一。如前所述，当前我国本科教育主要集中在通识教育以及某一领域的基础和专业理论、知识和技能教育，对学生听说读写能力的培养重视不足。因此本研究采用问卷调查的方法，以各年级本科生、研究生、教师及其他已毕业学生为对象，从听说读写能力对大学生学习能力的影响、培养大学生听说读写能力的必要性、提高大学生听说读写能力的途径、大学生对提高自身听说读写能力的意愿等方面进行调查，旨在探讨大学生学习能力与听说读写能力的关系，提出培养大学生听说读写能力的建议。

（一）调查对象

本研究以各年级本科生、研究生、教师及其他已毕业学生为对象进行问卷调查，共收回有效问卷 363 份。在参与调查的人群中，女性 208 人，占 57.3%，男性 155 人，占 43.7%；受教育程度分布上，大一学生 53 人，占 14.6%，大二学生 149 人，占 41.0%，大三学生 46 人，占 12.7%，大四学生 75 人，占 20.7%，研究生 17 人，占 4.7%，教师 7 人，占 1.9%，其他已毕业学生 16 人，占 4.4%。

（二）问卷设计及分析

调查问卷主要包括三个部分，第一部分为基本信息调查，包括参与调查者性别及受教育程度等基本信息。第二部分为参与调查者对以下几方面问题的看法：①听说读写能力对大学生学习能力的影响程度（有很大影响、有一些影响、没什么影响及其他）；②培养大学生听说读写能力的必要性（非常有必要、部分有必要、毫无必要及无所谓）；③大学生能力培养中应该包括听说读写中的哪几项？（听、说、读、写及都不重要）；④大学生听说读写能力培养中最重要的一项是什么（听、说、读、写及其他）？第三部分对提高大学生听说读写能力有效途径进行了调查（学校开设课程以专项训练的形式提高听说读写的能力、教师在授课过程中融入对听说能力的培养、组织学习沙龙提高学生听说读写能力、让学生参与科研项目以提高听说读写能力及其他），参与调查人员有多大意愿花时间专门提高自身提说读写能力（非常愿意、一般愿意、看心情、不愿意及其他），同时对参与调查人员中的学生是否准备读研和是否准备从事专业相关工作等进行了调查，最后参与调查人员对自身听说读写各方面需要提高的程度进行打分（0~5 分，0 分为不需要，5 分为极其需要）。问卷的调查工具为问卷星，发放渠道为腾讯微信和 QQ，数据处理、分析及作图均在 Excel 中完成。

三、结果与分析

（一）开展大学生听说读写能力培养的必要性

调查结果显示，认为听说读写能力会影响大学生学习能力的比例为 97.8%，这一比例没有明显的性别偏好（女性群体为 98.1%，男性群体为 97.4%）。认为听说读写能力对大学生学习能力有非常大影响的人数占总人数的 63.9%，大学生在读和其他已毕业学生群体这一比例分别为 61.9% 和 62.5%，各年级比例大致相近但均远低于研究生以及教师群体（图 1）。这一结果表明认为听说读写能力对大学生学习能力有非常大影响的比例从大学生、研究生再到教师群体逐渐增加。值得关注的是教师群体全部调查对象均认为听说读写能力对大学生学习能力有非常大影响。

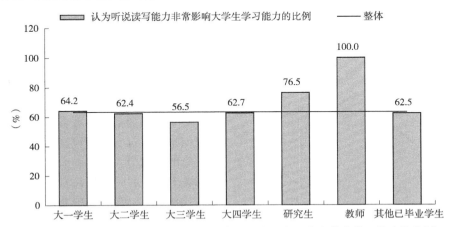

图 1 不同受教育程度群体中认为听说读写能力非常影响大学生学习能力的比例

整体而言，认为有必要开展大学生听说读写能力培养的人数占总人数的 98.6%，这一比例在女性群体和男性群体中分别为 99.5%（其余 0.5% 选无所谓）和 97.4%。其中认为非常有必要培养大学生听说读写能力的人数占总人数的 61.7%，大学生在读和其他已毕业学生群体这一比例分别为 59.8% 和 68.8%，各年级比例均远低于研究生以及教师群体（图 2）。

这一结果与上述关于听说读写能力对大学生学习能力影响程度的调查结果类似,结果显示随着从本科在读、本科毕业、研究生在读到教师,随着知识积累的增加,认为培养大学生听说读写能力非常有必要的比例越高。

从调查结果来看,363 份调查问卷中仅有 8 份问卷的填写者认为大学生的听说读写能力对其学习能力没什么影响,仅有 5 份认为培养大学生听说读写能力毫无必要或无所谓,这些结果说明有必要采取合适的途径对大学生听说读写能力进行培养。此外,研究生群体和教师群体中认为培养大学生听说读写能力非常有必要的比例分别为 82.4% 和 85.7%,远高于本科生群体。同时本科生群体中有读研打算的群体认为培养大学生听说读写能力非常有必要的比例为 61.3%,这暗示着听说读写能力的重要性并没有因为学生有规划进行更深入的学习而体现出来,而是随着学习程度的深入才逐渐体现出来。

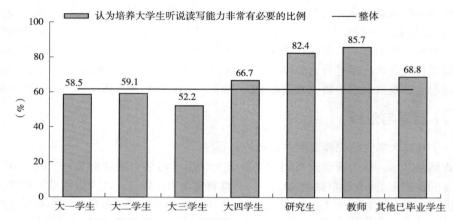

图 2 不同受教育程度群体中认为培养听说读写能力非常有必要的比例

(二)应该提高大学生听说读写能力的哪些方面

不限项调查结果显示,分别有 72.2%、89.0%、71.6% 和 77.7% 的人认为应该培养大学生的听、说、读、写的能力。单项调查结果显示,有 41.9% 的人认为培养"说"是提高大学生能力最重要的方面,对听、读、写而言这一比例分别为 15.1%、26.2% 和 16.0%,另有 3 人选择了其他选项,其中 2 人认为听说读写能力是一切学习能力的基础,每一方面的提高都非常必要,还有 1 人认为对新事物的接纳能力最重要。

有 88.0% 的参与调查者表示愿意花专门的时间来提高自身的听说读写能力,其中非常愿意的比例为 43.3%;大学生群体中表示愿意花专门的时间来提高自身的听说读写能力的比例为 87.9%,其中非常愿意的比例为 40.9%。参与者对自身听说读写能力需要提高的迫切度进行了打分(图 3),整体而言,参与者对语言输出能力的提升具有更大的迫切性(说和写得分分别为 4.0 和 3.7),对语言输出能力提升的迫切性处于中等水平(听和读得分均为 3.3)。各年级大学生群体这一

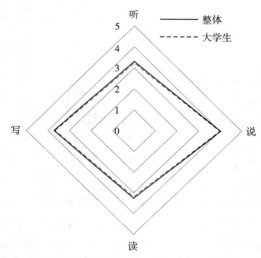

图 3 参与调查者认为自身听说读写能力需要提高的需求度(0~5 代表从不需要到极其需要)

调查结果与整体趋势一致，但各项得分均低于整体，这一结果可能与大学生对自身听说读写能力是否需要提升的认知程度有关，这一点可以从大学生群体中认为培养听说读写能力非常有必要的比例远低于其他群体得到佐证。

（三）如何提高大学生听说读写能力

本研究从学校、教师及学生个人各个层面对提高学生听说读写能力的有效途径进行了设计，调查结果显示有66.1%的人认为学校开设课程进行专项训练是提高学生听说读写的能力的有效途径，有66.4%的人认为教师在授课过程中融入对听说能力的培养是提高学生听说读写的能力的有效途径，有48.2%的人认为组织学习沙龙是提高大学生听说读写的能力的有效途径，有57.9%的人认为让学生参与科研项目是提高听说读写的能力的有效途径。在其他选项中，有学生认为中文的听和说非常重要但自己一直没有机会进行专门的提升，希望能得到培训以提高自身的听和说的能力。还有参与者表示听说读写能力是一切学习的基础，同时还会影响人精神层面的决策以及生活方式，大学教育中对听说读写能力的培养不应拘泥于学习能力，而应当将其贯穿于整个大学教育过程中，从整体上提高学生的语言素养。

上述结果表明大学生对听说读写能力提升的重要程度的认识低于研究生和教师群体，需要在一定程度上提高他们对此的重视程度，特别是将来有计划进行攻读研究生学位的学生。尽管如此，当前大学生对提升自身听说读写能力已经表现出很大的需求，特别是在对语言输出能力的提升方面。在大学生听说读写能力的培养过程中，可以多种方式并行以取得更好的效果。一是全面提升，例如，教师在课堂教学中融入语言素养的培养以及让学生有机会参加科研项目，可以潜移默化地从整体上提高学生的听说读写能力。二是重点提高，而对某一方面能力需要大幅度提高的学生，如调查结果中学生群体对说的能力就有迫切的提升需求，可以从学校层面通过设置专门的课程进行专项训练，同时辅以学习沙龙或开展其他活动的形式来巩固教学效果。三是互相促进，语言素养例如对于说有迫切需求的学生而言，同时提高其听的能力有助于更好地实现目标，这是因为输入是接受别人输出的过程，同时培养学生输出和输入能力能使二者互相促进。

四、结　语

为国家培养高水平的创新型、复合型人才是当前高校需要实现的目标，提高学生听说读写能力有助于提高学生吸收知识的效率和质量，增强学生输出知识和思想的能力。在本科教育中融入对学生听说读写能力的培养，一方面可以提高学生综合素质，提高学生对专业知识的吸收能力，增加学生的专业素养；另一方面学生听说读写能力的增强可以反向促进教学改革，将更深入更前沿的知识融入教学过程中，提高专业的教学广度和深度。高校可以实行对能力极度薄弱的学生进行专项训练，在课堂教学中融入对学生听说读写能力的培养，将教学和科研相结合等措施，多方位对学生的听说读写能力进行培养，以重点关注、广泛提高和集中加强的方式对学生进行有梯度并且有深度的综合训练，从而实现为国家培养高水平的创新型、复合型人才打下坚实的基础。

参考文献

[1]宣勇,方学礼.论本科教育中的学科责任[J].北京教育(高教),2020(6):11-14.

[2]罗玉孝.如何提高中学生的听说读写能力[J].职业教育与区域发展,2013(3):98.

[3]朱海国,李玉贤.听说读写：语文教学基本功的培养[J].吉林教育,2008(36):75.

[4]李彩香.如何培养小学生的语文听说读写能力[J].学周刊,2014(35):164.

[5] 林芝雅,胡浩宇. 大学生语言素养现状与对策[J]. 读与写(教育教学刊),2012,9(5):41-42.
[6] 李海超. 大学生语言表达能力现状分析及策略[J]. 高教发展与评估,2009,25(6):100-104.
[7] 李曼丽. 再论面向 21 世纪高等本科教育观:通识教育与专业教育相结合[J]. 清华大学教育研究,2000(1):81-87.

Exploration of improving college students' learning ability by developing listening, speaking, reading and writing skills

Kuang Wennong   Chen Beibei

(College of Forestry, Beijing Forestry University, Beijing   100083)

Abstract   The ability of listening, speaking, reading and writing is the basic guarantee for students to absorb, transform and output knowledge. Improving students' listening, speaking, reading and writing skills is one of the effective ways to promote the quality of talent cultivation, but the current undergraduate education does not pay enough attention to students' listening, speaking, reading and writing skills. In this paper, based on the analysis of the role of listening, speaking, reading and writing ability cultivation to improve the learning ability of college students, the cultivation of listening, speaking, reading and writing ability of college students is discussed based on the questionnaire survey. 363 questionnaire survey results show that 97.8% of people think that listening, speaking, reading and writing ability will affect the learning ability of college students, and the proportion of people who think it is very necessary to cultivate the listening, speaking, reading and writing ability of college students gradually increases from college students, graduate students to teachers. 87.9% of college students said they are willing to spend special time to improve their listening, speaking, reading and writing ability, among which "speaking" is the ability that students think they lack most and want to be improved most. Based on the results of the survey, it is suggested that universities can improve students' listening, speaking, reading and writing skills by offering special training courses, integrating teachers' listening and speaking skills into the teaching process, organizing learning salons and allowing students to participate in research projects.

Keywords   sproficiency enhancement, language literacy, talent development

生物质能源实验体系构建及教学实践

邓立红　宋先亮　何　静

（北京林业大学材料科学与技术学院，北京　100083）

摘要： 生物质能源科学与工程专业方向本科实验课程中，开设了生物质化学实验、生物质燃料乙醇发酵、生物质热解及生物质燃料电池这四个与纤维素基生物质能源直接相关的实验项目。依据各项目之间的相关性，构建了一个内容丰富而立体的实验体系。在满足教学大纲的前提下，尽量引入较前沿的研究成果和实验方法，拓展实验内容的深度和广度，提升实验课程的质量。针对实验教学当中出现的问题和现象提出了改进方向。

关键词： 生物质化学实验；生物质燃料乙醇；生物质热解；生物质燃料电池

生物质能源主要是指农业生物质、林业生物质、藻类生物质、微生物类生物质和家畜排泄物这5大类将太阳能以化学能的形式贮存在生物质中的能量[1]，是唯一含碳基的可再生能源，理化性质稳定[2]，其中以农业生物质和林业生物质资源最为丰富和量大。据统计，我国可用于能源利用的生物质资源十分丰富，每年生物质干物质的产量可达60亿吨，相当于全国每年能耗总量的2.5倍[3]。因此，以植物及其碳产品替代化石能源，将其制备成固体、液体和气体形态的燃料产品，或者通过氧化作用转化为电能，是一项兼具生态效益、经济效益和社会效益的长远举措。在此背景下，北京林业大学生物质能源科学与工程本科专业方向应运而生。

北京林业大学生物质能源科学与工程本科专业方向独立开设了两门必修实验课，分别为生物质化学实验和生物质能源科学与工程基础实验。纤维素基生物质化学实验及能源化实验是该方向的特色实验，包括生物质化学实验、生物质燃料乙醇发酵实验、生物质热解实验和生物质燃料电池实验。作为专业基础课程，生物质化学实验课程开设于大二下学期。其余三个实验分别开设于大三的上、下学期，是对整个专业方向理论学习的一次应用实践。为了打造优质的实验课程，在充分的文献调研和准备实验的基础上，针对纤维素基生物质能源实验开发出了一个具有特色的实验体系。

一、实验体系的构建

纤维素基生物质包含三大主要组分：纤维素、半纤维素和木质素，在其能源化的过程中，应该使这三大素都能转化成能源，实现生物量全利用，这是设计实验方案的原则之一。其次，由于三大组分同时存在于原料中，各个实验项目之间存在一定的关联性，应当利用这种天然的关联性，把实验内容尽可能地相互融合，构造一个内容丰富、层次立体的实验体系。在这样的指导原则下，经过前期准备，得到了如图1所示的实验体系。

我国年产玉米芯约0.7亿吨，但利用率较低，其中大部分被用作饲料、农家燃料或作

作者简介：邓立红，北京市海淀区清华东路35号北京林业大学材料科学与技术学院，高级实验师，dlhone@163.com；
宋先亮，北京市海淀区清华东路35号北京林业大学材料科学与技术学院，教授，sxlswd@163.com；
何　静，北京市海淀区清华东路35号北京林业大学材料科学与技术学院，教授，hejing2008@sina.com。

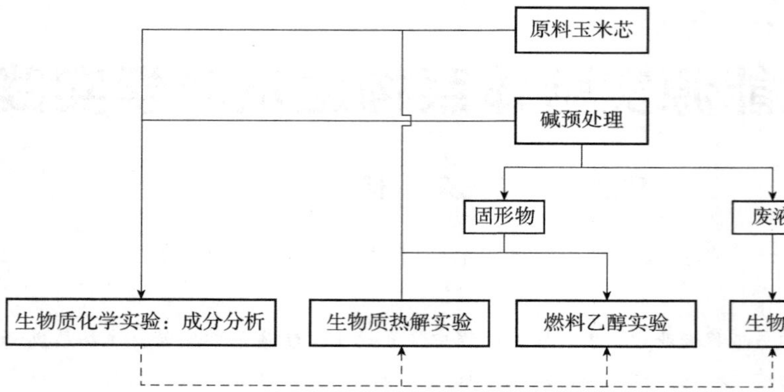

```
            ┌──────────────┐
            │  原料玉米芯   │
            └──────┬───────┘
                   │
            ┌──────┴───────┐
            │   碱预处理    │
            └──┬────────┬──┘
               │        │
         ┌─────┴──┐  ┌──┴───┐
         │ 固形物 │  │ 废液 │
         └────────┘  └──────┘
```

图 1 生物质能源整体实验体系

为废渣处理[4]，十分可惜。因此实验体系以玉米芯为原料，取其中一部分进行碱预处理，得到碱预处理玉米芯（固形物）和碱预处理废液。生物质化学实验主要进行原料的成分分析。分别以原料玉米芯和碱预处理玉米芯为原料，实验结果可以为生物质热解、生物质燃料乙醇及生物质燃料电池所用。生物质热解是对原料生物量的完整利用，可以分别得到气体、固体和液体产物。为了深化实验内容，实验分别以原料玉米芯和碱预处理玉米芯为试材，将这两种试材的热解结果进行比对，着重探讨原料化学组成对热解液体产物的影响。生物质燃料乙醇实验主要利用原料的纤维素组分。为了提高纤维素的酶水解效率，通常要对原料进行预处理，去除其他组分以使纤维素对酶有更多暴露。本实验选择脱木素效果好的碱预处理方式。但是在纤维素酶水解阶段设置分别以原料玉米芯和碱预处理玉米芯为试材进行水解，以探讨碱预处理对酶水解的影响，以丰富实验内容。乙醇发酵阶段以碱预处理玉米芯水解液进行发酵。碱处理玉米芯产生大量富含木质素、半纤维素及其降解产物的废液，生物质燃料电池实验以此废液为电化学反应的燃料。这样，该实验体系以玉米芯为连接点，在不增加实验课时的前提下，原料中三大组分的能源化利用在不同实验项目中分别得到了展示，呈现了纤维素基生物质能源化的方法和途径，有益于强化学生对理论知识的理解，形成完整的知识结构。

二、 实验内容和教学实践

（一）生物质化学实验

取一部分玉米芯进行碱预处理，然后将预处理物料过滤，收集废液存储备用，滤渣继续用自来水洗涤至呈中性后烘干备用。将全班同学分成两部分，一部分进行原料玉米芯的成分分析，一部分进行碱预处理玉米芯的成分分析。成分分析的项目包括水分、灰分、苯醇抽提物、纤维素、戊聚糖和木质素百分含量的测定，均按照标准方法进行。两种原料的实验结果差异明显。原料玉米芯的纤维素、木质素和木聚糖含量分别为40%、11%和34%，碱预处理的纤维素、木质素和戊聚糖含量分别为66%、0.8%和33%。可以看出，碱预处理去除了几乎全部木质素、一部分戊聚糖和大部分抽提物，这个结果与文献报道一致[5]。同时说明碱预处理得到的废液中含有的生物质主要为戊聚糖和木质素及其降解产物。玉米芯中木聚糖的含量高达33%以上，必须重视提高这部分生物质的能量转化效率。

该实验内容不仅教授了林木生物质原料成分分析标准方法，还清晰地展示了林木生物质原料三大素的部分化学性质，促进学生对理论知识的理解和应用。

（二）生物质燃料乙醇发酵实验

乙醇是燃烧性能较好的液体燃料代表之一。课程采用生物质发酵法生产燃料乙醇，制备条件温和、绿色环保，实验流程如图 2 所示。发酵菌种为市售的高活性安琪酵母。在纤维素酶水解部分设置了原料玉米芯和碱预处理玉米芯的比对实验。碱预处理条件、纤维素酶水解条件、发酵温度均在前期准备实验的基础上确定。设计了正交实验设计完成对接种量、培养基组成的优化。结果显示，未经过预处理的玉米芯纤维素酶水解液还原糖浓度仅为 60g/L，而碱预处理玉米芯纤维素酶水解液还原糖浓度达到了 130g/L。说明碱预处理极大地促进了水解效率。所以选择碱预处理玉米芯水解液进行乙醇发酵。在

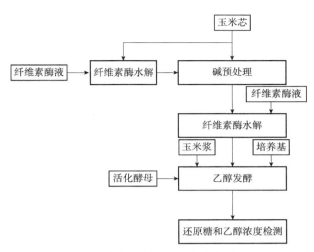

图 2 生物质燃料乙醇实验流程

乙醇发酵结束时，培养液中仍然存在 50g/L 的不能被酵母利用的残糖，这些残糖主要是玉米芯中的木聚糖水解得到的木糖[6]。如何使这部分木糖也能被利用起来是实验改进的方向。

乙醇发酵实验目标在于让学生掌握生物质燃料乙醇发酵过程的基本原理、流程和发酵调控方法，并引入了正交实验设计这种常用的实验方法，培养了学生的专业素养。

（三）生物质热解实验

生物质热解是在较高的反应温度（如 350~700℃）下对生物质原料进行热化学分解，使得原料的物化性质发生不可逆的变化，从而生成气体、含氧碳氢化合物（即生物油）和焦炭，从而更方便有效地利用。

本实验设置对原料玉米芯和碱预处理玉米芯分别进行干馏热解制备木醋液，采用气质联用方法分析木醋液组成，实验流程如图 3 所示。结果两种玉米芯展现出了有差异的热解现象和热解产物。原料玉米芯在 260℃ 馏出木醋液，碱预处理玉米芯在 265℃ 左右产生了大量不凝性气体和少量馏出物。最终原料玉米芯木炭和馏出物的得率都略高于碱预处理玉米芯。气质联用分析表明两者的馏出液组成也有较大区别。原料玉米芯馏出液含有大量酚类物质苯酚、如甲氧基苯酚、甲基苯酚等，和更多的糠醛、糠醇、二甲基环己醇等。碱预处理玉米芯馏出液中没有检测到这些酚类产物或者含量很少，糠醛、糠醇、二甲基环己醇的含量偏低一些。酚类物质是木质素的热解产物，它们的产量骤减是碱预处理后玉米芯木质素大量减少所致[5]。碱预处理玉米芯馏出液中含量最多的物质是 β-甲氧基-2-呋喃乙醇，它在原料玉米芯馏出液中含量仅为 0.31%。两种馏出液中各含有一些对方没有的少量产物，碱预处理玉米芯这类少量的热解产物种类更多一些。Zhang 等人的研究表明，出现这种差异的原因在于原料化学组成不同。纤维素、木质素、半纤维素各自热解机理各异和动力学行为各异[7]。此外，灰分也会影响热解过程。

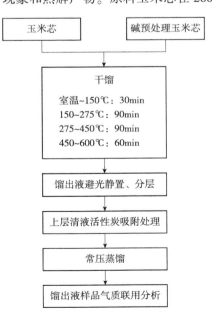

图 3 玉米芯干馏实验流程

该实验在生物质化学实验结果和前人研究成果基础上设计而成，呈现了生物质热解的一般过程，并且由于针对性地采用了两种玉米芯原料，直观体现了原料组成上的差异对热解的影响，很大程度丰富了实验的内涵。

（四）生物质燃料电池实验

利用微生物降解富含生物质废水的同时产生电能，是目前研究的热点之一[8]，因此开发了空气阴极型微生物燃料电池实验。用疏水碳布制作阴极，以碳毡为阳极，利用造纸厂用于废液处理的厌氧活性污泥作为阳极的催化剂，以碱预处理玉米芯废液为电池反应液，组装单室空气阴极型微生物燃料电池，利用微生物降解废水中生物质的同时，产生电能。对电池极化曲线和功率密度输出曲线进行检测，以评价电池的产电性能。电池阴极的制作过程参考 Minh-Toan 等人的方法[9]。图 4 为实验流程。电池极化曲线表明，电池在启动 18h 后，便能产生高达 720mV 的开路电压，但由于电池内阻比较大，输出功率偏小。另外，在同样条件下制作的电池，产电性能差距很大，这可能是由于阴极制作工艺复杂、学生对操作把握程度不同所致，因此有必要对阴极制作工艺进行简化。

该实验包括了微生物燃料电池制作和性能检测的一般方法，不仅包含了基本概念和理论，培养了学生动手操作能力，并且涉及了较为前沿的热点问题，激发学生的兴趣和思考。

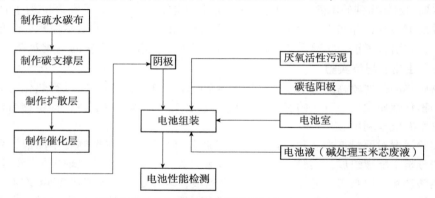

图 4　单室空气阴极型生物质燃料电池实验流程

三、问题及改进的方向

从以上论述可看出，整个实验体系在满足教学大纲要求的基础上，尽可能地引入较前沿的研究成果和实验方法，拓展实验内容的深度和广度，以提升实验课程的质量。而实验教学过程中的师生互动和及教学评价表明，学生学习兴趣浓厚，对实验过程掌握较好，说明实验整体方案达到了较好的教学效果。但是也有几个问题呈现出来：①生物质燃料乙醇发酵过程结束后，发酵液中残糖浓度高达 50g/L，主要成分为木糖。将这部分木糖也发酵转化成乙醇，或者将其与碱预处理废液合并作为生物质燃料电池的燃料，可以作为实验改进的方向。②生物质热解实验当中，原料玉米芯和碱预处理玉米芯干馏现象和干馏产物有比较明显的差异，可以对干馏升温过程详细设计，仔细收集气、液、固各态干馏产物进行计量等分析，了解两种玉米芯热解行为的差异。③对于生物质燃料电池实验，根据实验已经可以判断电池内阻较大。阳极材料、阳极微生物的量和固定方式对微生物燃料电池内阻影响很大，后续应该关注阳极微生物的生长及附着情况，以减小内阻[10-11]；阴极制备过程比较烦琐，耗时很长，应简化阴极的制备过程。此外，既然是处理废水，可以引入电池产电过程中对废水水质变化的测评，包括木质素、糖分的降解情况以及 COD、BOD 的变化。

参考文献

[1] 王海波. "一带一路"背景下我国生物质能源发展的机遇与挑战[J]. 林业调查规划, 2017, 42(2): 136-138.
[2] 雷学军. 全面贯彻执行习近平总书记生态文明建设的重要战略思想[J]. 中国能源, 2017, 39(7): 3-11.
[3] 熊竹兰. 永胜县核桃产业现状及发展对策[J]. 林业调查规划, 2009, 34(3): 91-94.
[4] 李若嘉, 胡杰文, 朱少彤, 等. 废弃玉米芯高效提取并改性为羧甲基纤维素的研究[J]. 纤维素科学与技术, 2021, 29(3): 27-35.
[5] Allan H G, Mahesh V B, Dhrubojyoti D L, et al. Structural and Thermal Characterization of Wheat Straw Pretreated with Aqueous Ammonia Soaking[J]. Journal Agricultural of Food Chemistry, 2012, 60(35): 8632-8639.
[6] 连战, 吕志飞, 刘彬, 等. 高浓玉米秸秆碱法预处理及半同步糖化发酵生产乙醇的工艺研究[J]. 食品与发酵工业, 2018, 44(10): 124-129.
[7] Zhong X, Min X, Sun R, et al. Study on biomass pyrolysis kinetics[J]. Journal of Engineering for GasTubines and Power, 2006, 128(7): 493-496.
[8] 何伟华. 空气阴极微生物燃料电池模块化构建与放大构型关键因素研究[D]. 哈尔滨: 哈尔滨工业大学, 2016.
[9] Minh T N, Barbara N, Alessandra D, et al. Iron chelates as low-cost and effective electrocatalyst for oxygen reduction reaction in microbial fuel cell[J]. International Journal of Hydrogen Energy, 2014, 39(12): 6462-6469.
[10] 梁鹏, 范明志, 曹效鑫, 等. 微生物燃料电池表观内阻的构成和测量[J]. 环境科学, 2007, 28(8): 1894-1898.
[11] 何凡, 胡蕴仪, 黄秀静, 等. 碳纸和碳布电极微生物燃料电池产电特性的对比研究[J]. 现代化工, 2019, 39(1): 184-187.

Experimental scheme design and teaching practice of cellulosic biomass energy

Deng Lihong Song Xianliang He Jing

(College of Material Science and Technology, Beijing Forestry University, Beijing 100083)

Abstract In the undergraduate experimental courses of "Professional Direction of Biomass Energy Science and Engineering", there are four experimental projects directly related to cellulosic biomass energy: biomass chemistry experiments, biomass fuel ethanol fermentation, biomass pyrolysis and biomass fuel cell. Based on the correlations among the projects, a three-dimensional experimental system with rich content is constructed. On the premise of teaching syllabus, more cutting-edge research results and experimental methods are introduced to expand the depth and breadth of experimental contents, improving the quality of experimental course. In view of the problems and phenomena in the experimental teaching, the improvement direction is proposed.

Keywords biomass chemistry experiment, biomass fuel ethanol, biomass pyrolysis, biomass fuel cell

多教学模式融合的"林业无人机定量遥感"课程设计研究

李林源

(北京林业大学林学院,北京 100083)

摘要: 无人机遥感已经逐渐成为遥感的重要方式,然而这一科学技术知识体系目前极少在高校的课程设置中体现。"林业无人机定量遥感"面向新兴的无人机遥感技术,旨在培养适应新时代林业信息化需求的创新型人才。本文分析了林业院校开设无人机遥感课程的必要性,叙述了无人机遥感知识的架构,重点强调了当前遥感类课程的教学问题,进而提出了多教学模式融合的课程设计,并针对课程的各模块内容针对性设置教学模式,作为提高课程教学质量和培养创新性人才的一种探索。

关键词: 林业无人机定量遥感;多教学模式融合;课程设计;实践教学

遥感是高等教育中地图学与地理信息系统、测绘科学与技术、森林经理学、地理学、环境科学等专业开设的一门重要的专业课,在北京林业大学的多个专业均有开设。无人机遥感作为遥感的重要组成部分,已逐渐形成了自己独特的知识体系并在诸多领域具有广泛的应用。然而,无人机遥感在高校的课程设置中并未得到足够的重视,如何根据北京林业大学这一林业院校的办学与教学特点,开展"林业无人机定量遥感"课程,培养适应社会需求的新型林业信息化专业人才,是需要认真思考的问题。

一、林业院校开设无人机遥感课程的必要性

遥感是实现森林结构与光学参数的时空多尺度估算的重要手段。近十余年来,无人机逐渐成为新兴的重要的遥感平台。2016年国务院发布的《"十三五"国家战略性新兴产业发展规划》中明确提出将无人机作为发展重点之一。当前我国出台了一系列政策规划大力扶持无人机尤其是民用无人机产业的发展,以进一步激发消费级无人机巨大市场增长潜力,拓展工业级无人机下游应用领域。随着无人机技术与微小型传感器技术的进步,使无人机遥感具备了高度灵活性和超高空间分辨率的特点,能够实现单株—种群—群落等精细空间尺度和日内—日间等连续时间尺度的高效遥感观测,可以提供诸如影像、三维点云、光谱、角度等多维度信息,深度契合了新时代林业定量遥感的精准化、智能化、便捷化需求,成为新时代林业遥感的重要方式[1]。在国家政策导向与科研应用需求背景下,原来的林业信息化(含林业定量遥感)等课程,因其主要强调地面调查与卫星遥感,却欠缺最新的无人机遥感方面的知识体系,不能满足新型林业资源调查的需求。因此,开设"林业无人机定量遥感"专业通识课程,在林业信息化创新人才培养方面,具有突出的价值和重要的地位。

二、林业无人机遥感课程体系与教学问题

(一)无人机遥感的特点与知识体系

无人机遥感具有地面、航空和卫星遥感所不具备的优势(图1),但在遥感数据处理方

作者简介:李林源,北京市海淀区清华东路35号北京林业大学学院,讲师,lilinyuan@bjfu.edu.cn。
资助项目:北京林业大学教育教学改革项目"'林业无人机遥感理论与应用'案例实践课程建设"(BJFU2021JY006)。

面需要特殊的对待。无人机遥感的主要优势体现在：其一，成本低廉，硬件成本和运营成本较低；其二，可搭载各式各样的传感器，数据丰富度高，可提供影像、三维点云、角度、光谱等多维度信息；其三，时空分辨率高，具有厘米级甚至毫米级的超高空间分辨率和密集时间序列获取能力；其四，观测方式灵活，可机动地执行多类型观测任务（如天底观测、多尺度观测、多角度观测等）[1]。然而，不同于航空与卫星遥感的高精密仪器与标准化数据处理流程，无人机遥感平台所携带的传感器多种多样且存在诸多成像问题（例如，暗角效应），相应的其数据预处理与数据应用也存在较大差异（例如，地物各向异性反射特性建模）。在"林业无人机定量遥感"的课程教学中，需要引入无人机遥感数据平台介绍、传感器介绍、数据特点[2]、针对性的几何处理与辐射处理等内容，同时详细介绍辐射度学相关基础知识以打好定量遥感的基础，另外介绍森林参数反演的叶片尺度与冠层辐射传输模型，最后以植被覆盖度与叶面积指数为案例讲解林业无人机定量遥感的应用。

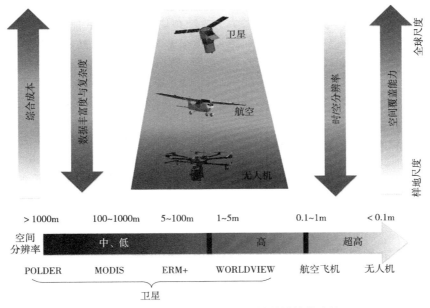

图1 卫星、航空、无人机遥感的关键性能比较

（二）传统遥感教学的问题与改进思路

"林业无人机定量遥感"作为一门通识课程，对于林业专业学生、计算机专业学生、地信专业学生等均有较好的接受度，其学习目标不仅仅局限于掌握无人机遥感的基础知识，更重要的是可以结合自己的学科背景尝试推动这一新兴科学技术的发展。笔者参加与旁听了多个校外植被定量遥感相关的课程，发现相关课程过于偏重知识的讲解，而对于实践学习与案例应用方面则弱化了许多，最为关键的是缺乏引导式和启发式的教学方法[3]，使有趣的知识"填鸭式"地灌输到学生的脑海中，这不得不说是一种莫大的遗憾。笔者一直在思索如何改进教学方式方法以提高学生的参与度与知识的接受度，在一次偶然的机会中，笔者参加了北京林业大学林学院的"青蓝计划"与"团党支部书记井冈山红色培训"，其培训方式包含情景式教学、体验式教学、现场教学、访谈教学、参观教学，让学员们深度体验了井冈山革命时期先辈们的艰苦卓绝与奋斗不息，这比直接在课堂上讲授革命历史知识更容易令人印象深刻。受其启发，笔者探索了"多教学模式融合"的授课模式，通过问卷调查发现该模式具有非常广泛的认可度与接受度，能够提升学生学习的积极性与知识的掌握程度，具备更好的教学效果。

三、多教学模式融合的无人机定量遥感课程设计

"林业无人机定量遥感"课程主要分为五大模块,按照逻辑顺序分别是①无人机遥感平台、数据、特点;②近地面无人机遥感影像的几何处理与辐射处理;③辐射度量基础与典型地物反射特性;④光在叶片与冠层中的辐射传输机理;⑤基于无人机的典型森林生理参数遥感反演。因各模块尤其独自的知识特点,故而设计了不同的教学模式(图2),以提高学生的参与度和增强知识的可理解性。

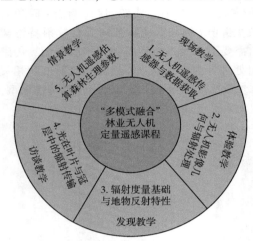

图2 多教学模式融合的"林业无人机定量遥感"课程设置与相应教学模式

(一)以"现场教学"为主的无人机数据特征讲解

考虑到无人机平台与所搭载的传感器通常较为容易在高校中的各个课题组见到和用到,通过"现场教学"的方式能够让学生切身接触到各类型无人机平台(旋翼式与固定翼式)以及传感器(数码相机、多/高光谱相机、热红外相机、激光雷达等)。针对无人机飞行姿态与模式,以"大疆精灵4"多光谱无人机为例,讲解无人机如何实现飞行、飞行坐标系与姿态角度调整、常规飞行航线与多角度飞行航线设置等。针对无人机载荷传感器,以"Sony A7"数码相机与"Micasense RedEdge"多光谱相机为例,讲解相机曝光控制参数、普通数码相机改进为多光谱相机、相机辐射信号接收与转换过程、多/高光谱相机的成像模式。通过让学生亲手操作载荷数据获取并导出数据分析特点,可以让学生增强对无人机数据特征的实际印象。

(二)以"体验教学"为主的影像几何与辐射处理讲解

无人机遥感影像的几何处理与辐射处理是数据应用的关键步骤,此模块的教学内容中理论与实践并重,通过"教师一边讲解、学生一边处理"[4],能够加深学生对理论知识的理解,同时能够掌握整个遥感影像的几何与辐射处理流程,因此本模块以"体验教学"方法为主。在几何处理部分,通过笔者编写的 MATLAB 脚本,让学生实现对成像几何中坐标系转换以及真实相机成像畸变的理解;利用 Agisoft Metashape 软件处理实现对于多光谱影像波段配准、正射校正、地理参照的理解,同时了解基于序列重叠影像的三维重建原理。在辐射处理部分,采用笔者编写的 MATLAB 脚本,让学生对多光谱影像进行噪声校正、暗角校正、地物反射因子校正(大气校正)、各向异性反射校正等。

(三)以"发现教学"为主的辐射基础与地物反射讲解

笔者发现绝大部分遥感类书籍在辐射基础知识的讲解方面非常枯燥,也非常难以理解,导致学生通常只能死记硬背,而不能灵活应用于后续的辐射传输模型公式推导。究其原因,是学生对辐射度相关知识没有直观的理解,理论往往悬于空中楼阁。采用"发现教学"的方式,可以引导学生从生活场景中发现提出问题,进而逐步解决,极为适合辐射基础与地物反射模块内容的讲解。笔者前期在博客园中专门开设了极具启发式的辐射基础知识讲解,以"如何用相机将地物的光学特性准确地表达出来"为核心问题,逐步讲解辐射通量到辐亮度等基本概念、朗伯余弦与平方反比定律、朗伯反射与各向异性反射率、双向反射因子与反照率等;进而以植被、土壤、水体等典型地物为例展示其光谱反射率

以及相应的生理物理基础。

（四）以"访谈教学"为主的叶片与冠层辐射传输模型讲解

定量遥感中最为关键的是光在叶片和冠层中的辐射传输机理，其中叶片与冠层辐射传输模型是重中之重。然而，在本通识课程中，并不适合讲解这些模型的具体参数化方法，毕竟它们较为复杂困难。笔者所在团队开发了国际知名的叶片辐射传输模型 FASPECT（PROSPECT 模型的改进版）以及冠层辐射传输模型 LESS 与 RAPID，对辐射传输模型机理具有非常深刻的理解。通过访谈的形式，请模型的开发者将这些模型的发展历史、关键理论、核心技术等以浅显的语言解释出来，能够缓解学生们对于超多公式的焦虑以及提升学生们对于模型的兴趣。故而本模块中采用"访谈教学"方式。

（五）以"情景教学"为主的典型森林生理参数反演讲解

诸多林业应用如森林资源监测、结构功能性状建模等都要求精确地反演典型的森林生理参数（如植被覆盖度、叶面积指数等）。以国家林业和草原局某处的需求为例，如何在景观尺度实现森林与草地植被叶面积指数的快速准确监测。让学生们思考如何结合已学知识开发算法以实现这一应用需求。在"情景教学"中，逐步地给学生提供提示，鼓励每位学生独立地实现从问题分析、思路提出、技术方法到测试验证的完整解决方案[5]。最终对比每位学生的解决方案以及教师自己的解决方案，分析各自的优势与不足，并提出改进建议，以此提升学生分析解决无人机遥感应用问题的能力。

参考文献

[1] 李林源. 基于无人机遥感影像的植被结构与光学参数估算[D]. 北京：北京师范大学，2020.
[2] 邹玲伟，雷必成，林志明，等. 无人机课程理论与实践教学改革研究[J]. 科技导刊，2021（9）：56-57.
[3] 邓磊，赵文吉，胡德勇. 遥感课程实践教学模式探索与教改实践[J]. 科技创新导报，2012（7）：136-137.
[4] 陈贝贝，张艺潇，陈俊生. 林业高校实验与实践教学改革的研究与分析——以北京林业大学为例[J]. 高教学刊，2019（1）：8-11.
[5] 杜哲，何玲，张利. 以实践能力培养为导向的遥感课程教学改革研究[J]. 大众标准化，2021（3）：157-159.

Integrating multiple teaching modes into the course design of *UAV-based Quantitative Remote Sensing of Forest*

Li Linyuan

(College of Forestry, Beijing Forestry University, Beijing 100083)

Abstract UAV-based remote sensing has gradually become an important approach in remote sensing domain, yet its scientific and technical knowledge is rarely included in the curriculum of most domestic universities. Towards the emerging UAV remote sensing technology, *UAV-based Quantitative Remote Sensing of Forest* aims to cultivate innovative talents who can adapt to the needs of forestry informatization in the new era. This study analyses the necessity of offering UAV remote sensing courses in forestry colleges and universities, describes the modules of UAV remote sensing knowledge, highlights the current teaching problems of remote sensing courses, and then proposes a course design that integrates multiple teaching modes and sets up teaching modes tailored to the content of each module of the course. This paper launched an exploration to improve the teaching quality of the course and cultivate innovative talents.

Keywords *UAV-based Quantitative Remote Sensing of Forest*, integration of multiple teaching modes, course design, hands-on teaching

论生态定位研究站对高校实践教学的支持作用

——以山西吉县森林生态系统国家野外科学观测研究站为例

王若水　　张建军

（北京林业大学水土保持学院，北京　100083）

摘要：本文以山西吉县森林生态系统国家野外科学观测研究站（吉县站）为例，分析阐述了依托吉县站开展实践教学活动的区位优越性及其对提高学生实践创新能力，提升科研素养，促进教学与科研的融合方面所起的作用，同时也对目前生态定位站在发挥教学功能的过程中存在的问题提出了建议，旨在提高生态定位站对实践教学活动支持作用的认识。

关键词：野外台站；实习；教学方法；人才培养

作为高校教学过程的重要组成部分，实践教学已成为高素质创新人才培养的重要环节，更是提高学生创新实践能力的重要手段[1-2]。近年来，各教育部门对实践教学的投入和重视程度也在逐步增加，《国务院办公厅关于深化高等学校创新创业教育改革的实施意见》中已经明确指出："要结合专业，强化实践，促进学生全面发展，提升人力资本要素。推进教学、科研、实践紧密结合，突破人才培养薄弱环节"[3-4]。但长期以知识传授为中心的教学模式，加之学生的惯性认识和政策导向等多方面原因的影响，导致目前不少高校实践教学内容陈旧[5]，实践教学与理论教学割裂现象严重，这与社会的客观需要以及学生的主观需求越来越不相适应，实践教学的质量和效果难以保证[6-7]。

生态定位研究站是高校和科研机构重要的科研平台，我国农林类高校均建有不同级别的生态定位研究站，这些生态站主要承担数据积累、科学研究和科学普及等任务。具体为对生态系统的基本生态要素进行长期连续观测，收集、保存并定期提供数据信息。同时，基于观测数据，开展生态基础理论和应用技术研究，支撑国家生态工程建设。此外，以生态定位站为依托，我国各高校和科研机构培养了大批高水平科研人才和科研队伍。除了科研平台的功能外，依托生态定位站开展实践教学活动也逐渐成为当前生态站功能拓展的主要方面，这也为实践教学的模式创新和质量提高提供了新的方向。本文就以山西吉县森林生态系统国家野外科学观测研究站（本文简称吉县站）为例，探讨生态定位站对高校实践教学的支持作用。

一、吉县站简介

山西吉县森林生态系统国家野外科学观测研究站是我国水土保持研究领域重要的科研基地，位于黄土高原东南部半湿润地区，具有良好的区域和生态系统代表性。该站源于1976年关君蔚院士在吉县开门办学，已有40余年历史。2005年被国家科技部批准为国家野外科学观测研究站，成为北京林业大学唯一纳入国家站网的生态站，也是黄土高原上唯

作者简介：王若水，北京市海淀区清华东路35号北京林业大学水土保持学院，副教授，wrsily_2002@163.com；
　　　　　张建军，北京市海淀区清华东路35号北京林业大学水土保持学院，教授，zhangjianjun@bjfu.edu.cn。
资助项目：北京市人才培养共建项目"'水文与水资源学'课程建设与野外实习实验指导视屏录制"（2019GJMS002）。

一的国家级森林生态系统野外观测研究站。其水土流失和林草植被下的土壤水分等方面的调查与定位观测工作自 1978 年开始，全面定位观测自 1986 年开始。拥有红旗林场和蔡家川林场两个试验区，有完整的数据定位监测系统，现有大型或成套仪器 30 余台（套）。研究领域涵盖了森林生态系统结构、功能及演替、生态水文过程、植被恢复与土壤侵蚀、生物地球化学循环过程和农林复合经营等方向。自"七五"至"十一五"期间，吉县站先后承担完成了国家攻关课题等各类科技项目 70 余项，累计获得国家科技进步二等奖 6 项，省部级科技进步一等奖 3 项、二等奖 2 项、三等项 3 项。所创造的适地适树、径流林业等先进的科学概念及技术方法在科学与技术领域均影响深远。

吉县站一直是我国水土保持人才培养的重要基地。以科研项目为依托，培养了大批高水平的技术人才、学术骨干。其中有突出贡献的中青年专家 3 名，中国青年科技奖获得者 2 名，司局级业务管理干部 6 名。累计培养了博士生 100 余人，硕士生 300 余人。目前每年有 50 多名博士研究生、硕士研究生、本科生参与台站的野外观测和科学研究工作。水土保持与荒漠化防治专业的本科生梁希班课程"水文学""林业生态工程"以及研究生课程"水土保持与荒漠化防治实验研究方法"等课程均来此开展课程实习和综合实习，还承担北京林业大学本科生暑期社会实践。

二、 在站开展实践教学活动的特点

（一）特殊的地理位置和区位优势

吉县站位于黄土高原东南部，属暖温带大陆性气候。森林植物地带属于暖温带半湿润褐土落叶阔叶林。多年平均年降水量 579mm，年蒸发量 1729mm，地势东高西低，海拔 440~1820m，黄河河谷最低。海拔 1350m 以下为典型黄土高原侵蚀地貌，1350m 以上为吕梁山脉土石山区。该区域大部为黄土高原侵蚀地形，属于典型的黄土高原残垣沟壑区和丘陵沟壑区，海拔最高 1820.5m，最低 393.4m。由于古代侵蚀和现代侵蚀的结果，吉县境内形成了许多不同的中小地貌：西部破碎残垣沟壑区、中南部残垣沟壑区、北部石灰山区、东北部梁赤沟壑区、东南部土石山区。这些特殊的地形地貌特征可以为水土保持与荒漠化防治本科生课程"土壤侵蚀原理""水土保持学"，资源环境与自然地理学以及林学本科专业的专业基础课"地质地貌学"和"气象学"等实习课程提供大量的实践素材。此外，吉县土壤主要为褐土，农田和部分侵蚀沟为丘陵褐土，土壤贫瘠；海拔 1450m 以上山地多为普通褐土，主要为天然次生林和灌草坡，有机质含量一般在 4% 以上，土壤较肥；海拔 1600m 以上的有林地中，有淋溶褐土分布，剖面中部呈中性反应，有机质含量在 6%~10% 之间，土壤肥沃。森林植物地带属于暖温带半湿润地区、褐土、半旱生落叶阔叶林与森林草原地带，属暖温带褐土阔叶林地带向森林草原地带的过渡地带，该区域特殊的生态群落以及土壤分布，同样可为农林类本科专业基础课程"生态学""土壤学"等课程提供丰富的实践教学素材。而本区丰富的植物资源，包括 500 余种天然植被和 50 余种人工植被亦可为"植物学""自然地理学"等课程提供大量的教学实践素材。正因该区域特殊的地理环境和区位优势，近年来，北京林业大学水土保持与荒漠化防治专业的"地质地貌学""水文学""土壤侵蚀原理"课程实习内容都在吉县站完成(图1)。

图 1　水土保持与荒漠化防治专业学生在吉县站开展"地质地貌学"课程实习

（二）促进科研成果与教学的融合

实践教学的开展离不开一流的科研成果，没有科研知识传授的实践教学只能是无源之水。吉县站建站 40 余年来，依托本站完成的国家科技攻关、国家科技支撑、国家自然科学基金、国家重大基础研究计划项目（"973"）、国家"948"引进项目、国际合作项目等各类科技项目达 70 余项。通过这些科研项目的实施，累计获得国家科技进步二等奖 6 项、省部级科技进步一等奖 3 项、二等奖 2 项、三等项 3 项。所创造的适地适树、径流林业等先进的科学概念及技术方法在科学与技术领域均影响深远。吉县站的研究成果主要集中于黄土区水土流失规律、流域水沙过程、森林植被恢复与重建、森林植被与水沙关系、森林植被水土保持效益、森林生态等研究领域，在科研项目完成过程中，提出和完善了林业生态工程技术体系，并得到广泛的应用推广。这些吉县站长期科研积累的科研成果以展板形式展现在老师和学生眼前。在吉县站开展教学实习活动过程中，授课教师会潜移默化地将这些科研成果与实习课程相结合介绍给学生。比如在"土壤侵蚀原理"课程实习过程中，实习教师将吉县站所创的径流林业科技成果结合课程里的知识介绍给学生，并让学生结合吉县特殊的地形地貌自己设计水土保持林的配置，以此获得了较好的教学效果。因此在科研平台大环境下开展实践教学，更易促进教学过程与科研成果的相互融合，可作为生态定位站开展实践教学的新模式，为在吉县站开展实习教学的其他课程提供了改革方向。而实习的学生在吉县站通过接触更多前沿的科学研究方法和科研成果，会对科学研究领域产生浓厚的兴趣，并萌发出更多的科学问题和研究思路，而且吉县站深厚的科研底蕴则为学生提供了很好的创新科研平台，2016 年至 2019 年，在吉县站开展的大学生创新项目累计达 30 余项。这些科研实践活动的开展不仅有利于学生学会课本中的理论知识，也让学生体验到所学知识都是如何通过科学家反复的科研实验获得的，让学生在学习知识时了解知识获得的背景，也可为以后的毕业论文打下基础。

（三）激发学习积极性，培养团队协作能力

农林类的许多专业课程在教学过程中，其课程本身的趣味性容易被模式化的 PPT 和大量枯燥的教学知识点所磨灭，而在吉县站开展的实习课程多采用"流动课堂"的方式进行，吉县站周边特殊的地理和人文环境极大地激发了学生求知欲。比如在"林业生态工程学"课程实习过程中，实习教师带领学生进入不同林分类型的森林，在不同的天然林和人工林中开展实习内容的教学，学生通过身临其境式的教学，更好地理解了不同林分类型对土壤、大气以及林下植被的影响，让学生在体验不同林分类型诸多生态功能的同时，不知不觉完成了对书本知识的学习。此外，农林专业的课程实习一般远离教室，容易将课堂与野外实习分裂开，导致学生被动地学习，因此常出现只有部分学生自主独立完成实习报告，而另一部分学生抄袭的现象。而在生态定位站进行的实践教学活动，学生所处环境远离了校园的喧嚣，相对安静和封闭，让学生更易沉下心来学习，且全新的环境被新的知识所包围，也增强了学生的新鲜感和求知欲。在教师讲授过程中，知识点不再是以枯燥的文字的或者 PPT 的形式展现，而是每一位学生身临其境的切实感受，比如学生会迫不及待地想了解不同林分下植被生长的区别，了解不同林分生态功能差异的原因，了解不同树种的生活习性，了解黄土高原特殊土质环境下的植被分布，等等。这种好奇心和求知欲往往会带来主动学习的意愿，因此，在吉县站开展教学实践活动的过程中，既丰富了教学方法，也调动了学生的学习兴趣。

吉县站距离吉县县城较远，这是众多生态定位站的普遍特点，因此具有相对封闭的空间和较为安静的环境。而到站学生的实习任务繁重，这就要求学生与学生之间必须相互协作才能完成各自的实习任务，这也在一定程度上培养了学生的团队协作能力。长期扎根于这种特殊的环境下，学生对团队协作精神的领会也会随时间的推移而增加，这种团队协作精神在吉

县站由来已久，已逐渐成为吉县台站文化建设的重要方面，也正是因为这种文化的影响，让吉县站完成了大量的课程实习考察和调查活动，获得了宝贵的数据资料。如在2018年夏季，水土保持学院张建军教授带领7名学生在吉县站开展了近50天的野外调查工作，进行了包括野外人工降雨实验，典型自然降雨条件下径流泥沙测定，典型植被野外样地调查等研究。在不间断的酷暑和暴雨等恶劣条件下，学生们顺利完成了调查任务，而此次实习调查活动不仅让他们获得了宝贵的课程实习数据资料，更增进了学生之间的情谊，收获颇丰。

（四）实践教学设备齐全，基础条件优越

吉县站建站已有40余年，经过多年的积累与建设，吉县生态站拥有完善的观测设施和仪器设备，现有大型或成套仪器30余台(套)，主要包括气象观测仪器设备、植物生理观测仪器设备、土壤生态观测仪器设备、水文泥沙观测仪器设备等。所有这些仪器设备均有专人看管，平时主要用于长期科研观测，而在教学实习开展阶段，亦可作为教学实习观测设备，供"水文学""土壤学""自然地理学"等本科生实习课程使用。而吉县站的所拥有的完整的气象、土壤、水文、植被观测设施，更可为"水土保持与荒漠化防治实验研究方法""土壤侵蚀动力学""生态水文学"等课程的野外实习提供观测取样。目前吉县站的观测设施分布在红旗林场和蔡家川流域，其中蔡家川基地实验流域面积40km²，是一套完整的嵌套流域系统，流域内林分状态良好，有天然次生林流域、半次生林半人工林流域、封禁流域、人工林流域、半农半牧流域、农地流域等整套体系的森林水文泥沙过程的定位观测研究系统。这一完整的嵌套流域观测系统在我国也是少有的。基地内数据监测采集的设施及实验场地包括：量水堰8个、标准径流小区10个、气象观测场1个。现有长期固定综合观测样地8块，植被观测固定样地32个。此外，吉县站所有的土地所有权均归依托单位所有，红旗林场和蔡家川林场两个试验区内的实验与生活办公区土地总面积为7346.82m²，其中红旗林场石三湾基地占地面积6160m²，蔡家川基地占地面积1186.82m²。两个基地内均建有实验室、学生宿舍以及食堂等完善的生活设施，可同时容纳100人到站开展教学实习活动。而吉县站特殊的历史地位也使得依托单位十分重视台站的设施建设，定期会投入经费对台站的仪器设备设施进行升级改造。正是因为吉县站有着上述优越的设备和生活条件，且有持续的建设投入，近几年每年到站开展实习的本科生人数呈上升趋势（图2），且实习课程也由2016年的"水文与水资源学"这一门课程，上升到了2019年的"水文与水资源学""地质地貌学""林业生态工程学""自然地理学"四门课程。

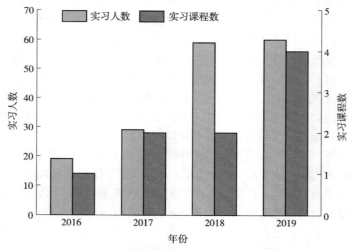

图2 吉县站到站实习人数与实习课程数

三、目前存在的问题及建议

（一）改革管理与运行机制

吉县站的建设初期主要是作为科研平台为科研活动服务，所以目前吉县站的管理模式和运行机制主要是针对科研活动，比如运行过程中的仪器设备管理与维护，到站人员的管理规定等，所以当前需要将吉县站作为教学实习和科研活动的综合实验站进行重新定位，所有的管理体制与运行机制需要与新的台站定位相适应，对台站进行总体布局和合理规划，建立基于教学和科研两方面的高效运行机制和先进管理模式，提高吉县站的资源使用效率，保证其正常运转。比如在台站的中长期建设规划和目标中，需要明确将本科生教学实践部分纳入规划制定，且明确管理责任。又如当前需要制订一系列针对本科生教学实习活动的管理规定，包括对到站师生的日常管理、实习仪器设备借用和责任归属、观测活动的行为规范等。只有在台站新的定位与新的管理体制和运行机制相互适应的前提下，才能够保证教学实践活动的高质量完成。

（二）建立支撑保障体系

吉县站作为国家级野外观测研究站，其每年的运行经费一部分来自科技部，另一部分来自国家林业和草原局，且运行经费主要用于支撑台站的长期科研观测。而在当前对实践教学功能的需求持续增长的条件下，用于教学实习以及相对应的教学基础设施的建设经费仍然相对缺乏。这导致目前台站用于教学的基础设施改造，设备维护和技术人员培训等相对滞后，影响了实践教学的效果和质量。当前，吉县站需要在对台站功能进行重新定位的基础上，建议依托单位建立并规范经费需求审核程序，健全经费增长机制，加强支撑教学实习功能的基础设施建设。此外，还需利用好一流学科平台建设等有利契机，科学合理规划，主动争取依托单位的人力、物力支持，同时也要积极利用社会资源，依托社会各方的力量，建立形式多样化的教学和科研平台，充分借鉴其他地区优秀综合实验站建设经验，有效结合自身条件，探索一条适合自己的发展模式，把吉县站建成集科研、教学、科普培训、技术示范于一体的综合实验站。

（三）改进教学方式，建立新教学模式

尽管目前国内众多高校都在充分利用自身的科研平台资源开展实习教学，但少有教学人员充分考虑科研平台的自身条件，优化不同的科研资源，进行教学方式的改进，并建立一套适于该科研平台的教学模式。而吉县生态站各类观测设施条件齐全，且集室内教学与野外科研设施于一体，教师在授课过程中，需要充分利用这一特殊属性，大胆尝试不同的教学手段，尤其在实践教学过程中，既不能只开展室外教学活动，忽略室内理论讲授的重要性，也不能将大部分实践教学时间安排在室内讲授和学习，可将室内与室外活动灵活穿插，既让学生掌握理论知识，也锻炼学生的动手和洞察能力。比如在吉县站进行的"土壤侵蚀动力学"实习过程中，实习教师在室内讲授完理论知识后，充分利用台站现有仪器资源，让学生自己设计实验，验证不同雨强和植被覆盖条件下的土壤侵蚀强度，同时实习的同学亦可结合自己感兴趣的研究方向，在原有实验场地内开展其他实验，这项教学举措让学生在掌握了土壤侵蚀动力相关知识的同时，也可激发学生未来投入科研工作的兴趣。此外，实习教师亦可结合在吉县站实施的科研项目，设计相关内容的研究性实习课题让学生去完成，实现科研与野外实习教学的有机融合。

四、结　语

近些年来，来吉县站开展实践教学的专业和课程逐渐增多，通过对吉县站开展的本科

生实习课程教学方法和模式的总结发现，依托生态定位观测研究站开展实习教学，可有效促进科研与教学资源共享，节约财力和物力投入。同时，亦可有效地实现科研反哺教学，激发学生的主动学习兴趣，启发学生的科研思维，培养学生的创新意识和野外综合实践的能力。但目前依托野外科研平台进行实践教学的模式尚处于完善阶段，其发挥教学作用的辐射效应还不够明显，依托生态定位站进行实习教学的运行模式和管理机制尚不够健全，支撑实习教学的保障条件尚需进一步优化，可用于台站功能拓展的代表性教学成果产出有待加强，这些都需要在未来的台站建设和规划过程中不断完善。

参考文献

[1] 史作安，王秀峰，董进波，等."教学、科研、基地三位一体"实验室管理模式的研究与实践[J].中国现代教育装备，2014，193(9)：22-24.

[2] 朱兴洲，蒋瞻，孙昕，等.地方林业高效教学科研基地建设研究与探索[J].科学技术创新，2013(33)：239-240.

[3] 张庆桥，文士博，邓建兴.发挥高效教学科研基地作用培养创新人才[J].河北工程大学学报(社会科学版)，2010，27(1)：45-46.

[4] 赵宝，许承保，刘长林，等.高等农业院校教学、科研基地的功能定位与建设[J].北京农业，2015(6)：260-261.

[5] 陈敏敏，彭芳珍，闵小军.科研实践基地在大学生教学中的应用——以"西江长江江豚救护中心"科研实践教学基地为例[J].安徽农学通报，2016，22(6)：149-150.

[6] 李井葵，张晓东.农业高校教学科研实践基地建设研究与探索[J].高校实验室工作研究，2012，4：79-81.

[7] 王海涛，金龙如，武永华，等.依托科研基地的鸟类生态学野外实习基地建设实践[J].高校生物学教学研究(电子版)，2018，8(5)：9-12.

The supporting role of ecological positioning research station for practical teaching in universities: the case of forest ecosystem studies, national observation and research station in Jixian, Shanxi, China

Wang Ruoshui Zhang Jianjun

(School of Soil and Water Conservation, Beijing Forestry University, Beijing 100083)

Abstract Taking the forest ecosystem studies, national observation and research station in Jixian county of Shanxi as an example, this article analyzed the location superiority of relying on jixian station to carry out practical teaching activities, and its role in improving students' practical innovation ability, enhancing scientific research literacy and promoting the integration of teaching and scientific research. Suggestions were also made on problems that exist in the current ecological positioning station in the process of performing it teaching functions. The aim is to raise awareness of the role of ecological positioning stations in supporting practical teaching activities.

Keywords field station, internship, teaching methods, talent development

利用 Mathematica 可视化设计"复变函数"实验课

——以"儒歇定理"为例

武晓昱

(北京林业大学理学院,北京 100083)

摘要: 引入可视化方法,提升数学专业核心课程教学的生动性,有利于帮助学生衔接前后课程知识点,加强理论联系实际的应用能力培养,具有很强的教学改革针对性。本文立足数学专业大二学生必修专业核心课的"复变函数"教学,把讲授内容中比较抽象、很难直观理解、理论难度较高的实际知识,充分利用 Mathematica 可视化方法,通过给出函数图像的方式强化教学讲授的实际演示。通过绘制二维平面、三维平面以及动画等直观方式呈现,提升课程知识点讲授的生动性,并对必要的公式以及重要定理利用图像或者动画的形式进行推导,强化了教学过程的互动性。笔者还注重实践能力提升,合理设计课程实验,将可视化数值实验设计为实践教学,让学生通过数值实验、比较实验印证理论知识,挖掘新的知识,培养学生兴趣和科学研究思维。

关键词: 复变函数;Mathematica 可视化;数学实验;人才培育

"复变函数"是所有数学与应用数学专业的重要专业核心课,课程内容主要由三部分内容组成,分别是解析函数、复级数和共形映射。"复变函数"是数学专业承前启后的关键课程,一是需要以"高等代数""解析几何"和"大学物理学"等专业课程的学习为基础,要求学生熟练掌握"数学分析"课程的知识点,分析学思想和某些重要定理证明思路;二是课程学习有助于奠定工学通信专业学生学习"信息论"的基础,也是"解析数论""常微分方程""计算方法"和"拓扑学"等课程的基础课程[1-2]。

针对以往学生学习此门课程时对复函数四维空间的直观把握和逻辑构建方面的突出短板,需要打破传统静态演示的局限,多方位利用计算机软件进行可视化表达,去帮助学生理解课程中较难的数学知识。为此,笔者充分利用 Mathematica 软件可方便地绘制二维、三维图像和动画等特点,深化教学过程的图像化展示和动画教学,进行直观演示,帮助学生理解相关知识;并利用 Mathematica 可视化设计数学实验,提高学生的兴趣、动手能力、学习知识的主动性和主动发现问题的能力。也可以为未来某些数值方法的学习提供理论基础以及程序演练,培养更全面的基础理学人才。

一、课程特点与课程改革思路

(一)课程特点与传统教学问题

1. 课程专业程度较高,学生基础不够扎实

"复变函数"是数学专业的核心课。这门课程是一门需要学生熟练掌握并可以灵活应用如"微积分""泰勒展开式""多元函数""曲线与曲面的表达式"等相关知识之后才可以修习

作者简介:武晓昱,北京市海淀区清华东路35号北京林业大学理学院,讲师,wuxiaoyu@bjfu.edu.cn。
资助项目:北京林业大学课程思政教研教改专项课题"数值计算"(2020KCSZ236)。

的课程。在教学过程中,我们往往默认学生已经完全掌握了全部所需知识。但是非常遗憾,在实际教授过程我们发现:由于数学专业课的难度较高,在没有好的督促机制下,大部分学生对知识点的掌握不如人意,并没有全面地掌握前置课程知识。对于大部分学生而言,仅就"数学分析"的学习已经足够困难和抽象,在此基础上的"复变函数"课程更是令他们痛苦不堪。所以我们必须改革教学方式,让课程知识点的输出做到简单直观,同时在授课过程中还需要对大一知识做足够回顾。

2. 与几何联系紧密,学生难以想象图像

"复变函数"这门课程的直接应用便是处理各种图形的变换问题。在学习和应用阶段绝对不能离开具体的几何直观与图形想象。非常遗憾,国内外大部分教材编写过程中,更强调符号教学,而并没有把直观放在第一位。Tristan 教授在《复分析可视化方法》这本书中举了一个例子:不通过图像来学习"复变函数",就像不懂音乐去强行学习五线谱[2]。对于普通学子,如何有效地画出复函数图像,一直是一项有挑战性的工作。如果老师在教授过程中照本宣科,按照书上的定理和公式纯符号化地向学生输出知识。不但背离了产生这门课的初衷,也会让学生在烦琐的证明和计算中失去学习的兴趣。

3. 多值函数问题,学生理解不够透彻

在学生中学阶段的学习中,为了不引起疑惑,教材将"多值函数"定义为无意义的。"多值函数"这一知识点既是"复变函数"课程的特色,也是最容易引起学生困惑的地方。可以说,如果学生不能充分理解"多值函数",就没有学到这门课核心的知识,更理解不了由此延伸出的"黎曼面"等知识。针对以上问题,我们设计了课程改革思路,如图1所示。

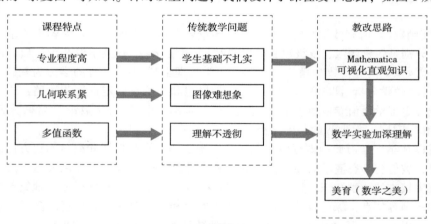

图 1 传统教学问题与教改思路

(二)课程改革思路

1. Mathematica 可视化,直观化知识点

(1) Mathematica 科学计算软件

Mathematica 自 1988 年发布以来,是使用最广泛的科学计算软件之一。它的发明标志了现代科学计算已经成为各领域中的热点问题。Mathematica 具有着强大的计算系统,它结合了数学计算、符号计算、图形系统、编程文本等基本操作,与 Matlab 和 Maple 并称为三大数学软件。也是本科生必须要用到,并且要求熟练掌握的数学软件之一[3]。Mathematica 可以方便地绘制二维、三维图像和制作动画。熟练掌握 Mathematica 科学计算软件,对于学生后期学习"计算方法"等相关计算数学课程,有重要的作用。学生参加"全国大学生数学建模竞赛"时,也可以帮助学生完成模型必要的数值计算。

（2）知识点可视化

知识点可视化，即利用图像、动画甚至实物的方式去演示具体的知识。在这里我们做两类可视化实践：一是定义和定理的可视化。比如"极点的分类"，通过三维图像，学生很容易就能够区分三类不同的"极点"，再与书上的定义进行比较，便能够充分理解定义；二是证明的可视化。数学定理的证明大都用符号来进行证明，但是我们可以利用计算机软件把证明过程由静态做成动态的图像，更好理解。比如在"儒歇定理"定理的证明过程中，我们可以通过动画直观周线的变化情况，完成证明。

2．构建实验，深化理解

单纯用可视化方法进行教学，容易让学生对知识点的了解流于表面，并不能很好地掌握知识，更不用说有效应用知识。我们设计的数学实验，可以很好地补充这一点。利用数值实验，同学们既可以验证知识点本身，又可以通过实验发现新知识。在数值实验设计之初，需要老师精心构造，科学化、合理化地设计实验教学。通过传统课堂讲解，可视化图形，实验教学的方式，层层递进，可以让学生从"学会"到"学懂"再到"精通"，更符合我们培育创新人才的目的。图2为教改方向与人才培养目标。

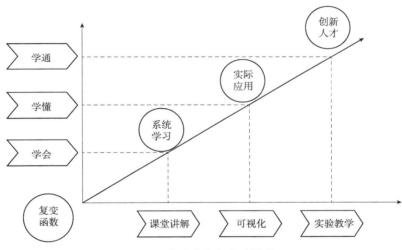

图2　教改方向与人才培养

3．美　育

学生实验过程中，会绘制出很多的简谐图形，有些图形是很美的。这些图形，都是学生通过学到的知识，利用简单的加、减、乘、除运算，通过平移、翻转或者对称绘制得到的。在学生尝试的过程中，既可以欣赏到图形的简谐、对称之美，也可以理解图像与知识之间的联系，欣赏到数学的统一、秩序美。只要老师稍加引导，便是很好的美育案例[4-5]。数学审美是有一定门槛的。通过自己的双手创造出美的图形，可以激发出学生的兴趣。

二、应用Mathematica可视化方法进行"复变函数"实验课设计

基于以上的课程设计思路，我们利用Mathematica可视化方法，在"复变函数"这门理论课中加入了数值实验元素。如今大部分同学都有手机或者电脑。利用这些电子设备，同学们均可以独自完成数值实验。北京林业大学理学院高度重视学生在数学实验方面的需求，搭建了高性能数学实验室，能够很好地为同学们提供硬件支持。接下来，将以复变函数论中的"儒歇定理"为例，阐述实验设计思路。

（一）预备知识，动画直观

对于一个复数 $z=x+yi$ 和复函数 $f(z)=u(x,y)+v(x,y)i$ 都可以用复平面上一点表示。在这个过程中，我们就建立了一个二维对二维的映射，也就是四维平面[1]。但是四维平面无法想象，我们利用 Mathematica 可视化方法通过制作动画的形式来表示复函数的投影关系。可以很清楚地看到每一个点在发生变化时，函数图像将发生怎样的变化。在这里我们利用了动态的二维动画而非静态的图像来表示。这一方式方便了学生理解，推动了后续课程知识衔接。如图 3 就是学生实际课上演练过程，展示了一个连续的动画，表达的是当自变量从一点开始旋转一周，函数为 $f(z)=z^3+\frac{1}{2}z^2$ 图像。通过图像，学生就可以直观地看出：函数的零点个数等于函数图像绕 0 旋转圈数。这一关系，即复变函数的知识点之一，幅角原理。

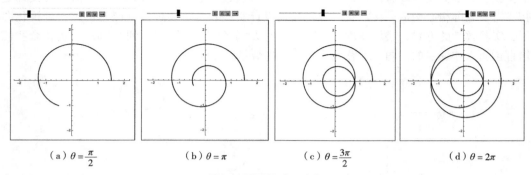

（a）$\theta=\frac{\pi}{2}$　　（b）$\theta=\pi$　　（c）$\theta=\frac{3\pi}{2}$　　（d）$\theta=2\pi$

图 3　幂函数动画实例

（二）具体实验步骤

在具体的数学实验过程的中，我们参考了化学实验的具体流程：即按照一定的实验目的和要求运用相关的知识和方法，按照一定的实验方法，对实验原理、仪器、装置步骤进行合理规划与安排[6]。实验的目的不仅是要求学生会画图，会验证知识，更重要的是从实验中反复试错获得新知识。

1. 确定实验原理和方法

对于"辐角原理"和"儒歇定理"的前置理论知识，我们在课堂上已经利用"对数留数"的知识进行了讲解和细致证明。这里设计实验是为了让学生理解定理的几何意义并给出证明。为验证"辐角原理"，我们需要选取一些已知函数，让学生通过观察，记录其在某一周线内的零点和极点个数，并观察函数图像。接下来，我们让学生通过实验讨论：两个已知函数之和对函数图像的影响，引出"儒歇定理"。

2. 理清设计思路

第一步，指导学生利用 Mathematica 可视化方法，做一个单位圆的动画；第二步，学生选取一些已知零点和极点关系的具体函数，去观察和记录函数图像幅角的变化情况；第三步，学生通过数值实验，记录并探讨函数的模的大小对函数图像的影响；第四步，学生对现象进行讨论，总结出一般规律。

3. 实施对比控制

对于数学实验，通过对比不同情况可以帮助我们得到新的知识。改变某一量，考察对整个函数图像造成的影响。在本节课中，我们通过对比不同次多项式的图像，验证"辐角原理"；通过观察同次不同系数多项式的图像对比，引出"儒歇定理"。

4. 结果进行评价和总结

实验课的最后阶段,学生理解了零点和极点的几何意义:零点个数正比于幅角逆时针方向改变量,极点个数正比于幅角顺时针方向改变量。通过对照实验,也发现了"儒歇定理"的特殊情况。但是学生并不了解这是为什么。我们再恰当引入详细的证明,就会让学习过程更加深刻。值得注意的是,这里的证明过程也不是符号化证明,而是利用数值实验方法证明的。图4是实验设计路线图。

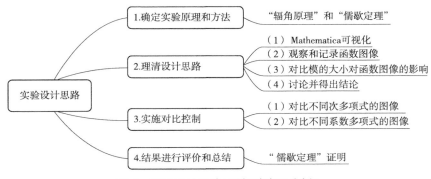

图4 实验设计思路(以儒歇定理为例)

三、课程改革效果与反思

(一) Mathematica 可视化方法设计实验可以提高学生兴趣、降低课程难度

1. 可视化方法减少授课时间

"儒歇定理"的讲解在传统课堂上需要一个学时,还不能让学生完全听懂,但是利用 Mathematica 可视化方法进行动态演示,只需要十分钟就能够让学生完全理解。利用几何直观,很多知识点并不需要老师花费太多时间讲述。"百闻不如一见",大大节省了讲授知识点的时间,为数值实验留出时间。学生在教务系统上的留言普遍反映课上内容清晰易懂。

2. 实验教学提高学生兴趣,加深知识理解

学生对实验课程兴趣盎然,乐于交流分享自己的实验结果。经过教学改革,学生课下答疑人数大大减少,以前每周10~20人次,现在每周低于5人次;但是作业的正确率极大提高,由以前的不到90%到现在普遍95%以上。对比前一年,学生期末成绩90分以上增加10人,对比去年增加5人,80分以上20人,对比去年增加10人。学生成绩优秀率提高显著,足以证明教学改革的成功。这门课在2021年专业课评教全院第一。

(二) 反思与未来改革方向

1. 知识点全覆盖

目前设计的数学实验部分只在部分"复变函数"知识点展开,还没有覆盖全部课程知识点。比如"级数"这一大类问题,利用三维图像可视化也可以取得不错的效果。未来会在这个方向上投入更深,挖掘更多知识点的可视化,并且设计相关数学实验,完善教学。

2. 实验形式多样化

通过阅读文献,发现实验也分为,验证性实验,设计性实验,开放性实验等[7]。目前设计的实验主要是验证性实验,未来会多尝试其他实验形式与知识点可视化之间的有机融合。并且结合不同的课堂表现形式来展开教学,如线上线下混合式教学,反转课堂等。做到学生实验,学生分享,学生解惑,学生进步。

3. 其他课程可迁移

我们认为利用计算机可视化方法设计实验的成功经验，完全可以迁移到其他数学核心专业课上，例如"解析几何""数学分析"等。进一步提高学生能力，促成知识点之间的衔接，提高学生动手能力与理论结合实践的能力，也更符合国家要求的高层次理学基础人才的培育要求。

参考文献

[1] 钟玉泉. 复变函数论(第四版)[M]. 北京：高等教育出版社, 2013.
[2] Tristan Needham. 复分析可视化方法[M]. 齐民友译. 北京：人民邮电出版社, 2009.
[3] 曹建莉, 肖留超, 程涛. 数学建模与数学实验(第2版)[M]. 西安：西安电子科技大学出版社, 2018.
[4] 王滢. 大学美育[M]. 成都：电子科技大学出版社, 2017.
[5] 傅树京, 王海文. 高等教育学[M]. 北京：首都师范大学出版社, 2007.
[6] 胡琴, 黄庆华. 分析化学[M]. 北京：科学出版社, 2009.
[7] 杨丹, 赵国君, 钮树芳. 关于分析化学实验教学的若干体会[J]. 内蒙古石油化工, 2016, 42(8)：104-105.

Complex Function experiments via Mathematica visualization design：Take Rouché Theorem as an example

Wu Xiaoyu

(School of Science, Beijing Forestry University, Beijing 100083)

Abstract By introducing the visualization method, we can improve the vividness of *Complex Function*. This method can help students to link the knowledge points, and strengthen their abilities in practice. This paper studies the teaching of *Complex Function*, which is the core course of mathematics and applied mathematics major. Using Mathematica visualization method and giving the function images, we can carry on the actual demonstrations in classes. We enhance the vividness of the knowledge by drawing two-dimensional planes, three-dimensional planes and animations. We also designed some mathematical experiments via the visualization method. Students compare the experimental results to confirm theoretical knowledge, excavate new knowledge and cultivate interests.

Keywords *Complex Function*, Mathematica visualization, mathematical experiment, talent student cultivation

荧光原位杂交纳入"遗传学"实验教学的探索与实践

张平冬　胡冬梅

(北京林业大学生物科学与技术学院，北京　100083)

摘要："遗传学"是农林高校林学、生物学以及草业科学专业的核心骨干课程之一。针对农林高校"遗传学"课程缺少分子细胞遗传学内容的问题，本研究以柳枝稷为材料，以草业科学专业学生为实践对象，将荧光原位杂交技术拆分为植物根尖材料的收集与固定、植物根尖细胞染色体制片、切口平移法制备45S rDNA分子探针、植物荧光原位杂交以及植物荧光原位杂交信号检测五个实验，开展遗传实验教学改革研究。该教改实践构建了适宜于农林高校"遗传学"实验教学体系，培养了学生的动手能力，提高了学习兴趣，健全了遗传学知识体系，取得了良好教学效果。

关键词：遗传学；荧光原位杂交；教学改革；课程设计

"遗传学"是研究生物遗传和变异规律、探索生命起源与本质的一门科学，是高等农林院校林学、草业科学、生物技术、园艺以及自然保护区等本科专业的核心主干课程之一，也是一门重要的专业必修课[1]。随着分子遗传学和生物技术的飞速发展与进步，基因工程、基因组学以及基因的表达与调控等内容均已写入高等农林院校本科专业的"遗传学"教材。有实验条件的高校，已将基因工程、DNA聚合酶链式反应(PCR)等内容纳入"遗传学"实验教学。唯独缺少从细胞遗传学过渡到分子遗传学的连接桥梁和纽带——分子细胞遗传学。这种相对有缺陷的教学内容设计和课程体系结构，不仅会影响学生遗传学知识体系的构建，也不利于推动分子细胞遗传学研究的进步。

20世纪60年代末期以来，荧光原位杂交技术(FISH)发展经历了放射性原位杂交技术[2]、生物素荧光原位杂交技术[3]、基因组原位杂交技术(GISH)[4]、多色荧光原位杂交技术[5]、DNA纤维荧光原位杂交技术(Fiber-FISH)[6]以及寡核苷酸荧光原位杂交技术(Oligo-FISH)[7]等发展阶段。目前，以FISH为代表的分子细胞遗传学实验技术在染色体精准识别、染色体作图、染色体畸变、物种进化以及功能基因定位等方面发挥了重要作用。本研究针对高等农林院校本科"遗传学"教学中缺少分子细胞遗传学内容的问题，依托校级教学改革项目，选取草业科学专业为对象，以荧光原位杂交技术为实践教学内容，开展"遗传学"实验教学的改革探索与实践。旨在将分子细胞遗传学内容纳入本科"遗传学"教学，健全"遗传学"课程知识体系。

一、"遗传学"实验教学改革内容设计与学时分配

荧光原位杂交技术环节多、纷繁复杂，包括实验材料的培养、植物根尖的收集与固定、染色体制片、荧光探针的标记、探针分子的变性、染色体变性、杂交、洗脱以及杂交信号

作者简介：张平冬，北京市海淀区清华东路35号北京林业大学生物科学与技术学院，教授，zhangpd@bjfu.edu.cn；
　　　　　胡冬梅，北京市海淀区清华东路35号北京林业大学生物科学与技术学院，高级实验师，dmhu@bjfu.edu.cn。
资助项目：北京林业大学教育教学改革项目"荧光原位杂交纳入本科遗传学实验教学的探索与实践"(BJFU2018JY045)。

检测等环节[8]。2018年秋季，遗传学实验教学改革研究课题组选择草业科学专业的遗传学实验课程为对象，选取细胞分裂旺盛的柳枝稷幼嫩根尖为材料，以45S重复序列rDNA为分子探针，将荧光原位杂交技术拆分为5个实验，分别为：①植物根尖材料的收集与固定；②植物根尖细胞染色体制片；③切口平移法制备45S rDNA分子探针；④植物荧光原位杂交；⑤植物荧光原位杂交信号检测（表1）。该专业的遗传学实验课总共14学时，5个实验分别安排2、3、3、3、3学时。

表1 遗传学实验教学改革内容设计与学时分配

序号	实验名称	分配学时
1	植物根尖材料的收集与固定	2
2	植物根尖细胞染色体制片	3
3	切口平移法制备45S rDNA分子探针	3
4	植物荧光原位杂交	3
5	植物荧光原位杂交信号检测	3

二、遗传学实验教学改革的实施过程

（一）植物根尖材料的收集与固定

草业科学专业"遗传学"实验课开课前约2个月左右，可将所有选课学生分成6~8个小组，每组由3~4名同学组成。从每组中挑选1名同学，于北京林业大学林木育种国家工程实验室温室进行柳枝稷栽培种"Summer"的播种育苗，准备实验材料。具体操作如下：在25℃条件下，将不同品种的柳枝稷种子撒播于盛满草炭土、蛭石以及珍珠岩混合基质（草炭、蛭石与珍珠岩的体积比约5：1：1）的花盆中，浇透水后均匀撒上一薄层草炭土，常规管理，等待柳枝稷种子萌发。待幼苗长至大约10cm高时，分别品种进行分盆移栽，每盆栽植1株。当幼苗生长至15~20cm时，可开始实施"植物根尖材料的收集与固定"实验。收集柳枝稷根尖时，将幼苗从花盆中取出，用剪刀截取幼嫩根尖，投入浓度为2mmol/L的8-羟基喹啉中预处理2~3h。预处理结束后，用蒸馏水将根尖洗涤3次，每次5min。第三次洗涤结束后，用滤纸吸干根系表面的水分，将根尖材料投入卡诺固定液中，置于4℃冰箱固定保存。

（二）植物根尖细胞染色体制片

柳枝稷根尖材料经过充分固定后即可开展实验二"植物根尖细胞染色体制片"。取3~4个固定后的根尖组织，用蒸馏水洗涤3次，每次5min。然后用滤纸吸干根尖表面水分，将根尖放置于1.5ml离心管中，加入30μl酶解液，于37℃水浴锅中酶解1.5h。根尖酶解结束后，用200μl移液器移除大部分酶解液，用蒸馏水洗涤3次，每次5min。染色体涂片时，取1个酶解后的根尖置于洁净的载玻片上，去除根冠区，保留分生组织，滴加20μl 45%的乙酸，然后将载玻片置于48℃的热台上，用解剖针均匀分散根尖细胞。当涂片即将干燥时，用1ml卡诺固定液冲洗涂片的残余杂质，空气中晾干涂片。将涂片置于光学显微镜下，观察柳枝稷根尖细胞有丝分裂过程，并进行拍照。筛选有丝分裂中期相多的涂片，装入切片盒中，置于-20℃冰箱中保存待用。

（三）切口平移法制备45S rDNA分子探针

极微量DNA消化酶I（DNase I）具有在双链DNA分子的一条链上随机切开若干个缺口功

能，而 DNA 聚合酶 I(polymerase I)可在切口的 3′-OH 端逐个添加新核苷酸的特性。由于 DNA 消化酶 I 切除 5′端游离核苷酸与 DNA 聚合酶 I 在 3′端添加核苷酸同时进行，交替出现，故而可导致切口沿着 DNA 链移动，可以将带荧光标记的核苷酸插入至 3′端，形成带有荧光标记的核苷酸链。在开始实验三"切口平移法制备 45S rDNA 分子探针"之前，需要设置一系列不同浓度的 DNase I，15℃条件下孵育 1.5h，分别消化 500ng DNA，筛选出适宜的 DNase I 浓度，使 1μl DNase I 正好消化 500ng DNA。确定 DNA 消化酶 I 的适宜浓度后，可按照表 2 配置 45S rDNA 分子探针标记体系。上述混合液经轻轻吹打混匀后，设置温度为 15℃，于 PCR 仪中孵育 1.5h，标记 45S rDNA 分子探针。待孵育反应结束后，滴加 2μl 0.5M EDTA 终止反应，并制备 1.5%琼脂糖凝胶，利用电泳法检测 DNA 分子探针片段大小。高质量的 DNA 分子探针片段大小应介于 100~300bp。

（四）植物荧光原位杂交

柳枝稷根尖染色体制片和 45S rDNA 分子探针标记准备好后，即可按照碱基互补配对的原则，开展实验四"植物荧光原位杂交"。杂交的具体操作过程如下：首先，按照表 3 配置荧光原位杂交体系，经吹打混匀后，将混匀的探针体系置于 95℃金属浴中变性 5min，迅速置于冰中静置至少 5min。其次，从 -20℃冰箱中取出柳枝稷根尖染色体制片，滴加 100μl 4%的多聚甲醛，盖上盖玻片，静置 10min 后，甩掉盖玻片，将载玻片依次浸泡于 70%，100%乙醇中进行脱水，各处理 5min；然后滴加 100μl 70%的甲酰胺于载玻片，盖上盖玻片，置于 85℃烘箱中进行 5min 的染色体变性处理；变性结束后，迅速将染色体制片依次置于冰冷 70%，90%，100%的乙醇中各脱水 5min，晾干载玻片。最后，滴加 20μl 变性探针于待杂交的染色体制片上，盖上盖玻片，将载玻片置于湿润的暗盒中，在 37℃条件下进行杂交过夜。

表 2 45S rDNA 分子探针标记体系

组成成分	体积(μL)
稀释的 DNA 消化酶 I	1
10×切口平移缓冲液	5
DNA 聚合酶 I	1
A，C，G 脱氧核糖核酸单体	2.5
地高辛标记的核糖核酸单体	2.5
DNA	500ng(根据 DNA 浓度计算其体积)
重蒸馏水	补齐
总计	25

表 3 原位杂交分子探针体系

组成成分	体积(μL)
100%去离子甲酰胺	10
20×SSC 缓冲液(pH=7.0)	2
地高辛标记的 DNA	2
50%硫酸葡聚糖	4
重蒸馏水	2
总计	20

（五）植物荧光原位杂交信号检测

45S rDNA 探针分子与柳枝稷靶 DNA 序列结合后，形成携带地高辛或生物素等荧光标记的杂合分子，进而可利用 Rhodamine anti-DIG-sheep(红色)或 Alexafluor 488 Streptavidin(绿色)等抗体分子与荧光素标记的特异亲和素之间的免疫化学反应，可直接在荧光显微镜下进行荧光检测，对待测 DNA 进行定性或相对定位分析。实验五"植物荧光原位杂交信号的检测"的具体操作步骤如下：①将杂交过夜的染色体制片取出，甩掉盖玻片，将制片浸泡于 2×SSC 缓冲液中洗脱 5min 后，于 42℃ 2×SSC 缓冲液中再洗脱 10min；最后，将制片浸泡于 1×PBS 缓冲液中洗脱 10min，气干待用。②滴加 100μl 抗体溶液(含 99μl 1×TNB Buffer，1μl Rhodamine anti-DIG-sheep 或 1μl Alexafluor 488 Streptavidin)于杂交后的载玻片上，盖上盖玻片后,将载玻片置于湿润的暗盒中,在37℃条件下进行孵育1h;孵育反应结束后,甩掉盖玻片,将载玻片置于1×PBS中,洗脱3次,每次5min;晾干载玻片,滴加20μl DAPI于载玻片,盖上盖玻片,在荧光显微镜下镜检、照相,获得高质量的荧光原位杂交照片(图1)。从图1可以看出,柳枝稷栽培品种"Summer"具有4个45S信号位点,说明培品种"Summer"由4个染色体组组成,属于四倍体。

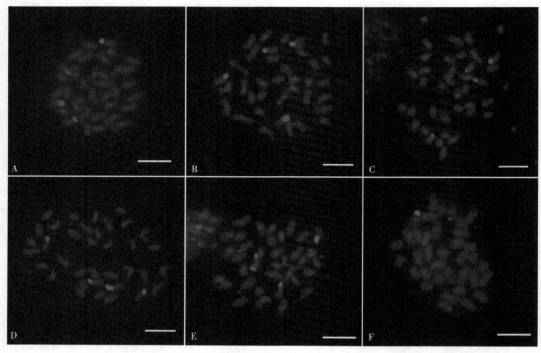

A—第一组实验结果;B—第二组实验结果;C—第三组实验结果;D—第四组实验结果;
E—第五组实验结果;F—第六组实验结果。
图1　柳枝稷四倍体栽培品种"Summer"的45S原位杂交信号分布

三、实验成绩考核

荧光原位杂交实验考核采用实验报告与PPT汇报相结合的方式,总成绩按100分制,其中实验报告50分,PPT汇报50分。教改研究中,由于荧光原位杂交实验被拆分为植物根尖材料的收集与固定、植物根尖细胞染色体制片、切口平移法制备45S rDNA分子探针、植物荧光原位杂交、植物荧光原位杂交信号检测5个实验实施,因此每次实验均需要提交实验报告,每次实验报告计10分,共计50分。实验报告重点考查学生参与实验的积极性和投入程度、书写规范程度、报告质量以及实验结果。另外,实验结束后,每小组需要推荐1名组员,代表小组以PPT形式对荧光原位杂交实验进行全面介绍。汇报内容涵盖植物材料培育、染色体制片、45S rDNA分子探针制备、荧光原位杂交、杂交信号检测以及对教学改革效果的评价与体会。任课教师按照统一的评分标准,对每组的PPT汇报进行点评并确定考核分值。

四、遗传学实验教学改革效果反馈与评价

实验教学改革实施后,课题组设计了"遗传学实验教学改革反馈与效果评价表",要求参与遗传学实验教学改革的草业科学专业同学完成"遗传学实验教学改革反馈与效果评价

表"。课程结课考试前,"遗传学实验教学改革反馈与效果评价表"随实验报告一起上交给任课教师。现对学生反馈意见总结如下:

(1)以荧光原位杂交技术为代表的分子细胞遗传学内容纳入"遗传学"实验课程后,构建了涵盖孟德尔经典遗传学、细胞遗传学、分子遗传学、分子细胞遗传学、数量遗传学以及群体遗传学等分支学科的完整课程知识体系,丰富了"遗传学"课程内容。

(2)优化整合"遗传学"课程实验教学内容,将荧光原位杂交技术分解为"植物根尖材料的收集与固定""植物根尖细胞染色体制片""切口平移法制备45S rDNA分子探针""植物荧光原位杂交"以及"植物荧光原位杂交信号检测"五个实验,并在涉林高校进行了有益的尝试,取得了良好的教学效果。

(3)参与实验教学改革的学生从植物材料的培养着手,全程参与涵盖植物荧光原位杂交的各技术环节,不但培养了学生自主学习的积极性,而且培养了他们独立思考、发现问题、解决问题的能力,提高了综合素养。

参考文献

[1] 刘庆昌. 遗传学[M]. 2版. 北京:科学出版社,2010.
[2] Gall J G, Pardue M L. Formation and detection of RNA-DNA hybrid molecules in cytological preparations[J]. Proceedings of the National Academy of Sciences of the United States of America, 1969, 63(2):378-383.
[3] Payburn A L, Gill B S. Use of biotin-labeled probes to map specific DNA sequences on wheat chromosomes[J]. Heredity, 1985, 76(2):78-81.
[4] Durnam D M, Gelinas R E, Myerson D. Detection of species specific chromosomes in somatic cell hybrids[J]. Somatic cell & molecular genetics, 1985, 11(6):571-577.
[5] Nederlof P. Multiple fluorescent in situ hybridization[J]. Cytometry, 1990, 11(2):126-131.
[6] Fransz P F, Alonso-Blanco C, Liharska T B, et al. High-resolution physical mapping in Arabidopsis thaliana, and tomato by fluorescence in situ hybridization to extended DNA fibres[J]. Plant Journal, 1996, 9(3):421-430.
[7] Han Y, Zhang T, Thammapichai P, et al. Chromosome-specific painting in cucumis species using bulked oligonucleotides[J]. Genetics, 2015, 200(3):771-779.
[8] 张平冬,徐吉臣. 将分子细胞遗传学内容纳入高等农林院校"遗传学"本科课程教学的建议——以荧光原位杂交技术为例[J]. 中国林业教育, 2019, 37(3):36-39.

Exploration and practice of fluorescence in situ hybridization combined into experimental teaching system of *Genetics*

Zhang Pingdong　Hu Dongmei

(College of biological scienceand technology, Beijing Forestry University, Beijing　100083)

Abstract　*Genetics* is one of important courses for disciplines, such as Forestry, Biology and Grassland Science at agricultural and forestry universities. In this study, focused on omission of molecular cytogenetics in current *Genetics*, a new experimental teaching system of genetics for undergraduate of Grassland Science was built by combining into fluorescence in situ hybridization using switchgrass as materials. This experimental teaching system involved harvesting root tips and fixed, chromosome slides preparation, labeling 45S rDNA probe, fluorescence in situ hybridization, and detection of signals of fluorescence in situ hybridization. The new experimental teaching system was proven to be suitable for undergraduates at agricultural and forestry universities because it enriched the knowledge system of *Genetics*. Application of the new experimental teaching system not only cultivated undergraduates' practical ability, but also improved their interest in learning, leading to an excellent performance for experimental teaching.

Keywords *Genetics*, fluorescence in situ hybridization, teaching reform, course design

面向策划—评估全流程设计能力培养的"风景园林建筑设计"课程改革研究

张若诗

（北京林业大学园林学院，北京 100083）

摘要："策划—评估"作为一种设计全流程理论方法，其重要性正逐步得到风景园林、城市规划、建筑等建成环境相关专业人士的认可。但当前在我国风景园林、建筑相关院系中，其多作为理论和方法技术融入纯粹的研究层面，且策划评估常与设计脱节。"风景园林建筑设计"是北京林业大学园林学院风景园林专业培养课程体系中的重要环节，以空间设计为载体，引导学生探索景观建筑设计中的空间、时间及社会、地域等特征，旨在训练学生综合运用空间相关知识，是设计专业基础课程的重要组成；但其现存课程体系与内容设计中缺乏对学生理性分析问题和系统调查研究能力的培养，"策划—评估"逻辑方法的引入恰有利于弥补这一短板。本文提出面向策划—评估全流程设计能力培养的范式机制，借助三阶段设计课实践，探索策划—评估教学融入当前"风景园林建筑设计"课程体系中的整合创新。结果表明，学生能够更全面理解设计任务、更高效完成设计作业、更深入进行全流程设计研究，同时提升了其对设计课的整体兴趣，对风景园林学科人才培养有重要促进作用。

关键词：风景园林建筑设计课；策划；评估；设计能力培养

近年来，我国建成环境处于由粗放扩张向精细增长、由增量开发向存量更新转型的关键时期，景观化改造成为了既有城市空间、建筑及工业遗产可持续发展的一种有效途径。与此同时，国家政策不断引导和规范景观、城市及建筑的设计管理工作，倡导前策划后评估的完整架构，"前策划—后评估"闭环的重要性正逐步得到业界和学界的认可。2019年9月15日，国务院办公厅转发住房和城乡建设部关于《完善质量保障体系提升建筑工程品质指导意见》的通知，明确提出"建立'前策划、后评估'制度，完善设计方案审查论证机制，提高设计方案决策水平"；住建部有关文件指出："实施总体策划、工程规划、工程勘察与设计、项目管理、工程监理、造价咨询及项目运行维护管理等全方位的全过程工程咨询服务。"上述国家政策与行业形势对景观空间相关设计教学和人才培养提出了更高的要求：既需要具有空间形态组织和设计创造能力的人才，又需要能够胜任包括策划和评估在内的全过程工程环节的人才，并且二者在执业实践的过程中往往会出现多重能力和技能培养相交相融的需求[1]。应该说，建成环境策划—评估理论与方法已成为景观、建筑及城市等相关设计课程中重要的教学内容和研究方向，也是风景园林学科人才培养不可或缺的部分。

然而在当前我国绝大多数高等院校风景园林方向的课程体系中[2-3]，策划—评估的教学、研究和实践刚刚起步，尚未得到充分的重视。研究生课程体系中有部分关于策划和环境行为研究的相关计划设置；但在本科阶段，不论是理论课程、专业设计课、专业实践课，均尚未形成对策划—评估相关能力、理论及方法和设计的融合考量[4]。因此，风景园林系列基础课程亟须引入策划—评估系统理论，在培养目标设置和课程内容设计中重视景观—城市—社会空间发展的理性分析能力，帮助学生在未来应对不同景观尺度、

作者简介：张若诗，北京市海淀区清华东路35号北京林业大学园林学院，讲师，499464034@qq.com。
资助项目：中央高校基本科研业务费专项资金资助（2021ZY42）。

覆盖多元空间类型[5]。

"风景园林建筑设计"是北京林业大学园林学院风景园林专业培养课程体系中的重要环节，以空间设计为载体，引导学生探索人与建成环境交互中空间、时间及社会、地域等特征，旨在训练学生通过调研、设计，综合运用空间相关知识，分析与解决复杂问题的能力，是设计专业基础课程的重要组成；于此，建成环境策划—评估的逻辑方法可以帮助学生于设计前期对设计问题进行系统调研与剖析、于设计后期对设计成果进行全面评价与反思，由此通过科学理性的决策分析等技能培养，进一步充实学生的景观设计和空间形态塑造能力。

一、"风景园林建筑设计"系列课程教学概况

"风景园林建筑设计"课程由Ⅰ、Ⅱ、Ⅲ三部分进阶训练组成，分别为：着眼形式结构逻辑的景观构筑亭设计、强调建筑与场地融合的山地别墅设计、关注社会与地域特征的大中型复杂游客中心设计。三部分设计的尺度和复杂度逐步递增，其具体内容、要求、相关性见表1。

表1 "风景园林建筑设计"系列课程概述

课程阶段	授课对象	主要内容	培养目标	成果预期
"风景园林建筑设计"Ⅰ：园林景观亭设计	风景园林专业二、三年级学生	本课程分为准备、结构设计与构造设计3个阶段。准备阶段2周，8学时；结构设计阶段4周，16学时，着眼于单一空间结构体系的建立。构造设计阶段2周，8学时，着眼于表皮对于空间的围合	在考虑建筑的结构、构造、材料等基本工程技术要求前提下，运用构成原则、手法进行建筑及空间造型设计	使学生熟悉"风景园林建筑设计"的基本内容、程序和方法，了解建筑结合自然环境的各种途径及手段，能够设计简单的风景园林建筑和园林构筑物，树立起建筑的结构、构造意识，形成功能、技术、环境、文化等方面综合统一的概念
"风景园林建筑设计"Ⅱ：山地别墅设计	风景园林专业二、三年级学生	本课程分为准备、设计初稿、设计深化、最终表达四个阶段。准备阶段包括场地调研与案例分析，设计初稿与深化包括对方案的提出、选择与推演；最终表达包括手绘图纸与模型	加深理解建筑的环境、功能、空间、造型、交通、结构、围护各体系间的内在关系；学习如何把形态构成的方法、技巧灵活运用于建筑的空间造型设计中	通过本课程的学习，使学生掌握小型风景园林建筑方案设计的基本处理手法与设计技巧
"风景园林建筑设计"Ⅲ：游客中心	风景园林专业二、三年级学生	本课程分为准备、设计初稿、设计深化、最终表达四个阶段。准备阶段包括场地调研与案例分析，设计初稿与深化包括对方案的提出、选择与推演；最终表达包括手绘图纸与模型	巩固和发展建筑设计的基本能力，建立可持续发展的建筑设计观念；关注建筑的地域文化特征；培养建筑设计的创意能力	通过本课程的学习，使学生掌握处理功能技术比较复杂、造型艺术要求较高的大中型风景园林建筑的设计方法

在现有课程教学中，存在的问题及诉求表现在三方面：

（一）设计与研究过程在课程设计中缺乏关联

"风景园林建筑设计"课程每一个阶段的教学安排均为 32 学时，时间紧、任务重，使得学生常在刚刚进入课程学习时就急于进入设计阶段，完成设计任务书中具体面积功能等成果要求，缺乏对任务书的剖析与研究，及对设计开始前期研究逻辑与研究方法的认知和学习。学生对于设计任务书的接受是机械的，缺乏思考与批判。例如，任务书所设定的功能是否恰当？是否符合相关任务的时代变化及诉求？是否需要根据场地的研究调整？等等；同时，对案例的找寻与分析常常是课程任务导向的，常被作为设计课汇报任务的一部分，而非真正为设计过程寻求参考及灵感。而基于前述景观建筑设计的"策划—评估"全生命流程理论及实践，研究是设计前期策划合理展开的前提，是设计后期全面评估进行的保证。

（二）学生对设计前期的研究方法掌握不足

三阶段设计课均对学生提出了进行场地研究与案例研究的基本要求；但在授课过程中，却发现学生对于相关研究方法、如何实施及其与设计阶段的关联不甚明了，更多是一种模仿与机械性的任务完成过程，也无法对后续的设计开展提供支持。课程设计亟须系统明确研究的价值、方法及其对设计全流程的促进作用。

（三）学生对问题导向的设计过程缺乏理解

设计的本质是分析问题并解决问题，而在现有"风景园林建筑设计"课程中缺乏对相关内容的强调与关注，也由此缺乏对学生问题导向设计方法的指导及能力的培养。而策划—评估的闭环带来了从问题的搜寻、剖析、解决到反思全流程逻辑引导，将相关知识点引入有利于针对性的解决这一问题。

（四）课程缺乏全流程设计能力的贯穿性培养

除了上述具体的问题及诉求，"风景园林建筑设计"系列课程整体也存在一个亟待思考的问题：如何关联三阶段进阶课程，实现对学生分析能力、研究能力及设计能力的贯穿培养。此时，融入策划和评估的知识点，通过科学理性的决策分析等技能教授，有利于进一步充实建筑设计和空间形态塑造的能力，使三部分设计课不再流于单纯的图纸和模型，而完成对学生能力的贯穿性培养。

二、"风景园林建筑设计"系列课程发展诉求

综上，面向学生"策划—评估"全流程设计能力培养诉求，"风景园林建筑设计"系列课程发展着眼于以下三方面探索：①本系列课程三部分组成的难度和训练目标循序渐进，策划—评估的技能传授如何呼应设计课循序渐进？②短暂的课程教学周期决定了策划—评估的知识点学习不能采用全面的理论课教学的方法，如何使其中策划—研究部分的精华教授更加高效和有重点？③设计专业课的培养训练是以空间形态为最终成果导向的，而策划—评估的应用面很广，如何使之更好呼应空间形态训练，更有效地指导空间设计？本研究即围绕以上三个问题展开改革探索。

三、策划—评估理论与方法在课程改革中的设计与应用

（一）介入问题分析与研究逻辑的要点训练

根据"风景园林建筑设计"系列课程的三部分内容，研究者结合策划—评估的逻辑将不同的训练要点介入到课程体系中。三部分课程的设计尺度增大、教学重点和难点要求也逐步增加。"'风景园林建筑设计'Ⅰ：园林景观亭设计"，功能包括但不限于休息厅、展廊、咖啡厅等，训练重点着眼于帮助学生了解建筑结合自然环境的各种途径及手段，能够设计

简单的风景园林建筑和园林构筑物,树立起建筑的结构、构造意识,形成功能、技术、环境、文化等方面综合统一的概念。"'风景园林建筑设计'Ⅱ:山地别墅设计",功能着眼于具体的居住空间设计,训练重点着眼于帮助学生加深理解建筑的环境、功能、空间、造型、交通、结构、围护各体系间的内在关系;进一步学习如何把形态构成的方法、技巧灵活运用于建筑的空间造型设计中去。"'风景园林建筑设计'Ⅲ:游客中心"是系列课程的高阶部分,训练重点包括帮助学生掌握处理功能技术比较复杂、造型艺术要求较高的大中型风景园林建筑的设计方法;巩固和发展建筑设计的基本能力,建立可持续发展的建筑设计观念;关注建筑的地域文化特征;培养建筑设计的创意能力。

　　基于此,策划和评估介入的要点也顺应规模难度的增加而循序渐进。其中,"剖析深化任务书""空间初步构思"以及"社会调查"是贯穿各个阶段的环节。到了高阶的游客中心设计,结合相应设计的社会经济需求,还需要制定策划报告或空间策划书,并对前期初步形成的空间构想进行评价。比如,"园林景观亭设计"中,地段所选位置为校园中大家都非常熟悉却极少花时间观察研究的"云在亭"区域,学生根据对场地中的人—景观环境—行为活动的观察,在第一周内制定出相应的专项任务书(图1);如"山地别墅设计"中,课程大纲只给定了总面积,学生根据用户需求和喜好调查,可发展出面向不同工作种类、不同家庭类型、不同人员的不同空间要求。在"游客中心设计"中,学生在教师指导下设定不同专题展开学习,并发展出针对所选不同地段和社会调查结果的相应策划书,包括用户需求、产品选型、经济预算、商业模式等。

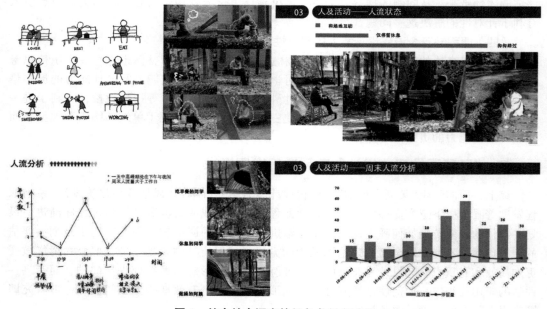

图1　结合社会调查的任务书制定过程

　　通过融入策划—评估理论方法,引导学生逐步理解给定设计要求背后的原因与诉求,一方面实现建成环境认知的建立到提升,另一方面合理化任务书内容。在基础阶段,学生需要初步建立对空间优劣的认知,思考适合不同活动类型的空间尺度和场地要素设计;进而,通过融入空间策划和相关案例学习,学习判断现有景观、城市、建筑发展的前景,并学习掌握相应的景观建筑设计应对策略;而最重要的是,可由此引导学生进一步深化对现有建成环境问题的思考,实现从纸上谈兵式的理想主义向现实性和可操作性迈进。

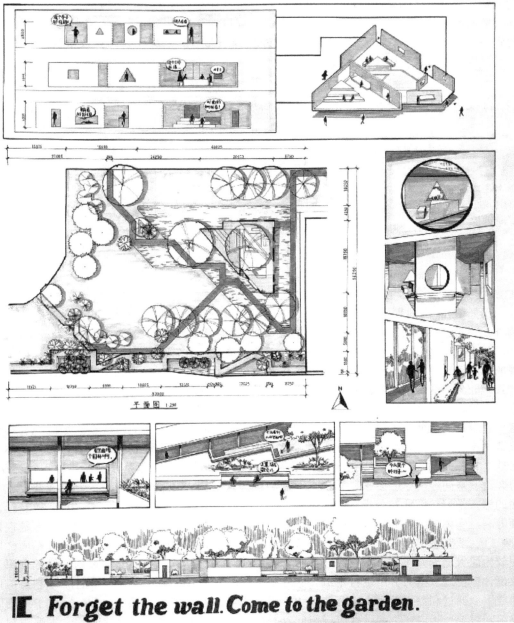

图 2 将社会调查与分析同步融入最终表达成果

（二）多角度提升策划—评估方法逻辑的学习效率

"风景园林建筑设计"课时间紧而任务重，因此需要通过多种趣味性强的方法，激发学生兴趣，提高其对策划—评估逻辑方法的学习效率。在改革探索的过程中，提升社会调查能力及角色代入的专题探讨研究表现为两种行之有效的方法。

方法一是在第一周的地段调查中融入相关的社会调查小环节。与专项理论或实践课程的调查不同，"风景园林建筑设计"课程中的社会调查更具针对性，即结合设计课给定地段，研究相关具体问题。比如"再筑云在亭"设计中，社会调查问题重点在于现有云在亭与场地关系及其带来的空间体验（表2）。因此，社会调查选题关注使用者诉求与场地定位不匹配的问题，从景观空间设计视角进行分析审视。与设计课选题目标相呼应的社会调查，一方面有效避免了一般地段调研中缺乏特定人群的盲目性，另一方面结合特定视角的研究能够起到举一反三的作用，和空间设计要求充分结合，提高效率及社会调查成果的指导作用，并且可以在后续设计中得到反馈。

表2 "风景园林建筑设计"Ⅰ任务书深化与社会调查要点

基本情况	自然环境	建成环境	人及其活动	独特的场所精神	现存问题
所处位置分析 交通情况分析 人流分析	植物：原有的生命延续，尤其是具有景观性的、精神性的、纪念性的 动物：小动物活动的轨迹与场所 阳光：人活动对光照与阳光的需求 气候：风、雨、雪……意境的营造 地形：山水大地之势	已有的建筑物、构筑物、道路等（特征、优劣之处、是否可利用，等等）	基本特点描述 访谈内容记录 行为记录 状态记录 情感记录	属于地段的 属于北林的 属于你们的 可能来自一棵树 可能来自一束花 可能来自动物留下的痕迹 可能来自一个故事……	要解决问题的描述（使用问题？安全问题？色彩问题？形式问题？）

比如，在"山地别墅"课程设计中，学生对山地景观的地貌、植被、道路等进行了详细调查，同时通过对长城脚下公社的实地案例研究体会山地景观与建筑呼应的设计建造方式，并调查了使用者需求。在后续设计中，基于调查成果，有针对性地提出了建筑介入山地景观的不同策略，不同策略应对不同的操作对象展开，进而再明确不同策略的相应空间设计和景观介入手法，使得建筑单体避免流于虚假、与山地景观分裂。

方法二是角色主题引入研究和组间交叉讨论。策划研究往往涉及多元利益主体，以游客中心设计课为例，不仅关注使用空间的游客主体，同时扩展到地段所在区域的既有环境改造更新和服务设施配套升级、人口流动、公共服务空间的选址和社会融合、经营主体及土地产权等问题。其范畴更远远超出了简单的建筑设计领域，而是涉及心理学、社会学、博弈论、空间经济学等多学科知识。考虑到设计课中调查环节时间较短，无法展开方方面面的深入学习，因此在分析阶段，将学生分为政府（以规划管理部门为主，角色A）、经营商等利益实体（角色B）和社会公众（角色C），每个组3~4人，进行有特定视角的专题探讨（表3）。学生通过角色代入，对其身份认同感获得提升，短时间内得以形成情感锚固，以便较为深入地展开研究；后续结合课堂汇报、研讨进行互补。完成前期策划、任务书深化及设计定位后，则对分组进行重组，尽可能保证新设计小组成员都由2~3种不同利益群体构成，以通过利益博弈和小组合作产生出设计引导的空间解决方案。由此，完成了策划阶段组间讨论—组内交流和设计阶段组间互补—组内学习的组合，充分调度了学生的主观能动性。

表3 多角色带入分析研究内容

角色	研究内容
政府部门（A）	建成环境周边交通、用地性质、相关商业配套产权、环境保护、公众安全等
经营商（B）	商业类型、投资回报、周边建成环境功能类型及定位等
社会公众（C）	生活需求、交往需求、公共服务设施需求等
设计师（D）	基本设计规范、消防、功能、日照等

（三）基于空间分析进行评估学习

由于"风景园林建筑设计"课以空间形态设计为最终成果导向，策划—评估的介入也需相应聚焦，即适当弱化经济社会分析，强化景观环境的性能和品质分析，以反馈于设计的提升。

在实地调查环节，研究者采取"三步走"方式。首先引导学生对自己的设计地段进行初步调查和感知，但同时，指导教师给出相应的可实地走访的校园及城市中类似的优秀地段，要求学生对其进行实地踏勘并进行空间描绘分析，进而回到自己的设计地段，进行真实的空间比对分析。这一环节设定，能够有效帮助学生通过"对比"，认识到地段可以通过物质空间设计手法进行品质提升之处，避免往常实地调查容易出现的泛泛而谈。

同时，研究者对于学生的调研过程始终强调对使用者的行为观察和需求访谈；既包括对大量使用者的综合性、总述性的整合式数据化记录，如不同时段不同类别的人群及其行为，也包括对有代表性的特定人群的深入访谈及观察，以此引导学生更好地进行以人为核心的空间策划、设计开展及后续的评估环节（图3）。

图3 山地别墅设计题目最终模型成果被用于再一次收集前期被调查甲方的意见反馈

当然，"风景园林建筑设计"课程的一大特色成果形式是景观建筑空间环境的蓝图式展现，即通过设计方案展现对最初提出及研究的环节问题的思考和应对策略。在最终的空间设计成果中，也需要有对社会调查问题的解答。在空间展示环节，研究者要求学生将空间模拟生成的透视图和鸟瞰图等，重新应用社会调查的分析基础进行再次评价。比如，在游客中心设计课程中，有学生关注的是公共建筑所在城市街区的街道社区情感体验程度，通过专家打分，归纳出促进情感体验因子的权重，并就此展开相应的实证调查，提出改进方案。在方案完成后，再次将方案展示给最初进行过社会调查的居民和使用者，收集其对于方案的反馈意见。通过"再次调查"和"预评价"，实现了设计方案的动态反馈，并且也在某种程度上让学生了解了设计过程中的公众参与方式。

最后，课程也充分采用评图团队多元化的方式来拓展风景园林建筑设计方案评价的视角。在再筑云在亭、山地别墅、游客中心三阶段设计课的评图中，教学组均会邀请院内其他教研室教师、国内外知名专家、地方规划部门工作人员及学校内的学生或居民代表前来参加。他们中的很多人参与了设计题目拟定，在前期的调查策划阶段也接受过访谈，甚至还将采纳设计观点用于真实的建设中。因此，多元的视角和最后的方案评估反馈能够充分形成"调查—策划—方案设计—评估—工程设计"的全流程闭环，也有助于学生更好地理解策划—评估的价值。

四、课程改革的成果与评价

在改革实施的"风景园林建筑设计"三阶段课程结束后，针对研究为导向的"策划—评估"能力教学效果与学生学习兴趣进行问卷调查，结合课程作业共同探究相关改革成果是否为学生带来了对研究能力的提升、研究方法的初步掌控、策划—评估在建成环境设计全流程中的应用理解等，及其对相关课程改革的兴趣程度。问卷在每个阶段课程中都进行了发放，共发放 99 份，收回有效问卷 91 份，结果见表 4。

表 4 "风景园林建筑设计"课程改革成果调研问卷结果

主要内容	评价结果(%)		
	是	否	无法确定
是否理解了策划—研究与设计之间的关系	82.4	11.0	6.6
策划逻辑的介入是否有助于后期设计的开展	73.6	13.4	13.0
通过策划是否更有利于研究方法的学习与研究过程的展开	93.4	3.3	3.3
通过策划与前期调研是否促进了设计概念的发展	87.9	5.5	6.6
通过设计后评估是否增添了对设计成果的反思与深化	96.7	0	3.3
策划—评估逻辑的介入是否有利于设计的发生与发展	85.7	3.3	11.0
是否对增加前策划—后评估环节的景观建筑设计课程更感兴趣（课程进行前）	75.8	11.0	14.0

根据调查结果，在设计前期，82.4%的学生认为了解了策划、研究与设计之间的逻辑关联，73.6%的学生认为策划有利于后期设计的开展，93.4%的学生认为策划知识有利于研究的进行，87.9%的学生认为策划与前期的研究促进了设计概念的发展。以上说明策划概念与理论的引入，有利于学生在设计前期分析任务书，并进行场地、案例调研研究方法的学习与开展，而这一过程是高效合理进行具体设计的基础。在设计成果产出阶段及后期，96.7%的学生认为通过设计后评估增加了对设计成果的反思和深化，85.7%的学生认为策划—评估逻辑的介入有利于其设计的发生发展。而在课程进行前对选课学生进行的兴趣调查结果表明，75.8%的学生对于将策划—评估全流程逻辑介入设计课程中很感兴趣，希望能获得综合能力的培养。

除此之外，问卷还设置了开放性问答，以收集在课程过程中同学们感到收获最大或印象最深的阶段。有学生反映："策划后的设计让我更清晰地理解了任务书的由来，进行策划的过程需要在平衡各种元素时小心权衡，感觉很奇妙。"还有学生认识到："设计不可能脱离它所依托的城市背景，它和社会现实具有广泛联结，总体来说通过策划—评估的逻辑使得设计的黑箱被打开，让我体会到这个更加逻辑化的过程，这样的设计也会对人和社会产生更深入的决定性的影响。"更多学生表示："第一次感受到设计课也可以很理性、很具有逻辑性，可以关注到真实的人与社会。"可以说，培养学生理性分析设计的能力、激发起学生对策划—评估的兴趣，并增强他们学习设计的信心，是课程改革实践中最大的收获。

综上，通过本次教学改革及实践探索，归纳提出策划与评估在设计教学中相互印证和反馈的范式机制。于课程定位革新，以设计面向的使用者需求为切入点，由浅入深，在构建景观建筑认知次序的基础上，鼓励学生深化任务书。于课程流程革新，在较短的课时中充分发挥学生积极性，通过研究选题结合特定需求，角色演绎代入具体人群，交叉组合实现博弈讨论，激发学生兴趣，提高专题学习效率。于具体空间分析革新，结合实地探勘和优秀案例比对，通过意象拼贴互评的"预评价"，以及多元主体参与的评图。由此，形成"策划—设计—评估"在风景园林的全流程能力训练体系。

参考文献

[1] 庄惟敏. 建筑策划与后评估教育的发展与展望[J]. 住区，2019(3)：6-7.
[2] 杜春兰，郑曦. 一级学科背景下的中国风景园林教育发展回顾与展望[J]. 中国园林，2021，37(1)：26-32.
[3] 林广思，罗越. 中国风景园林学科和专业设置现状与分析[J]. 风景园林，2021，28(10)：72-83.
[4] 肖洪未，刘欣悦，刘芷萱. 基于感性与理性思维融贯的农林院校风景园林建筑设计教学范式研究[J]. 重庆建筑，2021，20(9)：33-37.
[5] 王向荣. 不断变化与拓展的风景园林教育[J]. 风景园林，2021，28(10)：19-26.

Integration and cultivation of architectural programming and evaluation abilities with *Architecture in the Landscape Design* Studios

Zhang Ruoshi

(School of Landscape Architecture, Beijing Forestry University, Beijing 100083)

Abstract The importance of "programming-evaluation" in the whole design process is gradually recognized by the industry and academic circles related to the built environment, such as landscape architecture, urban planning, architecture and so on. But at present, most of the relevant colleges and departments of landscape architecture in our country only integrate relevant theories and methods into the paper research and design teaching, and there is a disconnection between programming, evaluation, and design. *Architecture in the Landscape Design* is an important link in the training course system of Landscape Architecture in the School of Landscape Architecture, Beijing Forestry University. It takes space design as the carrier to guide students to explore the characteristics of space, time, society, and region in landscape architecture design. The aim is to train students to make comprehensive use of space-related knowledge, which is an important component of the basic courses of design major. However, there is a lack of cultivation of students' ability of rational analysis and systematic investigation and research in the existing curriculum system and content design, and the introduction of the logical method of "programming-evaluation" is helpful to make up for this deficiency. This paper puts forward a paradigm mechanism for the cultivation of the whole process design ability of programming-evaluation and explores the integration and innovation of programming-evaluation teaching into the current curriculum system of *Architecture in the Landscape Design* with the help of the practice of three-stage design courses. The results show that students can better understand the design task, complete the design homework more efficiently, conduct more in-depth research on the whole process design, and enhance their overall interest in the design course, which plays an important role in promoting the training of landscape architecture talents.

Keywords *Architecture in the Landscape Design*, programming, evaluation, cultivation of design ability

思政课程"1234"自助式实践教学体系研究

——以"形势与政策"课为例

郄汀洁

(北京林业大学马克思主义学院,北京 100083)

摘要: 实践教学是思政课教学的重要组成部分,能够与理论教学相辅相成、协同发力,对于引导大学生积极投身改革开放和现代化建设伟大事业有着重要的现实意义。针对当前实践教学中存在的问题,构建了一套思政课程"1234"自助式实践教学体系,该体系由"一个目标""两种模式""三个年级""四个环境"构成,融合了课内课外、校内校外、线上线下各种场景以及五门思政课的重点内容,提供了30个实践项目供不同专业背景的师生自助式选择。

关键字: 实践教学;教学体系;形势与政策;思政课程

思政课程作为落实"立德树人"根本任务的课堂主渠道,担负着重要的思想政治教育工作。"形势与政策"课旨在通过为学生讲解当前国际国内的形势与各项方针政策,引导青年学生投身现代化建设、实现中华民族伟大复兴,是新时代思想政治教育中不可或缺的一门课程。

"形势与政策"课的教学内容分为理论教学和实践教学两部分,理论教学是将国际国内整体形势、现行方针政策、社会热点等内容通过课堂的形式讲授给学生,使学生从知识层面对当前的社会形势有整体的了解与把握;实践教学则是通过学生主动参与课堂、校外、社会的实践活动,提升发现、思考和解决问题的能力,在实践中加深对国史国情、社会制度、价值观念等的认同,进而作为践行标准指导未来的实际行动。

实践教学是"形势与政策"课非常重要的一个环节,并非只是理论教学的延伸,而是与理论教学同等重要的、可以与之互补的第二课堂,二者在教学目标、教学对象等方面具有内在的统一性,相辅相成、协同发力,缺一不可。只有坚持理论教育与实践养成相结合的教学体系,才能够让学生从思想到行为都得到提升,这对于引导青年学生积极投身改革开放和现代化建设伟大事业起着重要的作用。

一、实践教学的现状与存在问题

目前,国内高校在"形势与政策"课的理论教学部分基本能够按要求落实,但是在实践教学的过程中仍存在一些问题与不足,有的高校甚至都未曾安排实践教学环节,更遑论形成完整的实践教学体系。

(一)对实践教学的重视程度不够

近些年,教育部出台了一系列高校人才培养政策,多次强调实践教学对于人才培养和

作者简介:郄汀洁,北京市海淀区清华东路35号北京林业大学马克思主义学院,讲师,qietingjie@126.com。
资助项目:北京林业大学教育教学改革项目"形势与政策课实践教学体系探索"(BJFU2020JY099)。

思政教育的重要性与必要性。2017年印发的《高校思想政治工作质量提升工程实施纲要》中明确要求："构建实践育人质量提升体系，要坚持理论教育与实践养成相结合，整合各类实践资源，强化项目管理，丰富实践内容，创新实践形式，拓展实践平台，完善支持机制，引导师生在亲身参与中增强实践能力、树立家国情怀。"2018年印发的《教育部关于加强新时代高校"形势与政策"课建设的若干意见》（以下简称《意见》）中又明确提出："要重点考核学生对新时代中国特色社会主义实践的了解情况。"即便如此，实践教学依旧未引起一些高校的重视，频频出现"只有文件，没有实践"的情况，即使有也是形式多于实际，相较于各高校理论教学的落实情况，对实践教学的重视程度便显得尤为不足了[1]。

（二）实践教学体系尚未形成

目前，大多数高校已经将实践教学安排到了"形势与政策"课的教学环节中，但是在师资队伍建设、实践教学内容、实践教学考核指标、制度保障、实践平台搭建等方面还没有形成完整的体系，处于摸索试探的阶段。以师资队伍建设为例，目前高校中为"形势与政策"课配备的专职教师偏少，授课主力为"马克思主义基本原理概论"等其他思政课的教师、各学院辅导员和少数从校外邀请的专家学者。故而"形势与政策"课的师资背景处于各不相同的状态，虽各有专长，但也使得授课内容、考核指标等无法达成统一。

因此，在具体的实践中，教师更多的是依靠自己的经验来组织教学，各个年级不同专业的班级在内容上缺乏统一的安排和科学规划，无法让学生在有限的时间内获得课程预期的效果。所以，构建一套完整的实践教学体系是当前"形势与政策"课实践教学中最为紧迫的事项。

（三）实践教学形式单一

鉴于其他四门思政课程（"思想道德与法治""中国近代史纲要""马克思主义基本原理概论""毛泽东思想和中国特色社会主义理论体系概论"）中也有实践教学环节，所以许多学校的"形势与政策"课的实践教学形式基本以这四门课为主，有些高校会合并进行，有些高校会参照进行，总之在实践教学的形式上未能充分体现出本课程的特色[2]。此外，实践教学的形式多样化也有待提升，不能仅局限于课堂播放视频、参加专题讲座、自主研讨等常规形式，单一的形式无法顺应快速变化的新时代、新情况，自然也无法让学生充分运用和思考课堂所学知识，从而达不到预期教学效果。尤其是在疫情防控常态化的背景下，一旦授课模式切换为线上教学，那么传统的实践教学模式就会失灵。教学形式若长期不加以调整，势必会打击学生参与实践的热情与积极性。

（四）实践教学基地建设滞后

学生走出校门、走进社会，深入企业、社区、农村进行实地考察或专题调研或志愿服务时，遇到最大的困难是无法联系到合适的实践单位，踏入社会的第一步便受阻。解决这个问题需要从学校层面着手，主动联系对接一些校外实践平台，甚至是建设本校自己的实践基地，才能让学生从想干变为能干。但目前大多数高校的实践基地建设还比较滞后，保障政策、经费支持、校企校地对接等多个环节还需要投入大量时间和精力完成。此外，有些高校虽然已有合作的实践平台，但较多停留在挂牌阶段，没有从顶层设计层面真正落地实施，学生的实践需求自然也无法满足。

二、构建实践教学体系的思路

针对上述"形势与政策"课实践教学中存在的问题，笔者尝试构建一套实践教学体系，以学生为本、系统筹划、整体推进，既能与其他四门思政课相联系，又能突出本课程的特色,还能够让不同专业背景的授课教师在实践教学内容和考核指标上尽可能达成统一。这个体系是以思政教育为主要任务的各种教学与实践要素的综合体,具体来讲就是:突出"一个目标",涵盖"两种情境",辐射"三个年级",依托"四个环境",基本框架图如图1所示。同时,在框架中给出该学年学生实践的重点项目,以供不同专业背景的授课教师和学生自助式选择。

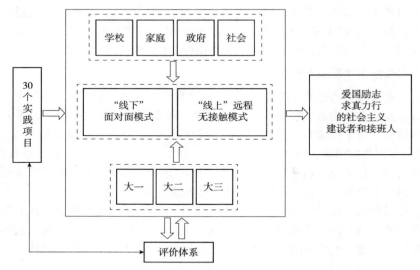

图1 "1234"自助式实践教学体系的整体框架

(一)突出"一个目标"

实践教学体系的目标是对组织实践教学系统活动策略的约定,是实现实践教学目的的基本依据,是实践教学体系的系统优化和最优教学功能的根本体现[3]。"形势与政策"课与其他四门思政课在教学目标上是一致的:培养适应社会经济发展需要、社会责任感强、综合素质高、理论知识深厚、具有创新精神、能担当民族复兴大任的时代新人。

思政课的实践教学要根据不同时代背景、不同年龄段学生来安排教学内容和要求,引导学生主动将鲜活的理论知识与生动的现实相联系。通过直观的实践体验,促使当代大学生牢固树立"四个意识",坚定"四个自信",提高独立思考、学以致用的能力,促进德智体美劳全面发展。只有统筹考虑实践教学的目标,才能保证实践教学体系具有动态性、整体性、系统性。

(二)涵盖"两种模式"

"形势与政策"课实践教学的模式是指"线下"面对面教学和"线上"远程无接触教学两种情境下的教学方式。

"线下"面对面教学是传统的实践教学模式,由教师指导或直接带队实践。一般分为课内实践、校园实践和社会实践三种形式。课内实践会在"形势与政策"课上组织学生观看相关视频、分组讨论、课件展示等;校园实践会组织学生积极参加学校相关专题讲座、各类比赛、参观展览等活动;社会实践则是让学生走出校门、走进社会,进行实地考察或专题调研或志愿服务,通过亲身实践来感受现实社会,是学生走出象牙塔、迈入社会前很重要的一个环节。

"线上"远程无接触教学是在疫情防控常态化形势下推行的新实践教学模式,即在无接触的情况下借助现有的网络平台在线上完成实践。这种新形式的实践教学,是一个改革和创新的契机,也是一次前所未有的挑战,要在传统的实践教学计划、实践教学目标、实践教学内容、实践教学考核标准等方面更新升级，保证能够在线上远程形成一个完整的教学流程。

（三）辐射"三个年级"

2018年教育部印发的《意见》中对"形势与政策"课的最低学时和学分作了规定，但是对学生的授课年级未作规定，因此在具体安排时各个高校略有不同，分布在4~7个学期不等。我校根据农林类专业的学生实习较多的总体校情，将"形势与政策"课安排在了大一至大三三个年级，实践教学与理论教学配套在当学期的寒暑假开展。所以实践教学体系的设计会辐射至三个年级，六个学期，共计六次实践教学。大一、大二四个学期与"中国近代史纲要""马克思主义基本原理概论"等四门思政课同步进行，大三两个学期单设"形势与政策"一门思政课。故在实践教学安排上会在保持课堂特色的情况下尽可能贴近学生在该学期所学思政课的内容，助力理论向实践的转化。

（四）依托"四个环境"

学生在实践教学中面临的教育环境主要有四个：学校、家庭、政府、社会，这四个环境若能全面介入、协同育人，一定能够保障高效顺利达成预期的教学目标，助力学生正确认识中国国情与国际形势，树立远大抱负，主动担负起时代责任与历史使命。四个角度的教育环境需要以学校为主导，通过"引进来"的方式主动联系家庭、政府、社会，将学生家长、地方政府公务人员、企事业单位相关负责人邀请入校、入课堂、入座谈会，参与到思政课的实践育人环节，增强思政课的社会性。同时，可以进一步与其合作共同构建思政教育实践基地，达成长效合作机制，便于学生后续"走出去"进行不同类型的实践实习。

三、"1234"自助式实践教学体系的具体项目

根据教育部的统一安排，大学生要在大学四年内完成"思想道德与法治""中国近现代史纲要""马克思主义基本原理概论""毛泽东思想和中国特色社会主义理论体系概论""形势与政策"五门思政课，"形势与政策"课与其他四门课一学期结课的情况有所不同，要贯穿于大一至大三的六个学期。因此，实践教学环节的设计可以在内容上与此四门课交相呼应。该体系涵盖了两种模式，因此在具体项目设计上也需区分不同教学情境模式。

（一）"线下"面对面实践教学

上述四门思政课的重点分别是让学生自觉树立社会主义核心价值观、端正理想信念，让学生熟知中国近现代历史及中国共产党奋斗历程，让学生学会应用马克思主义理论与方法分析问题、解决问题，让学生掌握马克思主义中国化的理论成果，积极投身新时代中国特色社会主义事业建设。在授课重点和课程目标上同"形势与政策"课多有重合，因此在设计实践项目时，可以协同已开设的四门思政课，与学校团委、学工部第二课堂相结合，依托现有的实践平台，借助首都北京优秀的历史文化资源，引导学生开展多样化的实践活动[4]。

表1中实践教学体系预期达成的课程目标依次为：知识积累、能力提升和素养培养。围绕这三个目标分别列出了大一至大三均可采用的30个实践项目，这些项目从各个维度充分将学校、家庭、政府、社会四个教育环境和四门思政课的重点融合了进来。"形势与政策"课教师可根据当学年的新形势和热点问题设置实践主题，根据这套自助式实践教学体系，选择性融入其中的一项或多项。并且该体系可以随着课程的发展不断调整和变化，具有很强的灵活性、可操作性，能够有效解决实践教学形式单一的问题。

表 1 "线下"实践教学项目

序号 \ 课程目标	知识积累	能力提升	素养培养
1	听人文讲座	作大学规划	实践基地考察
2	阅读红色经典	收集身边的红色文化	宣讲红色故事
3	读党史国史	知识竞赛	大学生讲思政课
4	观看纪录片	访谈英模	参与志愿活动
5	参观纪念馆、博物馆	主题作品创作	参加"春雨工程"等官方项目
6	探访红色足迹	专题演讲	乡村振兴调研
7	读马列经典原著	经典案例分析	参加"5·5马克思主义宣传"
8	学习反思	时事分析评述	参加"青马班"等社团
9	影片赏析	小组交流研讨	拍摄微视频
10	案例选读	主题辩论	回乡见闻调查

（二）"线上"远程无接触实践教学

2020年疫情初期，许多教师通过参加学校的培训或自主探索，都能够在线上充分完成理论教学任务，但在实践教学环节，传统的"线下"面对面模式被迫"失灵"，无法按照从前的实践教学体系正常开展，出现了一段"真空期"。因此，实践教学体系亟待升级更新，增加"线上"远程无接触模式。

"线上"模式中有一些刚需产品，如电脑（或手机）、网络、远程授课软件等，只有师生同时保证硬件设备无碍的情况下才可以进行。教师可以使用线上理论教学时用到的"雨课堂""爱课程""智慧树""钉钉"等软件分享关于实践活动的相关知识、视频等资源，在平台上与学生开展实时互动，进行有针对性的实践指导。这些平台能够提供多维度的教学数据，使教师能及时掌握学生的整体和个别学习情况，教师可以充分利用平台优势组织实践活动。

"线下"实践教学中涉及大部分项目，基本可以借助现有平台完成。将原本在教室内的分组讨论、主题辩论、专题演讲和学校校园里的各类比赛、小范围的问卷调查移至线上，通过"腾讯会议""ZOOM"等软件的音视频连线和图文展示等功能开展，所以此类型实践可以继续选用表1中的项目。而涉及实地参观、考察、调研等人群聚集的活动便不适合"线上"模式采用，需要进行项目调整，如出现疫情反弹扩散的紧急情况时，这些项目可以暂停。

不过，随着VR技术等高科技产品的发明应用，其中的一些参观类项目可以通过技术解决，如许多纪念馆、博物馆、红色教育基地已经开始着手远程展示，学生未来可在家"云参观"，在虚拟仿真教学环境中完成实践活动。大型调研类项目可以直接依托大数据技术在调查平台上发布问卷、收集数据。作为教师要未雨绸缪，提前进行经费申请和资源储备，打通学校、企业、实践基地的联络通道，在合适时机共建线上实践教学基地，保证实践的顺利开展。

软件方面，教师和学生应与时俱进，积极学习新技术新知识，当实践教学切入"线上"模式时可以迅速适应新的教学情境。教师应首当其冲，及时关注学生线上实践中遇到的问题，针对普遍性问题进行专题辅导或者直播演示。充分利用先进技术带来的便利，使实践教学的课堂更加多样化。

四、实践教学体系的评价机制

为保障"1234"自助式实践教学顺利实施,需要建立与之配套的评价机制,不仅能有效保证实践教学质量,还能及时掌握师生、家长、政府、企业等不同角度的反馈意见,也为实践教学体系的进一步完善提供了参考。

评价机制是双向的,既有教师和实践单位对学生实践情况的评价,也有学生对教师和实践项目的评价。首先,是对学生实践的评价。实践教学结束后,要组织学生提交实践报告,通过学生自评、学生互评、教师评价等方式评出优秀实践成果,在课内或校内展出供师生学习借鉴,形成"学—干—评—再学"的完整教学闭环[5]。其次,是学生对实践教学的评价反馈。学生是实践项目的第一参与者,教师要重视学生的反馈意见,及时进行教学反思和调整,形成双向评价机制。

参考文献

[1] 姬明华. 应用型人才培养视域下"形势与政策"课实践教学的有效运作[J]. 长春师范大学学报, 2019 (9): 150-152.

[2] 李故新. 新形势下高校"形势与政策"课实践教学途径探索[J]. 教育与职业, 2015(27): 86-88.

[3] 郑声文. 构建应用型本科高校思政课"123"实践教学体系研究[J]. 扬州大学学报(高教研究版), 2020 (6): 98-104.

[4] 陈莉. 地方高校思政课"三维四段"式实践教学体系创新研究[J]. 陕西理工大学学报(社会科学版), 2020(6): 67-71.

[5] 温娟, 王纪平. 新形势下"形势与政策"课程实践教学初探[J]. 山西高等学校社会科学学报, 2017(9): 56-59.

Research on "1234" self-help practical teaching system of ideological and political course: Take the *Situation and Policy* course as an example

Qie Tingjie

(College of Marxism, Beijing Forestry University, Beijing 100083)

Abstract Practical teaching is an important part of Ideological and political teaching. It can complement and cooperate with theoretical teaching, and has important practical significance for guiding college students to actively participate in the great cause of Economic Reform and open up and modernization construction. In view of the problems existing in the current practical teaching, this paper constructs a set of "1234" self-help practical teaching system of Ideological and political course. The system is composed of "one goal", "two modes", "three grades" and "four environments", integrates various scenes in and out of class, in and out of school, online and offline, as well as the key contents of five ideological and political courses, and provides 30 practical projects for teachers and students with different professional backgrounds to choose by themselves.

Keywords practical teaching, teaching system, *Situation and Policy*, ideological and Political Course

给排水专业认证下"水工程伦理与法规"教学模式探究

于雯超 王 辉

（北京林业大学环境科学与工程学院，北京 100083）

摘要：随着我国城市经济的快速发展和城乡居民生活需求的不断提高，给排水专业需求和重要性日趋明显，也对新时期创新型工程实践人才培养提出了更高的要求。作为专门从事水工程领域的专业工程人员，除了需要掌握专业基础知识和工作实践能力，还要具备高度职业伦理标准和操守，履行社会责任。本文基于学院开展的给排水科学与工程专业认证工作，对拟开设的"水工程伦理与法规"课程进行现状调查分析，从课程设计、教学方法和内容、考核评价进行系统的探究，旨在更好地梳理"水工程伦理及法规"的培养目标和思路。

关键词：水工程；工程伦理；法律法规；教学思考

工程对人类社会活动发挥着极其重要的作用，对人类生产生活产生了广泛影响。工程师作为工程活动的主体、工程事业的主要承担者，不仅需要过硬的专业知识，还需要履行社会责任，具备高度职业伦理标准和操守。我国对教育改革和人才发展的纲要和意见中也多次指出高等教育要以学生的工程能力和创新能力为主，人才培养要从注重知识学习转变为知识学习和能力培养并重[1]。2004年，美国工程院发布《2020的工程师：新世纪工程的愿景》对未来工程师提出新的要求，强调实践创造能力、良好的专业素养、高尚的道德意识对新时代工程师的重要性[2]。2020年5月，美国国家科学委员会发布《美国国家科学委员会：2030愿景》，报告认为在国际竞争激烈的背景下，科学、技术、工程和数学（Science，Technology，Engineering，Mathematics，STEM）相关工作数量将快速增长，全球对STEM人才的需求日趋旺盛，并预计到2026年S&E的工作将增长13%。我国复旦大学中国研究院院长张维为表示，中国每年培养的工程师数量超过了美国、日本、德国的总和，高素质的工程师队伍是中国成为世界最完整和最齐全的生产链和产业链的保证。因此，有必要加强开设并践行旨在培养工程师伦理意识、道德想象力和创造性解决工程实践中伦理问题能力的工程伦理相关课程。因此，"水工程伦理与法规"的教学有助于解决给排水工程行业中面临的工程伦理问题，涉及社会伦理、经济伦理、发展伦理和生态伦理等多种伦理冲突问题。因此，本文在"水工程伦理与法规"开设前期，基于给排水专业认证标准，梳理与该课程相适应的课程的教学目标、教学思路和模式。

一、"水工程伦理与法规"课程开设的必要性及现状

给排水科学与工程专业（以下简称给排水专业）是传统的工科专业，服务于城乡建设和

作者简介：于雯超，北京市海淀区清华东路35号北京林业大学环境科学与工程学院，讲师，mayonnaise6877@126.com；
王 辉，北京市海淀区清华东路35号北京林业大学环境科学与工程学院，教授，wanghui@bjfu.edu.cn。
资助项目：第二批新工科研究与实践项目"新兴技术范式下环境类专业教师教学方法体系构建与实践"（E-HJFZQG20202402）；
2021年北京高等教育本科教学改革创新项目"认证标准—思政引领—产学研教"深度融合的给排水专业人才培养模式研究。

社会经济发展，为我国水工程领域输送了大量的工程师，包括水资源利用与保护、城乡给水排水、建筑给水排水、工业给水排水和节水工程技术等，为我国现代化建设起到重要的基础保障作用。由于传统工科教育中思政教育和伦理教育不完善甚至缺失，水工程从业人员工程伦理意识不强，将会导致污染事故和安全生产事故的频发。在实际工程实践全过程中，相关从业者在水工程伦理以及涉及的法律法规上存在的主要问题包括：①社会责任和生态意识不强，水工程从规划到运行管理全过程中重视专业技术问题，轻视工程引发的社会问题及生态问题；②对水资源配置问题各原则权衡失衡；③片面追求经济效益，未能全方位辨识风险源，忽视工程质量。大学生本科教育设置了"马克思主义基本原理""思想道德修养与法律基础"等必修思政课程，培养学生理想信念、创新精神、敬业精神等基本素质，"水工程伦理与法规"作为思政教育在专业领域的延伸，基于自然辩证法"为国服务""为民造福"的发展思路[3]，更加注重专业知识与思政知识、理论知识与实践能力的双重结合，提高学生工程伦理意识，培养学生职业道德观念，增强学生综合职业素养。

为进一步了解目前"水工程伦理及法规"开设现状以及给排水专业学生的工程伦理价值取向，以期为完善工程伦理教育模式和内容，采用抽样调查法，随机选择31名给排水专业及相关环境专业学生进行问卷调查，有效问卷回收率为100%，调查结果见表1。

表1 "水工程伦理与法规"现状调查问卷

调查内容	评价(%)		
	是	否	不太清楚
是否了解水工程伦理的相关内容	19	33	48
是否会主动学习水工程伦理相关的知识	29	48	23
是否接受过水工程伦理教育	23	68	9
是否与身边人聊天中会谈及工程伦理问题	19	71	10
是否认为水工程中应当注重伦理问题	81	0	19
是否认为应该学习和了解水工程伦理知识	81	0	19
是否了解水工程相关的法律法规条文	19	55	26
是否会经常关注工程责任分配等问题	19	55	26
加强伦理教育应当注重的是什么	基础知识学习(81%)		
	伦理价值观培养(97%)		
	道德法制建设(87%)		
	专业技能锻炼(77%)		
	实践教学(84%)		
	其他(9%)		

调查问卷参与者主要由给排水专业、环境工程、市政工程和建筑环境工程等工科专业学生构成。从表1中可以看出，大多数学生没有接受过伦理类课程，以及对水工程伦理和法律法规的相关内容不太清楚。在"是否会主动学习水工程伦理相关知识"的问题上主动选择"是"的仅占29%，而被动学习或无意识(否/不太清楚)学习伦理教育的高达71%，说明在从事工程类相关专业的学生潜意识中不够重视工程伦理教育对自身职业操守和准则的影响。同时，55%的学生不会关注到工程责任分配问题，在工程关系中对人对己的劳动保护认识不足。但有81%的学生认识到水工程实践过程中需要注重伦理问题，并应该学习相关伦理知识，说明学生已经逐步认识到水工程伦理的重要性，迫切希望学习相关水工程伦理

知识。在"加强伦理教育措施的建议"的问题中,学生从高到低依次认为应当注重以下教学内容和途径:"伦理价值观培养(97%)""道德法制建设(87%)""实践教学(84%)""基础知识学习(81%)""专业技能锻炼(77%)",在今后的课程设计中应适当增加相关内容的课程设置和教学途径。

二、"水工程伦理与法规"教学内容探索

(一)"水工程伦理与法规"课程教材选择及二次开发

根据对专业认证过程中学院制定的《给排水科学与工程专业本科培养方案(2021版)》(以下简称"培养方案")的理解与认识,给排水专业本科生开设的"水工程伦理与法规"课程主要基于水工程领域,围绕水工程与社会(合法性、合道德性)、经济(成本、效益)、生态(污染状况、资源消耗)、可持续发展之间的关系,培养学生的伦理意识和责任感,树立可持续发展观,并能够在伦理的约束下采用相应的法律法规解决实际工程问题。因此,本课程涉及工程学特别是给排水工程学、哲学、伦理学、社会学及法学等多学科交叉,教材的选用极为重要。2014年12月,教指委启动"工程伦理"课程建设,于2016年推出工程伦理教材和在线课程[2]。但针对给排水相关学科的水工程伦理尚无有效教材,现有的工程伦理教材不完全适合给排水专业的培养目标和专业特色,专业匹配度较低,存在通论内容多,与水工程相关的分论内容较少,缺少实际水工程中涉及的法律法规知识内容和案例等问题。因此,基于现有教材基础上要实施教材二次开发,是指在教学实施过程中依据课程标准对教材内容进行适度增删、调整和加工,合理选用和开发其他教学材料,使之更好地适应具体的教学情景和学生的学习需求[4]。具体教材选择与课程定位如图1所示。

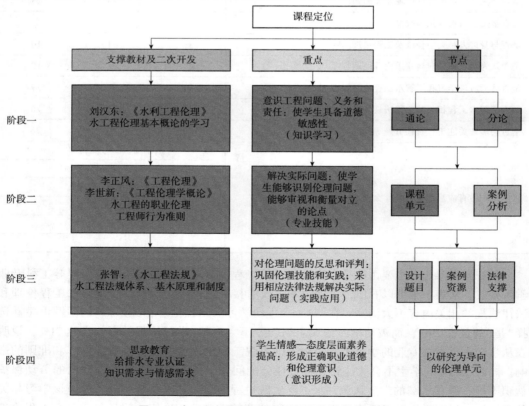

图1 "水工程伦理与法规"课程定位及教材选择

"水工程伦理与法规"课程的教学内容包括水工程伦理系统论、基本原则和规范、工程师的责任、环境责任伦理和职业伦理规范、水工程实践中的伦理冲突、水工程全实践过程中管理制度及法律法规。通过课程讲授让学生认识到工程活动虽然对人类社会发展带来福祉，但工程事故的发生也会给人类带来困扰甚至是灾难。从立德树人的根本任务出发，围绕该课程知识目标和能力目标，结合水工程实践案例的分析与思考，课程内容主要概括为3个方向：水工程伦理基本概论；水工程的职业伦理及工程师行为准则；水工程法规体系、基本原则和制度。水工程伦理基本概论部分的内容主要以华北水利水电大学的刘汉东老师主编的《水利工程伦理》为主要教材；水工程的职业伦理及工程师行为准则部分以清华大学李正风老师主编的《工程伦理》和北京理工大学李世新老师主编的《工程伦理学概论》为主要教材；水工程法规体系、基本原则和制度教学部分以重庆大学张智老师主编的《水工程法规》为主要教材。以教材、教师和学生的实际需求和情感需求为价值导向，遵循社会主义核心价值观，从工程伦理角度出发，结合实际水工程案例，适当结合对安全生产、资源利用、生态保护、法律法规等问题的分析和讨论，以更好培养给排水专业学生水工程伦理意识和责任感。

（二）"水工程伦理与法规"的课程设计探索

专业认证不仅可以帮助高校专业点建立健全高效的教学管理体系，达成学生培养目标，还有助于加强工程实践教育，进一步提高教育质量。基于专业认证要求和新工科建设发展需求，有必要对课程教学进行深度的挖掘和改革。本课程教学目标旨在培养给排水专业学生具备在水工程全过程实践中考虑社会、健康、安全、法律、文化以及环境等因素的能力，能够认识复杂给排水科学与工程问题对健康、安全、法律的影响，理解在相应工程环节中应承担的责任，在给排水工程实践中知法、懂法、用法、守法，具备责任心和社会责任感，遵守职业道德。如图2所示，课程重点在于了解水工程的本质及水工程实践过程中道德与伦理的关系与区别，不同的伦理立场可导致的伦理困境及水工程过程中面对的伦理问题；分析水工程实践过程中风险的成因、防范措施及风险评估的原则、途径和方法，以及工程师的职业伦理和诚实问题，明确给排水工程师的伦理和道德责任及其社会和可持续发展责

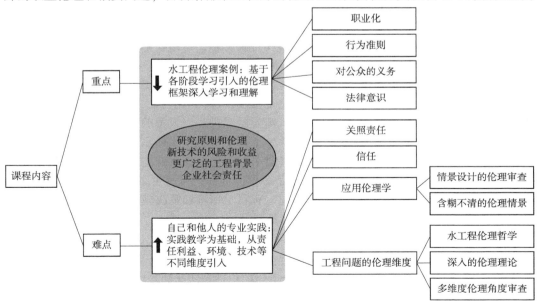

图2 "水工程伦理与法规"教学内容设置

任；了解法律的基本知识，如水资源利用和保护、水工程实施及管理等过程相关法律法规。教学难点在于教导学生面对复杂的水工程伦理问题时能给出解决问题的思路，在实际工作中提高工程伦理意识，运用水工程伦理原则、工程师职业规范和相关法律法规解决工程中出现的各种伦理问题。"水工程伦理与法规"是一门综合性、多学科交叉的课程，实践性强，需要理论联系实际，应当注重从生活实践与工程案例中让学生进行学习、思考和训练，授课过程中让学生在潜移默化中形成水工程伦理意识[1]。

三、"水工程伦理与法规"教学模式与教学方法探索

"水工程伦理与法规"课程重视培养学生实践能力和思辨与解决问题的能力，增强其伦理意识和责任感。2019年，中共中央、国务院印发的《中国教育现代化2035》中提出了推进教育现代化的基本理念，强调以德为先，融合发展等八大基本理念，在现代教育新理念的推动下，学科交叉也由早期的自然科学领域内部交叉转向人文、哲学社会科学和自然科学的多学科交叉[6]。教育模式的探索要更加适合课程知识结构体系和学生实践能力培养的新需求。PBL（Problem-Based Learning）教学模式，"以问题为基础的学习"，最早应用于医学领域为解决医学教育中出现的死记硬背而忽视实践能力和医德医风的问题，逐步发展成为以问题为基础，以启发的方式引导学生学习的教学方法，在学生问题讨论和协作中传授知识，培养学生独立思考、创新和思维逻辑[7]，其教学理念与"水工程伦理与法规"课程设置相近似。结合PBL教学模式拟设置以下几个教学过程，具体流程图如图3所示。

（一）问题设置，强化知识体系自我构建

在授课过程中，要打破传统的"灌输式"伦理道德的说教，以学生感兴趣的伦理话题和工程问题着手，向学生抛出问题进行思考，问题设置由浅入深，由单一到复杂，既可以设置结构良好的问题（问题解决过程和答案是稳定的）以提高学生学习兴趣和自信心，也适当设置结构不良问题（问题的答案没有规则性和稳定性，需在原有知识和经验基础上分析、解决问题）作为随堂测试、小组讨论或课后练习。课上学生通过思考、讨论和解决问题抓住学生"眼球"，不仅要提高课堂的"抬头率"，还要促进学生对所学知识的"回头率"。通过设置课后问题或课后预习议题，学生在解决问题的过程中采取查找资料、信息整合、小组讨论、沟通和自我反思等途径可加深伦理知识体系建构，减少单纯依靠教师知识传授的依赖性。鼓励学生在解决课程问题之后实施自我评估和自我反思，总结在解决问题的过程中的经验教训，思考这个问题与之前解决的问题的共同点和不同点。例如，在讲授"工程共同体"概念时，学生小组讨论针对工程中的活动和地位出发，逐一理清各组成部分的伦理责任，随课程深入水工程涉及的伦理问题时，以杰出工程建设都江堰引入，各小组结合现代典型水工程建设讨论涉及伦理问题，由于社会的不断发展和进步，人类的干预能力不断提升，因此单一的工程可涉及多层伦理问题，要求学生不单单从工程主体出发，还要从多维度的伦理角度出发，比如从社会伦理的角度看，目前水利工程面临政府主导下工程多目标价值的碰撞与平衡；从生态伦理的角度看，水工程又承担着保护河流生态环境的重大责任。PBL问题设置教学，可促使学生多维度思考问题。有利于理解和解决新知识的应用情景，为实际水工程实践伦理问题的解决积累经验和储备知识。

（二）情景模拟，培养多维度问题思考

在实际的工程实践过程中，常常会面对含混不清的伦理情景，通过设置情景模拟或还原实际案例，以小组为单位开展讨论，结合所学的伦理和法律法规将自己带入到情景之中，从利益、责任、社会、环境等多个角度综合思考，分析利弊，提出解决问题策略。针对含混不清的伦理问题还可以通过开展辩论，学生在前期准备、制定计划、判定结果、伦理启

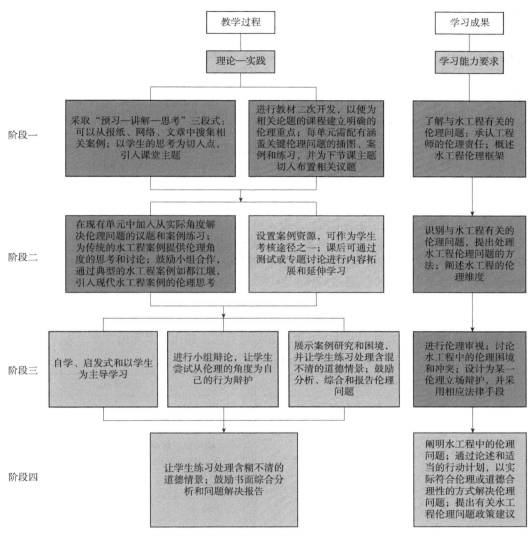

图3 "水工程伦理与法规"教学模式设置流程图

发过程中,提高学生问题意识、策划统筹、沟通和协作等方面的能力,辩论结果可以由组内自评、同学互评和教师评价三部分汇总得出最终成绩,作为课程考核评价之一。随着网络科技发展和虚拟现实技术的普及,还可以通过结合虚拟仿真技术模拟实际工程实践环境下,不同时期作出不同的选择可导致的工程伦理问题,如工程安全问题、水工程质量问题、资源与成本问题、责任承担等问题,让学生直观地感受工程伦理的重要性,加深实际理解,引导学生树立诚实、正直、严谨、敬业的职业道德,培养社会责任意识。

(三)学生为中心,形成师生双向交流

教学的核心是以学生为中心,即表现为从以教师讲课为主的教学活动设计"教师,教材,教授"转向以学生自主学习为主的课堂学习"学生,自主,实践"。教师也容易在学生自主学习过程中发现学生的个人兴趣、爱好、能力及个性特征等进行整体把握。促进以学生为主的学习不代表忽视教师的作用。教师在学生讨论和推理过程中要引导学生带入关键知识,在解决问题过程中启发新的问题的探索,鼓励学生对现有案例解决方案进行批评性评价。在开课初期学生还未形成一定的伦理思考模式,教师以自身的角度进行示范引导学生主动思考,例如在进行水工程涉及的环境公正问题,教师先以"如何处理人与人之间的关系"进行示范,从个体之间利益分配、局部与整体利益分配、环境资源的代际公平问题进行分析,引导学生思考"如何处理人与自然的关系"。在解决问题的过程中学生会遇到困难甚至失败,鼓励学生从失败的经验中汲取教训,借助其他途径进行新的探索,使学生意识到专业知识、业务能力、道德素养同等重要。

四、课程考核评价

课程考核由平时考核和期末考核两部分组成,平时考核可综合学生课堂问题回答、团队贡献、课后作业完成情况等进行评价,针对课堂上学生主动参与度的提高逐步增加平时成绩在总成绩的占比。表2中平时成绩综合考查学生课前准备、课堂表现和课后作完成情况,其中课堂表现主要体现在设计议题的回答,课堂辩论及案例解析、PPT汇报过程中的完成情况,是平时成绩的主要参考指标。期末或平时作业的PPT汇报、案例解决方案的设计或伦理议题的综述可根据课堂主要案例的深度思考,也可以结合自己专业领域的方向或感兴趣的水工程方向为基础,剖析其水工程各环节设计的伦理问题和解决方案。考核评价指标也体现出以学生为中心,通过自评、他评和教师共评综合给分,让学生体会学习过程的参与感和责任感。除平时和期末考试成绩作为考核指标外,还增设奖惩分数,例如:无故旷课采取扣分制;为课程案例资源库主动提供案例,按次奖励;提前完成课程作业的学生按作业完成质量酌情奖励。考核方式可随课程内容的多样化而多元化。

表2 课程考核评价参照

考核组成	评价标准	计分情况
平时考核	课前预习、小组议题准备情况	按10%计分
	课堂发言及问题设计和回答、PPT汇报和辩论表现	总分100分,根据有效发言和总结性发言次数计分,辩论和汇报结果组内评分30分,同学互评35分,教师评分35分,占总分60%
	课后资料查找、PPT制作、作业完成情况	总分100分,占总分30%
期末考核	案例分析、解决方案设计及综述	总分60分
	考核试卷	总分40分
其他考核	课堂抽查、点名情况	无故缺勤,扣3分/次
	主动承担或回他较为难度工作和问题,主动提供有效案例及分析	采用加分奖励制,+1分/次,总分不超过10分
	平时及期末作业提交情况	早于提交时限,+1分/次;晚交,-1分/次;抄袭,-5分
合计	总成绩=平时考核×60%+期末成绩×40%+奖惩分数,满分100分	

五、结 语

给排水专业认证需求下拟开设"水工程伦理与法规"课程,不仅可以培养学生在专业知识学习的基础上提高实践能力,做到理论结合实际,还可以提高学生情感-道德素养水平。将伦理教育融入水工程领域人才培养全过程,是培养高素质工程师和人才的重要途径。以"卓越工程师"作为人才培养理念,坚持立德树人为根本,将思想政治教育融合于伦理教育中,践行思想政治正确,社会责任合格的教学思想。本文从课程现状、课程设计、教学方法和内容和考核评价进行系统的探究，旨在更好地梳理水工程伦理及法规的培养目标和思路，以期培养出具有较强水工程应用能力和伦理责任感的高质量工程师储备人才。

参考文献

[1] 刘坚. 从研究生导师的视角论提升研究生工程实践能力的途径[J]. 学位与研究生教育，2021(5)：2.
[2] 孙丽丽，张婷婷. 新工科视角下工程伦理教育的现状分析与对策研究[J]. 长春大学学报，2021.31(6)：44-48.
[3] 唐丽，陶思琦. 论新时代中国工程伦理教育的价值和目标[J]. 文化期刊，2021(4)：180-182.
[4] 卢保娣. 持续推动十九大精神进课堂的内容、方法与基本路径[J]. 华北水利水电大学学报(社会科学版)，2021，37(4)：59-63.
[5] 理查德·伯恩. 工程伦理[M]. 杭州：浙江大学出版社，2020：193.
[6] 余琼，王秋. 新工科课程思政实践路径探索[J]. 黑龙江教育(理论与实践)，2021(7)：25-26.
[7] 马廷魁. 新文科背景下"PBL式教学"的探索与实践[J]. 西北成人教育学院学报，2021(4)：63-66.

Study on the teaching method and mode for *Water Engineering Ethics and Regulations* under accreditation of water supply and drainage specialty

Yu Wenchao　　Wang Hui

(College of Environmental Science and Engineering, Beijing Forestry University, Beijing　100083)

Abstract　With the rapid development of urban economy and the improvement of the life needs for urban and rural residents, the demand and the status of water supply and drainage engineering and science turn to be more obvious. Meanwhile, it also puts forward higher requirements for cultivating innovative engineering practice students in the new era. As professional engineers specializing in water engineering, they should have not only master basic knowledge and practical ability, but high professional ethical standards and fulfill social responsibility. In this paper, a survey of the proposed course *Water Engineering Ethics and Regulations* was conducted to analysis the current situation. Based on the accreditation of water supply and drainage specialty, this study systematically explores the course design, teaching methods and contents, and assessment and evaluation for the course, aiming to better sort out the training objectives of *Water Engineering Ethics and Regulations*.

Keywords　water engineering, engineering ethics, laws and regulations, teaching reflection

高阶融合，梯次提升

——新时代"城乡社会综合调查研究"课程创新探索

钱 云 赵 婷

（北京林业大学园林学院，北京 100083）

摘要：在当代中国社会面临多重转型的新形势下，城乡规划专业的培养任务不断更新迭代，强调知识传授的综合性、学科视角的多元化、理论与实践的融合成了必然趋势。"城乡社会综合调查研究"作为本科教学计划中唯一的理论与实践结合的平台课，在与"城市经济学""城市地理学""城市系统工程学"等课程形成良好衔接的基础上，立足高阶定位，进一步推动知识与技能在本课程训练中得以融会贯通、组合应用；教学实施依托阶段任务引领，实现开放式、自主型学习进程的有序推动。同时，在疫情常态化防控的背景下，促进信息化技术在教学和实践中的广泛应用，并立足时代特征强化课程思政内容，构建形成一个真正完善的"以学生为中心""以社会为舞台"的理想学习过程。

关键词：城乡社会综合调研；融合；任务引领；梯次提升

一、背景：构建理论与实践紧密融合的城乡规划新型专业课

党的十九大报告指出，中国特色社会主义进入新时代，社会主要矛盾已经转化，各个领域的工作均面临着新的任务[1]。在这样的时代背景下，"规划"在社会发展中的重要性显著提升。习近平总书记强调："规划科学是最大的效益，规划失误是最大的浪费，规划折腾是最大的忌讳[2]。"这意味着城乡规划已从一个封闭的技术主导型专业，迅速转变为一个与社会民生、经济发展、自然和公共资源统筹配置等多领域紧密关联的综合实践型专业。因此新时代的规划专业教育，也势必要从培养"专才"转向培养"通才"，课程教学必须实现从单纯知识灌输转向理论结合实践综合训练的新探索[3-7]。

城乡规划是我校唯一的五年制本科专业。"城乡社会综合调查研究"课程的前身为2010年起为城乡规划专业本科生开设的理论必修课"城市社会学"（24学时），后随着专业培养计划的不断调整，教学内容和任务不断拓展，课时增加为32学时。2019年起改为现课程名称，在四年级春季学期开设，成为专业培养计划中唯一的专业理论学习与实践训练紧密结合的新型专业必修课。

新的课程计划中，培养任务设置涵盖全面而充满挑战性：在理论学习层面包括了掌握基本概念，熟悉重要理论，理解研究范式；在实践训练层面则包含了开展实地调查，分析一手数据，撰写研究报告。在实际教学中，理论教学实现了线上与线下讲授结合、辅导与讨论相结合；实践训练以现实问题的引导，京内和京外调查相结合。三年来，随着课程的开展，师生们共同踏遍了各地大街与小巷，城市和乡村，取得了前所未有的多方面丰硕收获（图1）。

上述收获源自持续开展的，涉及多个维度的教学改革探索，其主要举措可概括为：依

作者简介：钱云，北京市海淀区清华东路35号北京林业大学园林学院，副教授，qybjfu@126.com；
赵婷，北京市海淀区清华东路35号北京林业大学园林学院，助教，17646555312@qq.com。

图 1　"城乡社会综合调查研究"讨论式课堂与实地调研过程

托当代中国城乡社会发展现实问题的引领，立足高阶定位，推动学科融合，依托任务驱动，实现梯次提升。

二、立足高阶定位的融合式教学设计

对新时代"城乡社会综合调查研究"课程的新定位，源自跳出课程本身，从培养体系层面进行的宏观思考。北京林业大学城乡规划专业本科培养计划经过几轮的优化，已经形成一个从低年级到高年级逐步深入的，认知性课程与技能性课程并重、相互搭配开设的较为完善的能力培养体系。认知性课程，即主要针对"发现问题"能力的培养，既包括感性认知，也包括理性认知能力；技能性课程，即主要"解决问题"的技术能力的培养，既包括空间营造策略制定也包括公共政策设计的能力。本课程的前身"城市社会学"，原本与"城市经济学""城市地理学""城市系统工程学"等其他理论课分别设置，共同形成理性认知能力培养的培养版块；然而相互平行的课程之间，缺少必要的衔接，造成毕业班在开展毕业设计、毕业论文训练的过程中，整合任务过重，难以良好完成。针对这样的问题，本课程力图将本科四年级第一个学期开设的"城市经济学""城市地理学""城市系统工程学"的内容进行衔接和整合，构建形成一个真正高阶化、综合性的平台课程，使得上述课程学习内容均在本课程中得以融会贯通、组合应用（图2）。

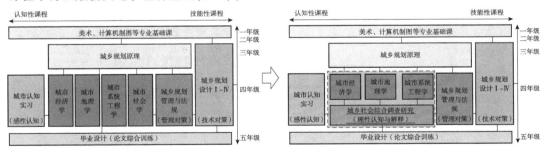

图 2　从平行式课程体系到融合式平台课程设计

具体而言，在既往学习中，"城市经济学"课程涉及较多社会经济制度的分析内容，其课程作业为相关经典文献的检索与综述；"城市地理学"课程中包含各种空间格局要素分析内容，课程作业为基于GIS平台的空间要素解析训练；"城市系统工程学"课程中学习了多种社会经济数据的分析方法，课程作业是以统计学基础的定量分析技术的训练。而"城市社会综合调查研究"的课程教学围绕当代中国城市发展中的各类实际问题展开，在打破理论与实践的隔阂分离的同时，自然而然地推动了以上课程所学知识与技能的综合运用（图3）。尤其是撰写研究报告的"实战"过程，极大地提升了学生们发现问题、解决问题的自主思维与工作热情。

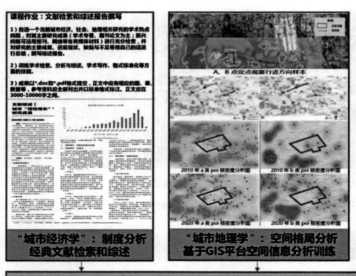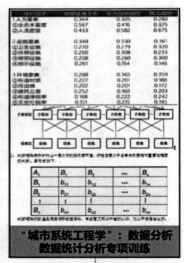

图3 "城乡社会综合调查研究"作业要求实现了多门先修课训练的综合融汇

与此同时，本课程的教师队伍由一个较为庞大的联合团队组成。2020年的任课教师团队来自园林学院、水土保持学院和经济管理学院三个学院，包含了"城市规划系统工程学""城市地理学""城市经济学""区域经济学"等各先修课程的教学负责人，教师的学术背景和研究方向也涉及文化地理、乡村振兴、农林经济、遗产保护等多个领域。任课教师由于长期参与各种跨专业的科研团队，对学科交叉和团队合作能够激发的巨大潜力理解深刻，并将相关经验延伸运用于在课程教学中。此外，每个学期的特邀嘉宾也为课程带来新鲜血液。嘉宾主要来自北京大学、清华大学、北京市城市规划设计院、北京大数据研究院等专业顶尖机构的中青年一线技术精英，给同学带来的专业讲座，涉及到大数据、智慧城市、京津冀区域产业协调、参与式社区更新等学术前沿议题，同时也择机参与学生的开题与成果汇报，为他们提出来自业界和不同专业领域的意见，极大地拓展同学们的视野和思路(图4)。

图4 课程理解专题讲座海报

三、依托任务驱动梯次提升的教学实施

新的课程教学安排中，对32个学时进行了高强度、精细化的安排。整个课程的进程划分为理论概览、方法训练、调查实践和反馈提升四个阶段，每个阶段分别对应一部分具体

任务。随着课程的进展，学生从理论学习逐步转入分组关注某一典型的城市社会现象，并从某一切入点完成对其开展的综合调查，随后以汇报调查结果并提交调查报告的形式完成课程考核。整个教学过程始终以任务驱动的方式，强化"以学生为中心"的理念，有助于学生明确每一个阶段的学习和自主探索目标，实现整个开放式、自主型学习进程的逐次推动、有序深化(图5)。

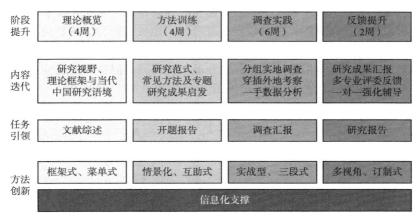

图5　四阶段的教学设计

理论概览阶段历时4周，共8学时，引领任务为围绕某一方面的理论进展，完成既往相关研究的文献综述。由于课程教学中必须要在有限的课堂时间涵盖几个庞杂的理论内容，必须采用框架式、菜单式讲授的方法，教师主要扮演"文献带读"的角色，概要地介绍城乡社会研究的经典理论、研究视野和框架，并着重介绍当代中国的研究语境和热点议题和现实问题。随后，围绕每个主要热点议题，提供一个"核心文献包"，学生可以根据自己的兴趣，以此为基础开展自主阅读并完成文献综述撰写，为之后的调查作业选题做好充分的准备(图6)。

图6　理论学习部分的热点议题引领式阅读与核心文献包

方法训练阶段同样历时4周，共8学时，引领任务为围绕一个现实的城市社会问题，发掘其学术和实践意义，选取合理的研究方法，列出调查计划。基于此，课堂教学中着重介绍社会科学研究的范式和常见方法，并随堂穿插一系列的专项训练，包括安排同学之间以"角色扮演"的方式,相互进行深度访谈、完成问卷思路快速设计等,以情景化、互助式的方法直观感受各种研究方法的使用要领和适用性,分享操作技巧。同时利用专题讲座,不仅给学生们带来"新鲜出炉"的研究成果,也注重展示整个调查过程,让学生们尽早直观地体会多种方法在实际研究工作中综合运用的场景,提前获悉在调查研究实际工作中可能遇到的各种困难。

此外,对于不同的学生而言,由于作业选择的方向各异,需要补充学习的背景知识也有所不同,因此这一阶段对各类在线学习资源的利用也更为充分。特别是在受到新冠疫情影响的2020年春季学期中,信息化和在线调查相关技术的利用更加不断地渗透入课程学习中。尽管疫情居家期间,学生无法回到北京开展实地调查,但这种情况使得师生共同在线上的调查实践中取得突飞猛进的进步,网络手段运用得更为广泛(图7)。

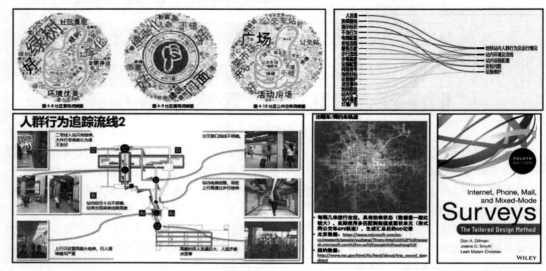

图7 信息化调查技术在教学中的广泛应用

调查实施阶段一般为6周,12学时以上,引领任务主要是根据本组拟定的计划书,在校外实际展开外业调查。学生一般以4人为一组,调查阶段可分为"三段式",即:先用2周左右在北京相关地域进行广泛调查,获取较为充实的一手数据和初步结论;随后2周依托"城市认识实习"课程的机会,在上海、南京、苏州、杭州等城市继续开展观察实践,其发现通常可作为京内研究的对照分析;此后回到北京,再用2周左右选取典型样本进行深入调查分析,使调查成果更为丰满。

在调查工作中的要求,除了保持科学严谨的工作态度外,也强调面对真实的问题"用心去感受",充分发掘城乡社会研究中的"温度"和"人文精神",同时努力引导学生从最开始被动观察社会现象,逐步提升为自主设计场景来开展空间调查和研讨。例如,在"历史街区无障碍环境"主题调查中,学生们主动开展了体验式的调查,不仅邀请残疾人朋友来参与乘坐轮椅考察街区环境,学生们还自行设置"对照组"来获取平行数据,使这项调查成了一次前所未有的生动而有温情的社会实践(图8)。

反馈提升是最后一个阶段,通常也历时2周,共4学时。每组学生的调查汇报后,不仅可以在选题的意义和深度、研究方法的合理运用度、结论的严谨可靠性和成果表达的丰富度四个方面获得分项评价,还可获得来自规划学、地理学、经济学和管理学等至少四个专业领域的教师团队多视角的综合书面反馈,希望学生能够淡化分数意识,以强化成果和提升能力为主要目的(图9)。

图 8　体验式实地调研照片

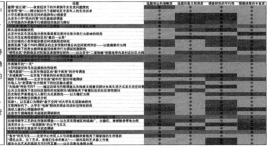

图 9　多专业视角的教师反馈评价

一般而言，在常规指导的基础上，最后一周教师团队分工对各组进行一对一辅导，即保持 1∶4 的师生比进行定制式详细指导，全力冲刺全国城乡规划教指委和世界规划教育组织的作业评优和竞赛。这一阶段也促使学生们对研究选题、方法运用、成果表达的全过程进行再次回顾、反思、完善，实现综合提升。

四、教学探索的成效影响

通过三年来的积极探索，学生们在这一前所未有的"理论融合实践平台课程"中展现出了日益高涨的学习热情。本课程的作业成果参加 2019 年教指委作业评优，获得三等奖 2 项；2020 年则获得国际规划教育组织（WUPEN）城市可持续调查报告国际竞赛 11 个奖项，2021 年进一步实现突破，捧回了 1 项金奖（图 10）。在随后的毕业设计和研究生学习中，许多同学在本课程作业基础上，持续进行深入研究，在各类高水平期刊发表了多篇论文。历年获奖作品已编撰为《高等院校本科生优秀城市社会调查及交通创新作品集》出版，成为了师生们爱不释手的日常读物。许多毕业生都表示，本课程别开生面的学习和训练过程，为大量学生真切地理解城乡规划这一综合性学科与行业的内涵和魅力打开了一扇新的大门。

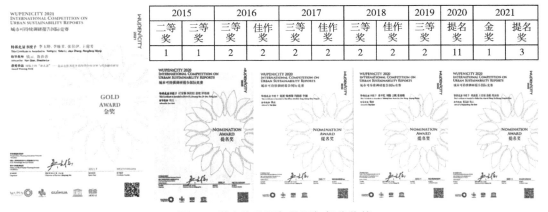

图 10　学生作业历年奖项与部分奖状

更值得一提的是，"城乡综合社会调查研究"课程的教学探索，也形成了极好的"课程思政"实践平台。课程中将流动人口、精准扶贫、民生保障等当代中国城乡发展现实议题的探讨贯穿教学各环节，客观上推动了学生自主开展国情教育，把握时代脉搏，既能生动展现当代中国城乡发展的显著成就，又从专业视角深入剖析其背后的原因和未来发展的趋势（图11）。

图11　现实议题与年度热词

例如，2020年由于新冠疫情，学生无法回京只能居家上课，某组学生围绕"地摊经济"这一火爆主题，依托各自家乡开展调查。在这个过程中学生发现，有些同学家处县城，有的同学家位于地级市，不同等级城市的地摊在时间、货品和卖点等存在显著的差异，有的是生计型的，有的则类似于一种城市商业时尚。因此在自主调查结束后，学生据此提出，不应对所有的城市地摊经济进行一刀切式的管理，而应该因地制宜、以人为本制定灵活而有温情的管理办法（图12）。在问卷调查和访谈的过程中，学生直接接触地摊经济的多个利益方，切实了解剖析民生需求并设身处地地做出了思考解答。这样的调查过程，具有非常强烈的时代烙印，对于促进学生在专业和综合素质上的全面提升，起到了无可替代的作用。

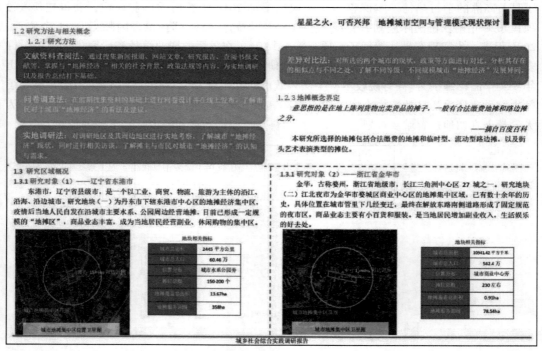

图12　基于"地摊经济"主题展开的学生调查作业部分展示

五、未来展望

课程探索三年多来，经历了新冠疫情等一系列难以预料的重大困难。2020 年春季学期的居家教学，直接影响了这一以一线调查为核心的实践环节的开展，但在坚持中也逐渐发现了新的机遇——如对课程思政的强化、信息化手段的普遍使用等。特别在当时疫情一线——武汉的部分同学，在条件困难的情况下依旧坚持学习，并且取得了比往届更加辉煌的成果，令所有师生非常感动，给了我们在这个基础上组成一个可能更大的团队来进行新的教学探索的勇气。本课作为一个立足于现实城乡社会、综合培养学生能力与思维的课程，随着时代的发展会迎来更多机遇，我们需时刻关注，不断调整。

中国社会学泰斗费孝通先生曾在《乡土中国》中说过："我并不认为教师的任务是在传授已有的知识，这些学生们自己可以从书本上去学习，而主要是在引导学生敢于向未知的领域进军[8]。"因此，本课程的后续探索将立足于继续构建一个真正完善的"以学生为中心""以社会为舞台"的理想学习过程，带动学生们能够更加深刻地理解专业，更加热爱这个多彩的时代。

参考文献

[1] 中国共产党全国代表大会. 中国共产党第十九次全国代表大会文件汇编[M]. 北京：人民出版社，2017.
[2] 中央城市工作会议在北京召开[J]. 城市规划，2016，40(1)：5.
[3] 殷洁，罗小龙. 构建面向实践的城乡规划教学科研体系[J]. 规划师，2012，28(9)：4.
[4] 石楠，翟国方，宋聚生，等. 城乡规划教育面临的新问题与新形势[J]. 规划师，2011，27(12)：5-7.
[5] 沈清基. 论城乡规划学学科生命力[J]. 城市规划学刊，2012(4)：12-21.
[6] 王兴平. 面向社会发展的城乡规划：规划转型的方向[J]. 城市规划，2015(1)：7.
[7] 李翅. 构建北林特色的城乡规划学科体系[J]. 风景园林，2012(4)：96-99.
[8] 费孝通. 乡土中国[M]. 上海：上海人民出版社，2013.

The integrated teaching design of an advanced course for the step-by-step capability improvement for students: Innovations on the course of *Comprehensive Social Investigations for Urban and Rural Studies* in the New Era

Qian Yun　Zhao Ting

(School of Landscape Architecture, Beijing Forestry University, Beijing　100083)

Abstract　Under the new situation of multiple transitions in contemporary Chinese society, the training tasks of urban and rural planning major are constantly updated and iterated. It has become an inevitable trend to emphasize the comprehensive knowledge teaching from disciplinary perspectives, and the integration of theory and practice. This paper introduces the experiments on the course of *Comprehensive Social Investigations for Urban and Rural Studies*. As the only undergraduate teaching course, it is becoming a comprehensive platform for both theoretical and practical studies, which combines the knowledge of many prerequisite courses including *Urban Economics, Urban Geography, Urban Systematic Analysis* and so on. According to a step-by-step plan, the whole teaching process is divided into four task-leading stages to lead the students to be more positive. At the same time, in the context of the epidemic of COVID-19, the course promotes the extensive application of information technology in teaching and practice, and strengthens the ideological and political content of courses based on the contemporary characteristics, so as to build an ideal learning process of "student-centered" and "study within the society ".

Keywords *Comprehensive Social Investigations for Urban and Rural Studies*, integration, task-leading, step-by-step capability improvement

通过"科技论文写作"培养本科生基础写作能力

漆建波

(北京林业大学林学院，北京　100083)

摘要：清晰的表达与规范的写作是新时代大学本科生需要具备的基本技能。在此背景下，针对当前本科通识课中写作能力培养不够的现状，以本科生"科技论文写作"专业课为契机，探索了面向提高科研能力和提升基础写作能力双重目标的课程设计方案，提出了以分析论文结构、提炼论文结构化写作思路、强化相互评价以及模块化评价机制为主要内容的课程组织形式。从两届学生的实际调查问卷、期末课程总结及个别访谈来看，本课程的教学设计效果获得较好的成效，提升了学生深入思考，系统写作的能力，符合国家培养高素质林业人才的需求。

关键词：科技论文写作；本科生；表达与写作；写作思维

一、引　言

当今社会，沟通、表达以及写作能力越来越成为学习和工作中的重要基础能力。本科生参与科研、完成课程作业以及考试中亦涉及越来越多的诸如学术论文、实验报告、文献综述以及大作业等写作任务。然而近年来调查研究表明，本科生的写作能力呈现退化的趋势，本科生毕业论文中出现较多的逻辑不清、层次不明、文献引用不当、格式混乱、图表不规范等问题，退化的写作能力也成了学习其他专业知识、参与科研活动的限制因素之一[1]。

尽管如此，目前大多数的学校及学院并未开设论文写作的通识课，未对本科生的基础写作能力的培养引起足够的重视，这一现象与国外大学重视写作能力建设形成了鲜明的对比。但在另一方面，目前本科课程中大多数专业设置有"科技论文写作"选修课程，该课程虽然主要为进行专业的科研而设置，但亦为学生提高写作能力提供了相应的机会。事实上，科技论文写作除了学习文献管理、图表制作等技能外，更多地体现为写作思维的训练，在写作过程中通过精炼素材、提取证据，从而准确、规范并有逻辑地表达自己思想。因此，在当前的课程设置体系下，充分利用"科技论文写作"课程，合理设计教学方案，可以达到既培养学术思维，又提高基础写作能力的双重目的[2]。

本文以笔者所承担的本科"科技论文写作"课程为案例，尝试探讨面向本科生写作能力提升的"科技论文写作"课程教学设计原则，并以两届学生(共93人)的实际调查问卷、期末课程总结及个别访谈为依据，对本课程的教学设计效果进行评价和分析。

二、本科生科技论文写作现状

近年来，本科生参与科研逐渐呈现出一种"低年级化"的趋势，从大四本科毕业设计逐渐以"大学生创新创业项目"等形式向二三年级的学生过渡，甚至大一学生参与科研、撰写

作者简介：漆建波，北京市海淀区清华东路35号北京林业大学林学院，讲师，jianboqi@bjfu.edu.cn。
资助项目：北京林业大学课程思政教研教改专项课题"科技论文写作"(2020KCSZ021)。

学术论文亦屡见不鲜。图1展示了调查数据中学生第一次接触科技论文写作的时间,大多数同学在大二及大三,通过参加"大学生创新创业训练计划项目"进行论文写作和总结报告时开始接触科技论文写作,同时亦能看到,约28%的同学在大一时便有所接触。

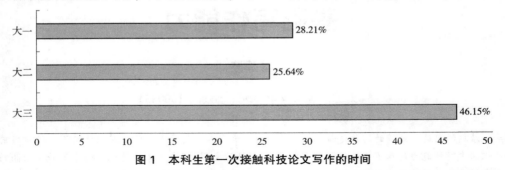

图 1　本科生第一次接触科技论文写作的时间

在写作本身这件事情上,尽管大多数同学都认为科技论文写作及相关课程具有比较重要或者很重要的作用[图2(a)],但是在日常学习中并没有表现出对写作的特殊兴趣[图2(b)],通常表现为"如果需要写则写,不会专门刻意练习写作",这也反映出写作本身作为一种"隐性"能力,与其他专业知识相比缺乏明确的评价指标,因而难以在日常的学习中受到重视,不会被分配太多的时间。从选择"科技论文写作"这门课程的原因来看(图3),虽然有约43%的同学为了学分而选择这门课,但是"想提升写作能力"和"科研需要"成了他们考虑类似课程的重要因素。值得注意的是,虽然约79%的同学因为参加"大学生创新创业训练计划项目"或者参与老师课题而产生了实际的科研需要,但是约86%的同学想通过该课程提升自己的写作能力。由此可见,在客观条件存在的情况下,大多数同学是愿意进行专门的写作学习,因而学校及学院在课程设置时应当对写作类课程给予足够的重视。

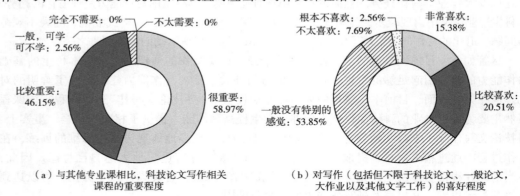

图 2　学生对科技论文写作的重视与喜好程度调研

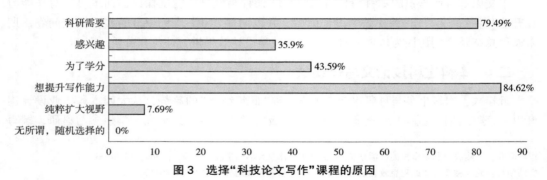

图 3　选择"科技论文写作"课程的原因

从以上调查分析来看,在现行的课程设置体系下,通过科技论文写作来满足本科生实际科研的需要并同时提高写作能力,既有现实的需求,也有理论的可能。因此需要通过合理设计课程内容,以"提高学生基础写作能力"为导向来达到以上目的[3]。

三、 面向基础写作能力提升的"科技论文写作"课程建设

"科技论文写作"作为一门为提升本科生科研能力而开设的专业选修课,具有十分丰富的内容,既包括了论文写作本身的方法,同时又包含了文献检索、文献阅读、图表制作等多方面的技能学习。面临如此庞杂的内容,如何在有限的时间内(通常为24学时或者32学时)将最重要的内容讲授给学生,使他们尽快掌握写作的技能,是本课程所面临的一项难题。经过分析,并同时考虑到学校在大一、大二已开展了文献检索类的专门课程以及互联网丰富的学习资源,笔者将"科技论文写作"的知识分为"理论思想类"和"技能类"两类知识,前者以论文结构分析、写作方法为主要内容,后者以图表制作、文献管理为主要内容,并提出以"理论思想"为主,以"技能"为辅的课程设计原则,并通过合理设置课堂作业及学习效果评分机制以达到促进学习的目的,具体表现在以下几个方面:

(一)强调论文阅读以及论文结构分析的重要性

阅读是写作的前提,只有充分阅读他们的优秀作品,总结经验,才能够更好地为自己所用。为了充分调动同学们的主动性,本课程从《中国科协优秀科技论文集》及《梁希优秀论文集》中精选了部分与专业课联系比较紧密的论文,并设计了论文阅读的笔记模板(包括论文核心思想总结、主要研究内容、对自己的启发以及可借鉴的关键点等),在课堂中通过打印的纸质版论文材料分组阅读并讨论,共同完成论文笔记。然后通过小组及同学之间的相互分享来逐步完善自己的笔记,达到共同进步并提高课堂参与感的目的。最后,带领大家一起进行课堂总结,并对论文结构进行分解,逐步建立起阅读论文时的总体感和全局观,为后续的论文写作练习奠定基础[4]。

(二)将"技能"型知识更多地放到课堂以外

由于课堂时间有限,对于一些更偏技能学习的教学内容,例如文献管理软件和图表制作软件的具体操作,难以在课堂上进行详细讲解,因此在课堂上主要以基本规范介绍、优秀案例展示及软件简单演示为主,其主要目的是开阔同学们的视野,让大家看到更多的可能性,而将更多的细节放置在课堂以外,并以课后作业为主要手段督促大家的学习。例如,大多数同学做论文流程图或示意图时,都认为需要专业的 Microsoft Visio 软件或 Adobe Illustrator 软件,但是事实上绝大多数都可以用常见的 Microsoft Office PowerPoint 完成,并在课堂上进行了绘制 3D 图的演示,推荐了利用 PowerPoint 绘制细胞结构图的教程,通过此案例让同学们了解到更多的知识,并激发大家进行课后自主学习的兴趣。此外,从访谈中得知,尽管大多数同学对于学习这类技能型的知识更有获得感,但是以提升写作能力为主要出发点的课程不应当一味地"投其所好",而是要进行恰当的加工,将大家认为比较难、不是很感兴趣以及比较枯燥的"理论思想"知识转化为容易记住的简单知识点。另一方面,对于"技能"知识的学习,亦不能简单地给同学们大量的学习资料,或者直接让同学们通过互联网自行学习,本课程中常用的做法是,课堂简单演示后由教师进行课后视频课的录制,通过对课堂演示内容的补充,提供更多操作细节,能够让同学们更多地聚焦于课程主干知识,而不会迷失在互联网的知识海洋中。

(三)深挖理论知识,强化核心写作能力

科技论文写作一方面对个人的语言文字表达能力有一定的要求,另一方面更多地需要严谨的逻辑思维以及对于科技论文结构化模式的深刻认识[5]。在有限的课堂时间内,使得

课程难以深入到论文写作的每个细节,因此课程以深挖论文写作核心思想为主要目标,对于科技论文写作的每个部分分别总结出易于理解的核心知识点。例如,在引言部分,大多数同学简单地理解为已有文献内容的简单罗列而缺乏必要的逻辑组织,出现这类问题的主要原因在于对科技论文引言部分写作的目的以及本质认知不清,因此不知道如何正确地组织材料。事实上,科技论文引言主要是通过对背景及已有文献的分析(图4),确立"研究机会"并占领该"研究机会",其本质是一篇议论文,参考文献服务于论据,并以"导演、剧本与演员"的关系做类比分析,论文作者作为"导演",首先形成自己的论据作为"剧本",而参考文献作为"演员"来支撑剧本。通过这种形象化比喻和问题本质的分解,使得同学们通过一堂课就能够迅速掌握核心要求,并作为后续写作的指导思想。在此基础上,通过一系列优秀案例和典型"反面教材"强化本堂课的核心思想,使得学生能够学以致用。

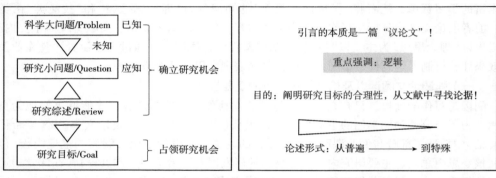

图4 课堂PPT:"科技论文写作"引言部分核心思想总结

(四)强化相互评价及模块化评分机制

目前许多课程以期末大作业的形式完成课程评分,但是对于科技论文写作而言,本科生往往难以得到完整的研究结果,因此完成一篇完整的科技论文写作亦有一定的困难。另一方面,将所有的压力放在期末,学生完成的时间有限,往往会出现敷衍的情况。因此,"科技论文写作"课程充分考虑到以上因素,将课程分解为多个模块,学期初每位学生根据自己参与科研或者专业课程的情况,选择一项感兴趣的课题,随着课程的学习,围绕该课题进行写作,最终在期末可以形成一篇结构较为完整的论文。针对每个模块,课程设定特定的练习作为课堂和课后作业,让同学们能够及时根据课堂学习到的知识进行练习,强化学习效果。此外,对每次作业,给予比较及时的评价和反馈,及时纠正在写作过程中遇到的问题。在期末,以同学互评的形式模拟学术论文投稿过程中的"同行评议"机制,让同学们在评价他人论文的过程中,取长补短,提升自我,课程亦将对他们论文的评价作为最终课程成绩的一部分。从调查数据来看(图5),74.36%的同学偏好"平时小作业"的形式作为课程评价的主要方式,说明这一方式得到了大多数同学的认可。

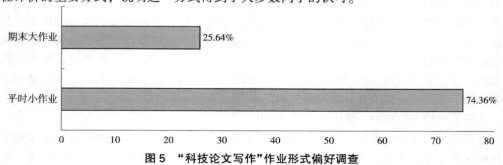

图5 "科技论文写作"作业形式偏好调查

四、教学效果分析及评价

（一）课程满足基本科研需要并具有较高的获得感

为评价"课程论文写作"课程的总体教学效果，以调查问卷、课程总结的形式进行了多角度综合评判，教学效果在多个方面符合课程的预期目标。从调查结果来看，大多数同学对课程学习具有较高的获得感（图6），主要表现为"课程设计很好，学到了很多有用的东西""课后视频好评，能够及时帮助复习""可以总体较为轻松，但是每次能够学到一些东西"。此外，以小组讨论等形式开展的课堂学习，显著地提高了同学们的课堂参与度，调动了大家的积极主动性，减少课堂"玩手机"的情况。针对服务本科生科研方面，调查发现，同学们认为对引言、摘要、图表以及论文核心思想写作方面具有较大的帮助（图7），而这些方面往往是同学们在写作过程中较为困难的部分，在本课程中均得到一定的解决。

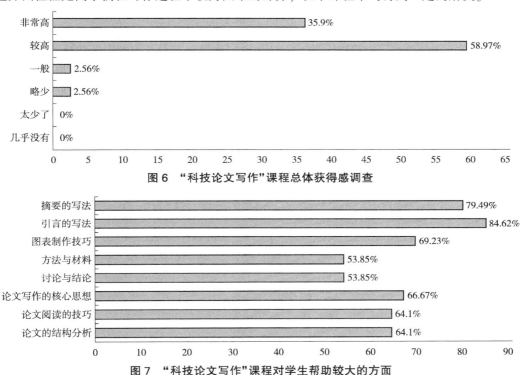

图6 "科技论文写作"课程总体获得感调查

图7 "科技论文写作"课程对学生帮助较大的方面

（二）总体达到提升基础写作能力的目标

在"提升基础写作能力"的目标上，通过把核心写作思想作为课堂主要内容，对于同学们的其他方面的写作能力的提升亦取得了一定的效果。调查发现，48.72%的同学认为学习本门课程对于其他方面的写作提升比较大，23.08%的同学认为提升很大。总体来看，大多数的同学在这一目标上达到了预期，这主要得益于对科技论文结构的分解，以及写作逻辑思维的训练，并将其作为一种内化的能力迁移到其他写作任务中。从总结来看，部分同学表示"对论文结构有了较为清晰的认识，以前想到哪里写到哪里，内容存在交叉，比较随意""知道了论文不同部分的主要功能""认为这门课非常有必要，经过一学期的学习知道了如何更好地表达自己的思想"。由此可见，同学们对写作能力提升的效果比较满意，主要在于通过对论文结构的分析，让同学们形成了较为完整的逻辑思维体系，理解了如何更好地组织已有材料，进而逐渐提升了自己在写作方面的信心。

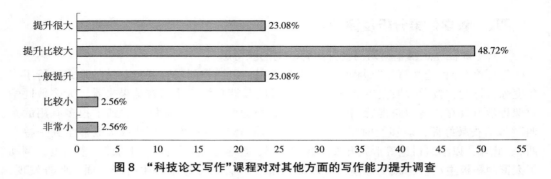

图8 "科技论文写作"课程对对其他方面的写作能力提升调查

五、结　语

写作能力是当今社会的一项重要的能力，在学习和工作中均有十分重要的意义。尽管目前在通识教育中对这方面的培养还不完善，但是借助专业的科技论文写作课程，在提升本科生科研能力的同时，亦可以提高学生的基础写作能力。本课程在这一背景下，通过合理分解教学内容，抓住主干知识，利用现代多媒体资源和互联网丰富的信息扩展技能知识，结合本科生特点，提出了一套课程的教学设计，并进行了教学实践。通过调查问卷、访谈、课程总结等多种形式对教学效果进行了评价，满足了服务本科生科研和提升基础写作能力的双重目的，说明本课程方案是切实可行且符合实际的。在后续的教学中，应当继续秉承这一原则，不断完善，争取形成一门优秀且有用的课程。

参考文献

[1] 谢贤安，范晓宁，陈祖静，等. 林学专业大学生"文献检索与科技论文写作"的教改探索[J]. 教育教学论坛，2021(26)：64-67.
[2] 王清敏. 高校本科生写作能力提升探析[J]. 作家天地，2020(14)：58+60.
[3] 韩炬，张富帅. 本科生科技论文写作能力培养流程探索[J]. 华北理工大学学报（社会科学版），2020，20(2)：69-73.
[4] 甘奇慧，任玙. 本科生毕业论文质量提升的路径研究[J]. 大学教育，2020(8)：160-163.
[5] 李浩然，陈瑞佳，陈广艳，等. 浅谈农林类高校科技论文写作[J]. 教育现代化，2019，6(7)：25-27+71.

Development of basic writing skills of undergraduate students through *Scientific Paper Writing*

Qi Jianbo

(College of Forestry, Beijing Forestry University, Beijing　100083)

Abstract　Clear expression and standardized writing are the basic qualities that undergraduates need to possess in the new era. Under the current situation that the development of writing ability of undergraduate in general courses is not paid enough attention, this study explored the opportunity to improve the scientific research ability and enhance the basic writing ability by taking the specialized *Scientific Paper Writing* course for undergraduate students, and several course organization forms have been proposed, including analyzing the structure of the paper, refining the ideas of structured writing and strengthening mutual evaluation and modular evaluation mechanism. According to the actual questionnaire, the summary of the final course and the individual interviews of students from two grades, the teaching design effect of this course has been well evaluated, which enhances the students' ability to think deeply and write systematically, and meets the needs of the country's policy to cultivate high-quality forestry talents.

Keywords *Scientific Paper Writing*, undergraduates, expression and writing, writing thinking

基于 Unity3D 虚拟仿真技术在林业机械相关课程教学改革中的应用

黄青青　吴建　李文彬　李江　谢都

（北京林业大学工学院，北京　100083）

摘要： 机械化作业是现代林业发展的重要特征，传统的林业机械相关课程教学过程中理论课与实验课是分离的，森林抚育采伐过程存在作业成本高、难度大等问题，并存在各类安全隐患。因此在进行技术开发、实践教学、工程培训中难以开展相关的教学活动，不能演示大量的林业作业装备实物，这导致学生不能尽快掌握结构原理。为了适应现代林业科技的快速发展，本文利用虚拟现实手段并结合林区生产实际，创建了基于 Unity3D 的人工林抚育采伐作业虚拟仿真实验系统，通过引入虚拟仿真技术的教学方法，明确了以清林割灌、抚育间伐、定长造材、集材归楞、生物质收集五个环节串联为思路的人工林抚育工艺流程，探讨虚拟仿真技术的应用，推动林业机械相关课程教学改革，打通理论与实践的沟通瓶颈，满足学生参加创新实践训练的需要，培养学生创新思维和创新能力，适应林业装备行业个性化人才需求。

关键词： 抚育采伐；虚拟仿真；实验教学；Unity3D

一、虚拟仿真技术在林业机械相关课程应用意义及现状

（一）虚拟仿真技术在林业机械相关课程应用意义

林业建设是事关经济社会可持续发展的根本性问题，我国是一个森林资源匮乏的国家，发展人工林是国家林业重要的发展战略之一。习近平总书记多次作出重要批示：要加大人工造林力度，提高森林质量。改革开放40多年来，我国人工林面积由3.3亿亩扩大到现在的11.8亿亩，居世界第一，但由于缺乏合理有效的抚育管理，人工林的生长质量较差，单位面积木材蓄积仅有林业发达国家的四分之一。提高人工林产业的技术与管理水平，是目前我国人工林产业亟须解决的问题[1]。

在人工林产业不断发展壮大的今天，急需一大批优秀的林业复合型工程技术人才投身于林业生产经营一线。而林区实地环境复杂，地形多变，茂密的灌木花草可能引发过敏反应，藏身其中的蛇虫则能造成咬伤威胁；林区作业涉及大型特种林机装备的操作，林业机械结构复杂，操作难度大，作业过程中如若不慎则可能有倒木伤人、车身倾覆等事故的发生[2]。总之，机械化抚育采伐作业具有高危险性、高复杂度、高消耗的特点，使得林区实地作业实习、培训的开展充满了挑战性。为此，国内相关研究院所和高校如北京林业大学、东北林业大学、

作者简介：黄青青，北京市海淀区清华东路35号北京林业大学工学院，讲师，huangqingqing@bjfu.edu.cn；
　　　　　吴　健，北京市海淀区清华东路35号北京林业大学工学院，高级实验师，wujian198908@163.com；
　　　　　李文彬，北京市海淀区清华东路35号北京林业大学工学院，教授，leewb@bjfu.edu.cn；
　　　　　李　江，北京市海淀区清华东路35号北京林业大学工学院，硕士研究生，jiangge@bjfu.edu.cn；
　　　　　谢　都，北京市海淀区清华东路35号北京林业大学工学院，硕士研究生，18832019537@163.com。

资助项目：北京林业大学2020年研究生高水平全英文研究生核心课程项目"森林工程专论高水平全英文研究生课程"（3003032）。

中国林业科学研究院等，都采用虚拟仿真的手段构建林业相关实验研究平台，以此来规避作业风险，减少实验消耗，提升教学质量和效率。

林业工程学科为我国林业工程领域培养了大量应用型、复合型的高层次工程技术和管理人才。由于涉及大型特种林业机械装备，除课堂进行的机械原理及控制原理的理论教学工作之外，实验教学也是使学生掌握林区作业技术、林业机械开发和运用技术的重要环节[2]。因为校园环境的限制，相关的实验教学往往在野外进行，如图1所示。

图 1　林区实验教学

传统林业工程实验教学模式一般是由专业老师带队组织学生去林场专业一线进行实训实践。如东北林业大学林业机械相关课程的实验教学中，在林地林场或试验生产基地进行营林机械、木材生产机械、起重机械及运输机械的参观、讲解和实操，例如属于验证性实验的伐倒木造材及原木材积表的应用实验，要求学生进行伐倒木的造材及测量计算，教学与实际生产及科研相结合，内容丰富且实践性较好[3]，但是由于林区机械化作业的特殊性，此类教学模式也存在一定的缺陷。

1. 危险程度高

林业工人一直被认为是最危险的工种之一，学生在林区实训时，危险主要来自两方面，一是来自林区环境，林场往往地处偏远，且林区场内环境复杂，潜在的危险因素较多。二是在作业过程中，如树木采伐时出现意外倒木或者滑木容易伤及学生，导致安全事故的发生[4]。

2. 作业难度大

林业机械装备结构复杂，且由于机械化作业存在较大的危险性，即便是林区工人在实际上岗作业前，也需要进行长时间、专业化的系统培训才行，因此，学生几乎不可能进行实际操作，而是以参观为主。

3. 实训成本高

学生及老师往返林场的交通费用和实训期间的食宿费用均是一笔不小的开销，而且实训期间林场生产经营往往处于半停滞的状态，以作业演示为主，因为树木具有不可重复采伐等特点，实验消耗也大。

4. 教学效率低

由于缺乏信息化的手段，学生在实验时的收获无法体现更无法量化，老师很难知道学生对知识的掌握情况，没有有效的教学评估和监督。以参观为主的教学方式也难以激发学生自主学习的兴趣。

以往的林业机械作业多使用 MATLAB、AMESim、ADAMS 等专业工具进行仿真研究，这样的方式科学性强，可以方便地进行实验和验证，对于缩短研究周期有很大的帮助；但系统也存在交互性差，不够直观、生动的缺点，应用虚拟现实技术可以使传统的仿真研究在可视化、人机交互等方面得到极大的改观[5]。通过三维引擎技术搭建逼真的人工林场景，将现有先进的林机模型添入其中，进行运动学仿真、作业仿真，定制科学的抚育工艺流程，能够更为贴近真实地还原林区抚育采伐及造材作业过程，使用户在虚拟环境下进行作业，同时直观地掌握大型林业作业装备的机械结构和作业控制过程[6]。将虚拟仿真技术应用于林用装备控制教学实验，能够打破林业工程类专业本科生实习实训"不见山、不入林、不用机"的制约瓶颈，对林业相关人员培训认知有很强的补充作用[7]。不仅如此，虚拟仿真技术应用在如同人工林抚育采伐实验这样的高风险、高成本、高能耗或是其他不可及、不可逆、存在污染、放射性危害实验中体现了得天独厚的优势，在教育领域中发展迅猛。为满足适应信息化条件下知识获取方式和传授方式、教和学关系等发生革命性变化，深化信息技术与教育教学深度融合的要求，2018 年 5 月全面启动国家虚拟仿真实验教学项目建设工作，要求相关高校加大经费投入，并纳入"十三五"期间中央高校教育教学改革专项的重要内容予以重点支持[3]。虚拟仿真实验是实验教学的重要组成部分也是其延续，这样新教学方式对教育质量、教育改革起着积极的推动作用。

2020 年初新冠肺炎在多国暴发，感染人数激增，严重的疫情对人们的正常生活和社会活动造成了巨大影响，2 月正值国内大中小学的开学季，教育部发出"停课不停学"的号召，各学校纷纷组织开展线上网络教学，线上教学活动的开展对于维护正常教学秩序是十分必要的，而虚拟仿真实验教学则能充分发挥线上资源优势，是网络学习、课程实验强而有力的支撑。

必须注意的是，"能实不虚，虚实结合"一直是虚拟仿真实验的根本性原则，在像导弹、火箭、卫星发射系统研发过程中，试验成本极为高昂，由于系统的集成度、复杂度高，使得实验也很困难，此时，半实物仿真就显得尤为重要[8]。使用真实的采伐头控制器系统控制虚拟环境的采伐头进行进料控制、测试和调试作业，对缩短设备研发周期、降低研发成本进行参数优化有着积极的指导意义；此外，利用虚拟现实相关硬件设备打造沉浸式的线下教学环境，能够极大激发学生学习兴趣，以"线下线上"相结合的实验教学方式相辅相成、优势互补，这种全新的实验教学模式对推动高等教育变革将产生积极重要的作用。

（二）林业机械虚拟仿真技术国内外研究现状

国外林业发达的地区如北美、北欧、日本早在 20 世纪 60 年代就开始实现林业机械化采伐作业。机械化作业相比传统的人工采伐、人力或畜力集材更为高效。林业工人需要在复杂林区环境里砍伐参天大树，还要时刻注意潜在的危险和应对突发情况，并且往往是多人协同作业，因此，林业工人一直被视为危险程度极高的工种之一[4]。虽然林业机械的普及极大提高了生产效率，作业人员如果没有接受专业的培训，贸然操作林业机械是极为危险的，大型林用机械设备结构和操作复杂，被培训者需要全面掌握设备的检修、维护以及操作规程，培训周期十分漫长，为此行业内许多巨头公司推出了模拟机装置来进行实机操作前的教学以缩短培训周期，降低培训成本。

芬兰的庞赛（Ponsse Plc）公司是全球顶尖的林机设备制造商，专注于生产对环境友善的具有高质量和高可靠性的林木采伐设备以及研究与采伐相关的信息技术。其开发的 PONSSE 模拟器提供了现代化的学习环境，用于培训采伐机和集材车以及 PONSSE Opti 信息系统的操作。模拟器培训是林机教学培训的基本且有效的方法[5]。此外，模拟器提供了一种低成本解决方案，可确保在操作者在进入森林环境之前得到充分的培训。PONSSE 模拟器也可搭配使用 360°VR 头戴设备，如图 3 所示，获得真实的沉浸感。PONSSE 模拟器驾驶培训涵盖了整个林业机器的所有工作阶段[9]。除了能够在伐木场周围自由工作和驾驶机器并从不同视角查看环境之外，用户还可以使用集材车将处理过的树木送往楞场，同时能够评估培训成绩、工作质量及生产效率。模拟器可提供三通道显示系统、360°虚拟仿真环境、校准卡尺、采伐头控制器和 Sim Trainer 培训管理系统。

驾驶并操作现代林用机器，操作者必须有良好的协调和处理计算机系统的能力及技术。PONSSE 模拟器培训系统可以根据学生的技能水平定制学习训练计划。它可以自由地创建不同的练习任务，执行不同的专题练习来学习机器的控制系统操作，如驾驶、采伐、造材、集材等。

我国自动化林用机械的应用研究起步较晚，随着计算机图形学、动力学仿真、高性能计算等技术的发展，我国林业机械仿真领域的研究快速发展，这一点在教学实验领域中体现得尤为明显[5]。2018 年以来，教育部组织开展了"虚拟实验教学环境关键技术研究与应用示范"课题的研究工作。2018 年 5 月 30 日，为学习贯彻党的十九大精神，在教育部的推动下各农林院校结合自身特色学科优势推进仿真实验教学改革。如在传统的林业工程类专业实训的过程中，东北林业大学与相关企业联合开发了一套适用于教学的"木材生产虚拟仿真系统"，如图 3 所示。实验涉及森林经营、森林采伐、集采作业、原条造材及原木优化制材等五大体系教学内容，在一定程度上解决了以往的实验教学的难题，而且培养和提高了学生动手实操的能力。

图 2　PONSSE 模拟器

图 3　木材生产虚拟仿真系统

二、基于 Unity3D 虚拟仿真在林业机械相关课程教学中的实践

（一）教学实验设计总体方案

1. 线上线下相结合的实验教学设计

针对传统林业工程实验教学模式存在的缺陷，本文提出"线上线下"相结合的实验教学方式，"线上教学"即利用前文开发的人工林抚育采伐作业虚拟仿真实验系统，学生可以使用个人电脑或者在学校机房进行线上作业练习；"线下教学"则依靠硬件设备搭建一套沉浸式的仿真实验平台，并与软件系统进行通讯实现体感控制，学生在体感模拟平台上可以体验到操作实际林业机械装备进行抚育采伐作业的真实感、沉浸感，以作为线上虚拟仿真实验强而有力的补充和支撑。

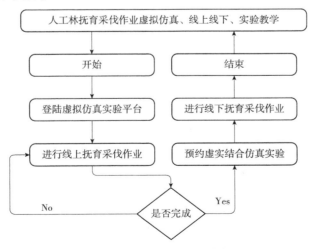

图 4　"线上线下"实验流程

设计如下:学生在规定时间内或统一组织下登陆虚拟仿真实验教学平台,完成线上理论知识、安全知识、操作学习、在线考核。通过在线考核者可预约线下实验,进行抚育采伐装备的模拟操作,要求完成清林、割灌、间伐、造材、集材、运输等重要作业内容,且作业过程和结果应符合国家森林采伐作业规程及 LY/T 1370—2018《原条造材》标准(作业规范和检验标准均已融入线上理论及安全知识模块中),实验环节共 4 课时,线上和线下各占 2 课时,实验教学体系如图 5 所示。

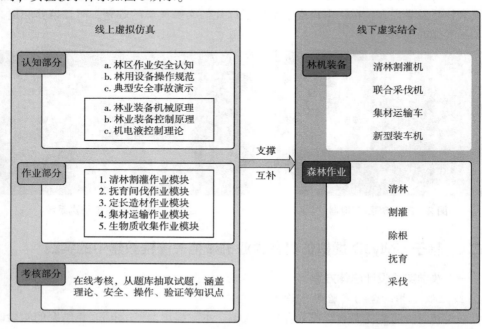

图 5 实验教学体系

这样的结合方式既避免了仿真实验完全的虚拟化、形式化,又规避了实地教学实验的风险,缩减实验的时间和成本,形成"线上虚拟仿真—线下虚实结合"的实验教学方针,紧扣国家混合式"金课"建设标准[9],实现双线推进、理论和实践有效对接和融合,实验流程如图 6 所示。

2. 沉浸式仿真实验操作环境搭建

如图 7 所示,"线下教学"依靠沉浸式的仿真环境实现,本文提供了桌面级的仿真环境和沉浸式仿真环境,将发布成功的软件系统部署至两种操作环境来构建虚拟仿真实验室,

图 6 仿真操作环境

桌面级的仿真环境使用电脑和键鼠操作,沉浸式仿真环境则较为复杂,如图 7 所示,包括了电脑主机、体感平台、输入模块、通信模块和投影显示系统。

电脑主机,安装 Unity3D 5.3.4 及以上版本、Visual Studio、融合机驱动、方向盘脚踏板及手柄驱动,运行 Unity 源工程文件。

体感平台,基于 MBOX 体感算法的六自由度动感平台,模拟虚拟人工林场景中林机设备的运动姿态,同时也能模拟加速、制动、越障等工况,实现体感控制,创造沉浸感。

输入模块,FANATEC 模拟驾驶套装(档位杆、方向盘、三输入踏板)控制林用机械的行驶,双输入 PENNY & GILES 手柄控制机械臂和作业机头(割灌装置、采伐头、抓具)动作[6]。

通信模块,运行在电脑主机上的人工林抚育采伐作业系统 Unity 工程项目与体感平台、FANATEC 模拟驾驶器、PENNY & GILES 手柄分别采用 UDP、USB、CAN 总线通信方式。

投影显示系统,采用三通道立体投影仪和显示环幕。

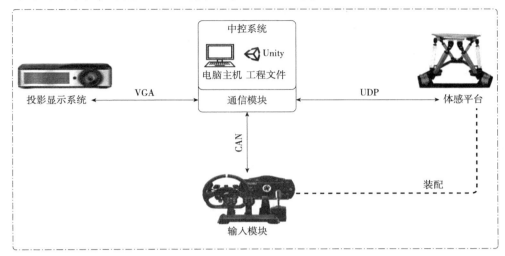

图 7　沉浸式仿真系统

体感平台用于实现驾驶模拟器功能,主要利用动态链接库接口技术,原理如图 2.5 所示,其中林机车辆运动数据包括其在虚拟场景下的俯仰角、横摆角、航向角以及 x、y、z 三个轴的轴向加速度[9],为这些实时数据在程序中的参数和属性定义。将这六个参数传递给上位机程序 platformTest.cs,然后在此程序中调用动态链接库进行姿态反解,并将反解后的运动数据以 UDP 数据包的形式发送给 MBOX 控制系统来驱动六自由度动感平台,完成进行林机车辆在林地环境下行驶的动感模拟测试[8]。

（二）虚拟仿真投影系统

投影显示系统是增强沉浸感的关键,采用的投影解决方案为:三台投影仪提供三路 VGA 视频信号,一张 6400mm(宽)×2200mm(高)投影环幕,COMPASS 融合图像控制器将三路投影图像拼接成无缝的整幅图像[10]。

运行人工林抚育采伐作业工程项目的控制主机作为信号源,将视频信号通过 VGA 接口发送至融合控制器,融合控制器对三路图像信号进行融合拼接处理,输出模拟 RGB 信号至投影仪。投影仪延迟小、分辨率高,结合体感平台和方向盘、手柄等输入获得更加真实的操作感,使人体验到操作实际林业机械置身于人工林场景的沉浸感。

三、基于 Unity3D 虚拟仿真技术林业机械工程实验教学应用案例

"林业与园林机械"是北京林业大学林业工程专业的专业选修课程之一,总共 32 学时,其中实验环节占 4 课时,课程大纲要求:使学生了解林业与园林生产中的营林机械、园林机械、木材生产机械、起重、运输机械等各种机械的类型、主要结构、工作原理、使用方法。

如图 9 所示,在实验系统中,应用了林业生产中较为先进和常用的清林割灌机、联合伐木机、集材运输车、装车机等,作为营林、抚育、生产、起重、运输代表性机械,综合性强、体系连贯,符合课程大纲基本实验教学要求[9]。

（a）清林割灌作业　　　　　　　　　（b）采伐及造材作业

（c）集材及运输作业　　　　　　　　（d）生物质收集作业

图 8　抚育采伐作业

图 9　开展线上实验教学　　　　　　图 10　开展线下实验教学

应用本文的人工林抚育采伐作业虚拟仿真实验"线上线下"实验方案，如图9、图10所示。

参与本次人工林抚育采伐作业实验教学的学生一共38人，其中有25人是林业工程本科生，另外13人是机械制造及其自动化专业本科生。在实验完成之后进行调研工作，根据学生意见反馈和调研结果分析知，"线上线下"相结合的实验教学方案有利用于打破传统林业工程实验教学模式在时间及空间上的局限性，学生可以随时随地地使用个人电脑进行线上的预习及练习工作，同时线下沉浸式的仿真体验能极大地激发学生学习的兴趣，提升教学效率。

四、基于 Unity3D 虚拟仿真技术林业机械相关课程教学实践的效果

针对机械化抚育采伐作业难度大、危险程度高、消耗大导致相关的实验教学工作难以开展的问题，利用虚拟现实技术设计了一套人工林抚育采伐作业仿真系统，能够在虚拟环

境下完成林区割灌、抚育间伐、造材、集材归堆等内容，为林业工程类专业学生提供一种可行的实验教学方式，也对林业工人培训具有一定的实用价值。主要工作如下：

调研国内外林业机械仿真的研究现状，并结合抚育采伐作业系统的需求分析，明确了以 Unity3D 为仿真开发引擎、3DsMax 为建模工具的技术路线，确定了资源构建、功能开发、集成开发的系统开发思路。

参照广西某国有林场实地环境，利用 Unity3D 的 Terrain 组件完成虚拟林区环境地形地貌的建立，对桉树模型、花草灌木进行了细节处理[10]。构建了逼真的虚拟桉树人工林场景。利用 3DsMax 完成林机模型的建立及优化，包括割灌机、伐木机、集材车等主要林用机械，并将其导入 Unity3D 中进行运动学仿真，包括轮式底盘及履带式底盘行走模拟、液压机械臂运动仿真、采伐头姿态控制。

根据林区生产实际，结合模块化的设计思想，将清林割灌、抚育间伐、造材控制、集材归楞、生物质收集串联起来，形成完整科学的人工林抚育工艺，并依次完成了每一作业模块的开发工作。

开发了数据库功能管理学生登录信息，并建立了考核体系，采用 UGUI 技术开发系统 UI 框架，增加了场景及视角切换和音效及粒子效果，进行系统发布测试并提出了对象缓冲池等 CPU 和内存消耗的优化策略，完善了人工林抚育采伐作业系统，使其更具适配性。

构建了桌面级和沉浸式两种仿真操作环境，借助动态链接库技术，同步虚拟场景下行驶的林用车辆的运动数据至体感平台，采用输入映射的方式采集手柄等外设输入，进行林机车辆在林地环境下行驶的动感模拟测试。采取三通道投影方案提升系统沉浸感。最后，提出并实践了"线上线下"相结合的实验教学方案。

本文具有以下两点创新：①在国内较早地提出了完全机械化抚育采伐全过程仿真。②将虚拟仿真技术应用于林业工程实验教学。

关于人工林抚育采伐作业虚拟仿真的研究虽然取得了初步的研究成果，但一些工作还需要后续研究与开发进一步完善，主要体现在四个方面：①本系统的人工林场景较为单一，主要为桉树，可考虑加入其他树种。②抚育采伐工艺流程不够完善，可引入间作、施肥、灌溉、栽植下木等环节。③林机模型需要丰富扩展，受研究条件的限制，对许多林机模型部分模块进行了复用。④不同林机结构差异化不大，所构建的运动学模型物理参数设置与实际运动还存在差距。

参考文献

[1] 敖妍, 马履一. 美国普渡大学"森林培育学"课程教学的特色及启示[J]. 中国林业教育, 2019, 37(6): 72-78.

[2] 刘英, 马晨波, 赵茂程. 现代林业技术装备虚拟仿真实验教学中心的建设实践[J]. 实验技术与管理, 2019, 36(7): 210-213.

[3] 陈青, 蒋雪松, 许林云, 等. 虚拟仿真技术在林业机械课程教学改革中的应用[J]. 当代教育实践与教学研究, 2018(3): 129-130.

[4] 沈嵘枫, 张小珍. 采伐机工作臂油缸的设计及其运动分析[J]. 福建农林大学学报(自然科学版), 2017, 46(1): 115-120.

[5] 井晖, 王武魁, 张靖然. 森林抚育作业计划决策支持系统设计与应用[J]. 林业资源管理, 2019(5): 136-144.

[6] 任长清, 马超男, 孟德宇, 等. 履带式林间剩余物运输机的设计[J]. 林业机械与木工设备, 2014, 42(3): 18-20.

[7] 谷艳华, 苗广文, 杨得军. 混合教学模式下虚拟仿真教学的探索与实践[J]. 实验技术与管理, 2019, 36

(7): 188-191.

[8] 戴代新, 王健涵, 戴开宇. 基于网络虚拟现实技术的风景园林设计交互教学平台构建与应用[J]. 风景园林, 2018, 25(S1): 26-30.

[9] 郭世怀, 黄青青, 丁小康, 等. 基于联合仿真的林业采育作业模拟系统研究[J]. 森林工程, 2014, 30(5): 74-78.

[10] Sportillo Daniele, Paljic Alexis, Ojeda Luciano. Get ready for automated driving using Virtual Reality. [J]. Pubmed, 2018: 118-200.

Application of Unity 3D virtual simulation technology in teaching reform of forestry machinery relevant courses

Huang Qingqing Wu Jian Li WenBin Li Jiang Xie Du

(The School of Technology, Beijing Forestry University 100083)

Abstract Mechanized forestry operation is of vital feature of the development of modern forestry. The traditional teaching process of course about forestry machinery was often separated from the theoretical teaching and the experimental operation. Also there are problems such as high cost and difficulty in the process of forest tending and cutting practice, and various safety dangers. Therefore, it is difficult to carry out relevant teaching activities in the process of technical development, practical teaching and engineering training, and it is impossible to demonstrate a large number of real objects of forestry equipment, which leads to the defect of students to master the structural principles as soon as possible. In order to adapt to the rapid development of modern forestry science and technology, this paper used virtual reality means and combined with the actual production of forest region to create a virtual simulation experiment system of artificial forest tending and cutting based on Unity3D. By introducing the teaching method of virtual simulation, indicate the shrub cutting, thinning, cutting to length, forwarding, biomass residue collected five links in series for the train of thought of plantation tending technological process, discusses the application of virtual reality simulation on teaching reform, promote forestry machinery through theory and practice of communication bottleneck, to meet the needs of training students to participate in the innovation practice, and raises the student innovative thinking and innovative ability, aim to the forestry equipment industry talent needs.

Keywords forestry thinning and harvesting, virtual simulation, practical teaching, Unity 3D

基于林业高校"林学概论"通识课程的教学法改革研究

——以北京林业大学为例

王佳茜　李国雷　彭祚登　刘勇

（北京林业大学林学院，北京100083）

摘要：通识教育在创新型人才培养方面发挥着至关重要的作用，大学开展通识教育是对新时代人才素质新要求的适应。"林学概论"作为涉林高校的特色课程，与通识课程的培养目标高度吻合，且具有不可替代的优势。以北京林业大学为例，目前该课程仍具有较强的专业性课程特点，还需对课程进行一系列的通识教育改革探索：其培养目标应区别专业化课程，注重普遍性基础知识的传授、以及综合能力与价值观的培养；课程内容应淡化专业性、细节性较强的概念、技术要点，突出基础性原理以及宏观性的理论体系框架，灵活采用思维导图、案例教学、视频辅助教学、互动式教学等多种教学方式，体现通识课程关注科学素养与人文素养培养的特色；建议采用多维考核方式对课程学习的全过程进行综合性评价。通过本文对上述问题的分析与思考，以期推动该课程在高校通识性人才培养中发挥更大作用。

关键词：通识教育；林学概论；教学改革；教学目的；教学内容；考核方式

2021年，习近平总书记发表了重要文章《努力成为世界主要科学中心和创新高地》，文中谈到在当前新一轮科技革命和产业变革的历史新形势下，科技创新将深刻影响人民生活福祉与国家前途命运，而科技创新源于"学科之间、科学和技术之间、技术之间、自然科学和人文社会科学之间的交叉融合"[1]。通识教育作为促进不同学科、专业之间知识与能力融会贯通的教育[2]，在创新型人才培养方面发挥着至关重要的作用。因此，大学开展通识教育是对新时代人才素质新要求的适应[3]。

通识教育的目的在于通过对某一领域跨学科、跨专业的综合学习与研讨[4]，提升学生对自然、社会以及人文的全面认知。在科学素养方面，培养学生形成独立思考[5]、客观分析、融会贯通的思维模式，并构建自己的知识体系和分析方法；在人文素养方面，培养学生树立正确的价值观念、社会操守、人文情怀和理想信念[2]。通识教育关注人的全面发展，这种全面性不仅体现于学生对于不同领域知识、能力和方法之间的交融贯通，更体现于学生具备对事物的深入认知和广阔视野后，形成对社会、国家发展的使命感与责任感。通过通识教育培养具有家国情怀的创新型人才，是我国高等教育的重要使命。

林学是自然科学之林的重要学科，对我国绿色事业的发展具有重要的推动作用，尽管我国已进入生态文明发展的新阶段，但人们对于林学的认识理解尚较有限。而林学是以生

作者简介：王佳茜，北京市海淀区清华东路35号北京林业大学林学院，讲师，wjx198979@163.com；
　　　　　李国雷，通讯作者，北京市海淀区清华东路35号北京林业大学林学院，教授，glli226@163.com；
　　　　　彭祚登，北京市海淀区清华东路35号北京林业大学林学院，副教授，zuodeng@sina.com；
　　　　　刘　勇，北京市海淀区清华东路35号北京林业大学林学院，教授，lyong@bjfu.edu.cn。
资助项目：北京林业大学课程思政教研教改专项课题"微生物学（林业）"（2020KCSZ025）。

物学为基础，包涵植物学、树木学、生态学、气象学、土壤学、森林培育学、森林经营管理学、森林保护利用学等多学科在内的交叉融合的特色性学科[6]，集合了多学科的研究方法与知识体系，具备通识课程高度融通性的基础特点。此外，林学中蕴含有"人与自然和谐共生、可持续发展、绿水青山就是金山银山"等丰富的生态文明教育资源，能够激发学生热爱自然、保护环境的生态意识，并建立关爱生命、关爱人类共同家园的道德责任意识，具备通识课程人文素养培养方面的独特价值。因此，林学与通识课程的培养目标高度吻合，且具有不可替代的特色与优势。

"林学概论"是多所林业类或涉林高校为非林专业开设的课程。北京林业大学作为林学底蕴深厚的高校，已将"林学概论"作为专业基础课开设多年，而该课程作为全校通识课程开设时间并不长。本文以北京林业大学"林学概论"通识必修课运行以来存在的问题为例，以点带面探索"林学概论"作为通识课在教学目的、内容安排和考核上面临的困难、存在的困境，以及改善的措施。

一、"林学概论"在通识课程实践中存在的问题

（一）教学目的

"林学概论"原为林学相关专业的一门重要专业基础课程，自2017年以来北京林业大学将该课程设定为全校通识必修课。尽管课程性质确定为通识课，但2017版教学大纲仍然沿用了专业基础课的教学目的与要求；即要求学生掌握林学基本原理与主要技术环节，并学会运用基础理论知识分析和解决林业生产中的实际问题。而对通识课程着重培养的融会贯通、举一反三、客观分析等科学素养，以及对社会、国家发展的使命感和责任感等人文素养则体现不够充分。现有教学大纲中的教学目的不足以体现开设通识课程的培养目标。

（二）教学内容

现有"林学概论"教学大纲中规定的教学内容全面地涉及了林学的各个学科，课程的知识体系非常完整，但同时也带来了内容庞杂的问题。本课程为32学时，要在规定课时内将大纲要求的全部内容讲授完毕，就需提高知识点讲解速度。此外，大纲中每一章节的教学重点中几乎均涉及较多的专业性较强的概念，且这些概念分布于知识体系的不同位点，较为零散；同时，这些教学重点又是考核所涉及的内容，对于非林学专业的低年级学生学习起来较为吃力，因此从应对学生考核角度需进行较为详尽的讲解。笔者在讲授本门课程时，就常常面临知识点庞杂、课时紧张，为完成大纲要求的教学内容，而没有充裕的课时就某一问题进行深入拓展，或与学生深入交流、讨论，无暇顾及能力培养；讲授知识点专业性、理论性强，偏向专业化教育，不利于激发学生学习兴趣等问题。

根据通识教育培养目标的要求，通识教育的课程教学内容应与专业课程有明显的区别，通识教育课程的内容不应为走马观花式的知识点罗列。教师忙于完成繁杂细碎的大纲知识点要求而难以平衡知识的广度与深度，知识的系统性固然很重要，但要在系统下有所侧重：应更强调理论基础知识等普遍性知识、普遍性分析方法，并关注学生批判性思维、逻辑性分析、触类旁通等能力的培养，同时兼顾正确价值观、理想信念的传递。但在目前"林学概论"课时量和大纲要求下，教师与学生很难抽出时间与精力达到通识课程的教学内容要求。

（三）考核重点与方式

"林学概论"的考核方式为全校统一命题、闭卷考试；命题类型一般为名词解释、简答题与讨论题；考核内容常常为一些专业概念的解释、专业概念的特征，甚至是一些林业专业技术的途径和操作要点。学生主要采取机械记忆的方式来应对考核。笔者认为，目前该课程以考核学生的记忆和理解能力为主，学生会把学习课程的大量精力分配在机械记忆考

试重点上，不利于发展其更为高阶的能力：如对某思想方法的应用能力、对某事物的分析能力、对某信息的评估能力以及融会贯通的创造能力。同时，多数考核内容过于专业化、技术化，与学生所学专业和生活联系不够紧密，学生在考试过后很少有机会对考核内容进行拓展应用，这样的考核内容与方式也与通识课程的培养目标相悖。

二、学生对于目前课程总体安排的评价

对学习本门课程的 4 个非林专业、12 个班、328 名学生进行了课程学习问卷调查，问卷发出 328 份，收回有效问卷 285 份，调查结果如图 1。

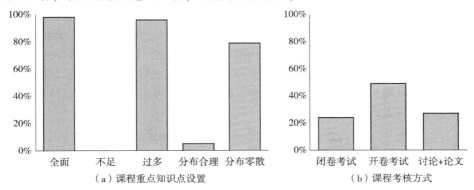

（a）课程重点知识点设置　　　　（b）课程考核方式

图 1　学生对课程的总体评价

对于课程内容设置部分的多项选择调查结果显示：绝大多数学生认为课程的重要知识点相对较多且分布较为零散。考核方式部分的结果显示：24%的学生支持以机械系记忆知识点为主的闭卷考试、49%的学生支持以讨论和分析为主的开卷考试、27%的学生支持小组讨论与论文相结合的考核方式。

对于课程内容及考核方式的评价，一些典型观点认为："知识概括全面，讲授非常好，只是上课时间紧张讲授知识多，学生多数难以立刻掌握""由于课程设置，对非林学专业学生进行纯知识灌输，接受度和理解度低""本课程内容太多太杂，每节课学习的知识很多，无法完全消化""考核方式为闭卷考，学生只能通过机械记忆来应付考试，而没有真正培养出兴趣，无法将课程内容内化于心，而且产生较大课业压力"。整体来看，学生对于"林学概论"的学习兴趣与效果受到了课程内容与考核的限制，因此有必要对课程内容与考核进行进一步完善。

三、完善"林学概论"通识课程的建议

基于上述分析，笔者认为，北京林业大学"林学概论"通识课程在整体上仍处于借鉴专业课程的探索阶段，还未形成与通识教育培养目标相一致的课程体系。因此，完善"林学概论"通识课程还需系统的改革与实践。

（一）明确"林学概论"通识课程的目标

"林学概论"作为通识必修课，其培养目标应区别于专业化课程，淡化功利性和专业细节性，注重普遍性基础知识的传授以及能力与价值观的培养。笔者认为，"林学概论"的培养目标应包括以下几个方面。首先，在认知层面，通过本门课程的学习获得人类与自然、森林、林业之间的关系，明确林业对于社会、国家乃至于全人类可持续发展的重要意义；对森林植物、生态系统及其与环境的关系形成基本认知；理解从种质获取到苗木培育、造林营林、森林管理保护、森林开发利用等林业产业体系中的逻辑框架；了解我国林业行业

的发展现状与潜力方向。此外，在认知基础上的能力培养方面，引导学生思考人生如何借鉴植物智慧；如何将所学专业应用于林业建设体系、助力我国绿色事业发展等问题。同时，在价值观养成方面，引导学生尊重、敬畏自然与森林，树立保护自然、保护森林的环境意识；结合我国林业领域在科研、产业中作出突出贡献的专家前辈的优秀事迹，启迪学生的责任感与使命感，引导学生自觉投身于美丽中国的伟大实践。

（二）以通识课程教学目标为导向的教学内容与方式优化

课程内容应以通识课程培养目标为导向，在原有大纲内容的基础上，对专业性、细节性较强的概念、技术要点加以淡化，突出基础性原理知识以及专业行业综合性、宏观性的体系系统框架。结合我校授课教师分学科安排的实际情况，在原大纲的逻辑框架上，以"主题式"教学为特色，分森林培育、森林经营管理和森林保护三大模块进行，并在每一模块分别融入本学科涉及的基础性原理知识。在内容设置上体现通识课程关注科学素养与人文素养培养的特色；在教学方式上，灵活采用思维导图、案例教学、视频辅助教学、互动式教学等多种方式，以期达到通识课程培养目标。结合笔者思考与实践，以"森林培育"模块为例，对教学内容与方式的思考见表1。

表1 以"森林培育"模块为例的教学内容与方式思考

主题	专业知识点	内容特色	教学方式	培养目标
森林与人类	人类与自然、森林之间的关系	结合人类文明史发展规律进行探讨	案例+雨课堂	理解、归纳总结能力
	林业对于可持续发展的重要意义	结合时事热点，解读我国碳中和、气候变化大会声明等政策。	案例+雨课堂	政治认同
	我国与世界林业发展	结合我国森林变迁历史，总结发展规律	案例+雨课堂	理解、归纳总结能力
	我国林业建设成效	结合时事热点认识"三北防护林"成效，并以"六老汉三代种树"的案例讲授防护林背后的建设历程	案例+小组发言	家国情怀；责任担当；艰苦奋斗品质
	为什么关注林业	总结课程内容	思维导图	归纳总结能力
认识植物	光合作用、维管束形成、种子、开花	以植物的"四大发明"为题，讲解植物类群的进化历程，并与我国古代发明技术对文明进步的影响作为类比	视频辅助+思维导图	理解、类比能力
	光合作用	结合视频，深入植物细胞，将光合作用与植物细胞结构结合讲授，加深印象	视频辅助	理解能力
	细胞壁加厚与维管束形成	通过古典诗词对竹、蓼科的描写，引出决定其品格命运的细胞壁加厚机制，并对不同植物的品质进行欣赏探讨	视频辅助+小组发言	文化传承；类比思维
	种子结构与传播	结合种子结构，探讨"杨柳飞絮"这一种子传播现象引发的舆论问题	案例+小组发言	应用、分析、评估能力；批判性思考
	开花过程与特点	结合古典诗词《感遇》，引出决定"草木本心"的光周期现象；并对植物本真、高洁的品质加以欣赏探讨	案例+小组发言	文化传承；类比思维

(续)

主题	专业知识点	内容特色	教学方式	培养目标
森林培育	树木新品种选育；种子区划	结合朱之悌院士三倍体毛白杨品种培育；徐化成先生十年磨一剑的种子区划案例进行讲授	案例	科学精神；使命担当
	植物工厂	新技术的开发，全面环境控制的高效集约方式	视频辅助	行业自信
	适地适树	结合"杨柳飞絮"问题，看历史上的树种选择与当今适地适树的需求	案例	用发展的眼光看问题
	讨论	探讨所学专业在林学、林业的应用；或本门课程对所学专业的启发	小组讨论发言	应用、分析、融会贯通

1. 教学内容的通识特色——以"森林培育"模块为例的思考

(1) 科学素养培养

通识课程教学应从专业知识的传授转而侧重于学生能力的训练，同时，教师在课程教学中的角色定位亦应从监督者转而成为引导者。教师可在对某一知识点进行讲解后，利用雨课堂问答、小组讨论、小组发言等互动式教学手段，通过积极引导学生自主总结所学内容，培养学生对所学问题的归纳能力；通过提出所学内容与社会舆论热点相关的问题，引导学生利用所学知识对观点进行分析，培养学生批判性思维、解决问题的能力等；通过引导学生思考本课程与自身专业的关系，培养学生的应用、分析以及融会贯通的能力，使学生自身的主导作用得以充分发挥。

(2) 人文素养培养

深入挖掘课程中的思政元素，培养学生树立正确的价值观念、理想信念、家国担当。从人类文明与林业变迁历史发展、气候气象时事热点、我国生态文明政策等角度出发，深入讲解林业对社会、国家、人类的意义，激发学生对本门课程的学习热情，培养学生对我国生态文明建设的政治认同、责任担当和家国情怀。从我国老一辈林学专家、林业基层工作者的榜样事迹中，感染学生学习他们艰苦朴素、勇于奉献的优秀品格和客观求实、创新进取的科学态度。从植物学角度，深入机理解读古典诗词中对植物品格的描写，激发学生对理论学习的兴趣，同时启迪学生对优秀传统文化的热爱与传承。积极引导与培育学生树立社会主义核心价值观，充分发挥通识教育培养健全人格的积极作用。

2. 教学方式——以"森林培育"模块为例的思考与实践

(1) 思维导图

"林学概论"内容广博、覆盖面广，涉及多学科的知识体系，学习时容易造成知识点之间的关系不清、逻辑混乱等问题。借助思维导图辅助教学，能够将知识点之间的逻辑关系提纲挈领地梳理出来，同时将重点知识所在的层次显著地呈现出来。笔者讲授课程过程中，在章节的开篇和结尾采用思维导图对章节内容进行梳理后，学生反映对知识的理解和把握更加清晰，也有助于加深对重点知识的印象。

(2) 案例教学

在教学过程中，笔者深刻感受到理论是骨而案例为血肉，理论一定需要结合相应的案例才能够使得知识的传达更为生动、具体；同时，案例能够引发学生的共鸣与思考，加强学生对知识的深度感知与理解。可以从林业、林学领域的发展历史、最新的研究进展以及时事热点中发掘到丰富的榜样事迹、发展历程以及社会观点。此外，借助案例对问题进行探讨还能够激发学生思考的主动性。

(3) 借助视频辅助教学

对于一些比较抽象的知识点，如植物的细胞、组织结构，以及一些需要直观展示的技术，如工厂化育苗技术，视频的效果往往极大地优于图片。例如，笔者在"认识植物"主题中，将纪录片《影响世界的中国植物》《植物叶肉细胞旅行》《植物私生活》等剪辑为与课程内容直接相关的短视频，结合视频进行讲解，提升了学生学习兴趣的同时也加深了学生对相关知识点的理解与印象。

(4) 互动式教学

互动式教学是以学生为主体的教学体现，在类比、应用、分析、评判以及创新等综合能力的培养方面具有高效的作用。师生在交流过程中，教师可以针对学生的问题进行指导，使得学生很容易在某一方面迅速提升；同时，学生也能够从他人之间，例如学生与学生、教师与其他学生之间的交流中吸取经验。笔者在教学中发现，学生之间的相互学习甚至比教师单向向学生传输知识更为高效。

(5) 学生对于不同教学方式的评价

对采用不同教学方式学习本门课程后的4个非林专业、12个班、328名学生进行了不同教学方式的问卷调查，问卷发出328份，回收有效问卷285份，调查结果如图2所示。

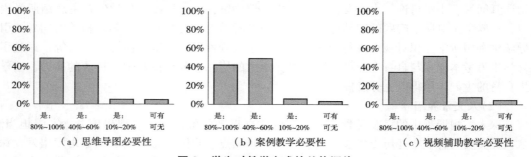

图2　学生对教学方式的总体评价

结果表明，学生普遍认为思维导图、案例教学、视频辅助教学均较有必要。其中思维导图对学习的必要性最高，后续调查显示思维导图对学生"建立清晰的知识结构框架""理解所学内容的逻辑方式"方面帮助较高。而案例教学对于学习当中的"理解概念""加深印象"较有帮助。视频辅助教学则对"知识可视化、提高理解""加深印象"方面有所促进。

（三）以通识课程教学目标为导向的考核内容与方式优化

根据通识课程的培养目标，通识课程的考核应注重对学生综合能力的评价，而非概念性、技术性的专业考核，甚至是机械记忆。笔者建议采用多维考核方式对课程学习的全过程进行综合性评价，这样的评价方式也利于学生投入更多精力到能力提升上。总成绩由过程考核成绩（60%）和期末成绩（40%）组成。过程考核以随堂问答、课堂讨论、汇报展示为依据；以学生讨论的准确性、深入程度以及观点的独特性进行评分。以联系所学内容、对林学相关问题进行综合分析讨论的形式进行期末考核，以对所学内容应用分析的准确性、契合性、深入程度、观点的独特性、价值观的正确性进行评估。以考核学生在本门课程中所学习的综合素养水平。

四、结　语

通识课程应更加注重学生能力与素养的培养，应与专业课程加以区分。对于我校"林学概论"通识课程的建设，应从大纲课程目标和课程内容修订、考核内容与方式的完善等方面进行改革与实践。同时，我校"林学概论"的任课教师多较为年轻，这些教师的优势是熟悉专业前沿领域研究，但对通识教育理解不够深入，管理部门应针对该问题对任课教师进行相关的培训，并组织开设课程研讨，以提升课程师资在通识性课程方面的教学水平。总之，"林学概论"有潜力成为一门培养学生综合素质和创新能力、并担当绿色使命的优质特色通识课程，但必须认识到目前该课程在发展理念与实践中尚存不足，推动"林学概论"课程通识化仍需系统的改革实践。

参考文献

［1］习近平．努力成为世界主要科学中心和创新高地［J］．共产党员，2021（8）：4-7．
［2］熊光清．强化通识教育是高等教育必然选择［N］．中国科学报，2021-10-19（5）．
［3］吴卫星．高质量通识教育促进创新型人才培养［N］．中国科学报，2021-10-26（5）．
［4］李奇璋，周选围．农学在通识教育中的地位和作用及特殊的教育内容［J］．安徽农业科学，2009，37（36）：8311-8314．
［5］王善勇．触类旁通是通识教育最高标准［N］．中国科学报，2021-11-02（5）．
［6］马履一，彭祚登．林学概论［M］．北京：中国林业出版社，2020．

Research on teaching method reform of general course of *Introduction to Forestry* in forestry colleges and universities: Take Beijing Forestry University as an example

Wang Jiaxi Li Guolei Peng Zuodeng Liu Yong

(College of Forestry, Beijing Forestry University, Beijing 100083)

Abstract General education plays a vital role in the cultivation of innovative talents. The development of general education in universities is an adaptation to the new requirements of talent quality in the new era. As a characteristic course of forestry related colleges and universities, *Introduction to Forestry* is highly consistent with the training objectives of general courses, and has irreplaceable advantages. Taking Beijing Forestry University as an example, at present, the course still has strong professional course characteristics, and a series of general education reform and exploration should be carried out on the course. The training objectives should be distinguished with professional courses, which needs to pay more attention to the teaching of universal basic knowledge and the cultivation of comprehensive ability and values. The course content should highlight the basic principles and theoretical system framework, use various teaching methods such as mind mapping, case teaching, video assisted teaching and interactive teaching and pay more attention to the cultivation of scientific literacy and humanistic literacy. It is suggested to use multi-dimensional assessment method to comprehensively evaluate the whole process of curriculum learning. In general, this paper hopes the suggestions could promote the course to play a greater role in the cultivation of general talents in colleges and universities.

Keywords general education, *Introduction to Forestry*, reform in education, teaching purpose, content of courses, assessment method

基于随机通达教学策略的"物业法律法规"课程设计研究

贾薇 乔瑜

(北京林业大学经济管理学院,北京 100083)

摘要:随机通达教学策略是基于认知灵活性理论的针对高级学习的一种教学策略。本文从随机通达教学策略与传统教学模式的比较出发,分析了随机通达教学与"物业法律法规"课程教学的适配性,设计了基于随机通达教学策略的"物业法律法规"课堂教学流程,并将其应用在课程教学活动中。最后,运用调查问卷分析了随机通达教学策略在"物业法律法规"课程中的应用效果,并分别从学生和教师的视角提出了一些建议。

关键词:物业法律法规;随机通达;课程设计;教学策略

随机通达教学适用于要求掌握复杂概念并能灵活运用到具体情境中的"高级学习"[1],是适合高级学习阶段的教学方法。"物业法律法规"课程属于知识结构不良领域知识,以学生能够将所学概念应用到实际情境中为教学目标,涉及多个学科的知识内容,需要进行高级学习。因此,为提升"物业法律法规"课程教学效果,实施随机通达教学方法是十分必要的。

一、"物业法律法规"课程教学特点与教学问题

(一)"物业法律法规"课程教学特点

"物业法律法规"课程是一门内容广泛、具有应用意义的课程,涉及管理学、心理学、社会学、法律等多个学科的内容,具有整体性、多元性和动态性的特点。同时,"物业法律法规"课程要求学生熟记相关法律知识和制度概念,并能将所学知识应用于具体场景中解决实际问题,具有应用性特点。因此,"物业法律法规"课程教学需要教师整合多个学科的知识点,形成综合性较强的知识体系,并结合实际情况向学生讲授知识内容。

(二)"物业法律法规"课程教学存在的问题

目前,"物业法律法规"课程教学主要存在以下三点问题:①以教师为主导,教学方式单调。在传统"物业法律法规"课堂中,教师占据了课堂的主导地位,学生被动接受知识。而在"物业法律法规"课程中,实践是非常重要的,学生即使听了教师对基础概念的讲解,但不通过亲自对相关案例进行剖析,也无法形成对概念的全面理解。此外,传统教学模式单调的教学方式,使学生对"物业法律法规"课程兴趣不高、参与度低,缺乏对知识的探索精神,妨碍了学生创造力的发挥。②课程内容深度不够,无法满足学生对知识的需求。基于传统教学模式的"物业法律法规"课程由于课堂形式单一、课时有限,教师只能向学生讲解知识较为浅显的部分,无法将知识进行深化,很难使学生真正理解所学内容。造成学生看似掌握了所有知识点,但在实际应用中不知如何下手的现象,无法满足学生将知识进行

作者简介:贾薇,北京市海淀区清华东路35号北京林业大学经济管理学院,副教授,bjfujw@bjfu.edu.cn;
乔瑜,北京市海淀区清华东路35号北京林业大学经济管理学院,qy199777@sina.com。
资助项目:北京林业大学课程思政教研教改专项课题"物业管理法律法规制度与政策"(2020KCSZ078)。

应用的需求。③教学案例引用少，知识点陈旧。在传统教学模式的指导下，教师单方面向学生灌输知识，相关物业纠纷案例引用少，且分析角度较单一。近年来随着物业管理行业的快速发展，物业法律法规不断修改更新，物业纠纷案例数量增加，且纠纷焦点不断变化。教师所讲授的一些知识点已经不能很好地解释当下所发生的物业纠纷，学生难以将课堂中所学知识应用到实际中。

二、基于随机通达教学策略的"物业法律法规"课程教学设计

（一）理论基础

建构主义来源于瑞士著名心理学家皮亚杰于20世纪60年代提出的"发生认识论"，是学习理论中认知主义的进一步发展。建构主义学习理论认为，知识是学生借助教师和学习材料的帮助，针对特定的情景并结合自身的体验，通过主动建构意义的方式获得的。建构主义学习理论强调学习过程中学生的主体地位，认为学习是学生主动建构自己知识体系的过程，而不是被动接受教师的知识灌输[2]。教师在建构主义学习理论的指导下，应成为学生的引导者和启发者，通过设计教学情境、组织小组讨论等，发挥学生建构知识的主动性。

认知弹性理论是建构主义的分支，指的是以多种方式同时重构自己的知识，以便对发生根本变化的情境做出适宜的反应[3]。认知弹性理论主张依靠情境的学习才是有效的学习，强调弹性学习情境和建构知识的重要性。认知弹性理论重点关注结构不良领域知识的高级学习，即综合运用多个复杂概念解决具体的情境问题。这就要求教师既要讲授基础知识与概念，又要给学生足够的知识建构空间，以提高学生灵活运用知识的能力。随机通达是认知弹性理论的一种教学策略，在学习过程中，学生可以对同一学习内容在不同时间以不同方式和途径进行多层次学习[4]。

随机通达教学作为建构主义分支——弹性认知理论的其中一种教学策略，由罗皮斯等人于1991年提出，应用随机通达教学方法进行教学可以使学生对同一教学内容的不同侧面在不同时间进行多次学习，把具体情境与概念联系起来，获得对事物全貌的理解。

（二）随机通达教学策略与传统教学模式的区别

随机通达教学策略设置了多个课堂环节，加深了课堂学习深度，颠覆了传统课堂中"教师讲、学生听"的枯燥模式。这种教学策略避免了传统教学中教师抽象地讲授概念，而是把概念放到具体事例中，与特定情境连接起来。随机通达教学的宗旨是通过这种方式的学习，使学生获得对同一概念多方面、多角度的理解。传统教学模式的课堂环节单一且乏味，学生注意力集中于课堂的时间有限。随机通达的教学环节包括：呈现具体情境、随机进入学习、拓展学生思维、小组协作、教师评价学习效果等，丰富的环节设计使学生们可以专注于课堂，加深对所学知识的理解。在这个科技快速发展的时代，信息技术所具有的多元、灵活、自主等特性更加有助于实现随机通达教学的学习环境，使该策略的教学效果得到有效提升。

随机通达教学策略改变了课堂中教师和学生的地位。在传统教学模式中，教师是课堂的"主宰者"，控制课堂教授的内容和课堂节奏，这就导致一些基础较好的同学不能有效利用课堂时间学习更多的知识，而一些基础较薄弱的同学则跟不上教师的教学进度。随机通达教学策略将学生作为课堂的主导者，使学生可以根据自己的情况从不同角度进行自主学习，教师则转变为课堂中的辅助者与引导者，其作用在于帮助学生打开思维、更好地理解所学知识。

（三）随机通达教学环节设计

基于随机通达教学策略的"物业法律法规"教学设计的核心思路是立足于解决实际问题

的高水平学习来建构知识。教师借助多种渠道将具体情境引入课堂,通过提出多角度问题引导学生进行自主学习和互相学习,并在课堂的最后对教学效果进行评价、凝练课程要点,具体如图1所示。

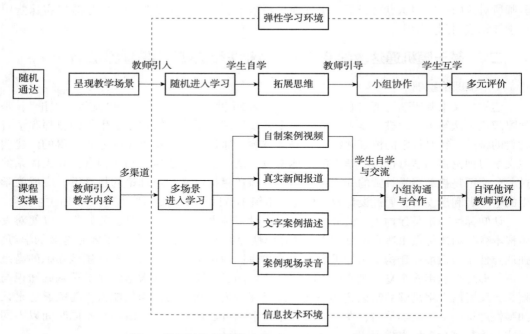

图1 基于随机通达策略的"物业法律法规"课程设计

1. 呈现物业法律法规情境

在随机通达教学策略框架下,教师要在教学环节中向学生呈现与当前学习内容的基本概念相关的情境或案例,以便让学生能够理解所学习的概念,并引发学生主动建构知识的求知欲和兴趣[5]。由于该课程所涉及的物业管理现实案例有很多,教师在此教学环节可以选择情节相对简单、物业主体责任清晰且适合于课堂教学的物业纠纷案例,展现出课程基本学习内容。基于情境或案例的学习能够克服传统学习因侧重于概念而导致的教学抽象性,有效加强学生对于概念的记忆,加强学生感性认识和理性认识的联系,有利于激发学生的学习积极性。同时,由于信息技术的快速发展,教师可以在教学过程中利用信息技术,通过短视频、图像、音频等方式或复合方式来营造一个更真实、生动的情境,进一步提升教学效果。

2. 随机进入学习

教师要借助信息技术进一步设定涵盖当前学习内容的不同角度、不同方面的多种物业纠纷情境,营造不同的学习场景,引导学生通过自学或小组学习进入任意一种情境,让学生在复杂的情境中运用所学知识解决问题。在"物业法律法规"课程中,我们可以设置根据真实物业纠纷案例拍摄的视频、真实的物业纠纷报道、文字案例描述、案例现场录音这四种不同的知识获取渠道,学生根据自己的实际情况,选择自己擅长或喜欢的渠道进入学习。

这一教学环节中的物业纠纷情境与案例,可以涉及多个物业主体、多个纠纷场景。学生通过随机学习,从不同渠道、以多种维度探究同一学习内容的不同侧面,达到对知识全面而深入的理解。在自主随机学习过程中,学生可以借助互联网等信息工具来收集与整合资料，建构知识体系，加深对知识的全方面理解。教师在这个过程中要注意调动和发展学生自学能力，当学生在自学过程中遇到困惑时，要及时给予适当的帮助。

3. 拓展学生思维

该教学环节是学生深入探究知识的重要教学环节，教师要注意培养学生的思维发散能力，可以设计一些问题引导学生打开思维，帮助学生对复杂知识进行理解。例如，在"物业法律法规"课程中，教师可以在学生完成知识点的学习后向学生提问"当前所学的物业法规制度在实际应用中存在哪些问题""为了解决这些问题，应当从哪些方面着手加以改进""在改进中，各物业管理法律关系主体应发挥怎样的作用"等这样环环相扣的问题，引导学生深入思考和挖掘所学知识的含义，从而提升学生探究问题、解决问题的能力。

4. 小组协作

教师可以在该环节根据学生的认知差异，把学生分为不同的小组，学生通过在小组内进行讨论、沟通与交流，将自己对学习内容的理解分享给其他人，同时听取其他学生的观点，并对他人的观点进行进一步的思考。通过小组协作的方式，学生在交流讨论中可以获得对问题全面的认识，利于学生建构知识，同时能够有效活跃课堂气氛，提升学生的学习积极性。在"物业法律法规"课程的小组协作中，教师可以采用模拟真实法庭的模式，让不同小组的同学站在不同物业责任主体的角度，在课堂中展开辩论。小组协作的课堂形式不仅可以增强学生的课堂参与意识，还有利于培养学生主动探究知识的能力，增强学生的合作精神。除此之外，小组协作还可以使不同层次学生的学习能力均得到提升。接受知识较快的学生可以帮助小组中没有能够掌握知识的学生，同时加深自己对所学知识的认知与理解。

5. 多元评价

课程的最后环节是多元评价。该环节可以采用学生自评、小组内互评、小组间互评以及教师评价等多种方式。多元评价具有积极意义，不仅可以使学生在评价过程中反思自己学习的不足与遗漏，还可以使教师反思所运用的教学方法是否合适。教师可以设计一个教学评价量表，让学生在评价过程中填写。在该课程环节中，教师还应对课程的主要内容和重点、难点进行总结和精讲，帮助学生完善和修正所建构的知识。

三、基于随机通达教学策略的"物业法律法规"课程教学改革成效

（一）基于随机通达教学策略的"物业法律法规"课程教学效果调查

为了检验随机通达教学策略在"物业法律法规"课程授课中的实践效果，本课程分别在2015级、2016级和2017级物业管理专业高年级学生的授课过程中，择取一些教学内容采取了随机通达教学策略，并设计了调查问卷。在课程结束后，我们让学生根据自身的真实体验和感受填写了调查问卷。调查问卷主要从学习效果、课程满意度、随机通达教学接受度三个方面开展对随机通达教学策略应用的效果研究，共包含11个题项。被试者共81名学生，其中男生23人，女生58人。

1. 学习效果调查结果与分析

学生的学习效果可以在一定程度上体现出教学效果。因此，本文通过随机通达教学策略是否更有利于学生对学习内容的理解、是否更有利于培养学生分析问题的能力、是否更有利于培养学生解决问题的能力、是否更有利于学生建构知识体系、是否更有利于调动学生学习积极性和是否更有利于培养学生合作的能力这6个测量题项来测量学生的学习效果。

调查结果表明，与传统课堂相比，85.18%的学生认为随机通达教学策略有利于或非常有利于学生对学习内容进行理解。多渠道、多角度的学习方式可以有效使学生对学习内容

有更全面、更深刻的理解。在进一步调查随机通达教学策略对学生能力培养有何帮助时，有超过85%的学生认为随机通达教学策略有利于培养其分析问题和解决问题的能力。这就意味着，在课堂中引入多情境案例，有利于培养学生分析及解决问题的能力。69.81%的学生认为随机通达教学策略有利于培养其合作能力，但也有30.91%的学生认为随机通达教学策略对培养合作能力无帮助或不利于培养其合作能力。可能的原因在于：①一些学生学习主动性差，有搭便车的心理，不认真参与小组讨论等合作活动，导致小组协作学习环节的学习效果较差，学习主动性强的学生可能因此对随机通达教学策略对自身合作能力的培养持消极态度。②在采用随机通达教学策略进行授课的初期，由于学生不适应自主学习与协作的模式，小组协作的学习效率与效果可能会较低，使学生做出随机通达教学策略不利于培养合作能力的判断。③基于随机通达教学策略的"物业法律法规"课堂环节较多，分配给小组协作环节的时间有限，学生间进行合作的时间较短，使学生认为随机通达教学策略对培养合作能力无帮助或不利于培养合作能力。因此，教师在随机通达教学设计中应注重合作与协作环节的设计，加强学生间的合作与互动。

在建构知识体系方面，大多数学生认为随机通达教学策略有利于建构较完整的知识体系。事实上，能否建构较完整的知识体系，在很大程度上取决于学生的个人能力。因此，教师在随机通达课堂中要注意设置难度不同的情境，使个人能力具有差异的学生们能够找到自己适合的学习情境。此外，学生们普遍认为，相比于形式单一、内容枯燥的传统课堂，多渠道、多情境的随机通达教学策略更能够调动其学习积极性。如图2所示。

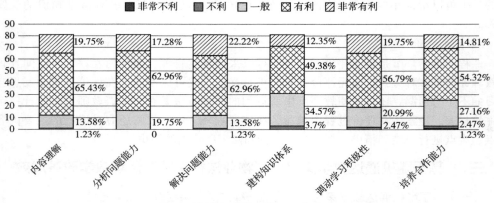

图2　随机通达学习效果调查结果

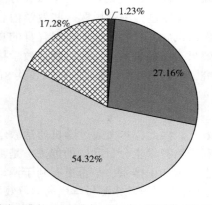

图3　随机通达教学策略满意度调查结果

2. 课程满意度调查结果与分析

在该课程中采取随机通达教学策略的满意度方面，有71.6%的学生感到满意或非常满意，有27.16%的学生感到一般，还有1.23%的学生对随机通达教学策略感到不满意。随机通达教学策略满意度调查结果如图3所示。与传统课堂相比较，尽管随机通达教学形式更为丰富，对学生有较强的吸引力，但该策略对学生的认知能力、自学能力和自我控制力均提出了较高要求。为此，教师要对学生进行合理引导，让学生积极参与到课堂中。

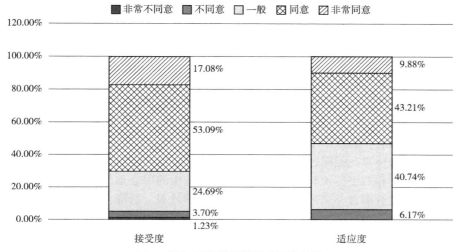

图 4 随机通达教学接受度调查结果

3. 随机通达教学接受度调查结果与分析

在对随机通达教学接受程度的调查中，有 70.17% 的学生表示更愿意接受随机通达教学，有 53.09% 的学生认为自己可以很快接受和适应随机通达教学，但仍有 40.74% 的学生不清楚自己是否能够很快适应随机通达教学，调查结果如图 4 所示。综合满意度和接受度调查结果，可以看出经过一段时间的随机通达教学策略授课后，一部分学生虽然对随机通达教学感到满意，但却不能很快适应该教学策略，产生这种结果的原因可能与学生的学习主动性有关。学习主动性较差的学生，虽然对随机通达教学策略生动的教学场景与丰富的课堂环节感到满意，但其进行自主学习的意愿较低，通过自学建构知识体系的能力不足，因此不能很快适应该教学策略。接受度分析结果表明，学生普遍愿意接受随机通达教学策略，但近一半的学生表示不能很快适应该教学策略。究其原因，有可能与学生的自我效能感有关。自我效能感高的学生，对较为开放式的教学方式抱有积极的态度，外在表现为积极思考，积极表达自己的观点，课程参与度很高。自我效能感较低的学生，更倾向于传统的教学模式，对这种开放式的教学方式持有观望、甚至消极的态度，出现学习焦虑，课堂参与度低，对教师或他人提出的问题没有自己的想法，较少甚至拒绝表达自我观点。由于随机通达教学策略与传统教学模式差异较大，为此，在实施随机通达教学策略的初期，学生可能会出现不适应甚至排斥等状况，这就要求教师动态地把握课程难度，逐步引导学生适应全新的教学模式。

（二）基于随机通达教学策略的"物业法律法规"课程教学改革建议

根据调查结果，随机通达教学对学生学习"物业法律法规"课程切实起到了积极的促进作用。随机通达教学因其多元性、建构性和灵活性等特点与"物业法律法规"课程高级学习的需要相匹配。随机通达教学作为一种新的教学策略，对学生和教师均提出了较高的要求，在课堂实践中会遇到一定的挑战。我们认为，教师需要引导学生适应随机通达教学，通过与学生共同努力、加强配合，促进随机通达教学更好地实施。

教师在采用随机通达教学策略授课的过程中，应注意以下三个方面的问题：

第一，教师应注意引导学生进行课前预习。随机通达教学是应用于具体情境或案例下的教学手段，依据个人能力不同，学生进入课堂情境的速度各异，这就导致了一些学生跟不上课堂教学节奏，无法很好地建构自己的知识体系。因此，在随机通达教学策略下，引导学生进行课前预习是十分必要的。教师应督促学生进行课前预习，使学生能够通过课前预习掌握课程学习的基本目标和概念，以便在随后的课堂学习中能够多角度、多层次地完善知识建构。教师可以在授课过程中针对预习内容进行随机提问或书面小测,以此检测学生预习情况,督促学生认真进行课前预习。

第二,教师应思考如何依据随机通达教学策略设计教学环节,以及如何将授课内容嵌入到在随机通达教学框架中。教师应注意对各教学环节时间的把控,当学生思维过于发散、讨论偏题导致某个环节耗费时间过长时,教师可以通过提问、点评等方式,引导学生进行下一环节。教师还要注意各环节间的过渡,各环节间的转换应避免过于生硬,可以通过肢体动作暗示、提问等方式,自然地引导学生思维进行转变。在此基础上,教师还需要结合授课内容与案例素材,建构多个场景与情境,并设计多个环节以丰富课堂内容。

第三,教师应注意在授课过程中,动态地调整和平衡随机通达教学策略和传统教学模式。随机通达教学相对于传统教学而言,教师在课堂中的中心地位向学生转移,这就需要教师与学生之间进行磨合与适应,以取得更好的教学效果。教师在随机通达教学中应扮演引导者角色。教师要引导学生逐步适应随机通达教学策略,根据学生的知识水平,引导学生进行思维发散和知识建构,发挥学生在课堂中的主体地位。教师还要注意掌控随机通达教学的难度,避免由于课程难度过大,使学生产生消极态度,拒绝参与课堂学习。

参考文献

[1] 张亚娟. 建构主义教学理论综述[J]. 教育现代化,2018,5(12):171-172.
[2] 朱虹. 基于建构主义的教学法初探[J]. 科学之友,2010(20):140-141.
[3] 王建波. 建构主义随机通达教学法在高校世界史教学中的应用初探——以《世界现代史》为例[J]. 阿坝师范学院学报,2018,35(2):109-114.
[4] 孙楠,郝艳红,王嘉伟. 建构主义教学理念在"大气污染控制工程"课程教学中的应用[J]. 教育理论与实践,2016,36(3):53-55.
[5] 周强. 运用随机通达教学策略构建高中英语"学力课堂"——以高中英语语法教学为例[J]. 亚太教育,2015,17(4):35-36.

Research on curriculum design of *Property Laws and Regulations* based on random access instruction strategy

Jia Wei Qiao Yu

(College of Economics and Management, Beijing Forestry University, Beijing 100083)

Abstract Random access instruction strategy is a teaching strategy for advanced learning based on cognitive flexibility theory. Starting from the comparison between random access instruction strategy and traditional teaching mode, this paper analyzes the adaptability of random access teaching and *Property Laws and Regulations* course teaching, designs the classroom teaching process of *Property Laws and Regulations* based on random access instruction strategy, and applies it in course teaching activities. Finally, using the questionnaire, this paper analyzes the application effect of random access instruction strategy in the course of *Property Laws and Regulations*, and puts forward some suggestions from the perspective of students and teachers.

Keywords *Property Laws and Regulations*, random access, curriculum design, teaching strategy

提高本科毕业论文（设计）质量的管理改革与实践

——以北京林业大学为例

齐 磊　　王毅力　　尹大伟

（北京林业大学教务处，北京　100083）

摘要：本科毕业论文（设计）是本科人才培养的重要实践环节，是衡量学校人才培养质量和办学水平的重要指标，是推进高校新时代人才培养的重要抓手。北京林业大学作为我国林业高等教育领域的排头兵，在提高本科毕业论文（设计）质量的管理方面进行了较为深入的探索与实践，构建了本科毕业论文（设计）工作全方位毕业论文管理体系，这些改革与实践对相关院校的本科毕业论文（设计）工作管理、保障论文质量具有一定的借鉴意义。

关键词：毕业论文（设计）；管理体系；质量保障

　　本科毕业论文（设计）是本科人才培养方案重要的必修环节，是培养学生综合能力和创新能力的重要途径，是学生毕业与学位资格审核的重要依据，是衡量学校人才培养质量和办学水平的重要指标。近些年，教育部印发了《关于加强普通高等学校毕业设计（论文）工作的通知》《本科毕业论文（设计）抽检办法（试行）》等多个重要文件，进一步强调了本科毕业论文工作的重要性，要求科学制定本科毕业论文管理制度，加强全过程管理，严格遵守学术诚信，切实提升论文质量[1-3]。

　　北京林业大学是我国重点农林高校之一，以培养"知林爱林、学林为林、强林兴林"领军人才为使命担当，一贯重视本科毕业论文（设计）工作（以下简称"毕业论文"），近年来学校大力推动教育教学改革，以毕业论文管理工作为切入点，开展了一系列改革措施，解决毕业论文管理中遇到的痛点、难点，探索建立有效提升毕业论文质量的管理模式，为培养高水平创新型人才提供支撑。

一、影响毕业论文的主要因素

　　毕业论文管理是一项辛苦细致的工作，各专业对毕业论文的要求差异大，涉及环节较多，完成时间跨度长，参与人员广，工作量大，影响毕业论文质量的因素较多。通过对毕业论文管理工作的研究分析，影响毕业论文质量的主要因素可分为主观因素和外部环境因素，并存在于毕业论文管理的各环节中[4-5]。

（一）选题开题制度执行不严格

　　学校毕业论文管理制度执行不严格，指导老师给予学生自由度太大，学生认为指导老

作者简介：齐　磊，北京市海淀区清华东路35号北京林业大学教务处实习实验教学管理中心，助理研究员，qilei@bjfu.edu.cn；
　　　　　王毅力，北京市海淀区清华东路35号北京林业大学教务处，教授，wangyilimail@126.com；
　　　　　尹大伟，北京市海淀区清华东路35号北京林业大学教务处，副研究员，yindawei@bjfu.edu.cn。
资助项目：教育部新农科研究与改革实践项目"人工智能背景下林业高校教学改革研究与实践"（JYB2020XNK0307）；
　　　　　北京市本科教学改革创新项目"人工智能背景下的行业特色高校教学改革"（201910022004）。

师要求不严格，会出现指导教师直接指定选题，学生自主命题、双向互动的机会较少，学生自主选题动力不足，选题更新缓慢、课题内容过时、不符合当前专业领域热点等现象。

（二）指导撰写重要性认识不足

有些指导教师对毕业论文重要性认识不足，导致责任心下降，同时存在一位教师指导很多个学生的现象，指导教师由于自身教研与科研压力，无法保证足够的时间和精力指导每位学生，出现"师生相知不相识""熟悉的陌生人"等问题。

（三）中期检查与论文评阅落实不严格

存在工作责任心淡漠、学业态度消极、投入的时间和精力不足等情况，出现"工作流于形式""论文改进不明显"等现象，造成毕业论文监管的失效、学术诚信的滑坡。

（四）过程管理监督机制不健全

学校对毕业论文的监督管理力度不足，往往是结果导向，欠缺全程监督和管理，停留在文字上要求严格而监管落实不到位，管理人员难以掌控毕业论文工作实际情况，监督机制时常失效，是毕业论文质量下滑的一个重要因素。

二、提高毕业论文质量的探索实践

（一）完善管理制度，适应人才培养要求

为适应学校新时代人才培养要求，进一步完善本科毕业论文管理制度，按照"指导性、适用性、科学性、必要性、规范性"的原则，全面修订了《北京林业大学本科毕业论文（设计）工作管理规定》（以下简称"规定"）。"规定"明确了主管本科教学工作的校领导全面负责，校院两级管理的工作机制，学院根据学校要求制定毕业论文工作方面的具体办法，拟定毕业论文工作方案，并报教务处备案。"规定"进一步规范了指导教师职责，从资格条件、指导数量、学术诚信、安全教育、能力培养等方面，特别是对各环节工作提出具体要求。"规定"明晰了学生应遵守职责，包括传承尊师重道、坚守学术诚信、严守安全规范以及各环节要求等内容，使学生清楚应遵守的纪律和完成的任务。通过构建"校—院—专业—指导教师—学生"的管理机制，形成"面—网—线—点"的全方位毕业论文管理体系（图1）。

进一步规范毕业论文的撰写与印制，便利毕业论文的储存、检索、利用及交流，学校参考《学位论文编写规则》《信息与文献 参考文献著录规则》等国家标准，使用当前主流学术论文撰写惯例，制定了《北京林业大学本科毕业论文（设计）撰写与印制规范》（以下简称"规范"），具有较强规范性、科学性和引导性。"规范"明确了毕业论文的基本要求及结构内容，说明了毕业论文摘要、目录、论文主体、参考文献等各部分的具体要求，解析了撰写的规范格式，并引用近年学校教师发表的论文，引导学生树立"替河山装成锦绣，把国土绘成丹青"的理念。"规范"强化了学术诚信和维护知识产权，依据教育部规定，设置了《独创性声明》和《毕业论文（设计）使用授权的声明》。"规范"按照农、理、工、文、管理等学科大类，提供毕业论文参考示例，更加清晰和直观，方便学生撰写和教师指导。

（二）强化过程管理，各环节全过程监控

1. 推进教育信息化，实现全流程管理

学校积极推进教育现代化、信息化管理，建设了毕业论文信息化管理系统，可实时掌握学生、指导老师、教研室和学院的毕业论文进展情况，有效解决了选题开题耗时长、指导互动效率低、过程监管失效等问题。毕业论文管理系统还可以实现论文资料数字化存档、毕业论文抽检等功能，各种类文档、操作过程的可追溯，做到公平、公正、公开，形成了标准化、流程化、规范化的全过程管理模式（图2），提升了毕业论文管理能力。

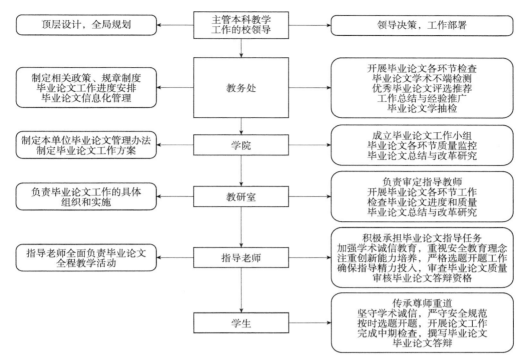

图 1　北京林业大学本科毕业论文(设计)工作管理体系图

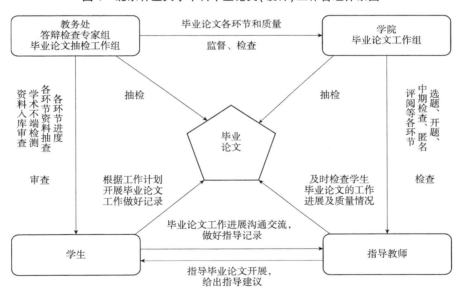

图 2　北京林业大学毕业论文过程管理模式

2. 加大内部监督力度，全面匿名评审毕业论文

学校为提高毕业论文质量，将质量问题解决在答辩前，要求学院毕业论文答辩委员会负责组织毕业论文答辩前的评阅工作，毕业论文评阅不通过的学生不能获得答辩资格。目前，全校毕业论文已实现了100%匿名评阅。同时，学校鼓励各学院采取多种方式进行论文质量监控，例如：林学院毕业论文30%进行校外送审，经济管理学院中期检查时就实现了100%匿名评阅等。

3. 筑牢最后一道防线，开展毕业论文答辩检查

学校选聘老教授、老专家、资深教育教学专家、青年教师代表及经验丰富的教学管理人员组成毕业论文答辩检查专家组，根据学科专业门类及各专业答辩分组情况，分为6个专家组和1个督导组，对各专业的毕业论文答辩工作进行全面检查、评估，并形成检查意见函反馈至各学院，促进本科毕业论文工作，提高本科毕业论文质量。答辩检查专家组反馈，通过多年毕业论文答辩检查工作，促使各学院更加重视答辩工作，严格执行毕业论文管理规定，各专业毕业论文答辩更加规范有序，增强了学生对毕业论文答辩的重视程度，切实提升了毕业论文答辩的含金量。

（三）严守论文质量，建立学术诚信体系

毕业论文质量是学校教学"生命线"的重要组成，是衡量学校人才培养质量和办学水平的重要指标。

1. 守牢学术底线，诚信机制全覆盖

学校建立了毕业论文学术诚信管理机制，进一步加强学校学风建设，规范学术行为，维护学术诚信，保护学术创新，严厉打击学术不端行为，营造风清气正的育人环境和求真务实的学术氛围。

加强教育引导，学术诚信内化于心。学校将学术诚信教育纳入"形势与政策"课程内容，通过学校网站和微信公众号开展学术诚信的宣传教育，增强师生诚信认同和责任意识。近几年的不断努力，学生群体已形成了较强的学术诚信意识，在论文撰写中能避免主观的学术抄袭，从根本上预防学术不端。

做好论文检测，学术诚信形成制度。2017年起开展本科毕业论文学术不端检测工作，全校20%的毕业论文进行抽检，随后抽检比例逐年递增，2021年实现毕业论文学术检测全覆盖（图3）。为避免学生论文在校外网络、非官方软件检测，造成不必要的信息泄露和经济负担，学校为学生提供3次免费学术检测机会，学术检测不通过的学生无法获得答辩资格，对参评"优秀"的毕业论文首次检测文字复制比要求更为严格。2017年，首次学术检测通过率为95.6%，到2021年，首次学术检测通过率为98.8%。

2. 严把论文质量出口，开展毕业论文抽检

为促进本科生培养质量意识提升和毕业论文指导规范化，全面落实教育部《本科毕业论文（设计）抽检办法（试行）》，学校及时启动了本科毕业论文抽检工作，对全校毕业论文工作进行了全面质检。学校通过毕业论文管理系统，对2020届毕业论文按照每个专业10%的比例进行抽检，共抽检320篇论文，按照农、理、工、人文、艺术等专业类，选聘热衷本科教学的19位教授开展抽检审查，每篇论文均由3位教授从论文的学术不端、选题、内容、工作量和规范度进行审查，最终将专家抽检审查意见按照专业抽检结果和学院总体抽检结果进行公布，有效加强了学术诚信体系，促进了本科毕业论文质量提升。

（四）鼓励创新论文模式，激发教育正能量

1. 鼓励学院，试点创新

学校鼓励学院结合实际情况，实施一系列改革举措，形成具有学院特色的工作机制，向广大师生、社会公众充分展示毕业论文成果，多年来形成了诸多有特色的创新做法。环境科学与工程学院坚持专业特色与专业认证双结合，毕业论文选题100%结合实际工程，所有毕业设计100%都有校外工程导师联合指导，标准化记录指导交流的全过程。园林学院实施校校联合、校企联合、跨专业联合等多种方式开展毕业论文，实现了多元多模式联动，开展主题式毕业论文成果展。艺术设计学院、材料科学与技术学院结合当年毕业主题，例

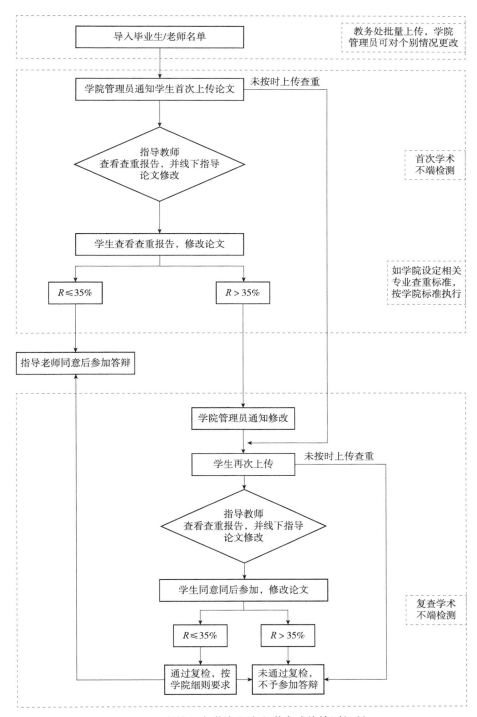

图3 北京林业大学毕业论文学术诚信检测机制

如"艺心向党 礼赞百年""想象之外"等,在学校教学公共空间举办毕业生设计作品展,展现学生的艺术素养、创作水平,展示专业与美学的结合。

2. 选树典型,激励优秀

为促进师生的积极性、主动性,强化质量意识,提高本科生综合素质,激发向上正能量和奋斗精神，学校制定了《北京林业大学优秀本科毕业论文（设计）及优秀指导教师评选办法》，每年开展评选工作，以鼓励教师和学生在毕业论文工作中不断提高、不断创新。学校以选典型、树典型、学典型为重要载体，优中拔优，层层选拔，评选出每个专业的校级优秀论文，数量为当年毕业生数的3%。校级优秀名单要经过校长办公会审议通过后，发文公布获奖名单，并对校级优秀毕业论文及优秀指导教师给予表彰和奖励，获批的优秀毕业论文摘要编入当年《北京林业大学校级优秀本科毕业论文（设计）摘要汇编》，供学院和学校之间交流。

三、结　语

毕业论文是检验高校人才培养质量的最后也是最重要的实践教学环节，是一项综合性很强的系统工作。提高毕业论文质量，由于该项工作周期长、内容多、涉及面广，需要考虑影响毕业论文质量的主观因素和外部环境因素，根据国家文件要求完善优化制度，利用现代信息技术提升管理能力，健全检查监督机制，建立诚信制度引导学生等，从各方面破解毕业论文工作中的难点，把毕业论文质量提升的措施落实到教师指导、学生学习的过程中。

参考文献

[1] 教育部. 关于加强普通高等学校毕业设计（论文）工作的通知[EB/OL]. [2004-4-10]. http：//www.moe.gov.cn/jyb_xwfb/xw_zllssj/moe_183/tnull_2324.html.

[2] 教育部. 教育部关于狠抓新时代全国高等学校本科教育工作会议精神落实的通知[EB/OL]. [2018-08-27]. http：//www.moe.gov.cn/srcsite/A08/s7056/201809/t20180903_347079.html.

[3] 教育部. 教育部关于印发《本科毕业论文（设计）抽检办法（试行）》的通知[EB/OL]. [2021-01-04]. http：//www.moe.edu.cn/jyb_sjzl/sjzl_fztjgb/201807/t20180719_343508.html.

[4] 宾幕容. 高等院校本科毕业论文研究综述[J]. 教育现代化，2018，5(36)：266-267+272.

[5] 孙景荣，张远群，段海燕，等. 本科毕业论文（设计）教学管理全程监控体系的建设[J]. 中国林业教育，2018，6(36)：29-32.

Management Reform and practice of improving the quality of undergraduate thesis（design）Take Beijing forestry university as an example

Qi Lei　Wang Yili　Yin Dawei

(Dean's Office，Beijing Forestry University，Beijing　100083)

Abstract　Undergraduate graduation thesis(design) is an important practice of undergraduate talent training, is an important indicator to measure the quality of school talent training and the level of running a school, is an important start to promote the new era of college talent training. As a leader in the field of forestry higher education in China, Beijing Forestry University has carried out in-depth exploration and practice in improving the quality management of undergraduate graduation thesis(design), and constructed a comprehensive graduation thesis management system for undergraduate graduation thesis(design). These reforms and practices have certain reference significance for the management of undergraduate thesis(design) and the guarantee of thesis quality.

Keywords　undergraduate graduation thesis(design), management, quality

一流课程

2021

"木材学实验"课程双语教学实践与探索

——以北京林业大学木材科学与工程专业（中加合作办学项目）为例

商俊博　马尔妮　曹金珍

（北京林业大学材料科学与技术学院，北京　100083）

摘要："木材学实验"课程是木材科学与工程专业本科生的专业必修课，对夯实专业知识体系和提高专业实践能力具有非常重要的作用。本文以北京林业大学中加合作办学项目二年级学生的"木材学实验"课程双语教学实践为基础，进行了教学模式、教学内容和课程思政上的探索。通过调查问卷，明确了实践课程双语教学的必要性，并将坚持实践教学为主、双语教学为辅的教学目的，积极探索线上、线下混合实践教学模式，为学生营造更好的"浸入式"实验学习环境。

关键词：木材学实验；双语教学；调查问卷；合作办学

随着教育改革的推进，双语教学在高校教学中得到了广泛地推广和应用。2017 年，国务院印发了《统筹推进世界一流大学和一流学科建设总体方案》；2019 年，教育部启动了一流本科专业建设"双万计划"，建设世界一流大学、一流学科和一流专业的宏伟目标，为高校开展教学、科研和人才培养工作提出了新要求。以双语教学为手段，有助于加深学生对专业外语的理解，培养学生的国际化思维，增强学生综合运用专业外语的能力，是一流大学、学科和专业建设与国际接轨的必经之路，也是中国高等教育全球化战略布局的重要组成之一[1-3]。

"木材学实验"课程是木材科学与工程专业本科生接触的第一门实践类专业课，课程内容主要包括：针/阔叶树材的宏观构造观察与识别，针/阔叶树材微观构造观察与识别，木材细胞的离析与观察，木材物理性能测定和木材力学性能测定等内容。通过课程学习，使学生直观地了解木材细胞种类及构造特征，熟悉木材物理、力学性能的测定方法，为今后深入进行专业学习积累坚实的基础知识。在前期调研的基础上，笔者对 2018 级、2019 级木材科学与工程专业（中加合作办学项目）本科生开展了"木材学实验"课程双语教学实践。

一、"木材学实验"课程双语教学实施背景

北京林业大学材料学院木材科学与工程专业（中加合作办学项目）经教育部批准于 2013 年正式招生，该项目旨在培养具有国际视野的研究、管理及贸易人才。中加合作办学班采用"3+2"的培养模式，学生在北京林业大学学习 3 年，达到规定条件后，录取至加拿大不列

作者简介：商俊博，北京市海淀区清华东路 35 号北京林业大学材料科学与技术学院，高级实验师，shang@bjfu.edu.cn；
马尔妮，北京市海淀区清华东路 35 号北京林业大学材料科学与技术学院，教授，maerni@bjfu.edu.cn；
曹金珍，北京市海淀区清华东路 35 号北京林业大学材料科学与技术学院，教授，caoj@bjfu.edu.cn。

资助项目：北京林业大学教育教学研究一般项目"木材学实验课程双语教学实践与探索"（BJFU2021JY046）；
北京林业大学教育教学研究重点项目"'木材学'及'木材保护与改性'本科课程双语教学资源建设项目"（BJFU2019JYZD010）；
教育部第二批新工科研究与实践项目"面向新时代的木材科学与工程专业转型升级路径探索与实践"（E-CL20201907）。

颠哥伦比亚大学（UBC）学习 2 年，毕业取得北京林业大学和 UBC 两所学校的学位证书和北京林业大学的毕业证书。因此，该班级在学生培养过程中更注重拓宽学生的国际视野，对学生专业英语的掌握程度和运用沟通能力提出了更高的要求。在教学内容和方式上，除了采用常规专业课程，还会邀请外籍教师进行英文授课，部分国内课程也开设了英语或双语教学。通过汉语、双语或英语的教学方式，使学生在习得专业知识的同时，具备与国际接轨的专业能力。到国外继续学习时能够更快地进入状态。

双语教学的授课对象是木材科学与工程专业中加合作办学班的二年级学生，这些学生大多具有良好的公共英语基础，且入校以后即开始准备雅思考试，英语学习投入的时间较本专业其他方向的学生更多。近年来，"木材学"课程已经开展双语教学，也为实践课程开展双语教学提供了良好的基础。

二、"木材学实验"课程双语教学的实施

（一）重视细节，以渐进式教学模式为准则

"合抱之木，生于毫末"，推进双语教学不能一蹴而就，要考虑学生所面临的课业压力和备战雅思考试的压力，实践教学中的外语比例需要进行合理的设定[4]。本课程是学生初次接触的专业实验，实验内容繁多且基础性、实践性较强，部分学生会在实验过程中表现出无从下手的现象。采用双语教学开展实验，既要培养和激发学生的学习兴趣，又要保证教学质量和进度，笔者采取了由浅入深、循序渐进的教学模式。针对 2018 级学生，授课时将 PPT 中的专业术语以中英文的形式呈现与讲授，实验报告的部分内容以英文的形式完成。课程结束后进行问卷调查，根据学生的评价结果进行调整。针对 2019 级学生，授课时将 PPT 中的绝大部分内容以中英文的形式进行呈现与讲授；且增加了平时考核的难度，学生需要以英文的形式完成测验。之后的问卷调查结果表明，两年的双语教学实现了较为稳妥的中英文过渡。此外，在教学过程中有目的地加强英语实践应用，专业词汇直接对应实物，形成直观的形象记忆，可以更好地激发学生的学习热情。例如，学生使用显微镜观察到管胞在三切面真实形态的时候，不仅会对管胞形态产生深刻的记忆，同时会联想到它的英文词汇"tracheid"，继而观察和联想到跟管胞有关的具缘纹孔"bordered pit"、螺纹加厚"spiral thickening"等，激发学生持续观察和深入学习的兴趣。实践证明，以感知过的事物的形象为内容的记忆要更容易接受，学生在较短的时间里就可以通过观察——感知的环节将专业词汇与木材组织构造特征相匹配，产生牢固的记忆，有助于提高学生英文理解速度、口语表达能力，加深专业知识的记忆，营造双语教学的良好氛围。

（二）注重引导，优化教学内容

"木材学实验"课程的考核方式一直采用过程考核，通过平时出勤率、测验成绩、实验过程中表现出的操作能力及实验报告的质量进行综合衡量和评定。在实施双语教学之后，过程考核的方式虽然没有变化，但是针对性地进行了教学内容的优化。例如，加拿大具有丰富的木材资源，其出口的木材种类主要是南方松、云杉、铁山、花旗松等针叶树材。因此，针对中加合作办学班的学生，笔者在针叶树材的宏观、微观构造观察的教学内容上更为重视，尤其是针叶树材宏观构造观察方法的讲授与应用。第二个方面，要求学生必须提前预习实验报告，尤其是注意木材树种拉丁名的认知与记忆。《国际植物命名法规》明确植物的学名即拉丁名，一个拉丁名只对应一种植物，确保了植物学名的唯一性和通用性，避免了俗名或商品名可能出现的同物异名或同名异物现象。最后，课后习题侧重实践性，例如，回答比较火的"崖柏"手串的木材种类，这类题目在搜索引擎上查不到正确答案，教材课本上的答案也并非完整，需要通过查询专业书籍或文献才能完成回答，无形中督促学生

走进图书馆，或自主学习专业文献查询系统和使用方法。

（三）重视树人，课程思政拔高专业素养

中加合作办学班的学生在出国之后，其言行举止、专业素养等方面不仅代表其个人，同时也是学校、学院人才培养工作的一种体现。在课程内容和课程安排上融入思政元素，积极引导学生，建立专业自信、拔高专业素养。例如，课程内容之一的木材主要宏观构造特征早晚材变化——急变、渐变，主要依靠材色的过渡进行判定，而早晚材的变化影响着木材结构的变化。木材结构作为次要宏观特征的一个方面，是感官上的另一种体现。这两者的对应关系不仅展示出木材组织形态与细胞构造的精妙设计，同时也体现了现象与本质、全局与细节之间的微妙联系。此外，在课程中加入了参观博物馆木材标本展室的环节，结合木材宏观构造知识，探讨木材标本采集与定种的科学问题，回顾我校在木材标本收集过程中的种种艰辛，鼓励学生勇于克服自身遇到的困难，认真学习、踏实做事、服务社会。

三、实践课程双语教学的效果

双语教学课程以前期调研为基础，对 2018 级、2019 级中加合作办学班学生开展了双语教学实践，并针对教学目标、教学形式、教学内容难易程度等方面进行了问卷调查和统计分析，见表 1。本专业 2018 级共 24 人，发放调查试卷 24 份，收回 24 份，有效问卷 23 份。本专业 2019 级共 27 人，发放调查试卷 27 份，收回 27 份，有效问卷 24 份。

调查结果显示：①大部分学生认为"木材学实验"课程是适合开展双语教学的，持否定态度的学生主要担心课程内容专业性、实践性太强，学习时会有难度，这和笔者采用渐进式双语教学模式的初衷是一致的。此外，学生对于该课程双语教学定位的看法颇为一致，即为与之后的外教课程或出国以后的课程衔接做准备。②学生们对实践操作前的讲解形式看法不一，大约一半学生希望采用中文课件，重、难点词汇进行英文注释的形式；另一部分学生希望使用英文课件，重点难点词汇采用中文注释的形式；有很小比例的学生认为可以采用中文课件，并进行英文讲授，主要原因是学生之间的英语水平仍有差异。尽管学生的看法不同，但绝大部分学生在双语课程教学结束后，都认为采用中文课件，重、难点词汇进行英文注释的教学形式的难度适中，且可以继续提高英文在教学中的比例。③在实践操作时，90%以上的学生都认可采用中文讲授，辅以重点英文词汇讲解的形式。④对于实验报告英文部分覆盖范围，学生们的意见主要集中于绘图、表格、习题等方面；实验报告预习抄写工作认同感最低，也是为了避免大量烦琐的英文抄写工作。目前来看，实验报告的完成难易程度也是适中的。⑤在实践教学过程中，学生还提出了一些有帮助的意见和建议，如在实践操作过程中增加一些英语对话交流，提供配套的英文教材，开设线上视频课程等，方便课前课后学习。

表 1 "木材学实验"课程双语教学调查问卷及统计结果

问题	选项	2018 级		2019 级	
		人数	比例	人数	比例
你认为"木材学实验"课程是否适合开展双语教学？	A 是	18	78%	16	67%
	B 否	5	22%	8	33%
	C 不清楚（请填写原因）	0	0%	0	0%
如上一题选 B，请填写原因	A 没有配套教材	1	17%	1	10%
	B 专业实践性强，可能听不懂	5	83%	6	60%
	C 英文授课对实践教学中心可能产生影响	0	0%	2	20%
	D 其他（请填写）	0	0%	1	10%

(续)

问题	选项	2018 级		2019 级	
		人数	比例	人数	比例
你认为本课程开设双语教学的定位是什么?	A 以实践操作为主、英语专业知识学习为辅	11	44%	2	8%
	B 为与之后的外教课程或出国以后的课程衔接	14	56%	22	92%
	C 其他(请填写原因)	0	0%	0	0%
你认为实践操作开始前,课堂讲解和提问的形式?	A 英文课件、英文讲授	0	0%	0	0%
	B 英文课件、重点难点词汇中文注释	12	50%	8	33%
	C 中文课件、英文讲授	2	8%	3	13%
	D 中文课件、重/难点英文词汇	10	42%	15	63%
你认为实践操作中问题解答的形式?	A 英文讲授、辅以肢体语言等	2	9%	2	8%
	B 中文讲授、强调重点英文词汇	21	91%	22	92%
你认为实验报告的完成形式?	A 英文	1	4%	0	0%
	B 中文	2	9%	6	25%
	C 部分内容英文(如实验报告预习、绘图、表格等)	20	87%	18	75%
第 6 题如选 C,请选择相应的内容	A 实验报告预习部分	4	11%	2	8%
	B 实验报告答题部分	4	11%	4	17%
	C 实验报告表格填写部分	9	24%	7	29%
	D 实验报告绘图注释部分	20	54%	17	71%
课程教学形式(中文为主、英文重点词汇)难度是否合适	A 简单	4	17%	1	4%
	B 适中	19	83%	23	96%
	C 困难	0	0%	0	0%
上一题的教学形式中,是否还可以提高英文比重	A 是	21	91%	16	67%
	B 否	2	9%	8	33%
实验报告完成形式(英文注释)难度是否合适	A 简单	3	13%	3	13%
	B 适中	20	87%	20	83%
	C 困难	0	0%	1	4%
上一题的实验报告中,是否还可以提高英文的比重	A 是	18	78%	12	50%
	B 否	5	22%	12	50%

四、"木材学实验"课程双语教学的体会和思考

(一)坚持实践教学为主、双语教学为辅的教学目的

双语教学是利用外语工具传授学科知识的过程,其首要任务是服务专业知识的传授,即在进行双语教学时,必须保障完成教学计划所规定的内容,不能因为实施双语教学而降

低专业知识考核的标准,或是将教学重心无形中转移至专业英语学习之上。在教学过程中,教师要根据学生的实际英语水平调整教学方式和教学进度,加强实践操作过程中与学生的互动和沟通,避免学生出现畏难情绪。

木材作为一种可循环、可再生、可重复利用的生态环境材料,科学、高效地利用木材对服务生态文明建设,支撑森林培育等上游产业的发展意义重大[5]。我国实施森林禁伐的政策必将加大对国外进口木材资源的依存度,亟须具备木材专业知识和外语交流能力双重背景的人才,在木材国际贸易领域各个环节贡献力量。

(二)探索线上、线下混合实践教学模式

传统线下实践教学模式包括,教师先进行讲解、示范,之后学生进行实践操作,这种流程在某些实验内容上存在短板。例如,学生进行针叶树材微观构造观察前,教师需要介绍光学显微镜的基本操作流程、木材微观切片的使用方法及注意事项。一些处于后侧、外侧的学生,就不一定能够清晰地观看到操作细节,从而会影响学生操作时的规范性和安全性。实践教学先讲授、后实践的模式非常适合采用线上、线下混合教学模式。实践操作前,实验室安全介绍、基本知识讲解、仪器操作流程及实践操作示范等需要讲授的部分,采用线上视频的形式供学生自主学习。更多细节方面可采用分镜头、微距等拍摄方式解决,且视频可以反复或慢速播放。学生有充分的时间进行预习,有助于线下实践操作的顺利开展。

(三)创建"浸入式"实验学习环境

"浸入式"教学的目的是通过双语教学模式使学生在学习、掌握专业知识的同时,促进外语的学习和水平提升。在"木材学实验"课程中,一方面在《木材学实验指导书》中文讲义的基础上,参考兄弟院校其他教材、科技文献及网络资源,完成英文实验讲义的编写。根据学生的评价进行修改和完善,最终形成适合本专业学生培养的英文实验教材。另一方面,营造出一个充满专业外语学习氛围的实验环境,使学生在日常操作中接触专业外语,培养学生的学习热情,激发学生的专业兴趣。例如,实验室中仪器设备、实验耗材等张贴英文标识,实验室中的展示图片、标本等物品以英文注释。

实践课程双语教学的实施不仅有助于学生掌握专业知识、提高实践操作能力,还可以增强学生综合运用专业外语的能力,在一定程度上起到了国内中文课程与国外英文课程的衔接作用。然而,双语教学对于"木材学实验"课程而言还处于探索阶段,在"双一流"和"新工科"建设背景下如何不断完善双语教学体系,需要师生之间的共同配合、长期的教学探索和实践检验。

参考文献

[1]胡亮,金祥雷,王瑞. 注重顶层设计深层次推进本科教学创新发展[J]. 中国大学教学,2016(9):70-73.

[2]李文娆,房硕. "双一流"背景下植物生理学实验双语教学的探索与实践[J]. 教育现代化,2018,5(34):111-112.

[3]于漫,侯甲子. 一流学科建设中聚合物材料研究方法(双语)实验课的课程联动教学改革研究[J]. 教育教学论坛,2020(18):388-390.

[4]易兵,郭文辉,谭正德,等. 有机化学及实验双语教学的实践与体会[J]. 实验室研究与探索,2012(12):4.

[5]曹金珍. "木材保护与改性"课程双语教学实践与体会[J]. 中国林业教育,2012,30(5):73-75.

Bilingual teaching practice and exploration of *Wood Science Experiment*: Take Wood Science and Engineering (BFU-UBC Joint Program) for example

Shang Junbo Ma Erni Cao Jinzhen

(College of Material Science and Technology, Beijing Forestry University, Beijing 100083)

Abstract *Wood Science Experiment* is a compulsory course for undergraduates majored in wood science and engineering, which plays a very important role in consolidating professional knowledge system and improving professional practice ability. Based on the bilingual teaching practice of *Wood Science Experiment* course for sophomore students in Wood Science and Engineering(BFU-UBC joint program) of Beijing Forestry University. this paper explores the teaching mode, teaching content, course ideology and politics. Through the questionnaire survey, the necessity of bilingual teaching in practical courses has been clarified, and the teaching purpose of practice teaching is given priority to and bilingual teaching is supplemented, the mode of online and offline mixed practice teaching is actively explored, and to create a better "immersion" experimental learning environment for students.

Keywords *Wood Science Experiment*, bilingual teaching, questionnaire, joint program

"双一流"目标驱动下的专业英语能力提升探究

——以"观赏园艺专业英语"课程为例

于 超

(北京林业大学园林学院，北京 100083)

摘要："双一流"建设背景下，教与学的国际化是专业建设、学科发展的强大驱动力，如何让专业英语融入学生日常基础综合英语的学习中成为一大挑战。"观赏园艺专业英语"是为本专业学生设立的一门专业性较强的选修课程。多年的教学实践为课程积累了丰富的教学经验，但同时也存在许多亟待解决的问题：如教材和教学手段不够新颖、应用与实践缺乏创新等。本文通过总结教学中现有的问题、教学效果及学生反馈，提出了"多积累、会表达、够专业"的系统性优化方案，其中包括了教学模式改革及教学实践更新等内容。通过连续三年不断调整，取得了良好效果，在大幅提升学生国际化视野的同时，进一步夯实了本科生在专业学习过程中独立思考、不断积累、善于发现的能力，此举为高校"双一流"建设背景下，培养"一流人才"提供了一定的启发。

关键词：观赏园艺；专业英语；人才培养

党的十九大后，教育部启动了"双一流"高校的建设，旨在建设世界一流大学、一流学科、一流专业以及培养一流人才。其中，提升师生的国际化水平是体现高等教育迈向世界一流行列的必要条件，也是"双一流"建设中"培养一流的人才，产出一流的科研成果，拥有一流的文化传承力"的必然要求[1]。作为国家级一流本科专业建设点、第一批国家卓越农林人才培养计划改革试点项目建设点，北京林业大学园艺(观赏园艺方向)专业是一个以观赏植物为对象，将理论与应用结合，研究其资源与分类、生物学特性及生态习性、繁殖与栽培、设施与设备等理论与应用的综合性学科[2]。20世纪90年代以来，花卉行业进入快速发展阶段，社会对于观赏园艺专业人才的需求也发生了变化[3]。

目前，观赏园艺专业要求学生注重实践，了解风景园林一级学科的发展前沿。学科重在培养具备专业综合能力、科技创新能力、行业服务能力、国际交流能力的高素质创新型观赏园艺精英人才。本专业学生不仅需要掌握基本理论知识，还需开阔国际视野，了解国内外花卉产业发展现状及研究进展，掌握用英语对外进行专业沟通的语言能力[4]。"观赏园艺专业英语"是为本专业学生量身定制的一门选修课程，课程以专业、学科为载体，通过指导学生查找前沿资源，阅读并收听相关读物等方式提升学生查阅资料、撰写论文及专业口语表达的能力，从听、读、说、用四个方面全方位提升专业英语学习能力。自园艺专业设立以来，该课程培养了一大批具有国际竞争力的专业型人才，"观赏园艺专业英语"课程的教学经验和教学效果也得到了其他高校及业界同行的广泛认可。

一、"观赏园艺专业英语"课程教学的特点

"观赏园艺专业英语"课程设立的初衷在于使国内观赏园艺学科与国际接轨，学生毕业

作者简介：于 超，北京市海淀区清华东路35号北京林业大学园林学院，副教授，yuchao@bjfu.edu.cn。
资助项目：北京林业大学教育教学改革项目"专业英语课程体系探索——以观赏园艺专业为例"(BJFU2021JY016)。

后能够进行国际交流合作，提升行业国际竞争力。随着国内相关科学研究及产业应用的国际合作越来越多，产学研已经深度融合到观赏园艺领域中，英语交流体现在了更多的维度上面，比如合作办学中双语课程的学分互认，高水平园艺博览会、国际学术研讨会与行业竞赛，中国传统植物文化的定向输出以及具有国内自主知识产权的植物品种传播等。

本课程以学科专业知识为基础，指导观赏园艺专业学生掌握教材的基本内容、学科课程的专业词汇和术语；其次，指导学生掌握查阅科技论文资料的方法，通过精读和泛读相结合的方式了解国内外相关方向的研究进展。学生在提高理解能力、阅读速度、翻译的准确性和可靠性的同时，拓展专业知识面和国际视野，为学习其他专业课程，培养创新意识和创新能力打下基础。此外，本课程是将已学英语知识转化为实际应用能力的桥梁纽带，课程会给学生提供参加英语科技讲座、会议，撰写英语科技论文的机会，提升学生转化所学理论知识、参与实战解决问题的能力。

二、"观赏园艺专业英语"课程面临的问题

"观赏园艺专业英语"课程开设于本科大三第二学期，此时大多数学生已基本确定未来发展方向，课程对于继续在观赏园艺领域发展的学生实用性较强。如：特定考试环境下的英语测试（研究生复试，硕博连读考核，博士研究生申请审核等）环节，不仅要求学生了解专业理论知识，还需要学生掌握专业词汇，具有良好的听力及口语能力，能用英语进行学术交流；出国留学申请对专业英语听说读写能力均提出了极高的要求；此外，阅读英文文献，了解国内外观赏园艺领域的最新理论和技术，也是学生需要具备的基本修养。因此，在大学基础英语不断加大课时数量的今天，仍需要开设专业英语课程。为了进一步丰富教学内容，提高学生学习效率，近几年课程内容在不断调整，但笔者仍发现该课程在教与学两方面均存在问题：

（一）教学手段单一，教辅资料陈旧

传统专业英语课程与基础英语上课形式雷同，以教师讲授、学生记笔记为主，学生被动接受知识，无法使语言生活化、趣味化。其次，高效阅读相关英文文献是高年级本科生了解专业的重要渠道，专业性强的英文文献阅读需要专业教师对其进行引导和帮助，但由于专选课学时有限，课程内容主要集中于讲授园艺专业词汇和查找相关外文文献的方法，对于英文文献阅读、翻译和论文写作讲解较少，导致语言和专业之间联系不足。

在"观赏园艺专业英语"课程教学组织中，学科尚未出版相关教材。常用的辅助教材涵盖内容较广，专业契合度不高，偏重蔬菜、果树、茶学等大园艺作物，与学生所学观赏植物相关性不大且实用性不强；此外，市面上已有的教材将观赏园艺专业重要的必修课程（如"栽培养护学""遗传育种学""花卉学"等）作为独立章节与专业英语相关联，学生难以将各个章节知识点结合，割裂了专业英语学习的整体性。且教材内容较陈旧，无法体现花卉产业的高速发展态势及日新月异的研究进展，难以覆盖不断更新的教学体系及内容。

（二）文化自信缺失，自主学习不足

中国是世界园林之母，丰富的植物种质资源越来越被全世界所重新认知[6]，传承优秀的植物文化并将其发扬光大是当代大学生义不容辞的责任。所谓"讲好中国故事"，一方面需要学生掌握必要的专业知识，另一方面需要架起中国先进植物文化走向世界的桥梁。本科生在校学习期间为了适应不断"内卷"的学习节奏，盲目地追求各种速度，忽略了自己真正需要不断建立的文化自信。在语言表达过程中，义务教育阶段打下的英语学习习惯痕迹明显，没有主动融入专业英语学习的意识。如：在介绍自己十分熟悉的植物物种时，首先思考表达出来的是语法和句型，对于物种本身缺乏情感投入，这导致词汇匮乏、表达雷同

以及文化输出的无趣。此外,传统的课程作业及考核以书面形式为主,在网络技术高度发展的当下,学生容易过度依赖电子资源完成写作、翻译等内容,造成印象不深、记忆模糊等现象,严重制约着专业英语水平的提升。

三、"观赏园艺专业英语"课程教学的内容优化

针对以上出现的种种问题,"观赏园艺专业英语"以一流课程为建设目标,以人才培养、科学研究及文化传承创新为导向,探讨课程的打造策略,分析如何让师生在学习过程中共同走向国际化,为相关行业高校在"双一流"建设背景下进行专业英语课程改革提供一定的借鉴。

首先,重构教学基本内容,打破以课程为基本授课单元的传统模式,对园艺专业基础知识进行整合(包括"植物学""植物生理学""树木学""花卉学"等专业基础课程以及"园林植物遗传育种""园林树木栽培养护学""分子生物学"等专业核心课程),将以上课程的核心内容以专业的研究方向重新划分,从观赏植物的资源、育种、繁殖到应用的角度切入,使之逻辑性加强;其次,教学方法和手段不断更新,融入自主性语言学习模式,结合当下的翻转课堂、慕课等先进手段,指导学生一步步从了解教材基础概念过渡到掌握多种信息检索及分类整合能力,再到学生自主了解专业背景信息,带着专业问题进行自主思考,通过个人展示加强知识转化,制作并推送分享及场景模拟进行多层次实践应用(图1),全方位增强专业英语综合能力。此外,适当将思政内容融入课堂,将观赏植物的传统文化与学生们感兴趣的诗词歌赋或流行元素相匹配,引导学生多角度,多维度地提升文化自信。

(一)调整教学模式,提高专业知识储备效率

信息收集是现代科学研究的重要组成部分,如何高效检索文献,提取有效信息并分类管理信息是大学生的一堂必修课。为了让学生逐渐适应专业英语氛围,迅速掌握信息收集、文献检索及管理的能力,课程优化了教学模式,从观赏园艺专业基础知识切入,如观赏园艺、球根花卉、栽培养护、多倍体等,由浅入深带领学生从英语视角了解观赏园艺专业,进入英语学习语境。工欲善其事,必先利其器,在掌握关键词的英语表达后,课程增加了各类观赏园艺相关网站的介绍,这些网站更新速度快,反映了国际前沿热点,有利于学生实时获取更多设计灵感及行业发展前沿资讯。此外,课程增加了介绍国内外文献检索数据库、检索方法及管理方法的教学模块,例如 Endnote 及 Noteexpress 文献管理软件的应用,有利于提高学生迅速精准获取专业知识并进行科学管理的能力,为其撰写毕业论文、留学申请等环节奠定基础。

(二)丰富教学手段,激发专业英语学习热情

作为综合性学科,"观赏园艺专业英语"课程涉及内容广泛,单一的教学方法很容易重基础、轻应用。本课程通过引导学生观看园艺纪录片,收听国际园艺新闻,阅读相关英文文献、书籍、网站等形式,由点及面地引导学生深入学习植物种类、繁殖技术、育种、设计应用、栽培养护等方向的语言表达和专业知识,降低学生入门难度。此外,增加分组讨论、集中交流等讨论式教学内容,调动学生课堂积极性。例如,在介绍常见观赏植物的英文名称和特点时,让学生自主查阅相关英文网站和期刊,了解该植物背景知识进行个人展示汇报;在口语场景模拟时,安排学生以小组为单位参与留学面试、研究生复试、国际学术交流等不同单元模块,鼓励学生用英语交流,教师根据学生的讨论情况进行补充点评,提出针对性意见。基于任务驱动的"个人展示+小组竞赛"形式,一方面提升了学生的自主学习、互助学习及团队合作和共享能力[7],更重要的是,通过教师的定向引导,可以让学生在找寻知识的同时,提升对专业的认可及文化的自信。

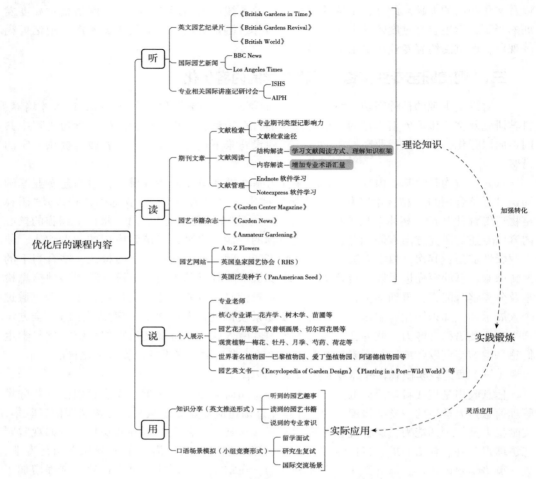

图1 优化后的"观赏园艺专业英语"课程内容

（三）优化考核方式，创新多元综合评价体系

传统专业英语的考核方式通常以书面翻译专业文献或考试为主，侧重于考核学生基础英语翻译能力，不利于考核学生在课堂上实际学到的基础专业知识、文献检索管理、听力口语表达等综合实践能力。课程针对优化的教学模式，结合过程性评价和总结性评价，创新了多元综合评价机制，以期达到考核学生对专业和语言的综合运用情况。过程性评价包含对出勤情况、课堂回答、个人展示等记录，鼓励学生积极参与课程训练，实时转化所学知识。总结性评价阶段，由学生自主选择教师发布的多种考核题目，运用课堂所学的专业基础知识、资源检索、英语表达等综合能力，制作展示材料，以开放性作答的方式完成。结果以公众号推送、墙报展示等形式发布，将学习成果最大化进行传播展示。

四、"观赏园艺专业英语"课程教学内容优化的效果

"观赏园艺专业英语"课程优化旨在使学生能够高效掌握专业英语词汇，提升专业英语交流能力。课程优化前，学生对国内常用的专业信息检索工具不熟悉，检索方式单一，大部分学生将百度和谷歌等综合搜索引擎作为其解决学术专业问题的方式，科学性不足[7]。课程通过多年的探索，增加了各类观赏园艺相关网站、国内外文献检索数据库、检索方法和管理方法的介绍后，学生开始通过国外优秀植物园的物种检索系统进行种和品种的认知，

通过国外知名的企业网站进行植物材料的搜集并运用到设计中去，使用外文数据库（如 Web of Science、SpringLink、SciDirect 等），进行科学文献检索，与此同时掌握了 Endnote、Note-express 等文献管理软件。此外，优化后的教学内容可以对前三年学习过的专业课程进行有效梳理与总结，同时从另外一个维度，打开了学生的国际视野，二次激发了不同研究方向的学生的学习热情。学生自主展示结合教师补充点评的综合教学模式，使学生对于课堂所学专业知识和语言表达方式的掌握更加牢固。从课堂及结课作业展示的情况来看，学生们可以达到课程的基本要求（表1）。

表1 "观赏园艺专业英语"课程优化效果

汇报类型	选题比例	信息收集途径	汇报效果
重要观赏植物简介	随堂测试必选	花卉市场调研、国内外网站、公众号推送、知名博主	每名学生选择一种观赏植物，通过市场调研、查找、收集、整理相关资料，对植物特点、育种情况、国际热点研究方向等方面进行汇报，增加学生对观赏植物习性和应用现状的了解
学科前沿	17.2%	专业相关教材、课程、论文等	学生选择汇报包含花卉学、树木学、遗传育种学、栽培养护学、分子生物学等专业科目的内容，提高学生对学科课程教学特点的掌握及信息总结的能力
热点文献	15.5%	国内外文献数据库、专业相关学术研讨会	学生选择植物研究热点文献，从文章结构、研究方法、创新点、意义等方面进行汇报，提升学生的专业英语水平及文献理解能力
花展风向标	22.7%	国内外相关植物园网站、视频网站、相关文献、公众号推送等	学生选择综合性、主题性、专类性等不同类型的花展，介绍花展中花卉的形态特征、栽培水平、造型技艺等方面的意义与价值，启发学生对于园艺行业的新思考
热卖专业书籍	11.7%	阅读软件及电商平台	书籍翻译范围涵盖了种植和设计方面，提高学生阅读能力的同时，也启发了学生对于园艺植物种植技术、设计理念的思考
行业相关网站	32.9%	国内外权威行业网站，大数据网站等	学生介绍了包括英国皇家植物园、新加坡植物园、柏林植物园、阿诺德植物园等世界著名的植物园，从其发展历史、建园结构、植物种类、社会意义思考人与自然的关系

参考文献

[1] 周光礼，蔡三发，徐贤春，等. 世界一流大学的建设与评价：国际经验与中国探索[J]. 中国高教研究. 2019(9)：22-28.
[2] 高亦珂，潘会堂. 北林园林学院观赏园艺专业成立的背景与人才培养[J]. 风景园林. 2012(4)：85-86.
[3] 程堂仁，王佳，张启翔. 发展我国创新型花卉产业的战略思考[J]. 中国园林. 2013，29(2)：73-78.
[4] 高亦珂，陈晶鑫. 中国高等学校观赏园艺专业发展现状[C]//中国风景园林学会2011年会论文集（下册）. 南京：2011.
[5] 李亚灵. 园艺专业英语[M]. 北京：中国农业出版社，2009.
[6] 俞德浚. 中国植物对世界园艺的贡献[J]. 园艺学报. 1962(2)：99-108.
[7] 周定港，刘小兰，张大为，等. 生物类专业"文献检索与科技论文写作"课程教学问题及对策探索[J]. 当代教育理论与实践. 2020，12(6)：48-56.

Exploring the path of improving professional English ability driven by the goal of "Double First-class": Take the course *Special English for Ornamental Horticulture* as an example

Yu Chao

(School of Landscape Architecture, Beijing Forestry University, Beijing 100083)

Abstract Under the background of "double first-class" construction, the internationalization of teaching and learning is a powerful driving force for professional construction and discipline development, and how to integrate special English into students' daily basic comprehensive English learning has become a major challenge. *Special English for Ornamental Horticulture* is an elective course with strong specialization for students of this major. Years of teaching practice have accumulated rich teaching experience for the course, but there are also many problems that need to be solved; such as the lack of novelty in teaching materials and teaching methods, and the lack of innovation in application and practice. This paper summarizes the existing teaching problems, teaching effect and students' feedback, meanwhile proposes a systematic optimized plan of "more accumulation, more expression and more professionalism", which includes the reform of teaching mode and renewal of teaching practice. Through continuous adjustment for three years, good results have been achieved, which greatly enhance students' international vision and accelerate undergraduates' ability of independent thinking, continuous accumulation and good discovery in the process of professional learning, which provides some inspiration for cultivating "first-class talents" in the context of "double first-class" construction of universities.

Keywords ornamental horticulture, special english, talent development

"生物化学实验"一流课程建设的探索与实践

——以学生自主创新设计实验教学实践为例

林善枝 修宇 徐桂娟 侯佳音 史玲玲

（北京林业大学生物科学与技术学院，北京 100083）

摘要："生物化学实验"具有科研创新性和实践应用性强的特点，在生物学相关领域人才培养中发挥关键作用。针对我校创新型高素质食品专业人才培养目标，以综合大实验纯化得到的溶菌酶为依托，从强化实验创新应用角度入手，突出学生创新能力培养，积极引导学生，自主制定创新设计实验研究方案，开展酶固定化及应用等创新设计研究，有效促进了学生科研探究和创新能力的培养与提升，进而有助于我校一流本科课程建设。

关键词：生物化学实验；一流课程建设；自主创新设计；溶菌酶固定化；教学实践

  创新是民族复兴和社会进步以及经济发展的源动力，其关键在于具有国际核心竞争力的高素质创新性人才的有效培养和自主创新能力的持续提升，这是新时代我国高等教育高质量发展的核心所在，更是实现中国特色社会主义现代化强国梦的根本要求。具有较强的实践应用性和综合创新性的实验教学，作为高校教学体系的重要组成部分和人才培养的重要实践环节，日益成为我国高校培养学生具有科学创新能力和实践应用能力的重要平台[1-9]。"生物化学实验"作为生物科学领域的一门发展较快的重要基础性实验课程，具有涉及面广、理论知识与实践探究并重以及应用性和综合创新性强等特点，已成为我国高校的生物、医学、化工、材料、食品及农林类等相关专业的本科生必修的专业核心基础课程，并成为加强培养学生综合实验素质及科研创新能力的重要实践平台[2-8]。近年来，许多高校从教学内容及教学模式等诸多方面对"生物化学实验"教学进行改革实践，取得了一定进展，但有关以创新能力培养为导向的学生自主创新设计实验及教学实践鲜有报道。据此，在创新型国家建设的大背景下，如何推动深入开展以"学生创新能力培养"为目标的"生物化学实验"课程体系建设与教学改革实践，尤其是引导学生自主开展创新设计性实验研究，显得至关重要。

作者简介：林善枝，北京市海淀区清华东路 35 号北京林业大学生物科学与技术学院，教授，linsz2002@163.com；
    修 宇，北京市海淀区清华东路 35 号北京林业大学生物科学与技术学院，讲师，yuxiu@bjfu.edu.cn；
    徐桂娟，北京市海淀区清华东路 35 号北京林业大学生物科学与技术学院，高级实验师，xuguijuanbio@163.com；
    侯佳音，北京市海淀区清华东路 35 号北京林业大学生物科学与技术学院，实验师，houjiayin1989@163.com；
    史玲玲，北京市海淀区清华东路 35 号北京林业大学生物科学与技术学院，高级实验师，linglingshi2005@bjfu.edu.cn。

资助项目：北京林业大学教育教学研究一般项目"基于提升学生综合创新素质的生物化学实验教学内容改革与实践"（BJFU2021JY038）；
    北京林业大学教育教学研究名师专项"食品专业'生物化学实验'课程体系建设"（BJFU2018MS006）。

一、我校开展学生自主设计创新性"生物化学实验"研究的必要性

为适应高素质创新型食品专业人才培养要求,2009 年,我校食品科学与工程专业的"生物化学实验",从以往开设"生物化学"课程(48 学时,其中实验 16 学时)中剥离形成一门独立必修的学科基础课程(2.5 个学分、40 学时),并作为"食品营养学""食品化学""发酵工程""免疫学""毒理学""功能食品""食品生物技术"等前修课程,已在食品创新性人才培养中发挥重要作用[6-9]。为此,从 2010 年起,在学校有关教育教学研究项目的持续资助下,基于高素质创新型食品专业人才培养目标,笔者对我校食品专业"生物化学实验"课程教学体系进行一系列综合有效的改革建设与教学实践(包括实验教学内容整合优化、新型实验教学模块研建、教学方法及实验管理模式改革探索等),逐步建设成以学生为主体的创新型、多层次(基础性实验、综合性实验和拓展性实验)的实验课程体系[6-9],有效促进学生综合素质培养与教学质量提升。2017 年,北京林业大学首批入选国家"世界一流学科"建设高校,而"生物化学实验"作为生命科学极为重要的基础性实践课程之一,其教学质量直接关系到我校高素质创新型食品专业人才培养。

近年来,随着生物学科的迅速发展,"生物化学实验"课程所涉及的各种原理与技术已在现代农林业、畜牧养殖、材料能源、轻化工、卫生环保、医药及食品等诸多领域中得到广泛应用[4-8],这充分说明"生物化学实验"作为一门前沿应用型核心课程在高素质创新专业人才培养中的重要性。食品科学与工程作为实践应用性极强的工学专业,随着创新型国家建设有序推进,势必对食品专业人员的科研能力和创新能力提出更高的要求。据此,如何建设一流"生物化学实验"课程体系,培养满足我国科研创新和实践应用需求的食品专业人才,是我校"生物化学实验"教学体系改革建设的核心问题。

独立创新思维及科学能力的培养是高校创新教育中不可忽视的一个问题,而创新能力的培养是高素质人才培养的关键;实验课程作为创新能力培养的重要实践平台,不能仅局限于学生掌握实验操作技能,这难以满足当前创新性人才培养的需要。学习科学理论知识的最终目的在于实践和应用,而创新性实验自主设计及教学实践是实现创新型人才培养的有效途径。自主创新设计性实验是指在教师的引导或鼓励下,由学生自行设计实验方案并加以实施的实验,使学生真正成为实验的主角,其教学目标是突出对学生独立创新思维和科研探索精神以及独立解决问题能力等综合科研素质的有效塑造[7,8,10],更是"生物化学实验"教学目标的升华。据此,如何开展以"解决科学问题"为导向、以"创新能力培养"为目标的"生物化学实验"课程教学改革与实践,进而构建适应创新人才培养需要的学生自主创新设计实验研究的教学实践模块,显得格外迫切而重要。

在此,注重以知识的综合应用为目的,以创新能力的培养为目标,以现有所开设的"生物化学实验"教学内容为依托(图 1),以前期综合大实验纯化得到的溶菌酶为主题,从强化实验内容的创新设计与应用角度入手,突出学生主体性,引导学生自主创新设计实验,通过学生自行性有效研究与探索,促进学生综合实验素质、科研创新意识和拓展应用能力的全方位多元化培养,这也正是目前许多高校"生物化学实验"课程教学改革实践的重点和热点。现将我校食品专业学生开展自主创新设计"生物化学实验"研究及教学实践总结如下,以供相关课程教学改革借鉴。

二、学生自主创新的溶菌酶固定化实验研究内容的设计与有效开展

"生物化学实验"实践教学是理论课程教学的深化及应用,而学生自主创新设计实验内容的有效开展与实施是该实验课程教学目标的升华,其重点突出学生自主创新能力和科研

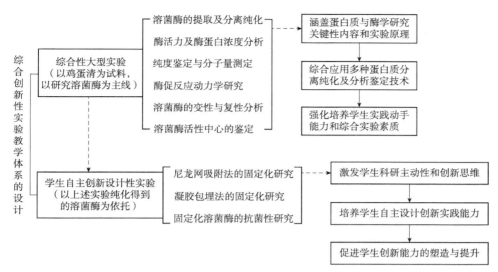

图 1 综合创新性实验教学体系的设计建设与实施

探究精神以及分析解决问题能力等综合素质的有效塑造与提升[7-8]。由此可见，如何构建切实可行的学生自主设计创新性"生物化学实验"研究内容与教学实践，是有效激发学生科研兴趣和创造性、培养学生综合实验素质和自主创新能力以及提升教学质量的核心环节，更是当前"生物化学实验"教学改革的难点。

酶，作为生物催化剂，已广泛应用于农林业、医药、食品保鲜及加工、轻化工、环保及能源等领域，但其缺点（如稳定性差、易变性失活、催化效率低、通常只能使用1次、生产成本高等）日益突出，难以满足现代工业的可持续迅速发展需要[11]，已引起人们极大关注。随着蛋白质与酶工程发展，可采用固定化技术、化学修饰和表面活性剂包埋技术对水溶性酶进行处理改造，使之成为可重复使用的非水相酶，其中固定化酶是酶工程的核心，目前已在医药、农业、轻化工业、食品、环保以及能源等领域得到广泛应用[11]。针对水溶性酶的使用瓶颈问题和固定化酶所具有的优势，在本实验教学实践中提出酶的固定化可作为学生自主探索研究内容的可行性。

溶菌酶，又称胞壁质酶，一种能水解致病菌中黏多糖的碱性酶，进而导致细胞壁破裂以及内容物溢出而使细菌溶解；该酶具有消炎、抗菌、抗病毒以及抗肿瘤等作用，而且可作为绿色安全的食品添加剂和保鲜剂，目前已广泛应用于医学和食品等领域。鉴于前期以系统研究溶菌酶为主题开设连续式综合性生物化学大实验，结合溶菌酶及其固定化的应用前景，针对食品科学与工程专业的特点，从系统性强化培养学生综合科研素质角度，以前期综合性大实验纯化得到的溶菌酶为切入点，积极引导学生，选择实用性强的溶菌酶固定化作为自主创新设计实验研究方向。为此，依托"生物化学理论"课程中"酶工程及其应用"章节相关内容，借鉴生物技术专业已开设的"蛋白质与酶工程"相关实验内容，从拓展创新及设计应用等角度，积极引导学生查阅相关文献资料，独立制定自主创新设计实验方案及相关研究路线，尝试开展溶菌酶固定化及应用等创新设计性实验研究。

为有效提高学生创新能力培养和实验教学质量，依据自行设计实验特点，采取学生自由组队的教学组织形式，突出学生为主体，按照"溶菌酶固定化研究方向确定→文献资料查阅→小组讨论→研究方法及技术路线的自行设计→实验计划的科学性和可行性分析→设计性实验有效开展→固定化效果及应用前景评价"渐进式的自行性探索模式，以确保学生自主创新设计性实验研究的有效进行；同时，为了使学生的自主创新能力和探索精神等综合科研素质得到更有效的培养与提升，积极引导学生针对酶固定化不同方法的优缺点，通过分析讨论，筛选确定以吸附和包埋作为溶菌酶的固定化主要方式，进行自行设计创新性实验方案并开展有效研究探索(图1)。

此外，学生自主设计创新性实验结束时，安排一次互动分析讨论，让每位或每组学生针对自己的实验结果和存在的问题进行自由交流与讨论总结，结合任课老师针对性剖析，有效促进学生发现问题及分析归纳问题与解决问题能力的提升。

(一) 基于吸附法的溶菌酶固定化实验的自主创新设计与有效实施

吸附法，是将酶结合于不溶性载体上的一种固定化方法，主要包括物理吸附、离子交换吸附和共价结合等方法[11]。从固定载体材料来源方及成本等角度，引导学生拟以尼龙网作为固定载体，通过讨论分析，拟定自行设计实验研究方案，明确实验重点和拟解决的关键问题，进而独立开展以尼龙网为载体的溶菌酶固定化的自行创新设计实验研究与有效探索，其主要操作程序及实验内容包括：固定载体尼龙网的有效去污处理方法筛选（试剂及浓度与处理时间）→尼龙网活化条件选择优化（试剂及浓度与活化时间）→溶菌酶最佳固定化条件确定（用酶量及固定时间）→溶菌酶固定化效果评价。

针对溶菌酶固定化实验过程中存在的固定化效果不够理想等问题，鼓励学生通过查阅相关文献与有效分析讨论，对影响固定化效果所涉及的各种步骤及方法进行探索优化与改进，经食品2015—2018级学生的不断研究与创新探索，成功建立起基于学生自主创新设计的以尼龙网为载体的溶菌酶固定化制备方法(图2)。

在整个自行设计实验研究过程中，让学生全方位独立完成，老师只负责提供实验条件；对于实验过程中出现的各种问题，鼓励学生敢于面对困难，独立思考去解决，若实在无法解决，可采用启发或引导协助解决。这种以学生为主体的"真刀实枪"的自主性创新设计的实验研究训练，不仅有助于激发学生科学兴趣与探索精神，而且有效促进学生的文献检索能力、发现问题及解决问题能力、敢于开拓创新思维、团队协作精神以及研究总结能力等综合科研素质的培养和提升。

(a) 吸附法溶菌酶固定化制备　　　　(b) 凝胶包理法溶菌酶固定化制备

图2　基于吸附法和凝胶包理法的溶菌酶固定化的制备

(二) 基于凝胶包理法的溶菌酶固定化实验的自主创新设计与有效实施

针对以尼龙网为载体的溶菌酶固定化的创新设计实验过程存在的不足（例如实验准备和操作步骤繁杂以及耗时性长等），以及基于凝胶包理法的酶固定化的优点（例如无需载体、反应条件温和以及酶活回收率较高等），鼓励学生开展自主性设计基于凝胶包理的溶菌酶固定化的创新探究性实验研究，这可最大限度地激发学生的科研兴趣以及挖掘学生的创造潜能。据此，为有效促进学生的分析解决问题能力、科研创新能力及团队协作意识等综合素质的全面训练与提升，积极引导学生认真查阅基于包埋法的酶固定化研究相关文献资料，进而通过小组讨论后，确定以聚丙烯酰胺凝胶为载体的溶菌酶固定化研究方向；在此基础上，要求学生拟定出切实可行的自主创新设计研究方法和实验方案，并制定出具体操作步骤，进而独立开展并完成自主设计探索性实验研究内容（包括聚丙烯酰胺凝胶浓度的选择、溶菌酶用量、固定化所需缓冲液及其浓度的确定、溶菌酶的聚丙烯酰胺凝胶包埋固定化的制备、聚丙烯酰胺凝胶颗粒大小的确定、以及固定化效果评价等）。

针对实验过程中出现的问题，鼓励学生通过查阅资料和分析讨论加以解决，并对可能涉及的操作步骤及使用方法进行有效的探索与优化；对于难以解决的问题，老师可通过人性化互动交流讨论而引导或协助解决。经过食品 2019—2021 级学生的创新探索与优化研究，成功制备出学生自主创新设计的基于聚丙烯酰胺凝胶包埋法的固定化溶菌酶，具有高效催化特性且能反复使用等优点（图 2）。

（三）固定化溶菌酶的自主性拓展应用实验研究的有效开展

科学知识的学习掌握其最终目的在于创新与应用，为此，从食品专业特点及实际应用角度，结合溶菌酶应用前景，鼓励学生开展自主设计的固定化溶菌酶的抗菌实验研究，通过查阅相关文献，拟定以食品领域相关的革兰氏阳性食源性致病菌（如葡萄球菌和溶壁微球菌等）为试验对象，独立开展并完成所有相关抗菌实验研究，从中分析探究固定化溶菌酶的可能应用潜力，有助于培养学生创新创业意识和分析解决实际问题的能力。

三、学生自主创新设计实验教学实践的成效

近 6 年的教学实践证明，通过"生物化学实验"学生自主创新设计研究的有效实施与教学实践，可充分调动学生的学习积极主动性，激发学生的科研兴趣及创新意识与敢于探索的精神，促进学生自主创新能力和综合科研素质的有效提升，进而有效提高了本课程教学质量，受到学生或同行的好评，该实验课程学生评价全校排名由 2016 年的第 29 名上升到 2020 年的第 3 名；另外，有效促进学生申报与本课程相关的"大学生创新创业训练项目"的积极性，学生参与度与 2015 年相比，提高了近 30%。

参考文献

[1] 张剑云，陈水红. 生物化学实验教学存在的问题及优化措施[J]. 现代农业科技，2011(3)：44-45.

[2] 张俊杰，贾长虹，张会宜. 生物化学实验教学模式的探索[J]. 河北理工大学学报：社会科学版，2009，9(2)：114-116.

[3] 祝顺琴. "生物化学实验"教学改革与实践[J]. 宁夏农林科技，2011，52(10)：106-107.

[4] 陈华絮，赖小玲. 改革生物化学实验教学培养学生创新能力[J]. 实验科学与技术，2012，10(4)：89-91.

[5] 刘雪萍，史玲玲，汪晓峰. 对生物学理科基地班生物化学实验课程改革的探索[J]. 教育教学论坛，2012(1)：148-149.

[6] 林善枝，刘雪萍，朱保庆. 开放式"生物化学实验"教学模式的改革实践[J]. 中国林业教育，2014，32(1)：48-50.

[7] 林善枝，史玲玲，陈少良. 综合设计性生物化学实验的开设与教学实践[C]//黄国华. 专注教育研究 建设一流本科：北京林业大学教育教学研究优秀论文选编. 北京：中国林业出版社，2018.

[8] 修宇，侯佳音，史玲玲，等. 基于核心竞争力提升的创新型生物化学实验课程体系建设[C]//黄国华. 新改革 新农科：北京林业大学教育教学研究优秀论文选编. 北京：中国林业出版社，2019.

[9] 林善枝，修宇，侯佳，等. 面向"双一流"的生物化学课程思政教学建设：以北京林业大学食品专业为例[C]//黄国华. 善思善政 孜孜育人：北京林业大学教育教学研究优秀论文选编. 北京：中国林业出版社，2019.

[10] 陆源, 厉旭云, 叶治国, 等. 自主学习、自主实验、自主创新教学的研究[J]. 实验技术与管理, 2012, 29(6): 11-16.

[11] 陈守文. 酶工程[M]. 北京: 科学出版社, 2015.

Exploration and practice of first-class curriculum construction of *Biochemical Experiment*: Take the teaching practice of student independent innovative design experiment as an example

Lin Shanzhi　Xiu Xu　Xu Guijuan　Hou Jiayin　Shi Lingling

(College of Biological Sciences and Technology, Beijing Forestry University, Beijing　100083)

Abstract　*Biochemistry Experiment* with double characteristics of innovation in scientific research and strong application in practice has played an important role in the cultivation of talents for biology-related major. To cultivate high-quality and first-class food professionals of Beijing Forestry University, and to highlight the cultivation of innovative ability for the students, a comprehensive design experiment on the lysozyme purified from the previous comprehensive experiments was proposed by the perspective of strengthening experimental innovation and application, in which the innovative design experimental research scheme was independently designed by the student through active guidance of teacher, and then innovative design research on lysozyme immobilization and its application was performed by the students. These teaching reform and practice should effectively promote the cultivation and promotion of scientific research inquiry and innovation ability of the students, all of which may contribute to build first-class undergraduate course.

Keywords　*Biochemistry Experiment*, first-class course construction, independent innovation design, lysozyme immobilization, teaching reform and practice

"家具材料与结构"课程改革的探索与实践

郭洪武　刘毅　张求慧　杨国超

（北京林业大学材料科学与技术学院，北京　100083）

摘要：研究生课程教学是研究生创新能力培养的重要环节。"家具材料与结构"课程是北京林业大学木材科学与技术学科（家具设计与制造方向）硕士研究生的学位课、核心课。本文基于一流学科创建和新工科创新型人才培养需求，以研究生创新能力培养为目标导向，针对课程的知识结构、知识内容、教学形式、教学方法和教学平台与实验实训基地等方面存在的问题，进行了"家具材料与结构"课程教学改革的探索与实践，结果令人满意。该课程改革的探索与实践对提升课程教学质量，提升高素质创新型研究生人才培养质量具有重要积极作用和指导价值。

关键词：家具材料与结构；课程改革；研究生培养；创新能力

大数据时代，随着互联网+信息技术的快速发展，家具行业由传统的粗放式生产经营模式向技术创新、设计创新、服务创新的方向发展，数字自动化加工技术和计算机辅助信息化管理日益普及，家具产品的技术研发、生产制造和管理体系都在发生巨大变化，行业对从事数字化创新设计、新型功能材料、柔性化生产等领域的高素质人才需求旺盛[1-4]。在此背景下，作为研究生导师，对"家具材料与结构"研究生课程的建设与改革进行重新定位和思考，积极探索如何与时代发展脉搏同频共振、如何与行业发展相适应相匹配是非常必要的，这对提升研究生课程与高素质创新型人才培养质量具有重要的理论指导和实践意义。

一、课程教学存在的问题

"家具材料与结构"是北京林业大学木材科学与技术专业家具设计与制造方向硕士研究生的一门学位核心课，主要讲授家具材料科学、家具结构创新设计及应用方面的前沿知识。通过该课程的讲授和学习，学生能够掌握家具新材料与结构的特点，了解家具材料与结构对产品性能的影响。然而，基于高等学校世界一流学科创建和新工科创新型人才培养需求，研究生的创新能力培养日益受到重视，"家具材料与结构"课程在国内各林业院校开设的时间较短，在教学方面虽然积累了一定经验，但在知识结构、知识内容、教学形式、教学方

作者简介：郭洪武，北京市海淀区清华东路35号北京林业大学材料科学与技术学院，教授，ghw5052@163.com；
　　　　　刘　毅，北京市海淀区清华东路35号北京林业大学材料科学与技术学院，副教授，liuyi.zhongguo@163.com；
　　　　　张求慧，北京市海淀区清华东路35号北京林业大学材料科学与技术学院，教授，qhzh66@163.com；
　　　　　杨国超，北京市海淀区清华东路35号北京林业大学材料科学与技术学院，讲师，yangguochao@bjfu.edu.cn。
资助项目：北京林业大学研究生课程建设项目"'家具材料与结构'课程教学改革与创新实践"（JXGG2021）；
　　　　　北京林业大学教育教学研究重点项目"住宅产业化背景下室内装饰工程人才培养模式的改革创新研究"（BJFU2018JYZD007）；
　　　　　北京林业大学研究生课程思政建设项目"家具材料与结构"（KCSZ21008）。

法和教学平台与实验实训基地等方面还存在不少问题与不足。

（一）课程知识结构不能体现出研究生与本科的差异

受跨专业与不同专业基础研究生生源的影响，在课程设计上过多考虑学生专业背景[5]，导致课程部分内容本科化，未能体现本硕层次的差异。同时，缺乏对科研与技术发展的前瞻性考虑，在彰显家具设计与制造专业研究领域科技的前沿性方面存在局限性和不足之处。

（二）课程的知识内容不适应智能制造发展新形势

课程内容相对滞后，部分与本科课程重复，课程内容与当前的科技发展前沿以及家具企业技术难题结合不够，难以适应家具行业新材料和智能制造快速发展的需求，难以对学生的创新素养及创新精神进行有效培养。

（三）课程教学形式不适应研究生主动学习能力和辩证思维的培养

研究生课程授课方式相对单一，仍以教师讲授法为主采取"满堂灌"形式[6-8]，缺乏课堂讨论与交流，加之课程内容深度及先进性不足，不利于研究生主动学习能力和辩证思维的培养，使研究生创新能力和创新意识无法得到提升。

（四）课程教学平台不适应信息化交互教学新常态与人才培养新模式

家具新材料、新结构及柔性化制造工艺复杂，课程信息化、共享型和交互教学资源匮乏，缺乏先进技术手段和优质资源支撑，以及产学研实践基地和研究型创新平台，使得课堂教学中的基础理论知识同科学问题与工程案例结合不够，学生难以深入理解前沿理论与先进技术，无法提升研究生的学术认知和实践能力。

二、课程教学改革的思路

为适应新时期高校研究生的培养要求，以"立德树人"为根本，以研究生成才为中心，以拓展学术视野、加强能力培养为目标[9-10]。重视专业课程内容之间的关联性与课程之间的衔接性，将"家具材料与结构"课程与"家具产品开发""家具生产工艺"等课程的学习内容有机地"捆绑"在一起。在此基础上，以修订研究生培养方案为切入点，以优化"家具材料与结构"课程内容为重点，通过顶层设计、项目驱动、示范引领，充分调动研究生学习的积极性，全面推进"家具材料与结构"课程建设，持续提升该课程的教学质量。

三、课程教学改革的举措

发挥北京林业大学木材科学与技术国家重点学科优势，秉承精英化、创新性、复合型研究生人才培养理念，依托木质材料科学与应用教育部重点实验室、木材科学与工程北京市重点实验室、林木生物质材料与能源教育部工程研究中心、国家木竹产业技术创新战略联盟、定制家居国家创新联盟等高水平科研和教学平台，将兄弟科研院所、企业、行业协会、国际高校等各种资源引入教学，探索产学研多方、多途径协同育人机制。把新材料、新技术、新结构、新工艺、新理念引入课堂，重点培养具有创新思维与实践能力的高层次家具设计与工程人才。

（一）在课程结构设计方面，注重新工科创新型人才培养新模式

"家具材料与结构"课程脱胎于本科课程"家具结构设计""家具材料学"课程，并且在此基础上进行深化拓展和递进。与本科课程相比，专业性"深、高、专"，具有前沿性、先进性、学科交叉性特点。鉴于此，遵循研究生课程内质要求原则，以紧密围绕学生应该取得什么学习成果为主线，考虑研究生具有不同的专业背景，要求跨专业研究生自修或补修本科"家具结构设计""家具材料学"课程，而不是在"家具材料与结构"课程知识结构中加入本

科课程内容。同时，在"家具材料与结构"课程设计上，充分考虑学科科学与技术前沿、学科发展趋势、学科交叉融合等因素，打破原有传统教育观念对研究生创新能力培养的束缚，根据研究生创新能力培养的特点和要求，广泛调研国内设置相同课程的高校，积极开展对外交流和学习，制定并完善"家具材料与结构"研究生课程结构设计体系。因此，在"家具材料与结构"课程结构设计上，需要建立以家具材料和结构创新设计为主线，以工程实训和科研训练为依托，以综合创新实践为助推的课程知识结构体系，如图1所示。具体做法是：一是增加课程的深度与难度，删除本科课程内容；二是增加体现家具新材料、新技术、新结构、新工艺等内容，将课程由校内单一导师主讲转变为以学术导师教学团队与家具企业导师团队相结合的"多导师"合讲的形式，从而体现出"家具材料与结构"个性化课程体系，进而形成"家具材料与结构"课程个性化的知识结构。确保教学思想不落窠臼、教学内容与时俱进、教学设计科学合理。

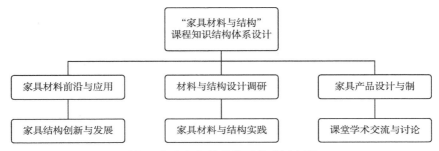

图1 课程知识结构体系构成示意图

（二）在课程教学内容方面，将知识的传授融入研究生创新能力培养过程

研究生课程教学是培养研究生学术能力的根本，研究生的学术创新能力必须经历一个系统、严谨和刻苦磨炼的过程，这一过程始于研究生课程教学。通过教学环节的引导，研究生才能够真正掌握到该专业领域问题研究的方法和路径[11-12]。因此，课程教学内容要体现知识补充、能力提高和素质培养三方面的协调发展，教学过程中实施研究性与应用性教学，将知识传授融入研究生创新能力和素质培养的全过程[13]。而"家具材料与结构"课程内容依据学科和行业的最新发展而不断更新，保持课程基础理论部分的相对稳定性，灵活调整介绍学科和行业发展趋势的部分。课程教学基于专业的基础理论知识上，将家具新材料、新工艺、新结构、新设计理念、新标准和家具行业发展趋势充实到教学内容中。同时，每学期给学生推荐并提供最新参考文献资料，让学生可以根据教师的课堂讲授进度，同步了解到该领域的最新发展现状与趋势。研读最新的研究成果，有助于培养学生的科研兴趣、创新设计、思辨与分析能力[5]。例如，关于传统家具榫卯结构的性能与改良，是目前研究的热点。在讲授实木家具榫卯结构时，结合工业4.0制造技术，对最新研究和发表的关于明清家具榫卯结构改良研究的成果进行介绍，引导学生讨论工业4.0制造技术在实木家具制造上的前景及研究思路。在讲授"创意家具材料与结构"内容时，以充分调动研究生的主观能动性和提高教学效果为导向，对课堂讲授、课堂讨论和课后自主学习的专题教学内容进行合理的计划安排。在课堂上基于不同流派家具的材料与结构对其家具设计理念和观点进行详细的分析讲述，让学生基于自己所学专业知识判断每一流派家具设计中材料与结构的合理和不足之处，从而多角度培养研究生的学术思辨能力。

因此，从"横向-纵向"角度构建"家具材料与结构"课程教学内容，其中"横向"包括基本模块和拓展模块[10]，基本模块主要为家具材料的种类、性能与特点的描述、家具结构设计与力学分析的理论与方法，拓展模块主要围绕家具结构设计中有待进一步解决的问题。

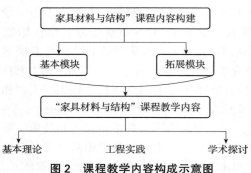
图 2　课程教学内容构成示意图

"纵向"模块则为家具结构设计与力学分析基本理论、家具结构设计工程实践、学术交流与研讨三个部分，基本理论模块主要是以家具结构设计为对象分析家具结构力学有限元分析原理、节点破坏形式，调研与实践模块主要包括典型家具产品市场调研和家具企业生产实践，而学术探讨模块则是针对家具的材料与结构中所提炼出的尚未解决的重难点问题和热点问题展开学术研讨活动。

课程教学内容构成如图 2 所示。

（三）在课程教学形式方面，融合多元化教学方法建立创新型思维方式

"灌输式"是传统研究生教学方法，教师认为研究生只是知识的接受者，不重视对研究生创造性思维方式的培养和训练[6-8]。因此，教学方法的革新是研究生创新能力培养的核心环节，秉承以学生为主体，教师为主导的理念，针对不同的教学内容性质采用适合的教学方法。

1. 引入案例教学，提高学生兴趣

"家具材料与结构"课程内容涵盖广泛，且当今社会处于信息化时代，知名设计师致力于与时俱进的家具创新设计，各种创意家具层出不穷。因此，课堂教学应在基于课程理论知识上，引入具有代表性的家具设计案例，以激起学生对本课程的学习兴趣。例如，讲授"圣色罗椅""Feltri 扶手椅""面绳扶手椅"如何利用传统材料实现趣味的造型和富有新意的结构。通过对典型案例的讲解和分析，学生能够了解到利用传统材料可以实现具有创意性的家具。这种教学方式激发了学生课程学习的求知欲，从而极大地促进了学生付诸于课程学习的信心。

2. 引入翻转课堂，以学生为主导

"家具材料与结构"课程内容全面广泛，注重理论知识和实际应用。除讲授常见的家具材料和结构，还应紧随专业和行业的最新发展，在课程内容中引入新型材料与创意结构的相关内容介绍，尽可能地提高学生对本课程学习的兴趣。教学过程中安排 6 学时的翻转课堂，以打破传统的学生被动接受知识的课堂模式，让学生能够主动地参与到课堂知识讲授中，从而引发其深入研究与思考，发挥学生的主体作用。实践过程中，学生围绕家具材料与结构展开专题汇报，检索国内外最新文献，介绍不同类型新型材料的性能、特点及在家具中的应用。讨论流程如下：以个人为单位，分别进行关于家具材料与结构研究热点专题、家具结构设计方案、家具结构设计方案优化的讲解，每人讲解 20 分钟后，师生们再讨论 15 分钟，最后授课教师针对研讨课题的角度、深度，以及学生语言组织与表达能力进行点评和总结，其讨论成绩评定以学生打分和授课教师两个部分构成。翻转课堂让学生各抒己见、集思广益和优势互补，激发学生的学习热情和参与动力，培养学生独立思考与分析问题及交流、表达等能力。

3. 引入企业导师，推动理论与实践的结合

"家具材料与结构"课程是连接专业基础知识与设计实践之间的纽带，旨在培养学生的科研能力和设计能力。为此，教学团队先后在北京康洁家具有限公司、北京太伟宜居装饰工程有限公司、北新集团建材股份有限公司等行业知名企业建设专业化教学实践基地 6 个。并实行了学术导师教学团队与社会导师团队相结合的"双导师"制，给每位学生同时配备学术导师和社会导师，使得每位学生既接受专业导师指导，又能够有社会导师的相应指导。

目前，本专业已有包括家具造型设计、家具结构设计、家具生产工艺等企业导师10余人。基于OBE理念，"家具材料与结构"围绕专业建设的目标引入企业导师这一概念，以进一步深化课程改革与建设，提高课程教学水平与质量。在授课之余，每学期举办2次以企业产品项目实施为主题的工程实践类讲座，邀请行业专家、企业相关从业人士进行讲授，由此激发学生专业兴趣，增强其创新创业意识与能力。例如，2019年，邀请廊坊华日家具公司研发部工程师来给学生讲解了家具行业的现状、家具设计的流程、设计方案的优化、生产工艺流程以及未来竞争力等，引导学生对专业和行业有更加全面的认识，同时激发了学生应用课程所学理论知识于实际工程领域的理想与憧憬。

4. 灵活应用多媒体，突破传统多媒体技术

随着信息技术的发展，多媒体教学已成为和传统教学模式相辅相成必不可缺的一种教学手段[7-9]。此外，当代社会新型家具材料与结构日新月异，采用图片、视频等媒体能够使学生更直观地了解到新型家具材料的特点与结构，以此引发学生的思考，加深其对课堂内容的印象，从而提高课堂教学效果。对于多媒体技术的应用，主要从三个方面来打破原有的传统多媒体技术教学方式。一是采用简明扼要的文字，避免大段冗长的文字。多采用图片、动画展示等对问题进行步步深入，有助于学生更好地理解和掌握课堂内容重难点。二是采用实例图片，激发学生发散思维。教师在讲授不同材料的在家具中应用时，可展示与研究领域相关的最新应用图片，使学生及时地了解前沿动态。此外，教师要与时俱进，掌握家具材料与结构的发展动态，及时更新多媒体信息。三是注重PPT排版和配色的美观。在应用多媒体时，幻灯片的布局和色彩搭配需有一定的合理性、逻辑性、美观性，使学生在听课过程中可以有较好的视觉体验，一方面吸引了学生的注意力，提高了其听课的专注度；另一方面趣味的幻灯片还活跃了课堂气氛，调动了学生的积极性，有效提高了教学效果。

（四）在课堂教学平台方面，建设互联网+交互现代信息化教学平台与实验实训基地

推进信息化产教深度融合，依托创建的首批中国高校在线教学国际平台课程、北京市级精品在线开放课程"材料与家具"，进一步建设线上电子开放课件、对传统实木家具与板式家具的工序及复杂工艺结构进行3D建模拆解和生产实景录制，解决工程类课程难理解的问题。同时，结合我校木材科学与工程国家重点学科及教育部工程中心平台优势，与企业共建一体化教学实习实践基地，建设家居体验间、家居材料库、家具构造展示室、VR智能家居体验室，使学生获得全方位、多角度一站式教学体验；依托校内教学实验中心、校外实习实训基地和产学研创新实践基地，建成专业实践、科技实践、调研实践全天候开放、学生可自主创新的综合实践教学平台，以科研和工程项目、创新计划提升学生创新能力；本团队先后参与建设专业化教学实践基地5个，其中"北京康洁家具有限公司教学实验基地"获批"国家大学生校外实践教育基地"。

（五）在课程考核方式方面，完善课程考核方法，注重研究生创新能力的培养

在考核评价机制方面，本科生阶段课程考核主要注重学生基础知识的掌握与运用，而研究生阶段更强调素质与能力的培养[6]。因此，研究生的课程考核不单凭期末考试成绩，而是更应注重对学生课程学习过程的评价。为充分体现判定标准的公平合理，课程应采用多方面在考核中占有一定比例的综合考核方法来评定学生的课程学习效果。以达到注重学生创新思维和创新能力的培养，重点考查学生知识运用能力、综合素质和创新能力的教学目的。基于这些考虑，"家具材料与结构"最终结课成绩由四部分组成，第一部分学生上课出勤率考核成绩占20%；第二部分课堂提问与讨论的质量考核成绩占25%；第三部分列出本课程若干热点课题，学生选择感兴趣的课题深入学习研究，展开调研、文献检索等，最

后汇报答辩与交流考核成绩占35%；第四部分阅读有关文献资料，撰写小论文考核成绩占20%。综合判定的考核方式对学生平时的课程学习有显著的激励作用，极大地增强了研究生自主学习能力、获取信息和分析处理信息的能力以及语言表达能力，同时也培养了研究生的科学素养，提升了其创新能力。

四、结　语

本课程着眼于推动现代信息化教育方式与教学生态的深度结合，致力建设精品在线开放课程、线上电子开放课件、VR与三维过程仿真、"互联网+"智慧交互课堂、校内外双循环联动、专业化创新实践基地，创建了"立体化教材、信息化课程、研究型教学"的课程改革与建设体系。推动优质教学资源共享及发展学生创新创业能力等方面展开了一系列改革探索与实践，经过近三年的改革与实践，"家具材料与结构"课程改革初见成效，课程教学质量显著提升，从2019年、2020年两年的本专业研究生教学满意度调查结果看，研究生对课程教学满意度（90.3%）、（91.5%），研究生对课程体系合理性（95.3%）、课程内容前沿性（90.5%）、教师教学方法（90.1%）、教师教学水平（95.2%）等方面的评价都很理想，并获批2020年、2021年北京林业大学研究生课程建设项目立项资助，改革成果对新工科高素质人才培养具有良好的示范作用和推广应用价值。

参考文献

[1] 张求慧. 大数据时代"家具材料学"课程教学改革探索[C]//黄国华. 打造金课　成就卓越：北京林业大学教育教学改革优秀论文选编. 北京：中国林业出版社，2018.

[2] 刘毅，郭洪武. 住宅产业化背景下"室内装饰工程"课程教学改革的探索[J]，中国林业教育，2019，37（6）：37-40.

[3] 郭洪武，刘毅. 基于多维教学模式的"室内装饰工程"课程教学改革[J]. 中国林业教育. 2015，33（2）：67-70.

[4] 张求慧. 基于"互联网+"教育理念的慕课"家具与材料"建设及应用[C]//黄国华. 新改革　新农科：北京林业大学教育教学改革优秀论文选编. 北京：中国林业出版社，2019.

[5] 王葆华，胡荣国，刘希军. "双一流"建设背景下理工科研究生课程教学改革思路探讨[J]. 教育观察，2021，22（538）：1-3.

[6] 李焰. 专业学位研究生课程教学改革的现状与思考[J]. 北京印刷学院学报，2017，25（5）：132-134.

[7] 柯炳生. 创新培养模式与机制全面推进专业学位教育[J]. 学位与研究生教育，2016（1）：20-22.

[8] 侯广峰，杨大伟. 专业学位研究生实践课程解决方案初探[J]. 学位与研究生教育，2016（10）：152-153.

[9] 齐晓慧，董海瑞，王瑾. 研究生课程"主-辅混合式"教学模式探讨[J]. 高教论坛，2015，8（8）：110-113.

[10] 蒋红梅，刘晓颖，桂清文，等. 基于"翻转课堂"的研究生课程混合式教学模式设计与思考[J]. 教育教学论坛，2018，9（39）：214-215.

[11] 吴浪，廖其龙，李玉香，等. 材料专业研究生学位课程的教学改革探索[J]. 大学教育，2016（1）：138-139，156.

[12] 刘艳珠，徐香兰. 结合课程教学培养研究生创新研究能力的探索与实践[J]. 教育教学论坛，2018（33）：170-172.

[13] 韩鹤友，侯顺，郑学刚. 新时期研究生课程教学改革与建设探析[J]. 学位与研究生教育，2016（1）：25-29.

Exploration and Practice of *Furniture Material and Structure* Curriculum Reform

Guo Hongwu   Liu Yi   Zhang Qiuhui   Yang Guochao

(College of Material Science and Technology, Beijing Forestry University, Beijing   100083)

Abstract   Postgraduate course teaching is an important link in the cultivation of postgraduates' innovative ability. The *Furniture Material and Structure* course is the degree course and core course for postgraduates in the discipline of Wood Science and Technology (furniture design and manufacturing direction) of Beijing Forestry University. This article is based on the creation of first-class disciplines and the training needs of innovative talents in new engineering disciplines, with the cultivation of graduate students' innovative ability as the goal-oriented, focusing on the problems existing in the knowledge structure, knowledge content, teaching form, teaching method, teaching platform and experimental training base of the curriculum. Conducted the discussion and practice of the teaching reform of the *Furniture Material and Structure* course, with satisfactory results. The exploration and practice of this course reform has an important positive role and guiding value for improving the quality of course teaching and the cultivation of high-quality and innovative graduate talents.

Keywords   *Furniture Material and Structure*, Curriculum reform, Postgraduate training, Innovation ability

《民法典》之侵权责任的教学改革研究

姚 贝

(北京林业大学人文社会科学学院，北京 100083)

摘要："侵权责任法"的教学改革既是《民法典》颁布之后的必然应对，也是学科发展的必然要求。对于"侵权责任法"的教学改革应着力于以侵权责任编为主体，结合《民法典》其他各编相关知识进行体系化教学，优化学生知识结构；以案例例证法、案例讨论法及模拟法庭等多种方式切实加强实践教学，提升学生案例分析能力。在进行教学改革时，需注意体系化教学既要纵观全局，也要突出学科特点；既要注重民法知识的融会贯通，也要避免重复教学。在进行实践教学时不能流于形式，要引导学生积极思考、深入讨论，以期达到实践教学的预期目标。

关键词：侵权责任编；教学改革；实践教学；体系教学；民法典

一、《民法典》之侵权责任教学改革的必要性

（一）最新立法的必然应对

《中华人民共和国民法典》(以下简称《民法典》)于 2021 年 1 月 1 日起正式实施，侵权责任编作为第七编被收录其中，同时，2009 年公布的《中华人民共和国侵权责任法》(以下简称《侵权责任法》)，随之废止。《民法典》侵权责任编在总结实践经验和理论研究的基础上对原《侵权责任法》的结构与内容均做出优化，更加注重民法总则、物权、合同、婚姻家庭等民法分支的有机统一，也使得侵权责任在民法体系中的定位愈加明晰。例如，新增了污染环境破坏生态的惩罚性赔偿条款，将不可抗力、正当防卫、紧急避险等免责事由条款及民事权益的列举条款均吸收至总则编进行规定等。与此相适应，"侵权责任法"课程的教学亦需要做出应对及改革。

（二）学科发展的必然回应

我国第一部《侵权责任法》于 2009 年 12 月 26 日正式公布，2010 年 7 月 1 日起实施。"侵权责任法"作为独立的本科课程自 2009 年《侵权责任法》公布之后才得以规范与完善，是一个相对较为年轻的学科。《民法典》的出台与公布，对侵权责任法的学科发展既是督促，也提供了方向性，学科应做出及时的调整与回应，在大力推动《民法典》的学习与研究中，也要加强学科建设的前瞻性和完善性。

二、《民法典》之侵权责任教学改革的重点

（一）注重体系化教学

《民法典》公布之后，侵权责任作为《民法典》的一部分独立成编，对于"侵权责任法"的讲授更应注重体系化教学，不仅要关注和讲授侵权责任编中的法律规定和知识点，也要纵观整个《民法典》的体系与知识结构，让学生在学习侵权责任的同时，也能感受到整个《民

作者简介：姚 贝，北京市海淀区清华东路 35 号北京林业大学人文社会科学学院，副教授，yaobei009@163.com。
资助项目：北京林业大学教育教学研究一般项目资助（BJFU2020JY058）。

法典》知识的相关性和体系性。例如，侵权责任编第1164条规定："本编调整因侵害民事权益产生的民事关系。"此规定自然会引发对"民事权益"的讨论："民事权益"包括什么？侵害了什么样的"民事权益"受侵权责任编调整？在侵权责任编中并不能找到答案，对此，应引导学生在《民法典》总则编"民事权利"中寻求答案。再如，不可抗力、正当防卫、紧急避险作为侵权责任的免责事由，却并未规定在侵权责任一编中，而是作为民事责任免除的共通事由规定于总则编中。因此，在讲授侵权责任的免责事由时，不可避免要与《民法典》相关知识相衔接。可见，在讲授"侵权责任法"时，要重视对于《民法典》相关知识的介绍与体系思维的培养，对于民法知识的融会贯通、对于民法知识体系的有效搭建、对于侵权责任法的学习和研究都将大有助益。

（二）注重实践教学的加强

早在2011年教育部、中央政法委联合发布的《中央政法委员会关于实施卓越法律人才教育培养计划的若干意见》中就明确要求要强化法学实践教学环节，切实提高学生的法律诠释能力、法律推理能力、法律论证能力以及探知法律事实的能力。侵权责任编是《民法典》的最后一编，此前学生对于《民法典》其余各编的知识均已学习完毕，已具备一定民法知识的储备，具有一定的分析、处理民事案件的基础，故而应当在侵权责任编的教学过程中注重对实践教学的加强，注重对学生应用法律能力的培养，同时亦是对民法知识融会贯通的训练。对实践教学的加强，主要通过以下方法来实现：

1. 案例例证法的运用

案例例证法即先为学生搭起上位概念和原理，然后用这些概念和原理解决具体问题，采用由概括到具体的演绎法[1]，将案例作为信息传递的核心媒介[2]。笔者遴选实践中较为典型且争议较大的案例在课堂让学生进行讨论，将案例评析与课堂的理论讲授相结合，培养学生分析侵权案件的思路，提醒学生注意常见的误区与难点，使学生能够感受到司法实践案例具有的复杂性，知道法律规定、了解法律原理不一定能够从容处理实务案件；与此同时，也使学生打破畏难情绪，理解再复杂的案件也有事实与法律的衔接点以及高效、清晰的分析思路，敢于着手分析复杂疑难案件，通过对案件的梳理把握理论运用技巧。例如，对于社会热点案件"电梯劝烟猝死案"的引入，引导学生从"行为人的行为与老人死亡的结果之间是否具有法律意义上的因果关系"以及"行为人是否具有过错"等层面进行深入解读，让学生在学习、应用法律知识的同时，能够接触、感受到司法实践工作者是如何运用法律的，是如何践行法治精神的，不仅大大增强了学生学习侵权责任法的兴趣，拉近了理论和实务之间的距离，也加强了学生将理论应用于实践的能力。

2. 案例讨论法的运用

案例讨论法，是指在教师的组织和指导下，学生围绕某一案例中的问题展开讨论，各抒己见，以求得正确理解和认知的教学方法[3]。案例讨论能充分调动了学生分析案件的积极性，大幅提升学生的课堂参与度。案例讨论法运用于侵权责任法教学具有两个十分重要的价值，一为集思广益，二为精准纠偏。在学生的讨论和发言过程中，可以清楚地感受到学生思维的变化与推进，讨论伊始，大部分同学无法全面分析案件所涉要点及关键争点，但通过同学们之间的互补，学生的思维逐渐拓宽，对于之前较为模糊的涵摄过程在讨论过后也能形成较为合理的解释。学生在此交流和相互学习过程中能感受到自己思维的局限之处，在思维碰撞中呈现更完整的案例分析思路。但是，由于知识储备有限及案例的复杂多变，学生在研讨过程中也会暴露不足之处，例如，对于争议焦点的把握不够精准，对于难点知识的理解存在偏差，案件事实与法律规范之间的归入过程存在法律依据不足而主观猜测有余的通病。通过学生的研讨和发言，让学生的学习模式由被动接受教师讲解转为主动思考、学以致用，形成自己的独到见解；笔者也可以对学生的不足、对知识的理解上的偏差及时发现和掌握，进而有的放矢地进行点评、纠偏以及接续的知识讲解。

3. 模拟法庭的运用

法学教育应是知识传授与职业训练的结合，除了传授理论知识，还应让法律职业预备者具备基本的应用法律的素质和技能。模拟法庭是能够以一种形式同时进行多种职业训练的实践教学途径。在"侵权责任法"模拟法庭中，笔者将选取典型、有一定难度和讨论空间的真实案例组织学生开展模拟法庭。学生们分组后自行选择法官、律师、当事人等角色，并根据自己饰演的角色站在不同立场分析案件争点，收集相关论据，进行实战演练，演绎法庭审判场景。学生在此过程中拓宽专业知识面，熟悉诉讼过程办案流程，提升学生法律语言表达能力、法律文书写作能力、论辩式分析案件能力以及程序与实体相结合的能力。模拟庭审之后，可组织本次作为听众的学生与参与模拟法庭演绎的学生之间进行质询与探讨，以督促作为听众的学生在模拟法庭过程中认真聆听和思考，积极参与到模拟法庭案例的研讨过程中来，发表自己的观点，并站在"案外人"的角度对模拟法庭案例的呈现发表自己的看法。在此过程结束后，教师可对模拟法庭中出现的争点进行综述、陈述自己的观点及结论供学生参考，并对类似案例进行归纳总结，提出潜在的学术探讨空间，着重对于学生诉讼过程中出现的问题给予纠正，以提升模拟法庭的效率和价值，让学生在实践教学中学有所悟、学有所获，最终学有所成。

三、民法典之侵权责任教学改革中要注意的问题

（一）体系教学既要纵观全局，也要突出学科特点

作为《民法典》的一部分，"侵权责任法"在体系教学过程中不仅要纵观全局，将相关知识予以串联以保障知识的完整性与条理性，也要重视"侵权责任法"自身的学科特点及规则。例如"侵权责任法"具有"救济法"的特点，其致力于对被损害的被侵权人予以救济，故而其与《民法典》其他各编相比具有较强的法定性和事后性。再如对于侵权责任归责原则的理解和应用，具有鲜明的学科特点，其既是侵权责任法的核心问题，也是学习中的难点和重点，学生在之前其他民法知识的学习中未曾涉及。因此，在侵权责任法的教学改革中，既要纵观全局，重视侵权责任与《民法典》其他知识的紧密联系，又要突出学科特点与重点，使学生知识脉络清晰，培养学生清晰认定侵权责任的逻辑思维和能力。

（二）体系教学既要融会贯通，也要避免重复教学

对于侵权责任法的体系教学不仅仅要注重民法知识的融会贯通，也要避免教学内容上的重复讲授。由于学生已经在学"侵权责任法"之前，已经学习过《民法典》其余各编的课程，故而对于相关知识的链接实质上是对学生已学知识的复习，如果对于此部分知识的讲解过度则会造成重复教学，过犹不及。重复教学既影响课程正常教学进度的推进，还会消耗学生对课堂应有新鲜知识秉持的好奇及渴望，导致学生参与度和积极性下降。故而对于学生已学知识的讲解程度应当严格把握，对于部分简单易懂的知识点应当提纲挈领地进行回顾，对于难度较大的知识点可采取提示学生课前预习或在课堂上围绕重难点进行高效串讲的方式，引导学生迅速回忆并从侵权责任法的角度加深对知识的理解及融会运用。

（三）实践教学不能流于形式，要引导学生积极思考、深入讨论

实践教学对于提升"侵权责任法"的教学效果意义重大，绝不能流于形式，否则会使案例教学变相回归"填鸭式"教学。在实践教学过程中，教师应尽可能让更多的学生深度参与，引导学生积极思考和讨论，而非放任部分同学仅作为旁观者游离于课堂实践教学之外。为增强实践教学的效果和学生的参与度，避免实践教学流于形式，教师应注意以下方面。

1. 注重实践教学案例选择的创新性

注重、提升遴选案例的创新性可以调动学生的主观能动性，培养学生的案例分析兴趣；亦可以避免将案例教学法降低为传统学院式教学法的"婢女"，成为向学生灌输所谓的逻辑化、体系化、系统化和书本化的法律知识的工具[4]。创新性体现在案例选择上应避免过于简易和常见的案例，否则对于学生没有挑战性，不利于实践经验的积累，学生参与的积极性也会下降。教师引入课堂的案例应致力于学生分析思路的拓展，打破学生思维定式，引导学生在面临"似是而非"的案件时勇于以法律规范为依据得出自己的结论。其次，案例选择的创新性并不意味着追求标新立异与过分复杂抽象的案例，不能超出学生的能力范围，给学生造成不必要的挫败感。另外，案例应当与生活紧密衔接，学生能够与案例中的当事人产生共情，深刻理解侵权责任法中责任分配制度设计的深层原因，也能为日后步入工作岗位、开展法律工作积累一定的处理经验。

2. 注重引导和激发学生讨论的积极性和参与度

在案例讨论过程中，要注重引导和激发学生讨论的积极性和参与度，可将学生主动回答问题与教师点名回答问题相结合。鉴于学生性格与学习习惯的差异，常有较为固定的一部分学生主动举手回答问题，大部分学生都是只听不说。这种处境使得案例研讨覆盖面较小，且教师难以全面掌握学生整体的学习情况和学习效果；同时也会导致部分学生因抱有无须发表观点的侥幸心理而消极思考，仅等待教师对案例进行最后讲解，被动等待案例分析思路的灌输。这无疑使得案例讨论法对于不同学生的效果不均衡，不愿主动回答问题的学生难以在此过程中提升独立分析思考能力及法律语言表达能力。为增强案例讨论的效果和覆盖面，教师应在主动回答问题的学生发言之后，通过随机点名的方式让更多同学发表观点，既要鼓励、肯定主动参与讨论的同学，也能给更多学生提供自我表达的机会，督促学生主动思考案例，深度参与到实践教学中来。

3. 合理设置模拟法庭次数

侵权案件在实践中常见多发，故模拟法庭实践的次数不宜过少，且应让每位同学均有切实参与模拟、进行案例分析或角色演绎的机会。如果次数过少，参与的人数过少，会导致模拟法庭对仅作为听众的学生而言沦为一种"蜻蜓点水"式的观赏，实践教学对这部分学生的效果和意义都将大打折扣，与实践教学的预期目标不符。因此，在设置模拟法庭次数上，以人人都有机会参与模拟作为设置次数的总原则，根据学生人数合理配置，以100人为例，设置6~8次较为合理。

综上所述，《民法典》之侵权责任的教学改革既具有必要性，也具有现实性。在改革中既要注重体系化教学，也要注重实践教学的加强。加大对侵权责任法的教学改革力度，不仅能提高课程教学质量，推动对《民法典》的学习和理解，亦能提升学生运用法律的综合能力和素养，对于推动法学教育内涵式发展、培养新时代高素质法律人才均具有十分重要的意义。

参考文献

[1] 程宏. 法学案例教学的方法与运用[J]. 湖北社会科学，2008(11)：150-153.
[2] 刘宇. 法学教学中的法律思维培养——以《合同法》和《侵权责任法》为例[J]. 黑龙江高教研究，2020(6)：155-160.
[3] 湛欢，刘大华. 参与式教学在卫生法学教学改革中的实践探索[J]. 亚太教育，2016(6)：70-71.
[4] 刘远熙. 在法学课堂教学中实施案例教学法应遵循的原则[J]. 教育探索，2010(12)：43-44.

Research on teaching reform of Tort Liability in Civil Code

Yao Bei

(College of Humanities and Social Sciences, Beijing Forestry University, Beijing 100083)

Abstract The teaching of Tort Liability is supposed to be reformed in order to adapt to the implementation of the Civil Code and the development of the subject. The teaching reform takes the Part of Tort Liability as the main body and has a broad view of the related knowledge in Civil Code to carry out systematic teaching, optimizing the structure of students' knowledge. Strengthen the practical teaching and improve case analysis ability by means of case exemplification, case discussion and moot court, etc. When teaching reform is in the progressive sense, attention should be paid not only to the comprehensiveness in systematic teaching, but also to the characteristics of disciplines. Teacher should not only put the emphasis on the integration of knowledge, but also avoid repeated teaching. The practical teaching ought to guide students to think actively and discuss deeply instead of becoming a mere formality in order to achieve the expected goal.

Keywords Part of Tort Liability, teaching reform, practical teaching, systematic teaching, Civil Code

一体两翼：心理学系专业硕士培养教学的改革与探讨

王广新

(北京林业大学人文社会科学学院，北京　100083)

摘要：北京林业大学人文社会科学学院心理学系应用心理专业硕士培养聚焦于心理健康服务，专业选修课以心理健康服务为特色，强化职业性、应用性、实践性。培养过程中以学生能力发展为主体，强调理论教学和实践教学"一体两翼"。树立培养大格局，培养学生为"健康中国"助力，课程教学设计以心理咨询和治疗为核心突破点，以"拓展内容、改善模式、创新方法、提升效果"为目标，优化教学课程设计，落实教育部专业硕士培养要求，夯实实践教学。校内实习与校外实习并重，实行双导师制。一体两翼的教学模式仍在探索中前进，还有多个方面可以继续完善与创新。

关键词：应用心理专业硕士；一体两翼；理论教学；实践教学

　　专业学位(professional degree)，是相对于学术型学位(academic degree)而言的学位类型，其目的是培养具有扎实理论基础，并适应特定行业或职业实际工作需要的应用型高层次专门人才[1]。

　　开展全日制硕士专业学位研究生教育的重要性在于：积极主动适应经济社会发展对高层次应用型专门人才的需要；学位与研究生教育改革与发展的需要；进一步完善专业学位教育制度的需要[2]。

　　现有调查显示，我国高校对应用心理学专业硕士(专硕)研究生培养方案与学术型硕士(学硕)的培养区分度不高，大部分学校是将学硕培养方案稍做改动后直接应用，其方向和目标定位较为模糊，没有突显出对专业型硕士实践技能培养的重视，致使两者的同质性高，应用心理学专业硕士设置的意义没能得以展现。具体可以归纳为以下几个方面：

　　首先，培养目标上，多数培养单位目标模糊，学科专业没有创新特色，与社会需求契合度不高，培养模式的制订参照学术型硕士培养方案，将全日制应用心理硕士向科研教学人才方向培养。这使得其与学术型硕士相混淆，失去了职业性、应用性和实践性的基本特点，学生实践能力无法得到实质性的提升。

　　课程设置上，应用心理专业硕士与学术型硕士的课程体系并无太大区别，以理论课为主，实践课较少，理论与实践脱节，造成学生缺乏实践能力处理实际问题，职业胜任力较弱。目前高校"应用心理"课程的专业硕士课程设置不合理，计算机、外语和实验设计等应用性课程占比少。对考核方式也以理论考试为主，缺少对实践能力的考核，专业型硕士和学术型硕士的区分度不高，不利于学生实践和创新能力的提升。

　　见习实践上，目前高校对于应用心理专业硕士的实践培养力度不足。一般高校都有一定的实践时长要求，但由于我国心理学相关行业处在发展中，实践实习基地建设未达到培养高级人才的需求，基地实践指导能力薄弱，无法满足学生实习需求。高校对学生实习管理松散，"虚假实习"的现象存在。应用心理专业硕士培养时间较短，近年硕士论文评审要

作者简介：王广新，北京市海淀区清华东路35号北京林业大学人文社会科学学院，副教授，wgx8868@163.com。

求较为严格，第二学年不少学生忙于毕业论文，不能专注于提升实践能力，所以高校应用心理专业硕士见习实践并不多于学术型硕士。此外高校对专业学位研究生培养的管理机制缺乏创新，没有打破固有思维，适应新的产教融合模式，在校企合作的过程中种种问题无法克服。

目前，应用心理学专业硕士的培养体系并不成熟，对专业硕士实践能力的培养不足，培养一般是采取两条路径，第一种是按照学硕的方式进行培养，即专硕"学硕化"，另一中种是目前正在探索的一条注重实践的新路径。

北京林业大学人文与社会科学学院从2019年起开始招收应用心理硕士(MAP)专业学位研究生，研究方向包括临床与咨询和儿童发展与心理健康两个方向。截至2021年9月，共招收MAP专业学位研究生240人，其中，全日制160人，非全日制80人；已毕业51人，研二在读92人，研一在读94人。

北京林业大学应用心理硕士教育是在系统教授心理学专业知识的基础上，突出临床与咨询心理学、儿童发展、生态文化与心理健康并立足中国文化，充分发挥多学科优势，与实践部门密切合作，服务国家和社会的重大需求，面向相关地区、领域和岗位，培养应用心理的高素质人才。针对应用心理专业硕士培养模式存在的弊端，开始尝试走重实践的新路，主要体现在增设选修课、要求实践时长、创新实践应用形式、培养与自身优势结合、与国外高校合作培养以及论文实践结合等方面，还根据当地经济与社会发展需求，结合自身心理学科发展特色加以调整。应用心理专业硕士培养聚焦于心理健康服务，专业选修课以心理健康服务为特色，强化职业性、应用性、实践性。

一、树立培养大格局，培养学生为"健康中国"助力

《"健康中国2030"规划纲要》指出，实现国民健康长寿，是国家富强、民族振兴的标志[3]。21世纪以来，心血管疾病、肥胖、精神疾病、暴力、自杀、药物滥用等问题非常严重，公共健康领域开始考虑居住环境的有益健康方面的潜能，公共健康中考虑有益健康的地方正获得越来越多的认可。工业文明以来，人类虽然创造了灿烂辉煌的文明，却也局限于城市中，失去了与自然的联结。焦虑、压抑、愤怒、沮丧、悲伤、无意义感等负性情绪困扰着生活中的人们。

顺应健康中国的国家发展战略需要，北京林业大学人文社会科学学院心理学系专业硕士培养在研究方向上设立了心理咨询与治疗，儿童发展两个方向。其中，心理咨询与治疗明确指向于当代中国发展的心理健康问题需要，着力培养符合时代要求，具备良好的专业实操能力的心理咨询与治疗专业人才，为"健康中国"建设助力。这样的发展目标符合"积极主动适应经济社会发展对高层次应用型专门人才的需要"和"适应特定行业或职业实际工作需要的应用型高层次专门人才"的建设需求。

二、以学生能力发展为主体，理论教学和实践教学"一体两翼"

北京林业大学心理学系探索以专硕人才能力培养为一体，理论教学与实践教学为两翼的"一体两翼"教育教学模式，应用心理硕士培养方案开设专业技能训练、方向督导实践等课程，构建重实践的课程体系，以期培养具有扎实的理论基础和过硬的专业技能的高素质应用型人才。以应用心理硕士必备的基本技能为切入点，提出以教学能力、科研能力、咨询能力和测评能力为主的应用心理硕士能力素质模型。专业硕士的培养坚持理论与实践相结合，把心理学知识应用到健康维护领域，在注重学生专业基础知识、提高学生心理诊断与评估能力的同时，通过心理咨询与治疗实践训练，把学生所学习的理论应用到维护个体和群体心理健康中来(图1)。

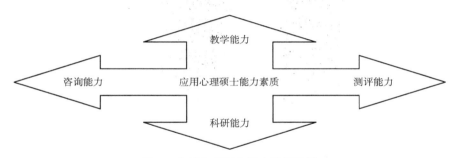

图 1　应用心理硕士能力素质模型

（一）优化教学课程设计

1. 咨询理论课

课程教学设计以心理咨询和治疗为核心突破点，以"拓展内容、改善模式、创新方法、提升效果"为目标，增强学生教学中的体验感和趣味性，注重启发学生的批判性思维和创新思维培养，引导学生由被动地接收理论知识逐步转变为主动探索和建构自己的知识体系。帮助学生体会和应用相关的心理咨询和治疗的疗法，使得学生更好地提高和掌握各种心理疗法；也可以提供各种不同的咨询情境，使得学生切身感受不同情境下的咨询技术、话术和具体咨询进程。此外，心理学科较其他学科在高校中使用和实用价值高。特别是在高校心理干预工作中，各高校心理健康中心可以通过虚拟现实技术更有效和针对性地帮助在校学生解决他们的心理健康问题。在课程教学上，教师加大课程实践的比例，在理论教学的基础上，通过指导学生进行现实案例分析，帮助学生理解理论知识，同时锻炼学生分析案例以及设计咨询干预方案的能力。在考核方式上，课程要求学生进行实际的个案咨询并进行咨询案例报告的撰写以及微课方案演示，给学生创造提高专业知识与实践能力的空间（图2）。

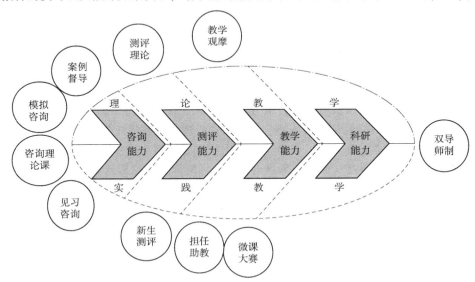

图 2　以学生能力发展为主体，理论教学和实践教学"一体两翼"

2. 模拟咨询课

为了强化学生的心理咨询基本理论在实践中的运用，加强理论与实践的融合，早日把学到的心理咨询理论转变为可操作的技能，在课程设计上，突出了模拟咨询课。即通过学生之间的案例模拟，互为咨询师和来访者，体验咨询设置，感受咨询师和来访者的角色，实施理论课中的咨询技巧。模拟咨询课对于学生的理论成果实践，理论知识转化为学生的实操技能至关重要。

3. 案例督导课

在学生基本掌握了咨询伦理以及咨询的基本技能之后，心理学系在专业硕士培养环节会设置让研究生接触实际的咨询案例。进一步转化理论知识为实践技能。同时，为了保证学校的效能，保证研究生在咨询过程的咨询伦理和咨询规范，设置了案例督导课。案例督导课的频次为每个教学组（10名研究生一组）每周1次案例督导课。案例督导课采取10人一组的小班授课制，被督导学生要汇报自己的咨询案例，督导师（主要由心理学系经验丰富的专业教师组成）根据案例报告内容，就案例伦理、咨询规范、咨询过程的理论、个案概念化、咨询过程存在的困惑和问题等进行案例督导。案例督导课是在有经验的咨询师带领下，对学生进行的咨询案例规范和点评的过程，是集体学习的过程。没有报告案例的同学也能通过观察，获得"替代性学习"，从而加速专业硕士学生专业技能的发展。

（二）落实教育部专业硕士培养要求，夯实实践教学

现代美国教育家杜威以"教育即生活""教育即生长""教育即经验的改造"为依据，对知与行的关系进行了论述，并提出了举世闻名的从做中学的理论。在《明日之学校》一书中，他明确提出："从做中学要比从听中学更是一种较好的方法。[4]"在杜威看来"从做中学"充分体现了学与做的结合，也就是知与行的结合。以学生为中心的教学理念，鼓励学生"从做中学"。北京林业大学人文社会科学学院心理学系在专业硕士培养上，落实教育部专业硕士培养要求，在"从做中学"原则指导下，夯实实践教学。

1. 担任大学生心理健康教育助教

北京林业大学心理学系在党的十九大精神与习近平新时代中国特色社会主义思想的指导下，在培养具备良好的政治思想素质和职业道德素养、掌握良好的基础知识与实践技能目标的带领下，打破了专硕培养的传统模式，避免了专硕培养学术化的倾向，积极将专业知识与实践技能相结合，开发了"团体辅导教学实践"等独具实践特色与创新意义的教学模式。北京林业大学人文社会科学学院心理学硕士研究生深入课堂一线，担任教师助教，辅助任课老师完成大学生心理健康团体辅导课的课程教学。在团体辅导教学实践中，前三个教学周由任课教师对课程安排进行总体讲解，完成三人实习小组的组建及分工。在接下来的教学周中，每个实习小组演练团辅教学方案，准备团辅上课PPT和相关资料，各实习小组根据全校"大学生心理健康"课表安排，完成团体心理辅导教学任务。最后两个教学周中，学生对实习情况进行总结与分享。在整个过程中实现了以学生为中心、理论与实践深度融合，整个过程学生积极参与、教学效果显著优于单纯的课堂讲授形式。

2. 心理健康课"微课"大赛

从心理学专业研究生能力素质模型可知，学生除了要有良好的心理咨询能力，为了适应未来的职业生涯，还要培养他们的教学能力。北京林业大学心理学系在专业实习任务中，开展了心理健康课"微课"大赛。鼓励学生面向大学、中学、小学的心理健康课堂，开展课程设计，并完成微课讲授。通过"微课"大赛，全面锻炼学生的教学组织能力、教学管理能力、课程开发和设计能力。

3. 担任大学生心理健康中心预约员、访谈员、见习咨询师

心理学系充分整合教学资源，和学校多部门合作，为专业硕士研究生提供实习实践机会。在北京林业大学心理健康中心的大力支持下，心理学系专业硕士研究生经过考核、面试之后，合格人员可以担任大学生心理健康中心预约员、访谈员、见习咨询师。应用心理专业硕士学生经过实际工作，很快可以熟悉整个咨询流程的设置，并且在担任见习咨询师

时，可以在老师的督导下负责大学生成长性咨询案例，从而加速专业硕士学生心理咨询专业技能的发展。

4. 研究生新生心理健康测评工作

经过一年的理论教学和专业实习，应用心理专业硕士学生在二年级的时候，要参加全校的研究生新生心理测评工作。承担的任务是基于所学专业知识，对在新生测评中 SCL-90 得分偏高的研究生一年级新生进行访谈筛查。经过心理健康测评工作，专业硕士研究生可以掌握心理测评的基本流程，并且对于筛查访谈工作有更深入的了解。

（三）校内实习与校外实习并重，实行双导师制

北京林业大学心理学系培养过程实行双导师负责制，由校内、校外导师联合指导。校内导师由具有研究生指导经历、实践经验丰富的教师担任。校外导师由来自政府、学校、企事业单位的心理学相关机构中业务水平高、管理水平高、责任心强的、具有高级专业技术职称的人员或中高层管理人员担任。教师均为心理行业中具有丰富实践和咨询经验的高素质人才，在感受性心理分析、绘画心理分析、表达性治疗、儿童青少年心理咨询、心理健康教育、社会服务等领域颇有建树。

与此同时与北京林业大学心理健康中心、北京林业大学附属小学、地方医院等深度合作，未来还会与更多的机构合作，为同学们提供实践基地，方便学生提前了解社会的现实需求与职场情况，有利于同学进行职业生涯规划与就业探索，充分发挥应用心理学的"应用"技能，真正做到学有所用，在理论与实践充分结合的基础上，促进了学生对心理学知识的深化理解与应用，提升了学生利用专业知识解决实际问题的能力，大大提升了应用心理专业研究生的综合素质，实现了以专硕人才培养为一体，理论教学与实践教学为两翼的"一体两翼"教育教学模式，为新型人才培养模式做出了积极探索。

北京林业大学心理学系为满足学生实习需要，与心理咨询中心、政府机关、社会组织、各类学校、心理学机构以及企业等建立合作关系，为学生提供实习机会。此外，北京林业大学心理学系对学生的实习时长、实习任务以及各种规章制度等做了严格要求，确保每位同学在校期间均进行实习实践，通过联合培养的模式保证每位同学的实习机会，满足每位同学的实习期待。同时，学生在校学习期间可利用空闲时间服务本校的心理咨询中心来提升自己的实践能力，为未来的实习就业积累经验。

三、不足与展望

北京林业大学心理学系招收应用心理专业型硕士时间较短，正处于"摸着石头过河"的探索与转变时期，在学生培养方面容易与学术型硕士培养发生混淆。

（一）招生人数过多

专业培养目标是为政府部门、企事业单位培养高素质的心理学应用人才。通过应用心理专业研究生阶段的学习，使学生能够系统掌握心理学相关理论和学科专业知识，了解应用心理学前沿发展、运用专业技能及研究方法解决应用心理学领域的实际问题，确保每位同学在毕业之时都具备充足的知识储备以及过硬的专业技能去投身社会服务之中。依据最近两年的招生情况来看，扩招带来的消极影响使得学习资源紧张以及导师精力有限，面对面指导的机会可能变少，对部分学生的无暇指导很可能变成大概率事件。在这种情况下，导师也没办法针对每个学生的不同情况，制定个性化的培养方案，这可能会对研究生培养质量提出挑战。

（二）课程设置上不可避免出现"操之过急"现象

北京林业大学心理学系对应用心理硕士要求的基本修业年限是两年。在教学安排方面，第一学年侧重课程学习，第二学年侧重专业实习、毕业论文以及就业等相关事宜。目前，

应用心理专业跨专业考生比例日益加大，跨专业考生自身理论知识与专业技能匮乏，主要在较短的一年课程学习中，学生对专业领域的研究不够深入，容易出现知识与技能掌握不扎实的现象。同时，方案要求注重培养学生的实践能力，对没有系统接受过心理学知识与技能教学的跨专业考生来说是一项巨大挑战，在进行实际的心理咨询实习实践的过程中容易出现因经验不足而导致失误甚至是伤害的发生。

（三）未来展望

在招生规模上，心理学系可适当缩减招生数量来保证研究生的培养质量，在响应教育部政策基础上，保证研究生在校期间均能得到很好的培养，使学生在毕业之时成为符合行业要求的高素质人才。在修业年限上，可适当延长专业硕士的基本修业年限至2.5年或3年来缓和学生课程学习与实习实践的压力，在保证学生具备扎实的理论知识的基础上，加强学生专业技能的培养，来解决庞大学生群体的学习压力和就业压力，并为师生往来交流提供更多机会。

"一体两翼"的新型人才培养模式是北京林业大学人文社会科学学院心理系的新探索新尝试，该模式深入探索了产教融合的新路径，克服了传统人才培养模式的单一化，灵活敏捷地适应新时代新背景下的人才培养需求，帮助学生通过实践积极走入职场、走入社会、理解应用心理学的现实意义；同时为企业、为社会、为国家输送心理学的专业人才，提升国民心理健康水平，促进心理学理论的现实应用与发展，助力实现教育改革。与此同时，"一体两翼"的教学模式仍在探索中前进，还有多个方面可以继续完善与创新，这需要学校、学院、师生结合社会资源与社会需求多方共同努力共同探索，为创新教育注入活力，促进人才可持续发展，以满足多元化的社会发展需求，助力实现两个一百年奋斗目标，为实现伟大的中国梦注入"心理动力"！

参考文献

[1] 李扬. 对提高专业学位研究生教育质量的思考[J]. 教育探索，2011(5)：16-17.
[2] 中华人民共和国教育部. 教育部关于做好全日制硕士专业学位研究生培养工作的若干意见[EB/OL]. (2009-3-19) http://www.ibp.cas.cn/2020jyc/xw/gzzd/202103/t20210311_5973261.html.
[3] 周士枋. 为实现《"健康中国2030"规划纲要》的伟大目标而共同努力[J]. 中国康复医学杂志，32(1)：3.
[4] 约翰·杜威. 学校与社会·明日之学校[M]. 赵祥麟，任钟印，吴志宏，译. 北京：人民教育出版社，1994：286.

Integrative both wings: Psychology department teaching reform on professional master degree

Wang Guangxin

(School of Humanities and Social Sciences, Beijing Forestry University, Beijing 100083)

Abstract We focuses on mental health service when cultivating professional postgraduate student of Applied Psychology. To meet the goal, The elective courses are featured by mental health service, and the coourse strengthen professionalism, applicability and practicality. In the course of training, we will enbody and fulfill Integrative both Wings: theoretical teaching and practical teaching are both emphasized. Guiding by the goal of service the Chinese development need and "healthy China" strategy, curriculum are designed under the rule of "expanding content, improve mode, stressing innovation and effect". We optimize the teaching curriculum design, implement the Ministry of Education professional master training requirements, consolidate practical teaching. Because of dual tutorial system, campus practice and off-campus practice are paid equal attention. Integrative both Wings are still in exploration, and there are many aspects that can be improved and innovated in the near future.

Keywords professional master degree of Applied Psychology, integrative both wings, theoretical teaching, practical teaching

一流专业建设背景下土木工程专业改革与探索

黄建坤　冀晓东　李翔宇　李亚强　孟鑫淼

（北京林业大学水土保持学院，北京　100083）

摘要： 土木工程专业是国家开展工程教育和培养工科人才的传统专业，在基础建设中扮演关键角色，对我国经济发展十分重要。在国家实施"新工科"建设、"双一流"建设、双万计划、乡村振兴和美丽中国等战略的多重背景下，本文以北京林业大学水土保持学院土木工程一流专业建设为例，从专业背景与挑战、深化专业综合改革、改革成效以及持续改进举措等方面，介绍土木工程一流专业建设过程。实践表明，专业改革能不断提高农林院校土木工程专业建设水平和人才培养质量，进而为我校其他工科专业和其他农林院校的土木工程专业建设提供参考。

关键词： 新工科；一流专业；土木工程；专业建设；人才培养

为应对新一轮科技革命与产业变革，2017年2月以来，教育部积极推进新工科建设，先后形成了"复旦共识""天大行动"和"北京指南"[1]。随着新工科的提出，农林类院校的工科专业与农科的结合度越来越高[2]。以农林的优势反哺传统工科，形成农林特色新工科，对促进土木工程绿色发展和培养复合型工程创新人才具有重要意义。2019年，教育部印发《关于实施一流本科专业建设"双万计划"的通知》[3]。加快推进一流专业建设，实现专业内涵式发展成为高等院校重要任务。

一、土木工程专业背景与挑战

自2001年设立土木工程专业以来，通过学科专业协同发展和多学科交叉融合，逐步形成了培养以"生态土木"理念为引领、具有家国情怀和国际视野、面向国家基础设施和生态工程建设需求、具有较强工程实践和创新精神、满足工程教育认证要求的土木工程复合型人才的培养目标。土木工程专业与水土保持工程、生态修复工程交叉融合，发挥力学分析和工程实践优势，实施专业学科一体化建设；培养学生的"绿色思维"，建立"生态+工程"综合实践育人体系，具有鲜明的林业特色[4]。学科先后获批结构工程硕士二级学科授权点、土木工程硕士一级学科授权点，通过土木水利领域工程硕士授权点评审，并极大地支撑了

作者简介：黄建坤，北京市海淀区清华东路35号北京林业大学水土保持学院，副教授，jiankunhuang@bjfu.edu.cn；
　　　　　冀晓东，北京市海淀区清华东路35号北京林业大学水土保持学院，教授，jixiaodong@bjfu.edu.cn；
　　　　　李翔宇，北京市海淀区清华东路35号北京林业大学水土保持学院，讲师，lixiangyu14@bjfu.edu.cn；
　　　　　李亚强，北京市海淀区清华东路35号北京林业大学水土保持学院，讲师，liyaqiang@bjfu.edu.cn；
　　　　　孟鑫淼，北京市海淀区清华东路35号北京林业大学水土保持学院，讲师，mengxinmiao@bjfu.edu.cn。
资助项目：北京林业大学2020年度教育教学研究重点项目"BIM(Building information model)课程体系建设"(BJFU2020JYZD002)；
　　　　　北京林业大学教育教学名师专项"土木工程专业工程教育专业认证的定位与路径"(BJFU2020MS020)；
　　　　　北京林业大学在线开放课程建设项目"水文地质与工程地质"(BJFU2016JG009)；
　　　　　北京林业大学教育教学改革研究项目"BIM应用趋势下的相关课程植入与实训探讨"(BJFU2016JG008)。

北京市高精尖学科"生态修复工程学"建设。

随着时代变迁和国际大环境的改变，土木行业对人才的需要已经由量的提高转向质的提高。新形势下土木行业对土木工程专业人才提出了更高的要求，毕业生不仅要牢固掌握本领域专业知识，而且要"懂工程、会创新"[5]。然而，专业发展理念不先进、学生求知不主动、校企合作不深入、实践人才积累不足、高技能人才缺乏等问题，与行业中应用型和创新型人才持续高位需求的矛盾日益凸显[6]。因此，土木工程对标"一流学科"的建设与持续改革势在必行。

二、深化专业综合改革

（一）践行"生态土木"发展理念，推进新工科建设

本专业围绕"生态土木"新理念，依托5个国家级和省部级野外实践基地、5个工程实践基地、4个省部级工程实验平台及3个虚拟仿真平台，发挥土木工程专业的力学分析和工程实践优势，面向基础设施、生态工程建设中的理论和技术问题，将绿色发展理念融入新工科建设，交叉融合水土保持工程和生态修复工程，以及BIM（建筑信息建模）、"物联网"等信息新技术，实现多学科交叉复合的新工科专业建设。从培养传统的知识型研究型人才，向培养重能力的复合型新工科人才转变，引导学生树立为工程项目整体服务的观念，如图1所示。

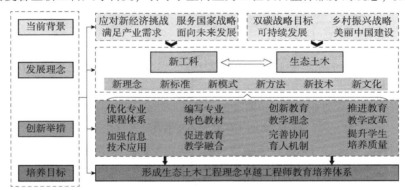

图1 土木工程新工科建设体系

（二）建立"以岗导学、科教协同"搭接式人才培养模式，完善过程管理机制

以行业需求和工程教育认证为导向，实施"企业+高校"双导师制，提高实践教学比重，采用课堂传授基本理论与方法、实践教学锻炼基本技能、科研训练与毕业论文提高基本素质、讲座与研讨拓宽视野相结合的"四位一体"能力培养体系。高校导师通过课堂讲解和大学生创新项目训练，夯实学生理论基础和创新技能；学生到企业在岗实习，企业导师深度参与毕业设计，并到校授课指导，培养学生专业能力与工程素质，形成"以岗导学、科教协同"的搭接式人才培养模式。

以学生为中心，强化学生学习过程管理，建立以学习表现、阶段性测试、期末成绩以及实践成果等为依据的综合考评机制，实现"结果考核向过程考核、知识考核向能力考核"的转变，建立健全学生"五育"评价体系，充分发挥"关君蔚""永为"等奖助学金激励机制，激发学生学习兴趣和潜能的同时破除"高分低能"的积弊。同时，专业教师加入学校招生宣传讲师队伍，形成"教研室—学院—学校"联动招生宣传体系；实施全员服务就业工程，形成"解困—育人—成才—回馈"循环体系。

（三）建设五类"金课"，打造"红绿专"的课程体系

将生态土木理念和课程思政融入课程体系，把"习近平新时代中国特色社会主义思想"

写入培养方案，编写《土木工程材料》《边坡工程》等专业教材，增设 BIM 及 REVIT 软件应用等知识模块。夯实"土木工程概论""工程地质"等基础"精品课程"，打造"混凝土结构设计原理""结构力学"等专业"金课"，建设"木结构"和"土木与生态工程"等"生态土木"特色课程，形成"红绿专"的课程体系。加强实践教学建设，充分发挥学院国家级野外教学研究基地在专业教学实验课、实习课、综合实习、毕业实践等环节中的重要作用，以模块化的课程体系设计思路改革专业人才培养方案（图2）。同时，健全教师实践教学进修制度，专业教师定期进入设计、施工、咨询等实践教学基地培训学习，实施"实践+教学+科研+教材"的多维教学能力提升工程。

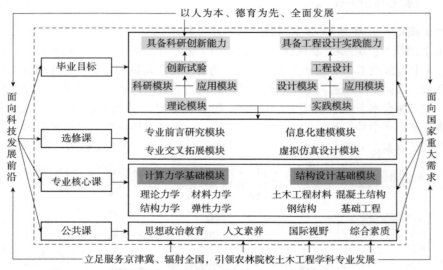

图2　土木工程专业人才培养方案设计

（四）加强信息技术与课程教学融合，推进智慧型课堂教学革新

瞄准土木行业信息化发展的前沿，提出 BIM 协同培养信息化人才的教学新理念，建设专门的 BIM 信息化建模教学团队，将实际工程项目转化成教学实例，广泛开展工程案例式和参与式教学，通过引入 MIT（麻省理工学院）的工作室模式课堂，从案例的"规划、设计、报告、修改、验收"全流程训练学生协作能力，充分发挥国家级虚拟仿真实验平台功能，将雨课堂、VR（虚拟现实）和 AR（增强现实）等现代化手段与多媒体授课结合，"虚实结合"提升土木工程专业本科生的工程实践创新能力[7]。

三、建设成效

（一）教师育人能力持续提升，教学成果涌现

依托全国党建标杆院系，实施党建引领下的师德师风建设工程，教学团队内师德标兵、优秀共产党员、立德树人优秀教师不断涌现。6项教学成果获北京市级教育教学成果奖，1门课程获评北京市优质本科课程，1门课程获评北京林业大学精品课程，出版省部级规划教材6部；承办了第八届北京市高校土木院系联席会、第四届全国高校 BIM 毕业设计大赛和第三届全国农林院校土木工程学科发展研讨会等重要会议，提升了学科在行业中的影响力。

（二）专业人才培养质量提高，学生评价持续提升

学生入学成绩长期位居生源地前2%。2018年以来，培养本科毕业生328人，其中97名境内深造，24名境外深造，188名在全国各地建设行业一线就业。毕业生越来越多地投身国防工程、川藏铁路和雄安新区等国家重大工程建设，服务"乡村振兴""一带一路"和

"美丽中国"等国家重大战略。同时，本专业大学生参与科研创新与实践的人数占专业总人数的比重已经超过40%，近5年获批大学生创新/创业/竞赛项目50余项，其中国家级和北京市级大创项目20余项。学院建立了健全的毕业生跟踪调查与反馈机制，调查反馈结果显示，毕业生就业岗位与专业相关度达90%，总体就业满意度高达92%。学生对本专业在教学质量、人才培养、办学特色等方面的满意度均达到91%以上。学生毕业后各项核心能力发展均衡，且毕业要求全部达成；相当一部分学生在毕业后考取了全国一、二级注册结构工程师，全国一、二级注册建筑师，全国注册土木工程师等相关从业资格证书。

（三）用人单位反馈良好，学生发展潜力大

通过对天津大学、重庆大学、中建集团、中铁集团、中国建筑科学研究院等10余家用人单位进行问卷调查，并根据评价结果进行教学持续改进。调查结果显示，毕业生基础扎实、视野开阔，具有优良的工程素养、团队精神和创新实践能力，深受用人单位好评。用人单位对毕业生的满意度调查反馈结果优秀率达到88%，对毕业生在专业素质、创新能力、团队合作意识、人际交往能力、职业道德素养等方面的满意度平均达到94%（图3）。用人单位对毕业生综合评价高，认为毕业生普遍具有强劲的职业发展潜力，有能力胜任用人单位的专业技术负责人或中高层管理人员。

四、持续改进措施

本专业积极对标国际、国内土木工程一流专业，按照立足北京、辐射全国的总体思路，加快建设具有农林特色的国内著名、国际知名的土木工程专业，着力培养具有家国情怀、创新精神、并具有较强影响力和竞争力的卓越土木工程师(图4)。

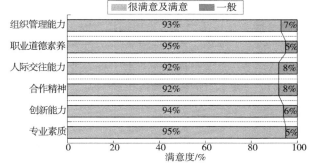

图3 用人单位满意度调查结果

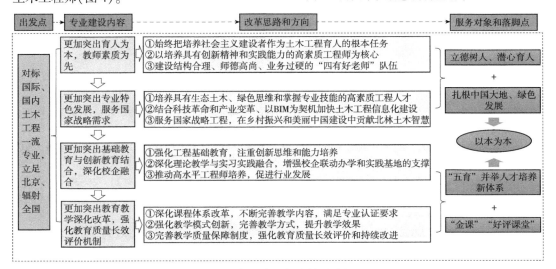

图4 专业建设和改革思路图

（一）强化"课程思政"建设，全面推行人才培养2.0

建立思政教师与专业课教师普遍联系制度，实施"课程—思政结对工程"，发掘课程思政育人功能，加强学生人文素养教育。面向行业、面向世界、面向未来，根据工程认证要

求,全面实施"卓越工程师教育培养计划2.0"。强化优质教学资源建设,定期举办"工程大讲堂"高水平学术前沿讲座,拓宽同学们的创新实践思维。

(二)通过"引育"结合,加强高水平师资队伍建设

以师德师风为基本准则,通过"筑巢引凤"计划,营造优越的科研环境与良好的教学氛围,吸引优秀中青年学者加入,采用聘用合同制的办法选聘兼职教师,建立兼职教师库和企业专家库;实施领军人才培育计划,依托一流学科和北京市高精尖学科建设,着力培养本专业青年领军人才、国家级教学团队、创新团队;加强人才梯队建设,通过"青年教师培养工程",实现土木工程特色的青年教师长效培养机制。

(三)促进教学模式创新,实现双主体育人

加快现代信息技术与传统教学的融合发展,充分发挥网络教学优势,拓宽多元教育教学渠道。全面推行本科生全程导师制,实现全员、全程、全方位的"学业导师+人生导师"育人机制。逐渐增加企业专家参与学生培养的深度,实现"企业+高校"双导师制向"双主体育人"转变。

(四)加大教育资源投入,落实教学质量长效增长机制

实现大型实验设备全自动更新,根据生态土木特点增加自主研发教学科学仪器的比重。以提升教学质量为目标,加快构建以学习效果为主导的教学评价体系;完善"本科+学硕+专硕"的人才培养体系,加强与国际知名土木工程强校的合作交流;持续举办全国BIM毕业设计大赛、"全国农林院校土木工程专业学科"青年教师网课大赛等,实现"以赛促学、以赛促教"的教学质量提升长效机制。

五、结 语

在新工科建设背景下,我校土木工程继续以教育部一流专业建设"双万计划"为引领,以立德树人为根本,坚持以本为本,践行四个回归,深化内涵式发展,通过实施一系列符合专业发展实情和规律的举措,推进高水平专业建设,着力提高土木工程专业建设水平与人才培养质量。

参考文献

[1] 吴巧云,肖如峰. "新工科"时代背景下德才兼备型土木工程人才培养改革与实践[J]. 高等建筑教育,2020,29(2):8-15.
[2] 张文博,田芝凡. "双一流"建设背景下林业工程学科的发展与建设——以北京林业大学为例[J]. 中国林业教育,2018,36(2):26-30.
[3] 屈哲,何勋,张红梅,等. 新工科背景下农机一流专业建设与人才培养探索[J]. 农业开发与装备,2021(9):82-83.
[4] 胡雨村. 北京林业大学土木工程专业特色办学研究[J]. 中国林业教育,2010,28(1):28-30.
[5] 李方慧,王迎,魏治平. 具有国际视野的土木工程专业人才培养模式研究[J]. 黑龙江教育(理论与实践),2021(10):34-35.
[6] 王卫东,彭立敏,余志武,等. 土木工程专业特色人才多元化培养模式研究与实践[J]. 高等工程教育研究,2015(1):144-148+160.
[7] 白泉,边晶梅,于贺,等. 虚实结合的土木工程专业实践教学体系构建研究[J]. 高等工程教育研究,2018(4):67-71.

Reform and exploration of civil engineering under the background of first-class major construction

Huang Jiankun   Ji Xiaodong   Li Xiangyu   Li Yaqiang   Meng Xinmiao

(School of Soil and Water Conservation, Beijing Forestry University, Beijing   100083)

Abstract   Civil engineering is a traditional major to implement engineering education and engineering talent cultivate for our country. It plays a significant role on infrastructure construction and Chinese economic development. Under the multiple background of the national strategies of new engineering construction, first-class university and discipline construction, "Double ten thousand plan", rural vitalization and beautiful China, the construction of first-class civil engineering major in School of Soil and Water Conservation of Beijing Forestry University is taken as an example. This paper introduces the construction process of first-class civil engineering major from the aspects of the major background and challenge, profound and comprehensive reform, reform effects and continuous improvement measures. The practice shows the reform can improve the development level and talent training quality of civil engineering major in agricultural and forestry universities. The measures can provide reference for the construction of other engineering in our university as well as for civil engineering of other agricultural and forestry universities.

Keywords   new engineering, first-class major, civil engineering, major construction, talent cultivation

一流课程及疫情背景下课程探索与实践

——以工学院"汽车 CAD/CAE 技术"课程为例

陈忠加　　王青春

（北京林业大学工学院，北京　100083）

摘要："汽车 CAD/CAE 技术"作为我校车辆工程专业的必修课程，在专业课程体系中占据重要的位置，为社会培养优秀的研发和管理人员提供了必要的保障。对标一流本科金课的"两性一度"标准，从知识目标、能力目标、思政目标三个层次制定了课程目标。根据"学生中心、产出导向、持续改进"的理念，将"汽车 CAD/CAE 技术"课程在近两年疫情背景下，从教学方法、教学内容等方面与一流课程建设目标对标，针对该课程提出并探索了一系列的改革建议与措施，以期促进课程的可持续发展，提升教学效果。

关键词：CAD/CAE 技术；一流课程；教学改革；教学实践

一、"汽车 CAD/CAE 技术"课程建设背景

为落实新时代全国高等学校本科教育振兴，推动高校把教育教学改革成果落实到课程建设上，2019 年教育部印发了《关于一流本科课程建设的实施意见》[1]。该《意见》的出台推动了高校教师全员参与课程理念创新、内容创新和模式创新，极大促进了本科课程建设持续改革和发展。然而，在 2020 年初，突如其来的新冠肺炎疫情肆虐，给高校正常的教学工作带来了新的挑战。为应对此次疫情，教育部于 2020 年 2 月 4 日发布了《关于在疫情防控期间做好普通高等学校在线教学组织与管理工作的指导意见》[2]。我校积极响应教育部提倡的"一校一策、一校多策"教育方案，确保教师和学生在疫情期间"停课不停教、停课不停学"。

在一流本科课程建设和疫情暴发双重背景下，各种教学和学习方式被推上了舞台，在线教学成了居家教师与学生实现"停课不停教，停课不停学"的最佳途径，也是特殊时期最为安全且行之有效的教学方式。针对在线教学，祝智庭提出全媒体学习生态，并提出直接教学、自主学习以及翻转学习三种模式[3]。焦建利总结了"停课不停学"的四种典型在线教学形式，分别为网络在线课程、网络直播教学、学生自主学习与电视空中课堂[4]。

二、"汽车 CAD/CAE 技术"课程教学概况

"汽车 CAD/CAE 技术"是北京林业大学车辆工程专业的核心课程，主要学习建立汽车零部件 CAD 模型，然后根据相应设计指标，对所建立模型的结构进行静力学和动力学分析、性能仿真进而对设计进行优化，并通过实验数据对结果和计算方法进行分析、验证与研究[5-6]。教师在教学时大多精力着力于在有限的时间内将课程内容知识尽可能多地教给学

作者简介：陈忠加，北京市海淀区清华东路 35 号北京林业大学工学院，副教授，chenzhongjia@bjfu.edu.cn；
　　　　　王青春，北京市海淀区清华东路 35 号北京林业大学工学院，副教授，wangqingchun@bjfu.edu.cn。
资助项目：北京林业大学教育教学研究项目"新形势下汽车制造工艺实习课程教学模式研究"（BJFU2020JY041）。

生，充当了一个知识传递的工具，"以知识为中心"，而没有注意到在这个过程中学生能够理解和接受多少知识。为改变这种教学形式，使课堂活跃，学生能主动思考，学习效率提高，践行"以学生为中心"。近几年，笔者对照一流本科课程建设的内涵和要求，尝试对课程的教学方法和教学内容进行探索和实践，以将课程打造为一流本科"金课"为努力目标。

三、"汽车 CAD/CAE 技术"课程目标提升

本课程在工程教育理念的指导下，结合本专业的毕业要求指标点，对标一流本科"金课"的"两性一度"标准，从知识目标、能力目标、思政目标三个层次制定了课程目标。课程的知识目标是：了解汽车零部件的设计与分析技术方法；掌握汽车行业较为通用的 CAD/CAE 软件和应用，并会运用这些软件进行汽车零部件设计、分析其外形和性能参数。能力目标为：能应用所学 CAD/CAE 理论知识，结合资料、设计和仿真软件、解决实际应用中的汽车设计技术问题；为学生进行科学研究打下基础，培养学生独立分析与解决复杂工程技术问题的能力。思政目标是：能将理论知识与实践相结合，培养学生的团队协作精神以及严谨、认真的科学素养；能够全面了解 CAD/CAE 技术的产生和发展的历史，具有用 CAD/CAE 知识与技能去建设祖国的职业道德素养。

四、运用案例教学法改革教学方法突出"学生中心"地位

案例教学法(case-based teaching)是一种以案例为基础的教学法。目前逐渐成为一种风靡全球、被认为代表未来教育方向的成功教育模式[7]。尤其是在工程教育背景下，如何应用案例教学法整合知识点，集成创新多模块系统案例，以系统案例理解汽车 CAD/CAE 技术理念。为此，专门设计了案例教学法基本思路(图1)，主要包括教师规划和学生实施两个方面。

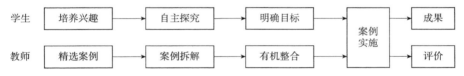

图 1 案例教学法基本思路

案例教学法的优点是：

(1) 发挥教师对知识点与教学案例的集成与创新能力。精选案例和拆解案例是案例教学的核心，课程中每部分的核心内容在案例中都应有所涵盖，这就需要教师对课程的知识点和重难点进行贯通和有机整合，建立符合学生认知水平、符合循序渐进学习过程、同时兼顾教学实践的精品案例。在教学过程中，以案例为核心，生动展示课程的教学内容。例如，齿轮作为汽车和其他机械产品中必不可少的零件，有着广泛的用途。而参数化齿轮设计作为一个经典案例，包含着四个层次的知识点，从草图建立到特征建模，再到曲面生成，最后到参数化设计。每层知识点都是独立的，但是每个知识点相互衔接，有机结合，最后构建出一个高层次知识集合体，可任意改变参数的齿轮，做到了设计的终极目标——事半功倍。当后续的设计中需要齿轮时候，只需要改变参数即可，节省了大量的绘制模型的时间。

(2) 充分发挥学生的主观能动性。学生是教学过程中的服务对象，案例教学法摒弃单方面灌输式教学，积极挖掘学生在课内外的"中心"地位，通过提升学生学习兴趣来实现其"中心"作用。在课程开始阶段，鼓励学生查阅资料，搜集课程及课程中软件在各行业的应用，不限定范围。通过学生的自我驱动，发现课程广泛的应用范围，且每个人都能发现自己喜好的领域。图 2 所示为学生所搜集自己感兴趣领域的课程内容的实际应用。当了解到身边众多的行业是应用我们所学课程知识支撑的时候，极大提高了学生学习的积极性。学

生开始主动探究课程内容的应用,教师适时提出案例,并引导学生一步步拆解案例,由繁化简。

(a)波音飞机的设计　　　　　　　　(b)鸟巢的设计

图 2　学生作业截图

五、 运用任务导向法改革课程教学内容, 实现"产出导向"理念

产出导向也可以解释为成果导向教育(outcome-based education, OBE),作为一种先进的教育理念,于 20 世纪 80 年代提出后,很快得到重视与认可,并已成为美国、英国、加拿大等国家教育改革的主流理念。其关键是实现基于 OBE 的课程教学内容设计,包含四个步骤:①确定课程学习成效;②以学习成效为指南设计教学环节;③通过作业考试等环节检验学习成效的达成;④针对问题持续改进,形成课程设计的闭环。

通过任课教师到车企调研,了解到目前汽车设计、生产行业急需既能够独立进行 CAD 设计又可以进行 CAE 分析,且具备一定的零部件设计工艺知识的复合应用型人才。因此"汽车 CAD/CAE 技术"的课程内容参照汽车企业内实际工作任务的模式进行选取,即确定课程学习成效是以企业中实际岗位设计要求为准绳。本课程中,教师布置的任务为汽车中常见的一些零部件,例如离合器、差速器、刹车和发动机总成等。教师以学习成效为指南将设计任务进行分解,安排每个设计的各环节负责人,定期组织课程设计任务执行情况的汇报会、研讨会,帮助学生解决课程设计中遇到的问题。每位学生都要有自己的设计题目,每个设计题目都是整体执行方案中的一个环节,只有全体学生协同工作,才能完成课程设计任务。最终学习成效是学生将理论知识真正应用于实际生活生产中。

笔者所在学院依托"全国大学生方程式汽车大赛""全国大学生机械创新设计大赛""全国大学生巴哈越野车大赛""全国大学生智能汽车竞赛"等诸多科技竞赛实现对学生实践创新能力的培养。任课教师鼓励学生应用所学的 CAD/CAE 知识参加上述各类科技竞赛,并将竞赛作品作为"汽车 CAD/CAE 技术"的课程设计、实践报告等内容。教师通过评判给予成绩或学分的认定,既能激发学生的参赛热情,也有助于学生综合素质提升,实现"产出导向"的理念。通过"产出导向"理念,课程的评价即学习成效不再形式单一、拘泥于教师的作业,而是多层次、多维度较为丰富的成果。学生可以选择提交教师布置的作业,或是自己感兴趣的作业,或是参赛作品提交,并通过报告、答辩、实物展示等方式,展示出自己的所学知识和工作量,同时证明了在课程学习过程中自身能力的提高,也检验了学习成效的达成。例如,学生应用课程所学的知识,参加汽车工程学会举办的巴哈大赛,从计算到 CAD 模型建立(图3),到 CAE 分析(图4),再到最后的制作(图5)和参赛,全部由学生主导完成。制作的赛车(图6)成功参赛,锻炼了本专业二十余位学生的动手能力,提升了他们的设计分析能力,团队协作能力。通过以任务导向型的教学内容设计和学生接受专业教育后所取得的设计作业、竞赛实物成果为评价,并对照毕业生核心能力和要求,检验了本课程实施的专业教育的有效性。

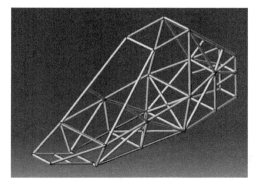

图 3　车架的 CAD 设计

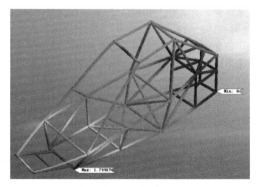

图 4　车架的 CAE 分析

图 5　车架的制作

图 6　巴哈赛车参赛

六、结　语

疫情时代，建设一流本科课程是当前我国高校重要的工作任务。结合我校建设世界一流林业大学的办学定位，对照一流本科课程建设的内涵和要求，针对课程的教学方法和教学内容进行了探索和实践。设计并实施了案例教学法，主要包括教师规划和学生实施的两个方面，充分发挥了学生主观能动性，突出了"学生中心"的地位。以企业的实际需求为准绳，通过任务导向法协同"产出导向"理念，制定了学习成效衡量准则，以作业、设计、竞赛等多层次多维度的结果进行成效评价。以学习成效为指南设计课程的教学环节，使学生协同工作，共同完成课程任务，从而达到设定的课程目标，学生获得知识、能力、思政层面的提升。"汽车 CAD/CAE 技术"课程探索和实践获得初步成效，得到学生和同行的认同。

参考文献

[1] 中华人民共和国教育部. 教育部关于一流本科课程建设的实施意见[EB/OL]. （2019-10-30）. http：//www.moe.gov.cn/srcsite/A08/s7056/201910/t20191031_406269.html

[2] 中华人民共和国教育部. 疫情防控期间做好高校在线教学组织与管理工作[EB/OL]. （2020-3-9）. http：//www.moe.gov.cn/jyb_xwfb/gzdt_gzdt/s5987/202002/t20200205_418131.html.

[3] 祝智庭，彭红超. 全媒体学习生态：应对大规模疫情时期上学难题的实用解方[J]. 中国电化教育，2020（3）：1-6.

[4] 焦建利,周晓清,陈泽璇. 疫情防控背景下"停课不停学"在线教学案例研究[J]. 中国电化教育,2020(3):106-113.
[5] 严冬青. 基于CAD/CAE技术的机械设计和模具设计[J]. 新型工业化,2021,11(2):209-210.
[6] 陈忠加,陈劭,王青春,等. "汽车CAD/CAE技术"课程教学内容和教学方法的研究[J]. 中国林业教育,2016,34(4):64-66.
[7] 王锐兰,王鲁捷. 基于国家创新体系的高校研究生创新能力研究[J]. 中国高教研究,2000(10):37-39.

First-class curriculum exploration and practice under the background of COVID-19: Take *Automobile CAD/CAE Technology* as an example

Chen Zhongjia　Wang Qingchun

(School of Technology, Beijing Forestry University, Beijing　100083)

Abstract　*Automobile CAD/CAE Technology*, as a compulsory course of vehicle engineering in our university, occupies an important position in the professional curriculum system and provides a necessary guarantee for the cultivation of excellent R & D and management personnel in the society. According to the "gender degree" standard of the first-class undergraduate golden course, the curriculum objectives are set from three levels: knowledge objectives, ability objectives and ideological and political objectives. According to the "student center, output oriented, continuous improvement", the idea of the *Automobile CAD/CAE Technology* courses under the background of outbreak of COVID-19 nearly two years, from the aspects of teaching methods, teaching content and goal of the course construction, first-class for the course and explore a series of reform proposals and measures are put forward, in order to promote the sustainable development of the course.

Keywords　CAD/CAE technology, first-class courses, teaching reform, teaching practice

一流课程建设中混合式教学的研究分析

——基于知网文献的文本挖掘

尤薇佳　　唐文浩

（北京林业大学经济管理学院，北京　100083）

摘要：随着高质量在线课程资源的不断丰富，通过线上线下相结合的混合式教学来进行一流课程的建设，已经成为新时期高校课程建设的"新常态"。为了系统地总结已有的"混合式教学"相关研究的主要议题和成果，本文基于文本挖掘技术对中国知网上检索到的近五年的18202篇相关文献进行了分析。研究发现，目前"混合式教学"领域已有的研究成果从早期的改革目标和实现路径的讨论，到中期分析如何通过课前、课中、课后教学设计进行本科生综合能力培养和研究生学术能力的培养，到后期围绕自主学习的推动、智慧教学的实现以及各学科实践经验的总结，而"混合式教学"的教学效果的评价是长期的研究主题。进一步聚焦混合式教学如何支持一流课程建设的研究文献，主要研究主题包括课程思政如何融入、成果导向型教学模式如何实现、MOOC如何创新发展以及应用型一流课程如何建设。这些研究发现，为拟开展"混合式教学"的教师提供了研讨主题和关键文献的指引，为推进一流课程的建设提供重要的参考。

关键词：一流课程；混合式教学；主题挖掘

一、引　言

建设世界一流大学和一流学科(简称"双一流")是我国高等教育强国和人力资源强国的重要战略举措。其中，一流本科教育是"双一流"建设的关键，其抓手就在一流本科专业建设，而一流课程、优秀教师等要素恰恰是一流本科专业建设的核心。2019年发布的《教育部关于一流本科课程建设的实施意见》是我国目前高等教育课程改革的纲领性文件。该文件明确了"让课程优起来、教师强起来、学生忙起来、管理严起来、效果实起来"的改革思路，提出要消灭"水课"，实现课程的高阶性、创新性和挑战度，这对课程建设提出了新的要求。

突如其来的新冠疫情，使得2020年春季高等学校普遍实施大规模的在线教学。实践证明，某些课程的线上教学基本能够成为与线下课堂教学等效的替代方案，甚至在学习的灵活性、互动的充分性等方面还有独特的优势。因此，如何深入开展基于优质在线课程的线上线下混合式教学，即把知识性、低阶性的教学内容交给线上，将高阶性和挑战度的教学内容交给线下，如何通过这一协同过程来真正实现因材施教和同伴教育，实现价值引领和素质提升，已经成为新时期高等学校建设一流课程要面对的迫在眉睫的问题[1]。

混合式教学的概念已经在国内外经历了近20年的发展[2]，从技术应用到技术整合，再到今天的"互联网+"实践，内涵在不断地演化，视角也从关注"技术实现"逐步向"以学生为中心"、不断改善学习体验从而提高学习效果的视角转换，但是教育界对其内涵和最优实现

作者简介：尤薇佳，北京海淀区清华东路35号北京林业大学经济管理学院，副教授，wjyou@bjfu.edu.cn；
　　　　　唐文浩，北京海淀区清华东路35号北京林业大学经济管理学院，学生，1375158175@qq.com。
资助项目：北京林业大学教育教学研究项目"课程思政交流平台建设及其数据挖掘"(BJFU2019JY037)。

路径尚未达成共识。近年来，伴随着 MOOC 等在线课程大量的涌现，国内的大量高校教师开始密切关注"混合式教学"并积极实践，发表了大量的研究论文。因此，本文拟基于文本挖掘的方法，在系统总结"混合式教学"领域现有研究成果的基础上，分析目前"一流课程"建设中，混合式教学相关的核心问题和关键议题，为拟在"一流课程"建设中采用"混合式教学"方法的教师提供参考。

二、数据与方法

（一）数据来源

本研究分析的文献是以"混合式教学"为检索关键词从"中国知网"检索到 21522 篇文献。为了揭示新近的研究主题和发展趋势，本研究选取了发表于 2016—2021 年间的 18202 篇文献。整体来看，"混合式教学"相关的研究自 2017 年开始高速增长（图1）。

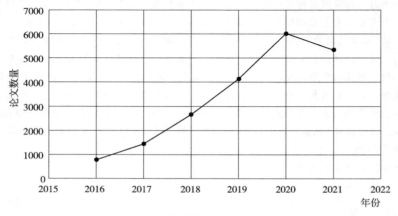

图 1 论文数量随年份的变化

（二）研究方法

本研究采用 LDA（隐狄利克雷分布）模型[3]对中国知网上搜到的文献进行主题建模，即采用无监督学习的主题概率生成模型进行隐含语义分析后聚类，输入是文档集合和主题个数，输出是以概率分布的形式呈现的主题。Griffiths 等[4]在文档—主题—词的三层贝叶斯文档主题生成模型基础上，对参数施加先验分布，使之成为完整的概率生成模型。LDA 模型假设 m 篇文档涉及了 K 个主题，每篇文档 m 都有参数服从 Dirichlet 的多项分布的主题分布，每个主题都有参数服从 Dirichlet 分布的词分布。

三、研究发现

（一）混合式教学研究中的重要主题

对 2016—2021 年的 18202 篇文献进行 LDA 主题建模，按照困惑度确定了 5 个主题，其关键词及其权重见表 1 所列，即"混合式教学"的文献主要围绕以下 5 个主题开展讨论。主题 1 聚焦混合式教学的效果评估，很多研究发现，采用混合式教学模式对学生成绩和能力都有提高作用。主题 2 是对传统课堂教学与 MOOC 等平台课程协同开展的讨论。主题 3 是围绕混合式教学实施方案的讨论，即如何在课前、课中、课后三个时间段进行有效的教学设计，如何在线上、线下基于教学平台进行互动。主题 4 是对以培养学生能力为目标的教学模式的改革创新的讨论。主题 5 揭示了混合式教学在各学科领域以及疫情期间的实践经验。

表 1　2016—2021 年文献的研究主题

主题1		主题2		主题3		主题4		主题5	
成绩	0.019	教学模式	0.022	课后	0.025	培养	0.028	计算机	0.047
对照组	0.019	传统	0.019	课前	0.023	学生	0.022	中职	0.021
能力	0.018	平台	0.018	课堂	0.02	改革	0.022	疫情	0.02
提高	0.017	课堂教学	0.016	平台	0.018	能力	0.018	线上教学	0.017
效果	0.013	MOOC	0.014	互动	0.015	创新	0.012	会计	0.011

（二）混合式教学研究中重要主题的演化

随着混合式教学的理念的不断深入人心，实践的不断纵深，其研究主题也呈现出了逐步演化的趋势。本研究对 2016—2021 年分年的文献文本数据进行 LDA 主题建模，发现了五年间研究主题的演化过程，可以看到，有一些主题持续被讨论，同时随着社会环境的变化，新的主题不断出现，逐步丰富了混合式教学的内涵。

2016 年的研究主题（表2）主要有 4 个，一是传统课堂教学与 MOOC、SPOC 是如何互相协同来实现混合式教学的；二是混合式教学模式目标的探讨，强调以提高学生能力为中心，如何组织平台的资源和课堂的教学；三是混合式教学的实现路径与效果评估，讨论如何使用视频资源，来评测混合式教学模式的效果提升；四是混合式教学与高校创新创业教育的结合，重点讨论实训类课程的混合式教学的开展。

表 2　2016 年"混合式教学"文献聚类得到的主题

主题1		主题2		主题3		主题4	
MOOC	0.033	学生	0.036	视频	0.015	模式	0.017
模式	0.029	模式	0.023	资源	0.013	创业	0.015
传统	0.013	平台	0.017	学生	0.008	MOOC	0.014
理论	0.012	能力	0.013	对照组	0.007	高校	0.014
课堂教学	0.011	提高	0.011	模式	0.007	创新	0.013
SPOC	0.011	课堂	0.011	MOOC	0.007	实训	0.011

对 2017 年的文献进行主题建模发现（表3），主题 1 和主题 2 延续了 2016 年的讨论，而主题 3 展示的是混合式教学在研究生教育领域的实践，重点是如何通过线上线下的协同来培养学术能力。主题 4 是围绕高校英语教学的实践展开的讨论。

表 3　2017 年"混合式教学"文献聚类得到的主题

主题1		主题2		主题3		主题4	
模式	0.031	慕课	0.035	研究生	0.013	模式	0.034
学生	0.023	微课	0.025	MOOC	0.011	发展	0.02
改革	0.011	翻转课堂	0.021	SPOC	0.009	高校	0.014
传统	0.011	理念	0.007	VR	0.008	英语教学	0.014
课堂教学	0.010	课堂教学	0.007	学术	0.007	改革	0.012

对2018年的文献进行主题建模(表4)，发现研究主题在继承前两年讨论的基础上，有了新的发展。主题1在与MOOC和SPOC的协同发展的基础上强调了模式创新和智慧教学；主题2表示混合式教学服务"提高学生能力"这一目标时，如何促进学生的自主学习；主题3将混合式教学在英语学科的实践扩展到了思政类的课程；主题4强调了教学模式设计后的实施过程。2019年的研究主题在前三年的基础上丰富了混合式教学的各类学科中实践的讨论，见表5的主题3。

表4 2018年"混合式教学"文献聚类得到的主题

主题1		主题2		主题3		主题4	
模式	0.021	学生	0.052	思想政治	0.021	学生	0.028
SPOC	0.021	能力	0.022	高校	0.017	模式	0.027
MOOC	0.014	提高	0.014	理论课	0.016	设计	0.021
智慧	0.009	理论	0.01	大学英语	0.015	平台	0.014
创新	0.009	自主学习	0.01	思政课	0.015	实施	0.01

表5 2019年"混合式教学"文献聚类得到的主题

主题1		主题2		主题3		主题4	
学生	0.067	改革	0.024	医学	0.029	SPOC	0.026
模式	0.019	模式	0.02	高等数学	0.015	MOOC	0.018
提高	0.017	课程教学	0.018	计算机	0.01	高校	0.013
能力	0.017	培养	0.018	解剖学	0.009	学生	0.012
自主学习	0.01	设计	0.017	MOOC	0.009	模式	0.01

对2020年的文献进行主题建模，发现研究主题因新冠肺炎疫情的发生有了新的变化(表6)。主题1显示疫情推动了"混合式教学"从教学设计到模式的改革；主题2和2016年的主题2相近，讨论"混合式教学"模式的教学效果评价；主题3重点讨论信息技术以及各高校的信息化对混合式教学发展的推动以及带来的变革；主题4着眼于基于MOOC的混合式教学如何在课前课后进行教学设计和创新。

表6 2020年"混合式教学"文献聚类得到的主题

主题1		主题2		主题3		主题4	
模式	0.028	学生	0.023	信息化	0.013	模式	0.018
改革	0.017	模式	0.017	模式	0.012	创新	0.013
疫情	0.011	能力	0.012	技术	0.01	MOOC	0.01
课程教学	0.011	专业	0.012	高校	0.01	课后	0.01
设计	0.011	对照组	0.011	改革	0.009	课前	0.009

2021年的研究主题也主要有4类(表7)，一是将课程思政融入专业课程中，调整了混合式教学的人才培养目标(主题1)；二是集中总结疫情期间的大规模网课实践给混合式教学带来的启示(主题3)；三是混合式教学在实训类课程中应用经验的总结(主题4)。混合式教学的效果评估(主题2)在各年中主题中多次出现，是一个值得长期深入探索的研究主题。

表 7 2021 年"混合式教学"文献聚类得到的主题

主题1		主题2		主题3		主题4	
课程思政	0.036	学生	0.046	疫情	0.053	实训	0.028
专业	0.017	对照组	0.024	线上教学	0.037	护理	0.022
思政	0.015	成绩	0.018	在线教学	0.023	实习	0.019
培养	0.015	提高	0.014	停课不停学	0.012	人体	0.007
融入	0.013	实验组	0.013	新冠肺炎	0.011	实践教学	0.005

四、 一流课程建设中混合式教学的研究分析

上一节的分析为了解混合式教学现有的研究成果提供了主题的指引和聚类后的文献集合，可以通过阅读每一类中的高引文献来了解本研究主题的主要观点和发现。为了进一步了解在双一流课程建设中混合式教学开展过程中主要的问题和发现，本研究又以"双一流"+"混合式教学"为关键词，检索得到文献109篇，以"一流课程"+"混合式教学"为关键词，检索得到文献39篇。进一步对这 148 篇文献进行 LDA 主题建模，按照困惑度确定的主题关键词及其权重见表8，即双一流课程建设中涉及混合式教学的研究主要围绕以下5个主题展开讨论。主题1是如何通过混合式教学将课程思政融入专业课程中，依据教育部的指导文件，围绕专业建设、人才发展进行相关理论的研讨。主题2是对高校的金课建设中实施"以成果为导向的教育"模式(outcome-based education, OBE)[5]时混合式教学如何进行课程设计的讨论。主题3围绕专业改革讨论培养具备哪些能力的人才以及如何通过混合式教学来培养展开讨论。主题4也是围绕教学改革，主要讨论 MOOC 在混合式教学中创新发展的路径。主题5主要讨论应用型的一流课程如何通过混合式教学依托在线课程平台开展，并有一些专业实践的总结。关注一流课程建设的教师可以依据已有文献在这5个主题上的成果为实践提供参考，为新的发现提供比较的基础。

表 8 研究主题

主题1		主题2		主题3		主题4		主题5	
专业	0.012	金课	0.021	背景	0.017	创新	0.012	应用型	0.013
发展	0.011	高校	0.016	专业	0.017	发展	0.012	汽车	0.013
理论	0.009	发展	0.014	改革	0.014	模式	0.011	课堂	0.011
内容	0.007	理念	0.013	模式	0.013	改革	0.009	改革	0.011
课程思政	0.007	成果导向	0.010	人才	0.010	本科	0.008	平台	0.009
教育部	0.007	教育部	0.009	能力	0.010	MOOC	0.008	打造	0.008

借助 CITESPACE 软件进行爆发词(burst word)分析，即通过识别新出现的高频词来预测新的研究趋势，可以发现，目前一流课程建设中混合式教学的研究热点已经从线上线下相结合的通识教育(2017—2019)，向新工科建设(2018—2019)，又向本科课程建设和应用型课程建设(2019—2021)迁移(图2)，这提示我们高校目前正在着力解决应用型一流课程的建设，并将近期涌现出更多相关主题的文献。

关键词	年	强度	开始	结束	2017—2021
通识教育	2017	1.38	2017	2019	
线上线下	2017	1.03	2017	2018	
教学实践	2017	0.63	2017	2018	
新工科	2017	1	2018	2019	
本科课程	2017	1.51	2019	2021	
应用型	2017	0.59	2019	2021	

图 2　2017—2021 年度的爆发词

五、结　语

基于文本挖掘和可视化技术，本文对"混合式教学"相关的文献进行了主题挖掘，发现了目前的主要研究成果集中在混合式教学的实现路径、教学效果的评价、面向本科生综合能力培养和研究生学术能力培养的教学方案设计、自主学习的推动、智慧教学的实现以及各学科实践经验的总结。聚焦于混合式教学如何支持一流课程建设的研究文献，目前的研究主题主要包括课程思政如何融入、成果导向型教学模式如何实现、MOOC 如何创新发展以及应用型一流课程如何建设。希望这些研究发现能够为拟开展线上线下相结合的一流课程建设的老师提供重要参考。

参考文献

[1] 韩筠. 在线课程推动高等教育教学创新[J]. 教育研究，2020，41(8)：22-26.

[2] 余胜泉，路秋丽，陈声健. 网络环境下的混合式教学——一种新的教学模式[J]. 中国大学教学，2005 (10)：50-56.

[3] Blei D M, Ng A Y, Jordan M I. Latent dirichlet allocation[J]. Journal of Machine Learning Research, 2003, 3 (3): 993-1022.

[4] Griffiths T L, Steyvers M. Finding Scientific Topics[J]. National Academy of Sciences of the United States of America, 2004, 101(1): 5228-5235.

[5] 申天恩，斯蒂文·洛克. 论成果导向的教育理念[J]. 高校教育管理，2016，10(5)：47-51.

Analysis on the literature about blended teaching in the construction of first-class courses: through the lens of text mining

You Weijia　Tang Wenhao

(School of Economics and Management, Beijing Forestry University, Beijing　100083)

Abstract　With the continuous enrichment of high-quality online course resources, the construction of first-class courses through the combination of online and offline teaching has become the "new normal" of college curriculum construction in the new era. In order to systematically summarize the main issues and achievements of the existing research on "blended teaching", this article analyzes 18,202 related literature retrieved from CNKI based on text mining technology. The study found that the existing research in the area of "blended teaching" has an evolution course which can be divided into three parts, the discussion of reform goals and implementation path at an early stage, the analysis of how to cultivate the comprehensive ability of undergraduates and the academic ability of graduate students through teaching design before, during and after class in the medium term, and the summary of the implementation of the autonomous learning, the wisdom of teaching and the practice experience in various disciplines at a later stage. Meanwhile, in the research literature on how blended teaching supports the construction of first-class courses, the main topics include how to integrate ideological and political courses, how to realize the outcome-based education mode, how to innovate and develop MOOC and how to build application-oriented first-class courses. These research findings provide guidance on topics and key literature for teachers who plan to carry out "blended teaching", and provide important references for promoting the construction of first-class courses.

Keywords   first-class courses, blended teaching, topic mining

一流课程建设背景下林业特色课程教学改革初探

——以"林业与园林机械"课程为例

袁湘月　陈忠加　俞国胜

（北京林业大学工学院，北京　100083）

摘要："扶强扶特"是一流课程建设的基本原则之一，"林业与园林机械"课程是历史悠久的特色课程，在此背景下提出了课程教学改革。文章分析了课程的特点及现状，指出现阶段存在着缺乏有效的思政内容、教学方式单一、评价体系不合理等问题，难以激发学生的学习创造活力。结合新时代创新人才培养要求，对标"金课"标准，课程拟从融入专业特色思政元素、基于SPOC的交叉式半翻转课堂、虚实结合的课内实验、多元的过程考核等方面进行教学改革探索研究，以期能全面提高学生的综合素质和创新能力。

关键词：一流课程建设；专业特色课程；交叉式半翻转课堂；虚实结合；多元化考核方式

2019年10月，教育部颁布的《教育部关于一流本科课程建设的实施意见》（以下简称《实施意见》），是我国在"十三五"期间高等教育课程改革方面的纲领性文件。随着"一流课程双万计划"的实施，打造"金课"、建设"一流本科课程"、强化振兴本科教育成为各高校教学工作中的重点[2]。一流课程应具有高阶性、创新性、挑战度（两性一度）的特点，这对高校教师的教学工作提出了新的挑战，也促进了高校教师对原课程进行教学改革的探索和研究。

"坚持扶强扶特"是《实施意见》的基本原则，"扶特"即重视特色课程建设，旨在实现一流本科课程多样化。

"林业与园林机械"是北京林业大学工学院具有悠久历史的专业特色课程，早在林业机械专业开办（1959年）之初，就是教学计划中的骨干专业课程[3]。后经历多次教学改革，建设成为一门富有新内涵、具有鲜明特色的课程，符合《实施意见》中"扶特"的原则。因此，本文对特色课程"林业与园林机械"的特点及教学现状进行了分析，并根据"金课"的标准，拟对课程进行教学改革探索并将付诸于教学实践，旨在将本课程建设向"一流课程"目标看齐。

一、"林业与园林机械"课程特点及现状

（一）课程特点

"林业与园林机械"是北京林业大学机械设计制造及自动化专业核心专业课程之一，主要介绍林业生产和园林绿化所涉及的机械装备、相关知识（包括林用特殊功能和主要结构、

作者简介：袁湘月，北京市海淀区清华东路35号北京林业大学工学院，副教授，shirley_yxy2001@163.com；
　　　　　陈忠加，北京市海淀区清华东路35号北京林业大学工学院，副教授，chen_zhongjia@126.com；
　　　　　俞国胜，北京市海淀区清华东路35号北京林业大学工学院，教授，sgyzhang@bjfu.edu.cn。
资助项目：北京林业大学教育教学一般项目"基于虚拟仿真实验平台的林业特色课程——'林业与园林机械'混合教学内容研究与实践"（BJFU2021JY041）。

工作原理、使用方法等）及技术发展。本课程的先修课程为"工程力学""机械原理""机械设计""液压与气动技术""电工电子技术""内燃机原理"等理论性、系统性较强的课程，需要掌握基本的力学分析、运动学分析、载荷计算、机械零部件设计校核、液/气动系统控制管理、内燃机特性及工作性能、智能控制等基本理论，对学生综合性应用能力有较高的要求，开设在第7学期。同时，课程带有4学时课内实验、2次前沿专题讲座，是一门理论与实践、基础与前沿并重的综合性专业特色课程。

（二）课程现状

1. 课堂缺乏有效的思政内容

"林业与园林机械"课程现有教学偏重于理论知识和专业技术的传授，没有考虑学生实际的理解、接受情况。虽然在前沿讲座时，专家会介绍一些国内先进的农林设备及应用技术，具有一定的大国情怀思政元素，但新一代大学生对农林机械发展知之不多，又缺乏农林环境的感知，自然无法很好地理解其先进之处，在内心没有获得认同感，因此也很难激发学生作为"林业接班人"的责任与担当，即课程缺乏潜移默化、春风化雨的思政元素。

2. 教学手段单一

本课程目前仍然采用传统的课堂教学模式，即以教师传授为主，学生被动学习为辅。虽然在教学过程中，教师也尝试采用视频播放、专题讲座、课内实验、研讨等方式，试图改善或调整这种缺乏师生交流的教学模式，但效果不佳。单一的"师主生从"的模式还是难以调动学生的积极性，不利于学生独立思考、创新能力的培养，这必然会导致学生在后期从事相关生产科研工作时缺乏主动性和创造性，即课程需要调整教学手段，让学生提高学习兴趣，主动参与。

3. 考评体系不合理

目前本课程的考核评价是以平时成绩和期末考试成绩加权综合而得，其中，期末考试采用闭卷形式，占考评的70%，平时占30%。这也是目前大多数高校专业课程采用的教学考评方式。这种考核方式以注重学生对知识掌握和理解程度为主，无法对学生的学习过程进行评价，也缺乏对学生实践创新能力的考量标准，不能准确反映学生的实际能力水平，有悖于新工科背景下一流创新复合人才培养的要求。

二、教学改革设计

基于"林业与园林机械"课程特点及现状，对标"一流课程建设"，拟在以下几方面对课程进行教学改革。

（一）课堂融入专业特色的思政元素

课程思政融入专业课课堂，是习近平总书记在全国高校思想政治工作会议上的教导[4]，也是"一流本科课程"的建设内容之一。

对于专业特色课程来说，融入课程思政，应结合学科、专业的特色和发展方向，适当地调整课程教学内容，自然地融入爱国主义、责任担当等家国情怀，以达成立德树人的根本任务，更好地建设适应新时代要求的本科课程[5]。表1给出了"林业与园林机械"课程部分思政内容。

表 1　课程结合特色融入的思政元素(部分)

课程内容		教学要求	林业特色思政元素	
章节	教学内容		案例	体现情怀
1. 绪论	林业与园林机械发展历史、现状和发展趋势	对林业与园林机械的作业条件、范围及工艺有感性的认识,了解我国林业与园林机械所处的国际地位和作用	1. 通过视频或图片,展示老一辈林业人在林区艰苦环境下建林、守林的"林业精神"; 2. 现代"林业人"团体如林机协会、林机标委会等为提高我国林业机械的国际地位所做的努力	1. 感知林区艰苦,认同"林业人"艰苦创业、爱国敬业、改革创新、坚守奉献的"林业精神"; 2. 学会辩证发展地看待我国的林业机械; 3. 明确当代大学生应该努力的方向,承担应有的责任与担当
2. 营林机械(部分)	种子采收、育苗、抚育等工艺过程以及所涉及的机械设备	了解这些机械设备的特殊功能要求、作业对象、运行环境等,掌握机械设备的结构特点及工作原理及基本的操作方法	1. 通过视频或本院教师的科研项目讲座,展现我国现代化的苗圃及苗圃设备 2. 育苗阶段可融入学校知名的育苗专家——朱之悌院士与他的毛白杨的故事 3. 森林抚育部分:融入我校知名病虫害专家骆有庆教授与天牛斗争护林的故事 4. 森林火灾防治部分:可融入我校毕业的国防生参与四川凉山森林火灾扑救工作牺牲的故事	1. 认识现代林业,认同专业发展,做"知林爱林"人 2. 通过讲授学校的老一辈育苗人、护林人"不忘初心、不畏艰难"的钻研精神,引导学生树立正确的人生观、价值观,建立个人奋斗目标,增强学生爱国爱校爱专业的情怀 3. 以学生周知的时政——四川凉山火灾为例,树立学生身边的榜样人物,以榜样的力量引导学生为林业的发展壮大而努力拼搏,扎根林业,达到"脑、身、心"的全面洗礼

表 1 中的思政元素,鲜明地体现了林业院校的林业特色,案例大多耳熟能详,榜样伸手可触,不再是脱离实际的空泛而谈,学生易于接受,认同感强。利用这些案例来影响学生的家国情怀观念,塑造学生的思想品德,可有效地将"价值塑造、知识传授和能力培养三者融为一体"[6],从而较好地实现课程思政教育效果。

（二）基于"SPOC"的交叉式半翻转课堂授课模式

教学过程是以学生为主体的活动,教师要从学生的发展需求出发,不断创新教学方式,改进教学手段[7]。只有充分调动学生的主观能动性,激发学习兴趣,才能培养学生的创新能力和钻研精神,收获满意的教学效果。为此,本课程的授课模式进行了如下具体设计:

1. "SPOC"资源的整合与发布

授课前,教师会根据学习的内容和学生的需求,学习和整理与本课程相关的线上或实体资源,以"SPOC"的方式发布,要求学生课前网上学习制定内容,并完成相关的考核测试,教师可根据学生的考核结果找到学生存在的问题,有针对性地进行课堂重点授课,这样,就可以把时间和精力转向更高价值的活动中,如讨论、面对面交流等。学生也能及时了解自身的知识漏缺,从而更有目标性地学习,达到了以学生为学习主体的效果。

2. 基于"SPOC"的交叉式半翻转课堂

"翻转课堂"是一种基于现代网络信息技术发展起来的学生自主学习模式[8-9]。学生需要事先通过在线学习指定资料,再与教师或同学进行更加深入的交流讨论。因课时有限,学生人数较多(120人),无法实现完全的"翻转课堂"。

因此,在"林业与园林机械"课程中,教师拟采用"交叉式半翻转课堂"的教学模式,流程如图1所示。教师根据课程内容,指定两份线上学习资料A和B,分别让1班、2班(学习资料A)和3班、4班(学习资料B)课前自主学习;教师再根据学生"SPOC"的测评情况,对资料A和B分别拟定8个相关的命题(命题可动态调整,示例及安排见表2),将4个班的学生每2个班根据人数分成8个组(每组6~8人),每组从给定的命题中选择一个命题,因命题带有一定的课外拓展性,学生团队除了在线学习以外,还需要线下自主查阅文献资料,再经过共同的学习、协作与讨论,形成可以汇报的观点或成果PPT,进行课堂分享和展示。如1班2班先主动学习资料A,准备好后进行分享演示,3班4班同学则针对1班2班同学的讲解,提出疑问,由1班2班进行反馈回答,从动学习获得资料A的知识;反之则亦然。这样,在A、B资料中,学生的学习出现了互相质疑反馈,形成交叉之势,达到"不明就问、问则弄通"、彻底学懂学会的效果。教师在整个过程中,起到管控命题、掌控课堂进度、交流沟通总结的作用。

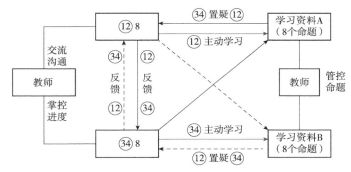

图1 "交叉式半翻转课堂"教学活动流程图

注:符号⑫表示1班2班的学生,㉞表示3班4班的学生;
实线箭头路径表示㉞根据⑫的分享,从动学习资料A的内容,
虚线箭头路径表示⑫根据㉞的分享,从动学习资料B的内容。

表2 拓展性命题示例及安排(每年可根据教学及学生情况动态调整)

资料类型	相关章节	命题	安排	
A	第三章 营林机械 造林机械	1. 造林方式有哪几种?各种造林方式的优缺点有哪些	1班、2班 (6~8人/组)	第1组
		2. 各种造林方式可应用的机械设备有哪些		第2组
		3. 播种造林中,飞播造林的优缺点?对用于造林的种子需要做哪些处理		第3组
		4. 植苗造林有哪些可以应用的机械和设备		第4组
		5. 植苗造林的机器(植树机)需要完成哪些功能?以某一台植树机为例,具体说明这些功能是如何实现的		第5组
		6. 分殖造林幼苗成活的机理是什么?可应用的机械设备有哪些		第6组
		7. 以任一款用于分殖造林的机器为例,说明其工作原理		第7组
		8. 我国用于造林的林地多为山地和荒漠化较严重的土地,如何开发用于直属造林的机器		第8组

(续)

资料类型	相关章节	命题	安排	
B	第三章 营林机械 抚育机械 森林防火	1. 说一说林火的起因、种类及危害	3班、4班 (6~8人/组)	第1组
		2. 森林防火的原则是什么		第2组
		3. 根据林火种类可以有哪些林火扑救设备		第3组
		4. 风力灭火机是森林武警的主战设备，适用于哪类火灾扑救		第4组
		5. 雷击火的预防方式，举例说明其防火设备		第5组
		6. 用于森林防火的消防泵与农用泵有何区别		第6组
		7. 以某一款具体的产品为例，说明用于森林火灾扑救的森林消防车的功能		第7组
		8. 介绍航空灭火方式及相应设备		第8组

  这种"交叉式半翻转课堂"适用于大班授课，它改变了传统的课堂教学模式。学生通过这样的方式，体验了师生互换角色的效果，提高了学生的课堂参与度，激发了学习的兴趣。同时，学生在对命题的调研探索、自主分析、互动讨论、成果展示、质疑反馈的过程中，锻炼了自主构建知识体系的能力，提升了课程学习的挑战度，造就了学术文化自信，这将有助于提高学生的学习效率和学习动力，同时也锻炼了学生口头表达、沟通交流的能力，展现了良好的教学效果。整个翻转教学过程由于有具体的量化数据记录，也便于实现学生的过程考核。

（三）基于"一流虚拟仿真平台"的虚、实结合的课内实践

  "林业与园林机械"的实验实习操作，具有"三高"特性，即高环境复杂性、高危险性和高成本性，每次实验，学生、设备的安全性都是教师关注的重中之重。加上近两年受疫情的影响，使得本课程的课内实验很难按时保质保量地在线下开展。

  2019年工学院获批了国家级"一流虚拟仿真项目"——"人工林抚育采伐作业及造材控制虚拟仿真实验"，将课内实验由线下转为线上，通过虚拟仿真的方式得以实现。虚拟实验项目是现代信息技术与教育教学深度融合[10]，采用沉浸式教学手段，模拟林区环境和林业机械设备在林区行走的情境，使学生能切身感受林区一线作业环境，相对真实地学习林用设备的操作（图2）。这种实验教学方式安全可靠，过程可重复，对各种机械尤其是大型作业机械可上手操控，体现了在玩中学、学中玩的特点，学生主动探索、参与的意愿高，能极大地调动学生的学习积极性。

（四）注重过程考核的多元化考核方式

  "一流课程"注重学生的过程评价与考核，因此，评价体系的改革应坚持以创新为导向，构建多元化的评价指标，促进学生的个性化成长，增强教学的实效性。

  "林业与园林机械"课程通过教学改革设计，从课内到课外、线上到线下增加了量化数据，如"SPOC"测评记录、虚拟仿真实验数据记录等，结合课外拓展命题翻转课堂答辩式汇报，通过教师点评、学生互评、团队自评等多样化评价体系，对学生成绩进行全面综合的评价。教师会将原有的"三七"考核比例提高到"六四"，即平时权重占60%，结课考试占40%。这样多元化的评价方式不再是结果性考核，而是注重学生的学习过程，重视学生实践过程的参与程度以及学生个体对团队合作的贡献，学生不再纠结最终考试成绩的高低，

(a) 实验界面　　　(b) 实验内容　　　(c) 实验操作　　　(d) 学生参与

图 2　基于虚拟仿真平台的课内实验的实现

而是把时间和精力用在了平时,这将有利于学生提升学习深度,锻炼自身综合能力,激发学习动力和专业志趣。

三、结　语

"一流课程"建设背景下,打造"金课",淘汰"水课"是大势所趋。本文以"林业与园林机械"特色课程为教学研究对象,针对课程特点及现状,从添加特色思政元素、创新教学方式及改革教学评价体系等角度入手,根据学生情况,全面探索能激发学生学习积极性、主动性、创造性、挑战性的教学方式,通过"交叉式半翻转课堂"教学手段,培养学生深度分析、大胆质疑、勇于创新的精神和自主学习能力,旨在向"一流课程"的标准和要求看齐。这样的教学改革措施将持续在今后的教学实践中进一步完善和提高。

参考文献

[1] 中华人民共和国教育部. 关于一流本科课程建设的实施意见[EB/OL]. (2019-10-30) http://www.moe.gov.cn/srcsite/A08/s7056/201910/t20191031_406269.html

[2] 蔡秋茹,戴仁俊,柳益君,等. 一流本科课程建设背景下的应用型本科金课教学探索[J]. 中国多媒体与网络教学学报(上旬刊),2020(7):167-168.

[3] 王乃康,茅也冰.《林业与园林机械》(北京林业大学)精品课程建设报告. (2018-02-25). https://max.book118.com/html/2018/0225/154577211.shtm.

[4] 苏亦飞,雷青松. 线上线下融合,打造高校思政金课[J]. 文献资料,2020(16):215-217.

[5] 李柳匕,曹晋滨. 新时代一流航天类课程建设实践于思考——以《空间数据分析基础》课程改革为例[J/OL]. 北京航空航天大学学报(社会科学版),2021(9):48-54.

[6] 中华人民共和国教育部. 高等学校课程思政建设指导纲要[EB/OL]. (2020-06-01). http://www.moe.gov.cn/srcsite/A08/s7056/202006/t20200603_462437.html.

[7] 刘佳,王西鸾,袁同琦,等. "双一流"背景下"能源材料"课程建设初探[J]. 广州化工,2021,49(5):157-159.

[8] 马娜. 新加坡南洋理工大学正式推行"翻转课堂"学习模式[J]. 世界教育信息,2018(7):77.

[9] 洪化清. 信息技术赋能,实现教与学的翻转——新加坡南洋理工大学的教与学变革[J]. 中国大学教学,

[10] 吴健,李文彬,陈来荣,等."人工林抚育采伐作业及造材控制虚拟仿真实验"设计与实践[C]. //黄国华.善思善教 孜孜育人:北京林业大学教育教学研究优秀论文选编.北京:中国林业出版社,2019:66-72.

Exploration for forestry characteristic course reform under the background of First-class course construction: Take the course of *Machinery for Forestry and Horticulture* for example

Yuan Xiangyue Chen Zhongjia Yu Guosheng

(School of Technology, Beijing Forestry University, Beijing 100083)

Abstract   "Supporting the strong and the special" is one of the basic principles of First-class course construction, while the course of *Machinery for Forestry and Horticulture* is actually a characteristic course with a long history. The course reform is thus proposed. The paper analyzes the characteristics and current situation of the course, and points out that there are some problems at present, such as lack of effective ideological and political content, single teaching method and unreasonable evaluation system, which are difficult to stimulate students' learning and creativity. So combined with the new era of innovation personnel training requirements, exploration of course reform research will be developed aim to the "Gold Course" standard in the following aspects, such as integrating into the professional characteristic ideological elements, introducing crossover semi-flipped classroom based on the SPOC materials, practicing virtual and real mixed in-class experiments, and multivariate process assessment system. It is hoped that the comprehensive quality and innovative ability of students can be effective improved in an all-round.

Keywords   first-class course construction, characteristic courses, crossover semi-flipped classroom, combination of virtual and real, multi-variate assessment method

工程认证标准下"泵与风机"一流课程建设的探索与实践

——以北京林业大学为例

刘永泽　张立秋　封　莉

（北京林业大学环境科学与工程学院，北京　100083）

摘要：结合工程认证"学生中心、产出导向、持续改进"理念和一流本科课程建设要求，以北京林业大学为例，对"泵与风机"一流课程建设进行了探索与实践。本文深度解析了"泵与风机"课程含义，并以认证标准重塑课程培养目标，以课程目标达成为导向，采用BOPPPS教学模型、案例教学对课程进行教学设计，从"泵与风机"教材建设、虚拟仿真平台建设、实验平台建设、知识竞赛选拔等方面多维度丰富了教学资源，并建立了课程目标达成评价与持续改进机制，提高了课程目标达成度，实现了一流课程的稳步建设。

关键词：一流课程；工程认证标准；BOPPPS教学模型；教学资源；持续改进

"双一流"建设指一流大学建设和一流学科建设，是我国高等教育领域继"211工程""985工程"之后的国家重大战略。课程是人才培养的核心要素，课程质量是决定人才培养质量的关键。依据教育部关于一流本科课程建设的实施意见，经过三年左右时间，建成万门左右国家级和万门左右省级一流本科课程(简称一流本科课程"双万计划")。

工程认证标准下，"泵与风机"课程是给排水科学与工程和环境工程专业本科生的核心专业课程，泵与风机作为一类通用机械，在城市给排水工程与环境工程中应用广泛，发挥着非常重要的作用，由此该课程目标的达成对于本科生达到毕业要求和培养目标起到关键的支撑作用。近年来，笔者所在的教学团队在深入解析"泵与风机"课程特点和含义的基础上，结合工程认证"学生中心、产出导向、持续改进"理念和一流本科课程建设要求[1]，重塑课程目标，从课程体系与教学设计、教材与教学资源建设、持续改进机制建设等方面进行了系统化课程改革与实践。

一、"泵与风机"课程含义与课程目标

"泵与风机"课程是一门理论与实践并重的课程，既要学习泵与风机相关的理论知识，更需要学习泵站设计规范、规程等技术资料，并能熟练应用这些理论与技术资料进行泵站的工程设计，解决城市供排水系统中的复杂工程需求。在专业培养体系中，"泵与风机"知识内容贯穿整个给排水专业课程的学习，前期引导课程包括"工程水力学"。"工程制图"

作者简介：刘永泽，北京市海淀区清华东路35号北京林业大学环境科学与工程学院，副教授，liuyongze@bjfu.edu.cn；
　　　　　张立秋，北京市海淀区清华东路35号北京林业大学环境科学与工程学院，教授，zhangliqiu@163.com；
　　　　　封　莉，北京市海淀区清华东路35号北京林业大学环境科学与工程学院，教授，fengli_hit@163.com。
资助项目：北京林业大学教育教学研究一般项目"基于'BOPPPS教学设计—教材编写—VR实践—选拔竞赛'四轮驱动的'泵与风机'课程建设"（BJFU2021JY087）；
　　　　　北京高等教育本科教学改革创新项目"'认证标准—思政引领—产学研教'深度融合的给排水专业人才培养模式研究"（202110022002）。

等；后续支撑给水厂设计、污水厂设计、给排水管网设计等专业内容学习。依据高等学校给排水科学与工程专业指导委员会编制的《高等学校给排水科学与工程本科指导性专业规范》(简称专业规范)[2]，"泵与风机"课程内容涵盖了 4 个基本知识单元共 19 个知识点，课程所涉及的内容呈现知识点抽象、关联性强和实践性强等特点，这就需要课程学习过程重点解决知识点内容的合理引入、融会贯通和实践应用等难点与问题。

在工程认证标准下"泵与风机"课程目标支撑毕业要求"2 问题分析"和"3 设计/开发解决方案"[3]，依据此制定了"泵与风机"的课程目标：一方面使学生掌握泵与风机的相关理论与工程基础知识，能够识别、表达并通过文献研究分析复杂工程问题，并获得有效结论；进一步使学生能够设计针对复杂工程问题的解决方案，满足实际工程需求。这就需要在教学设计和考核过程中要注重这两部分的达成情况分析和持续改进，以达到毕业要求。

二、课程体系和教学设计

笔者结合"泵与风机"课程内容知识点的含义及课程目标，重新梳理课程内容，将其分为三大板块，即认识水泵、应用水泵和集成设计。如图 1 所示，三大板块涵盖了专业规范所要求的 19 个知识点，同时也从含义上显示了 19 个知识点之间的整体和逻辑关系。与此同时，针对各板块学习内容的重点、难点和所需要达成的能力，分别采用 BOPPPS 教学模型、案例教学等进行教学设计，以使得学生对知识点更易掌握理解、融会贯通和应用实践。具体如下：

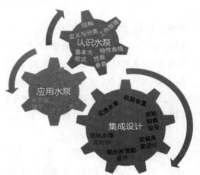

图 1 "泵与风机"课程知识体系

（一）基于 BOPPPS 教学模型的教学设计

BOPPPS 教学模式是由加拿大温哥华教学团队创立，其强调以学生为中心，重点针对课程目标的达成，将教学过程分解为六个前后衔接的模块，即课程导入、建立课程学习目标、前测、参与式学习、后测与课堂总结[4]。每个模块都是为课程目标的达成而服务，充分考虑教与学的反馈与促进，强调师生参与式学习的核心环节。针对"泵与风机"课程知识点抽象、关联性强等教学难点，BOPPPS 教学模型具有很强的适应性和可操作性，见表 1。

表 1 BOPPPS 教学模式在"泵与风机"课程中的应用

BOPPPS 授课环节	具体内容与实例
课程导入（B，bridge-in）	通过有效的课前导入，可以将泵与风机晦涩难懂的理论知识点通过现实中的场景、故事或事实来引入，吸引学生注意力的同时也激发了其强烈的学习兴趣与动力，或者讲述之前所学知识点与此次内容的连贯性，将整个课程的知识点有机贯通起来
学习目标（O，objective）	通过有效的、量化的学习目标，使得学生重视这节课能够学会什么或达到什么能力，明确学习重点和目标
前测（P，pre-assessment）	通过问卷、提问和讨论等形式，利用雨课堂等形式对学生的知识基础及对教学知识点的了解程度进行摸底，笔者认为这对于"泵与风机"课程的授课内容非常重要，根据摸底反馈情况可以使教师更清楚这节课该如何教起，又该如何教
参与式学习（P，participatory learning）	师生参与式学习是课程教学的核心，根据各知识点的特点灵活运用各种教学媒体和资源，如泵与风机构造及零部件采用仿真模型、实物模型、水泵拆装、视频解析等资源强化学生的直观认识与理解，并联工况的求解方法采用板书逐步梳理的课堂讲述，互动交流，能及时发现学生的知识漏洞并补充讲解

(续)

BOPPPS授课环节	具体内容与实例
后测 （P，post-assessment）	课堂内容讲解后的检验和评估，参考注册设备师的考试真题或实际案例，采用选择题、计算题等对知识点进行测评与考核，利用雨课堂对考核结果进行及时评判分析，进而促进教学过程的设计、改进与完善，保障课程目标的实现
课堂总结 （S，summary）	最后通过简练地总结课程知识点，回顾授课内容，强化课程目标的达成，如利用"离心泵装置的设计扬程等于静扬程加管道损失"，而"离心泵装置的工作扬程等于真空表与压力表之和"简单两句话回顾离心泵装置总扬程确定的知识点，并通过总结课程目标达成情况、布置课后作业和知识点的应用引出下节课的内容，起到本节课终结、承上启下的作用

在上述的原则指导下，笔者将"泵与风机"中三大板块内容梳理成十四讲，针对每一讲依据 BOPPPS 教学模型进行教学设计，形成"泵与风机"授课教案一套，获得北京林业大学本科课程优秀教案二等奖。依据该教学设计进行的教学过程中，能及时收集学生的学习目标达成情况，形成了良性的持续改进机制，有效保障了课程目标的达成。

（二）工程案例教学设计

"泵与风机"课程目标更强调针对复杂的城市供排水问题，设计泵站从而解决工程需求，因此课程授课要注重工程思维、设计能力的培养，在泵站设计原则、给水泵站和排水泵站等知识单元的讲授中，采用案例教学更能有利于课程目标的达成。课程选择了城市给排水系统中给水泵站设计实例、排水泵站设计实例作为典型案例进行系统讲授，以实际工程需求（设计原始资料见表2）作为起点，通过选泵、设计计算、工艺设计等过程最终完成完整的泵站设计。

表2 工程案例——泵站设计原始资料

设计题目：给水泵站设计	设计题目：排水泵站设计
一、设计原始资料 1. 泵站的设计水量为 10 万 $m^3/日$。 2. 给水管网设计的部分成果： （1）根据用水曲线确定二泵站工作制度，分两级工作。第一级，从7时到20时，每小时占全天用水量的6.75%。第二级，从20时到7时，每小时占全天用水量的3.26%。 （2）城市给水管网的设计最不利点的地面标高为 102.0m，建筑层数为 6 层，自由水压为 28m。 （3）给水管网平差得出的二泵站至最不利点的输水管和配水管网的总水头损失为 20.68m。 （4）消防流量为 $144m^3/h$，消防时的总水头损失为 28.49m。 3. 清水池所在地地面标高为 90.0m，清水池最低水位在地面以下 4.0m。 4. 城市的冰冻线为-1.5m。最高气温为 30℃，最低气温为 20℃。 5. 泵站所在地土壤良好，地下水位为-7m。 6. 泵站具备双电源条件	一、设计原始资料 已知拟建自灌式污水泵站将某市纳污区污水提升至污水厂，设计资料如下： （1）城市人口为 80 000 人，生活污水量定额为 $135L/(人·d)$。 （2）进水管管底标高为 24.80m，管径 DN600，充满度 $H/DN=0.75$。 （3）出水管经 320m 管长提升至出水井，提升后的水面高程为 41.80m，随后进入污水处理构筑物。 （4）泵房选定位置不受附近河道淹没和冲刷，原地面高程为 31.80m。 （5）地质条件为砂黏土，地下水位高程为 29.30m，最低为 28.00m，地下水无侵蚀性，土壤冰冻深度为 0.7m

设计题目：给水泵站设计	设计题目：排水泵站设计
二、设计任务：城市送水泵站技术设计的工艺部分	二、设计要求：完成该污水泵站工艺设计
三、设计成果：计算说明书1份，泵站工艺图1张	三、设计成果：污水泵站工艺图1套，设计说明书1套

案例教学过程中，以学生为主体，通过研读设计原始资料的获取与用途、设计参数的获取与选用、设备选型原则的理解与实操、工艺布置与计算等过程，培养学生以工程思维熟练应用设计资料、行业规范与手册等技术资料，强化资料查阅、方案优选、合理设计、图纸绘制等各方面能力训练，最终通过图纸、说明书评价和答辩等形式考核课程目标达成情况，并根据问题反馈持续改进授课过程。

三、教材与教学资源建设

一流课程的建设需要一流的课程资源予以支撑，结合"泵与风机"知识体系和课程目标，从教材建设、虚拟仿真平台建设、实验平台建设、知识竞赛选拔等方面多维度丰富教学资源，促进课程目标达成。

（一）教材建设

针对本专业"泵与风机"的知识单元要求和课程目标，目前国内尚缺乏理想的教材，尤其缺少给水泵站和排水泵站的工程案例设计指导；泵与风机设备样本未与行业发展结合，缺乏时效性。基于此，笔者所在教学团队结合国内外相关教材，针对目前教材内水泵内容多而风机基本未涉及、实践指导性弱等问题[5]，提出教材编写思路：增加风机理论与风机房设计内容，同时结合泵与风机设备的行业发展，更新完善常用泵与风机样本，强化与设计手册、设计规范等行业技术资料文件的关联，编制实操性更强的给水泵站、排水泵站与鼓风机房等工程设计指导书。《泵与风机》教材已被列入国家林业和草原局普通高等教育"十三五"规划教材增补选题目录，目前正在出版中。

（二）虚拟仿真平台建设

离心泵的结构与零部件较为复杂，由于缺少机械设备相关基础，学生对抽象的泵的机械图难以理解，水泵气蚀现象、水泵开/停车过程难以在课堂上呈现。笔者所在单位初步建设完成虚拟仿真实验室，其中的离心泵单元很好地解决了上述问题。仿真平台中除提供了离心泵的零部件演示与拆装模拟（图2），还可以进行冷态开车、正常停车、停电事故、气蚀、流量调节等工程情况的演示与操作（图2）。

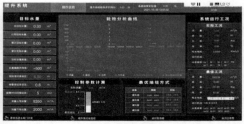

图2　离心泵与提升泵站虚拟仿真平台

（三）实验平台建设

为了强化学生对离心泵性能特性曲线知识点的理解，购置离心泵性能测试综合实验台（图3），该平台包含了离心泵特性曲线（$Q\text{-}H$、$Q\text{-}N$ 和 $Q\text{-}\eta$）、串并联工况下的特性曲线绘制、水泵气蚀实验等内容。通过团队协作、实操演练，促进学生发现问题并能够利用所学理论知识分析并给出解决方案。同时为强化对泵与风机的构造、零部件及工作原理的直观认识，增加水泵与风机模型（图3），未来将与企业加深合作，将实际离心泵和深水泵剖开获得模型化的工程泵，同时购置不同类型水泵供学生拆装，实现理论与实践的紧密结合。

图3　离心泵性能测试综合实验台和泵与风机模型

（四）参加知识竞赛

"泵与风机"课程有全国性的泵与泵站知识竞赛，竞赛内容涵盖理论知识、专业规范、案例分析等知识点与能力考核，以必答题、抢答题、识图、水泵拆装等多种形式考核学生对课程知识体系的掌握程度。知识竞赛既能激发学生的学习兴趣，又能促进其发现不足，主动通过互联网、教材、技术资料更深层次地挖掘与学习知识，形成了以赛促学的学习机制[6]。我校学生积极参赛，通过校内选拔参加全国决赛，目前获得二等奖1项、三等奖2项。近年来，该竞赛与泵业企业紧密合作，学生进入水泵制造企业，了解泵及泵站发展趋势，开阔了视野，丰富了课程知识体系，同时也认识到行业、企业对人才培养的需求，促进其对自身能力的提高与培养。

四、课程目标达成与持续改进机制建设

在工程认证标准下，笔者所在教学团队以"产出导向、持续改进"的理念建立了课程目标达成度评价机制，课程目标达成情况评价采用"直接评价为主，间接评价为辅"的评价方法（图4）。

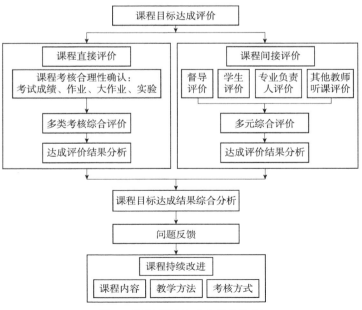

图4　课程目标达成度评价机制

直接评价方法以参加课程学习的所有学生获得的课程成绩（理论授课包括考试试卷、平时作业、随堂测验等，课程设计包括图纸、说明书和答辩成绩等）为样本，对支撑毕业要求中各个指标点对应的课程目标进行达成情况评价；间接评价方法通过教学督导、专业负责人、教研室任课教师、学生等不同评价主体通过随堂听课、问卷调查、材料审核等形式对课程内容、教学过程、教学方法、考核方式等进行打分评价，评价工作组将不同主体的评价结果进行多元综合分析，汇总评价结果。最终综合直接评价和间接评价结果形成课程目标达成结果综合分析，明确课程目标的实现情况，并由此持续完善教学内容，改进教学方法和优化考核方式。

利用此课程目标达成评价机制，对近三年"泵与风机"课程进行评价结果见表3所示。可以看出，2018—2020年课程目标达成度均大于0.6，表明"泵与风机"课程目标均已达成。随着教学资源的丰富和教学方法的持续改进，2018年以来课程目标达成情况逐年递增，表明一流课程建设收到成效。相比来讲，设计能力的达成情况较弱，在后续授课过程中仍需加强工程设计能力培养，增加与设计规范、设计手册等行业技术资料的衔接与应用。值得注意的是，在进行课程目标达成度评价时发现，近三年女生课程目标达成度平均0.83，而男生达成度仅为0.70，相差较大，这需要教学各方关注并寻求提高达成度的办法。

表3 《泵与风机》课程目标达成度评价表

支撑毕业要求	问题分析	设计/开发解决方案
二级指标点	能够运用公式、图纸、图表和文字等工程语言，以及运用文献、规范和标准等对给排水科学与工程专业的复杂工程问题进行分析，并获得有效的结论	掌握单元（部件）或工艺流程的分析方法和设计方法，根据给排水科学与工程特殊需求制定合理的设计、施工方案
课程目标	掌握泵与风机的相关理论与工程基础知识，能够识别、表达、并通过文献研究分析复杂工程问题，并获得有效结论	能够设计针对复杂工程问题的解决方案，满足实际工程需求
2020年课程目标达成情况	0.81	0.82
2019年课程目标达成情况	0.80	0.78
2018年课程目标达成情况	0.76	0.73

五、结 语

在工程认证标准下和一流课程建设指导下，"泵与风机"课程建设取得了阶段性成果。随着国内外科技发展与技术进步，课程知识体系、授课内容、授课方式等也要融入到经济社会发展的大趋势中去，因此需及时进行课程创新与改革，强化课程目标达成，以适应社会、行业对毕业生的能力要求。

参考文献

[1] 李志义. 解析工程教育专业认证的成果导向理念[J]. 中国高等教育，2014(17)：7-10.
[2] 高等学校给水排水工程学科专业指导委员会. 高等学校给排水科学与工程本科指导性专业规范[M]. 北京：中国建筑工业出版社，2012.
[3] 住房和城乡建设部高等教育给排水科学与工程专业评估委员会. 全国高等学校给排水科学与工程专业评估认证文件[Z]. https://www.mohurd.gov.cn/file/2021/20211217/e469131ac9ff1ff230f737d8362aa91f.pdf?

[5] 曹丹平,印兴耀. 加拿大 BOPPPS 教学模式及其对高等教育改革的启示[J]. 实验室研究与探索,2016,35(02):196-200+249.
[6] 刘宏远,许四法,杨青青. 新工科模式下"泵与泵站"教学体系的设计与思考[J]. 中国给水排水,2018,34(12):9-13.

Exploration and practice of first-class course construction of *Pump and Fan* under engineering certification standard: Taking Beijing Forestry University as an example

Liu Yongze   Zhang Liqiu   Feng Li

(College of Environmental Science and Engineering, Beijing Forestry University, Beijing 100083)

Abstract Combined with the concept of "Student-centered, Output oriented and Continuous improvement" of engineering certification and the requirements of first-class undergraduate curriculum construction, taking Beijing Forestry University as an example, the first-class course construction of *Pump and Fan* has been explored and practiced. This paper deeply has analyzed the connotation of *Pump and Fan* course, reshaped the course training goal with the certification standard. Taking the course goal as the guidance, we have used BOPPPS teaching model and case teaching to design the course, and enriched the teaching resources from the aspects of Pump and Fan textbook construction, virtual simulation platform construction, experimental platform construction, knowledge competition selection and so on. We have also established the evaluation and continuous improvement mechanism for course goal achievement. All of these has improved the degree of course goal achievement, and realized the steady construction of first-class course.

Keywords   first class courses, engineering certification standards, BOPPPS teaching model, teaching resources, continuous improvement

工程教育专业认证"问题"课程的革新

——北京林业大学"固废实验"课程OBE达成度评价及持续改进

徐康宁

（北京林业大学环境科学与工程学院，北京 100083）

摘要："固废实验"课程是2015年我校环境工程专业通过首轮认证时的唯一"问题"课程，由此成为2018年复审的重点关注课程，在校级重点教改项目的支持下重塑了该门课程，课程建设和教学实践成果顺利通过了复审。本文总结了课程建设概况，以成果导向教育（OBE）为核心系统开展了2018—2020年的课程达成度评价，分析了课程对"研究"和"个人和团队"毕业要求下4个指标点的支撑，重点是基于达成度评价深刻剖析了课程问题、持续改进以及它们的交互关系，进而提出了未来课程的持续改进路径，为符合OBE培养理念的"固废实验"课程教学提供保障。

关键词：固体废物处理处置工程实验；环境工程；工程教育专业认证；成果导向教育

我国加入国际上最具影响力的工程教育学位互认协议《华盛顿协议》，由中国工程教育专业认证协会组织进行专业认证，通过认证的工程专业毕业生学位可以得到《华盛顿协议》其他签约国家或地区的专业能力认可，是工程教育本科生培养质量达到国际标准的标志[1]。我校环境工程专业2015年成功通过了工程教育认证[2]，并于2018年顺利通过复评，获得了等级最高的6年认证有效期，成为我校第一个通过工程教育认证且有效期为6年的专业。

然而，专业认证过程并非一切顺利。在首轮认证过程中，专业必修课"固体废物处理处置工程实验"（以下简称"固废实验"）成为"问题"课程，认证委员会书面建议中明确指出："建议加强'固废实验'课程建设，建立更加完善的实验室条件，丰富实验教学内容，更好地支撑环境工程专业的本科生的工程教育以及后续环境工程专业认证工作中每年的持续改进工作。"针对这一突出短板，环境学院组建了由副院长和任课教师组成的研究团队，对"固废实验"课程进行了一系列的改革，以成果导向教育（outcome based education，OBE）标准对课程建设、教学内容、教学方法、考核方式等进行了重塑。短短3年之后的2018年，环境工程专业迎来第二次专业认证的大考，"固废实验"理所当然地成为专家组关注的焦点，虽然在课程建设之后仅有一次教学实践，但是课程建设与教学效果却获得了一致认可，顺利通过了专业认证。

通过了专业认证虽然是一种肯定，但是更重要的还是"以评促建"。工程教育专业认证强调OBE导向下的课程达成度评价和持续改进，这成为课程教学质量与时俱进、不断革新的方法保证，本文以专业认证中的"问题"课程为例，通过课程重塑后OBE达成度评价及其

作者简介：徐康宁，北京市海淀区清华东路35号北京林业大学环境科学与工程学院，副教授，xukangning@bjfu.edu.cn。

资助项目：北京林业大学教育教学改革项目"'固体废物处理处置工程'系列课程改革探索：实践化、多元化、一体化"（BJFU2021JY091）。

比较，分析课程持续改进与达成度评价之间的交互关系，从而提出未来的课程持续改进路径，为我校环境工程教育提供支撑。

一、"固废实验"课程梗概

"固废实验"课为高等理工院校环境工程本科专业必修课[3]。课程共计16学时，按照固体废物处理处置工程系统化知识的培养思路，设计了生活垃圾的化学性质分析实验、固体废物球磨筛分实验、危险废物化学稳定化实验、有机废物好氧堆肥化实验等四个关键工程能力培养的实验训练模块，涉及固体废物处理处置工程理论教学中的全部处理流程，同时制定了《固体废物处理处置工程实验指导手册》。

确立了"四位一体"多元化的考核方式，实验方案设计占10%，实验操作技能占20%，实验报告占30%，期末考试40%。与期末考试相比，实验方案设计、实验操作和实验报告定量评价是有难度的，尤其是实验操作主要体现在每个学生在操作中的细节观察，因此，为更公正、客观开展评价，设计了更具操作性的十分制评价标准，如表1所示，在特定观测点设置3个评价标准，并根据实际情况可以略有调整，比如以实验方案设计中的6分标准为例，观测后比标准稍强或者稍弱可以评价为6+和6-，分别对应8分和4分。

表1 实验方案设计、实验操作和实验报告10分制评分标准

考核对象	观测点	10分	6分	2分
实验方案设计	实验原理熟悉程度	实验原理表述清晰、准确，可以使用公式、示意图等完整表达	实验原理表述较为清晰、准确，但是个别表述有偏差	实验原理表述混乱，理解不透彻，设置出现错误
	实验方案设计的逻辑性、可执行度	方案设计逻辑清晰，可操作性强，能够按照方案实现实验目的	方案设计逻辑较为清晰，可操作性较强，基本能够按照方案开展实验，但是个别操作不具体	方案设计逻辑不顺，可操作性不强，很难依照方案开展实验
实验操作	实验态度	按时参加实验，原始数据记录完整	按时参加实验，原始数据记录基本完整	实验迟到，原始数据记录不完整
	操作技能	实验过程熟练，操作规范，动手能力强	实验过程较熟练，能完成基本操作	需要在指导下完成基本操作
	协作精神	主动做好分配任务，并能协助同组成员	完成分配任务，能与小组成员配合	被动参与实验，需要老师或者同学督促
	实验室卫生整洁程度与遵守纪律	实验过程中卫生整洁，遵守实验室纪律	实验过程中卫生一般，基本能够遵守实验室纪律	卫生状况差，有违反实验室纪律的现象
实验报告	数据分析处理能力	实验数据整理规范，计算结果正确	实验数据整理规范，计算结果基本正确	实验数据和结果均有明显错误
	综合应用知识能力	能综合实验数据分析规律，结论正确	结论基本正确，但缺乏数据综合分析	结论有错误

二、课程达成度评价及其方法

(一)毕业要求指标点的支撑程度

OBE 是专业认证最核心的工程教育理念[4],强调教学设计和教学实施的目标是学生取得的学习成果,在专业认证中细化为 12 项毕业要求和 28 项具体指标点[2]。"固废实验"课支撑其中 P4(研究)和 G9(个人和团队)2 项毕业要求,细分为 4 个指标点,包括 2 个强支撑以及 2 个中支撑,由此设定了学生学习目标、课程教学达成途径以及最终的评价依据,详情见表 2。根据专业认证要求,强支撑被赋予一定的支撑强度权重,"固废实验"课程对 P4.3 和 G9.2 的支撑权重分别为 0.2 和 0.2,中支撑仅支撑指标点,而不赋值权重,权重赋值用于后续毕业要求整体达成度计算。

表 2 课程支撑的毕业要求以及对应的学习目标和评价依据

毕业要求*	学习目标	评价依据
毕业要求 P4.3(H) 研究:能够根据实验方案构建复杂环境工程问题研究的实验系统,并进行安全实施	通过课程学习,学生可以对固体废物处理处置工程问题,能够利用科学方法设计和实施实验	实验设计、实验操作、实验报告、期末考试
毕业要求 G9.2(H) 个人和团队:能主动与团队成员共享信息、倾听其他团队成员的意见,合作共事	学生能够主动与团队成员合作共事,具有团队合作能力	实验操作、实验报告
毕业要求 P4.4(M) 研究:能正确采集、整理实验数据,对实验结果进行关联、分析和解释,获取合理有效的结论	学生具有分析固体废物处理处置工程相关复杂问题并获得有效结论的能力	实验操作、实验报告、期末考试
毕业要求 G9.3(M) 个人和团队:能够在多学科背景下的团队中承担不同角色	学生能够在团队中承担不同角色	实验操作、实验报告

* 符号说明:P4 为毕业要求 4,P4.3 为该毕业要求下的第 3 条指标点,H 表示该课程为指标点强支撑,M 表示该课程为指标点中支撑。

(二)课程达成度计算方法

达成度计算选取最近 3 年环境工程 2015 级、2016 级和 2017 级学生的教学实践为样本,刨除个别休学学生后的实际修课学生数量分别为 31 人、41 人和 51 人。在采用实验课程成绩评价的基础上,按照毕业要求指标点的评价依据,结合课程考核成绩分析法和评分表分析法进行课程目标达成度评价。P4.3、G9.2、P4.4 和 G9.3 的达成度(分别为 $D_{P4.3}$、$D_{G9.2}$、$D_{P4.4}$ 和 $D_{P9.3}$)计算公式如式(1)–式(4)所示:

$$D_{P4.3} = \frac{\sum_{i=1}^{n}(10\%S_{Ai} + 20\%S_{Bi} + 30\%S_{Ci} + 40\%S_{Di})}{100n} \tag{1}$$

$$D_{G9.2} = \frac{\sum_{i=1}^{n}(20\%S_{Bi} + 30\%S_{Ci})}{50n} \tag{2}$$

$$D_{\text{P4.4}} = \frac{\sum_{i=1}^{n}(20\%S_{Bi} + 30\%S_{Ci} + 40\%S_{Di})}{90n} \quad (3)$$

$$D_{\text{G9.3}} = \frac{\sum_{i=1}^{n}(20\%S_{Bi} + 30\%S_{Ci})}{50n} \quad (4)$$

式中，n 表示环境工程专业学生数量，S_{Ai}、S_{Bi}、S_{Ci} 和 S_{Di} 分别为某个学生 i 的实验方案设计、实验操作、实验报告和期末考试的评分。

基于上述课程评价结果，通过加权计算，评价该门课程对强支撑指标点达成度的支撑（$Z_{\text{P4.3}}$ 和 $Z_{\text{G9.2}}$），计算公式如下：

$$Z_{\text{P4.3}} = \gamma_{\text{P4.3}} \cdot D_{\text{P4.3}} \quad (5)$$

$$Z_{\text{G9.2}} = \gamma_{\text{G9.2}} \cdot D_{\text{G9.2}} \quad (6)$$

式中，$\gamma_{\text{P4.3}}$ 和 $\gamma_{\text{G9.2}}$ 分别是课程对强支撑指标点 P4.3 和 G9.2 支撑值。

三、课程达成度评价结果与分析

（一）课程教学效果剖析及持续改进

以 2018—2020 年共计 3 年的"固废实验"教学实践为对象，系统总结了课程 4 种考核方式所得出的评分均值（图 1）。2018 年的教学实践中，实验方案设计、实验操作和实验报告评分均值相同，都在 80 分以上，这是因为第一年教学实践中缺乏学生主动设计的环节，实验（预习）报告中的原理和方案依据《实验指导书》，导致三项分数完全一致；同时，评分的标准偏差较大，主要是某一小组 4 名学生没有开展实验预习，而且存在实验报告抄袭现象，导致实验方案设计和实验报告分数为 0，从而拉低了平均分，也加大了均值标准偏差。当年的期末考试得分均值为 76 分，分析评卷结果可知，学生主要是在多选题丢分较多，这与学生基本功不扎实有关。这对上述问题，对课程提出 3 项持续改进措施：①严肃学习纪律，严禁实验报告抄袭，明确告知学生惩罚措施；②弱化《实验指导手册》中的实验方案和步骤，强化引导学生主动参与方案设计；③实验原理讲解更为细致，让学生清晰理解。

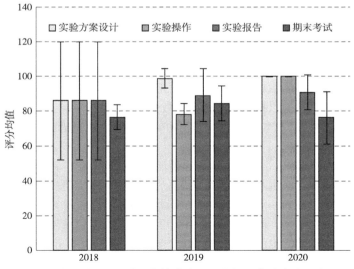

图 1 "固废实验"课程对所支撑的毕业要求指标点达成度评价结果

2019年教学实践后,实验方案设计、实验报告和期末考试评分均值都有显著上升,然而,实验操作评分均值降低至78分。可能是两方面的原因,实验设备操作的讲解不够细致或者学生通用实验操作的基本功不扎实。基于此,对后续课程教学提出了两项持续改进措施:①实验课讲解时细致讲解设备的操作步骤,并以提问的方式强化学生主动记忆;②将移液管使用、称量方法、容量瓶定量等常用实验操作步骤也做详细讲解,弥补学生实验操作基本功的缺陷。

2020年的教学实践结果表明,实验方案设计和实验操作评分均值都达到100分,实验报告评分均值也提升至91分,这是对学生在上述3项能力培养效果的肯定。但是,值得一提的是,期末考试评分均值却跌落至76分,分析可知,51名学生中有12人成绩低于平均分,尤其是存在39分、43分和50分的低分,严重拉低了平均分。后续课程的持续改进需要着眼于后进学生的帮扶。

(二)课程目标的达成度评价

"固废实验"课支撑毕业要求P4(研究)中的两个指标点,一个是强支撑指标点P4.3,达成度由2018年的0.82升高至2020年的0.88,另一个是中支撑指标点P4.4,达成度由0.82提升至0.86(图2)。上述结果表明,连续两年的课程持续改进对P4下的两个支撑指标点起到了正向的促进作用。

该门课程支撑毕业要求G9(个人和团队)中的两个指标点。2018年课程教学效果对于强支撑指标点G9.2的达成度为0.86,然而2018年时略微降低至0.85,在2020年时则显著提升至0.94。对于另一个中支撑指标点G9.3达成度而言,因为与

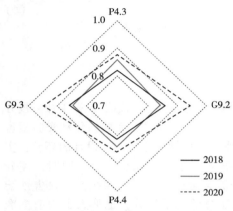

图2 "固废实验"课程对所支撑的毕业要求指标点达成度评价结果

G9.2达成度的计算公式相同,3年中的变化存在同样的趋势。2018年达成度下降的结果表明,虽然持续改进通常会促进课程达成度评价,但是仍然会遇到学生群体或者个别现象,会影响达成度评价结果,而2019年教学实践之后的持续改进策略是正向的,促进了达成度的显著提高。

四、未来课程持续改进路径

毕业要求达成度计算的一个重要目的就是进行培养方案以及课程教学的持续改进,这也是专业认证通用标准中的一项重要内容[1,5]。经过3年的教学实践以及达成度评价,可以总结得到以下持续改进措施以推动未来的课程教学:

(1)严肃学习纪律,严禁实验报告抄袭,明确告知学生惩罚措施,任何时候都应该强调这一问题。

(2)教学内容设置方面。弱化《实验指导手册》中的实验方案和步骤,强化引导学生主动参与方案设计的内容,学生在《实验预习报告》中需要开展实验步骤的细化,同时鼓励学生在不同分组之间可以在同一个实验目标之下设计不同的实验思路和实验过程,这可以给学生的实验带来不确定结果,同时鼓励学生引用不同组的实验结果进行分析讨论,较好地激发学生做实验的主动性,也能鼓励学生强化"个人和团队"的培养目标。

(3)点题授课教学是学生培养的关键[3]。可以适当扩充实验课的点题授课时间,将15分钟的讲解扩充至30分钟,通过多媒体等方式把实验原理讲解得更为细致,让学生清晰理

解；同时必须详细讲解相关实验设备的操作步骤，并以提问的方式强化学生主动记忆；最后，在操作过程中将移液管使用、称量方法、容量瓶定量等常用实验操作步骤也做详细讲解，弥补学生实验操作基本功的缺陷。

（4）难点是后进学生的帮扶。16个学时的实验课共分为4次4个学时开展，中间没有测评，很难了解学生学习中的弱点和那些后进学生。分析学生表现可知，后进学生主要是期末考试得分较低，而实验方案设计、实验操作以及实验报告等表现尚可，由此可以判断学生基本掌握了实验课的知识，很大可能是考试时间距离课程教学时间较长，因此，需要鼓励学生在开始之前复习，同时增设考试前的答疑时间，鼓励学生复习中遇到问题积极答疑解决，帮助学生更好掌握课程知识。

五、结　语

针对"固废实验"课程2018至2020年的教学实践，开展了课程对OBE标准下"研究"与"个人和团队"毕业要求的四个指标点的达成度评价，以实验方案设计、实验操作、实验报告和期末考试"四位一体"的考核测评为基础，剖析课程问题并分析课程持续改进措施与达成度的交互关系，从而提出了未来课程建设的持续改进路径，为符合OBE培养理念的"固废实验"课程教学提供保障。

参考文献

[1] 林健. 如何理解和解决复杂工程问题——基于《华盛顿协议》的界定和要求[J]. 高等工程教育研究，2016，5：17-26+38.
[2] 程翔，孙德智，王毅力，等. 基于工程教育认证标准的环境工程专业课程教学体系的构建——以北京林业大学为例[J]. 中国林业教育，2017，35(1)：35-38.
[3] 孙德智. 深化教学改革提高北京林业大学环境工程专业教学质量[J]. 北京林业大学学报(社会科学版)，2009，8(S2)：99-101.
[4] 蒋建国. 固体废物处置与资源化[M]. 2版. 北京：化学工业出版社，2013.
[5] 江芳，刘晓东，李健生，等. 工程教育认证背景下国际化人才培养模式的探索与实践——以南京理工大学环境工程专业为例[J]. 教育教学论坛，2018，371(29)：147-149.

Innovation of a "problem" course in the engineering education programmatic accreditation: Achievement evaluation using outcome based education and continuous improvement for the *Solid Waste Experiment* course in Beijing Forestry University

Xu Kangning

(College of Environmental Science and Engineering, Beijing Forestry University, Beijing　100083)

Abstract　The *Solid Waste Experiment* (SWE) course was the only "problem" course in the 1st round of Environmental Engineering Programmatic Accreditation (EEPA) of Environmental Engineering in our university in 2015. As such, the SWE course turned to be the focus in the 2nd round of EEPA in 2018. The SWE course was reconstructed supported by a school level key project. The successful reconstruction and performance of the course helped the major pass the 2nd round of accreditation. This study overviewed the course and carried out a systematic achievement evaluation based on the teaching performance from 2018 to 2020, taking outcome based education(OBE) as the core. The support on four index points under the Graduation Requirements of "Research" and "Individuals and Teams" was evaluated. Most importantly, the problems of the course, the continuous improvement, and their interactions were deeply analyzed based on the achievement evaluation. Furthermore, a roadmap for further continuous improvement of the SWE course was proposed. This would support the course satisfying the OBE rules of engineering education.

Keywords *Experiments of Solid Wastes Treatment and Disposal*, environmental engineering, engineering education programmatic accreditation, outcome based education

无人机技术在园林竖向空间设计教学中的应用

刘 通

(北京林业大学园林学院,北京 100083)

摘要: 在科技广泛赋能各行各业的今天,研究科技赋能教育、科教融合十分必要。本文根据"风景园林设计"课程教学现状,针对现状空间理解不够真实、现状地形环境不够直观、方案竖向设计不够准确、方案空间类型不够丰富四方面问题,引入无人机三维重建模型技术和"类型+"竖向空间设计方法。二者结合为"风景园林设计"课程教学提供了新工具和新方法,提升了空间理解、地形设计、竖向定量、空间类型的教学,是科教融合的一次有益探索。

关键词: 无人机;三维重建模型;竖向;空间设计;类型;风景园林

一、"风景园林设计"课程教学现状

"风景园林设计"课程作为风景园林专业本科的设计基础课程,其教学目标是培养学生具备园林景观设计的基本理念、设计思维,熟悉掌握园林景观设计的程序和环节,能够独立完成设计方案的创造和表达[1]。随着计算机信息技术的不断发展,现在的"风景园林设计"课程中已有许多技术和软件的成熟应用,如二维制图软件 AutoCAD、Photoshop,三维建模软件 SketchUp、Rhino,三维渲染软件 Lumion 等。这些软件很好地服务于"风景园林设计"课程的教学目标,成为学生的必备工具。讲授这些软件的"风景园林计算机辅助设计"课程在大二上学期开设,共 8 周;"风景园林设计"课程在大二下学期至大四上学期开设,每学期安排 1~2 个设计作业,每个设计作业在 8~10 周内完成。

"风景园林设计"课程每个设计作业的一般流程安排为:第 1 次课(1 次课 4 学时),教师布置设计作业题目,讲授设计专题和相关案例,课下学生调研题目场地。第 2 次课,学生汇报现状分析和案例分析,教师点评。第 3~6 次课,学生汇报方案草图,教师评图指导。第 7~8 次课,学生汇报方案 CAD 平面、三维模型,教师评图指导。设计作业的最终成果一般为 A1 图纸 2 张,电脑制图与排版。

二、"风景园林设计"课程教学面临的问题

(一)现状的空间理解不够真实

目前"风景园林设计"课程的设计作业场地都选择学校内部或周边临近的地块,方便学生实地调研。学生亲自踏勘、观察分析现场这一个环节非常必要,目的是培养学生分析现状问题、理解现场空间的能力。学生拿着二维的 CAD 现状平面图,拍摄现状照片,并在图纸上标记。虽然身处现状场地的三维空间之中,但由于学生的空间思维能力有限,对于现

作者简介:刘 通,北京市海淀区清华东路 35 号北京林业大学园林学院,讲师,178306048@qq.com。

资助项目:北京林业大学教育教学研究科教融合专项项目"基于无人机三维重建模型的园林'竖向+'整合设计方法教学研究"(BJFU2019KJRHJY003)。

状的空间感知无法做到真实和全面，并且随着课程进度的推移，学生关于现状场地空间的记忆和感受越发模糊、失真。

教师会和学生一起实地踏勘，现场对现状空间环境进行讲解，指导学生基于二维现状平面图，对场地的交通、地形、植被、建筑、可保留利用的要素、人群活动情况等内容进行现状分析。由于这些分析仍以二维形式表达，无法直接在三维层面帮助学生进行空间理解。

（二）现状的地形环境不够直观

在二维的 CAD 现状平面图上，现状地形一般以高程点或等高线形式表示，这存在两方面问题：①高程点和等高线都是二维平面的数据，不够直观，需要学生在脑中进行空间想象和转化，还原实际地形；②高程点和等高线都是按一定间隔选取的具有代表性的数据，即间隔内的更多数据并没有体现，从而增加了学生还原实际地形时的难度。

在面对较复杂的现状地形时，教师会建议学生在二维 CAD 现状平面图上，将高程点和等高线串联整理，接着用三维建模软件 SketchUp、Rhino 构建现状地形的简易草图模型。但由于数据量有限，此模型与真实地形仍存在较大差距，难以直观地表达现状地形的环境情况。

（三）方案的竖向设计不够准确

由于学生空间感知和空间塑造能力薄弱，竖向设计的教学一直是"风景园林设计"课程的难点之一。学生在 CAD 现状平面图上进行现状分析之后，用草图纸蒙在现状平面图上进行方案草图绘制。这两个环节都是在二维平面上进行，使得学生在处理地形、坡道、台阶、建筑、植物等具有竖向变化的风景园林要素时，受二维平面思维惯性的影响，难以将在二维平面上的点线面元素转化成三维空间中具有准确尺寸数据的体积元素。

教师会建议学生使用计算机三维建模和手工制作工作模型来辅助竖向设计，但这两个方法都需要准确的数据尺寸才能进行。而在构思之初，风景园林设计师应该首先用定性的思维方式进行方案的思考和设计。这种定性思维与定量尺寸之间的割裂，会影响思维的连续性和竖向设计的准确性。

（四）方案的空间类型不够丰富

比竖向设计更进一步的是风景园林空间设计，空间设计的教学是"风景园林设计"课程的核心内容。需要学生在满足不同风景园林要素功能要求的基础上，将各个要素进行有机地组合，设计出类型丰富的风景园林空间，使其既具有最基本的功能属性，又具有更高层次的美学属性和精神属性，实现实用、美观和文化三者的融合。这就对学生的空间想象能力、空间造型能力和抽象思维能力提出了更高的要求。在实际教学过程中，学生常处于思绪万千、思路不清、顾此失彼的状态，碎片化的知识难以有效整合成系统。

教师会通过经典案例和实践项目的分析讲解进行空间设计教学。其中，实践项目是教师实际参与设计建造的真实项目，因此能更好地给学生讲解该项目空间设计时的逻辑推导过程。但面对丰富的风景园林空间设计类型，个别的项目案例讲解难以面面俱到，只能以点带面，引导学生通过课下自学来进一步加强对空间设计类型的理解和把握。

三、无人机三维重建模型技术

该技术是利用无人机航拍采集建模目标的数字影像，应用多种数据处理手段和计算机技术，通过 Smart3D Capture 等数据处理软件建立三维模型。数据处理可输出数字高程模型（digital elevation model，DEM）、数字表面模型（digital surface model，DSM）、数字正射影像（digital orthophoto map，DOM）等成果形式[2]。

相同区域的二维 CAD 现状地形图（图1）与无人机三维重建现状模型（图2）相比较，可见后者更加准确、直观和翔实。模型以点云数据的方式生成，每个点的空间位置精度较好。

模型表面附有航拍照片生成的贴图，还原度较高；现状场地的各种细节得以最大程度保留并呈现，细节损耗较少，内容完整度较高；模型可以旋转和缩放浏览，方便各个角度查看和研究模型细节。无人机能适应各种复杂的地形，对人难以到达的区域进行采集工作，将现状场地情况更加完整地呈现出来[3]。

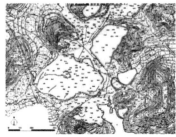
图1 二维的CAD现状地形图

图2 无人机三维重建现状模型

四、"类型+"竖向空间设计方法

类型学是将研究对象进行分类，研究其本质的一类科学，是一种基于分类的认识事物、分析事物的方法。目前类型学已在建筑学科、城市规划学科广泛应用。关于建筑类型学，意大利建筑师阿尔多·罗西认为：类型是人类在其漫长的生活与艺术实践中，历史地、约定俗成地确定下来的各种形态和形态关系。一种特定的建筑类型是一种生活方式与一种建筑形式的结合。类型代表了形成模式的法则，是一个形式的内在结构[4]。

类似的，通过将风景园林空间进行分类，研究其模式法则和内在结构，是认识和分析风景园林空间的有效方法。基于常见的风景园林大类要素——地形、场地、植物、建筑、水体，和几个小类要素——墙体、道路、桥梁、台阶，归纳出以竖向为核心的"类型+"空间设计分类组合系统(图3)，使复杂的空间设计问题转化为易于理解的类型组合问题，实现复杂的空间问题类型化，抽象的空间概念直观化，碎片的空间知识系统化。

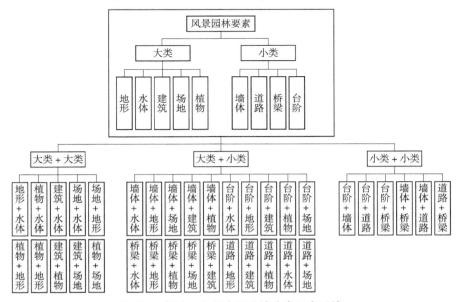
图3 "类型+"竖向空间设计分类组合系统

五、无人机三维重建模型技术结合"类型+"竖向空间设计方法的教学应用

（一）教学环节一：学习无人机三维重建模型技术

无人机三维重建模型技术的课程可安排在大二上学期（表1），可采用 Studio、workshop 的形式，也可合并到"风景园林计算机辅助设计"课程中，分为讲授和实操两部分：前者为讲授无人机三维重建模型技术的相关概念和技术流程（4学时）；后者为指导学生实际操作无人机采集数据（4学时）和实际操作计算机生成三维重建模型（4学时）。

表1 课程安排

学期	大一	大二	大三	大四
上学期	—	"风景园林计算机辅助设计"	"风景园林设计"	"风景园林设计"
		1. 无人机三维重建模型技术	3. 设计作业方案设计	
下学期	—	"风景园林设计"	"风景园林设计"	
		2. "类型+"竖向空间设计方法		

其中实操部分具体步骤为：

（1）现场踏勘，查找控制起算点并进行控制网埋石和观测。航飞得到许可后，进行无人机航飞数据采集和倾斜摄影，获取高分辨率的地物多视角多方位影像数据。各项指标严格按照航飞设计指标进行，如果出现漏飞、数据质量差等问题，立即进行补飞或重飞。如果原航线满足补飞要求，可按原航线补飞，也可以按新航线补飞[5]。

（2）利用后处理 POS 数据、地面控制点数据、影像数据（包括垂直影像和倾斜影像）在数据处理软件 Smart3D Capture 中进行空中三角测量，得到每张航片的精确外方位元素。

（3）利用垂直影像、倾斜影像数据结合空中三角测量加密成果，运用影像密集匹配技术，生成基于真实影像超高密度点云数据。对这种海量数据进行切块分割，按照优先级对分割的区块内的密集点云构建不规则三角网 TIN，生成带白膜的三维模型。对三维模型自动快速赋予纹理贴图，最后输出模型纹理清晰逼真的三维瓦片[6]。

（4）检查计算机自动生成的三维模型，如果出现模型 Z 轴偏移、水域模型空洞、建筑模型扭曲变形等错误，需将模型数据导入到三维模型编辑软件中，进行补漏修正、调整三维网格数据、重新进行局部贴图等精细化处理，之后再导回模型中，生成全要素的三维数字模型及场景。

（二）教学环节二：学习"类型+"竖向空间设计方法

"类型+"竖向空间设计方法的课程可安排在大二下学期，可采用 Studio、workshop 的形式，也可合并到"风景园林设计"课程中以专题形式讲授，分为讲授和实操两部分：前者为讲授风景园林要素分类的逻辑、各要素的特征和功能（4学时）；后者为指导学生进行案例分析（4学时），研究并绘制各要素竖向空间设计类型图谱（图4）（8学时）。

其中实操部分具体教学过程为：

（1）学生分小组，2~3人一组。在完成案例分析的基础上，组员之间进行充分的思维碰撞和交流讨论，重点研究各要素"类型+"竖向空间设计的可能性和可行性。从低层次到高层次，第一个层次各组合类型需满足基本功能要求，尺寸科学合理，符合人体比例；第二个层次需满足人群日常使用要求和特定活动要求，功能组合合理；第三个层次需形成与功能要求、活动要求匹配的氛围意境和场所精神。

（2）使用三维建模软件 SketchUp、Rhino 对各组合类型进行模型建构，在计算机的三维

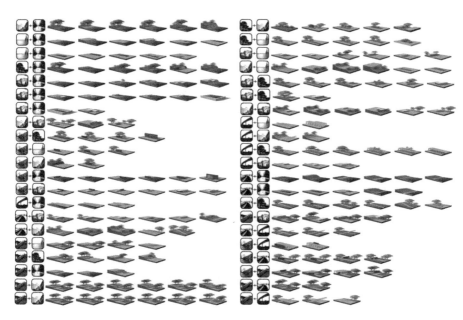

图4 各要素竖向空间设计类型图谱

模型空间中,对基本功能要求、使用活动要求和氛围意境进行更加精确的推敲和研究,修改调整错误和欠合理之处。对三维模型的各形体赋予材质贴图,确定材料选择、结构方式和施工工艺。

(3)根据计算机三维模型,使用木板、PVC板、纸板、黏土、金属等材料制作手工工作模型。手工工作模型是实际设计空间的等比例缩小,具有相对真实的空间特征。直接观察手工工作模型空间的全角度立体效果,获得较计算机三维模型更加真实、整体的空间感受[7]。对各组合类型设计和计算机三维模型进行验证和完善,修改不足之处。

(4)将案例分析、"类型+"竖向空间设计图谱、计算机三维模型、手工工作模型等成果汇总整理,进行小组汇报,汇报时图纸内容与手工工作模型配合。各组之间相互借鉴学习,教师对各组成果进行点评,和组员进行交流讨论。

(三)教学环节三：设计作业方案设计

教学环节三是前两个环节的融会贯通与设计应用。课程可安排在大三上学期,可采用Studio、workshop的形式,也可合并到"风景园林设计"课程中以设计作业形式讲授,分为讲授和实操两部分：前者为讲授专题和案例分析(4学时)；后者为指导学生完成1~2个设计作业的方案设计,每个设计作业需8~10周(32~40学时)。

其中实操部分具体教学过程为：

(1)学生分小组,6人一组。每组完成现场踏勘、操作无人机采集现状场地数据和计算机生成三维重建模型,并制作等比例缩小的现状手工工作模型。在这两个模型的基础上,对场地进行三维角度的现状分析,包括现状的交通、地形、植被、建筑、可保留利用的要素、人群活动情况等。查阅与设计作业题目的面积尺度、地形变化、功能需求、文化内涵接近的案例并分析。

(2)将现状三维重建模型、现状手工工作模型、三维现状分析和案例分析汇总整理,进行小组汇报。

(3)学生不分组,1人独立完成设计作业的方案设计,包括：设计平面图、设计分析图、鸟瞰效果图、节点效果图、设计说明、计算机三维模型、手工工作模型,重点研究"类型+"竖向空间设计组合类型在方案中的应用。

(4)将设计成果汇总整理,进行个人方案汇报,汇报时图纸内容与小组制作的现状手工工作模型、个人制作的方案手工工作模型配合,侧重汇报"类型+"竖向空间设计组合类型在方案中的应用(图5)。学生之间相互借鉴学习,教师对方案进行点评,和学生进行交流讨论,进一步引导和强化"类型+"竖向空间设计方法的学习。

图5 个人方案汇报

六、无人机三维重建模型技术结合"类型+"竖向空间设计方法的教学效果

无人机三维重建模型与"类型+"竖向空间设计,前者是技术工具,后者是理论方法。技术为理论提供了真实直观的数据基础,理论为技术提供了切合实际的应用场景,二者的结合为"风景园林设计"课程教学提供了新工具和新方法。其教学效果具体包括:

(一)提升空间理解的教学

学生在实地调研的基础上,通过学习无人机三维重建模型技术,操作无人机采集数据,操作计算机生成现状三维重建模型,能够获得更真实的现状空间感知,更全面的现状场地信息。随着课程不断进行,学生在进行方案设计时可以随时查看和研究现状三维重建模型,避免了记忆模糊和感觉失真所导致的方案设计错误。

教师通过无人机三维重建模型技术,获得了更有效的空间理解教学工具。可以在三维模型空间中,将教学内容从二维层面升维至三维层面:场地面积升维至空间尺度,场地大小升维至空间对比,场地边界升维至空间围合,场地高低升维至空间竖向等,使这些原来在二维层面讲授比较困难的空间概念,在三维层面直观地呈现出来,帮助学生理解。

(二)辅助地形设计的教学

学生对照二维 CAD 现状平面图与现状三维重建模型,能够直接看到高程点、等高线对应的立体地形。作为输入数据的高程点、等高线,与作为输出结果的立体地形之间,建立了直观的联系,弥补了三维建模软件 SketchUp、Rhino 无法还原逼真的全数据地形的缺陷,帮助学生进行空间想象力和转化力的训练。

教师通过无人机三维重建模型技术,获得了更有效的地形设计教学工具。可以在三维地形模型上,直观地讲授地形的坡度坡向、地表汇水方向、地形与空间划分的关系、地形与植被的关系、地形与人群活动的关系等教学内容,提高了地形设计教学的效率,扩充了单位课时内地形教学的信息量,提升了地形设计教学的效果。

(三)增强竖向定量的教学

"类型+"竖向空间设计方法强调竖向设计,引导学生从二维平面上绘制图案,转变为

三维竖向中塑造空间。学生通过研究不同风景园林要素——地形、坡道、台阶、建筑、植物等在竖向空间中的功能要求、体块关系和组合类型，摆脱二维平面思维惯性，加强对三维竖向空间的理解和把握，实现从"点线面"到"体"的认知转变。

教师采用"类型+"竖向空间设计方法，促进了竖向定量设计的教学。无人机三维重建模型为竖向设计教学提供了一个具有完整数据信息的数字沙盘。在此模型空间中，教师可以将各要素组合类型的功能要求与尺寸数据进行准确对应，包括基本功能要求、人群使用要求、特定活动要求等，帮助学生用定量的思维逻辑进行竖向设计的学习。

（四）促进空间类型的教学

空间设计是"风景园林设计"课程的核心，空间类型是空间设计的分类研究，反映空间构建的模式法则和内在结构。通过引导学生进行不同风景园林要素的组合，研究不同组合类型的可能性和可行性，帮助学生梳理空间设计推导的逻辑和空间类型的图谱，训练学生的空间想象能力、空间造型能力和抽象思维能力。

教师采用"类型+"竖向空间设计方法，提升了空间类型的教学。在学生理解风景园林空间基本功能属性的基础上，对于空间的美学属性和精神属性这两个抽象概念的教学，通过先分类、再组合的研究逻辑，构建相对直观具象的"类型+"竖向空间设计分类组合系统和各要素竖向空间设计类型图谱，使复杂的空间问题类型化，抽象的空间概念直观化，碎片的空间知识系统化，帮助学生理解空间类型、掌握空间设计。

参考文献

[1] 李雄. 北京林业大学风景园林专业本科教学体系改革的研究与实践[J]. 中国园林, 2007, 23(1): 15.
[2] 毛崔磊, 田毅, 陈建平, 等. 基于无人机技术的废弃矿山地形精准测量方法[J]. 江苏农业科学, 2017, 45(16): 198-201.
[3] 刘通, 黎展荣. 基于无人机三维重建现状模型的风景园林设计研究与教学探索[J]. 风景园林, 2018(6): 130-134.
[4] 王丰. 基于建筑类型学的欧式几何空间秩序研究[D]. 天津: 河北工业大学, 2015.
[5] 谢先启, 刘昌邦, 贾永胜, 等. 三维重建技术在拆除爆破中的应用[J]. 爆破, 2017, 4(34): 96-119.
[6] 任志飞. 无人机航拍图像的室外场景三维重建技术研究[J]. 影像技术, 2017(3): 71-73.
[7] 李倞. 工作模型在风景园林空间设计教学中的应用研究[J]. 中国林业教育, 2013, 31(5): 55-58.

Application of UAV technology in the teaching of landscape vertical space design

Liu Tong

(College of Landscape Architecture, Beijing Forestry University, Beijing 100083)

Abstract Today, with the development of science and technology, it is very necessary to study the integration of science and education. According to the current teaching situation of *Landscape Architecture Design*, aiming at four problems: the current spatial understanding is not real enough, the current terrain environment is not intuitive enough, the vertical design of the plan is not accurate enough, and the space type of the plan is not rich enough, this article introduces the UAV three-dimensional reconstruction model technology and the "type+" vertical space design method. The combination of the two provides new tools and methods for the teaching of *Landscape Architecture Design*, improves the teaching of spatial understanding, assists the teaching of terrain design, enhances the vertical quantitative teaching, and promotes the teaching of spatial types. It is a beneficial exploration of the integration of science and education.

Keywords UAV, 3D reconstruction model, vertical, space design, type, landscape architecture

木材科学与工程专业新工科建设的探索与实践

张 扬　于志明　刘红光　张 伟　林 剑

（北京林业大学材料科学与技术学院，北京　100083）

摘要：在新时代新发展模式下，新科技和新经济发展促使木材工业进行转型升级，客观上要求传统木材科学与工程专业需要进行"新工科"建设，培养出更多领军人才，满足国家和行业需求。本文提出"一个目标、两个面向、三种能力、四方协同、五项一流"的"新工科"专业建设思路，通过采用调整专业定位、多方协同育人、优化课程体系、分类精细培养、健全师资队伍等具体措施，使得我校木材科学与工程专业在专业方向调整、课程体系优化、培养模式创新、教学资源拓展、国际交流合作、培养制度建设等方面取得了一些实践经验和成果。

关键词：木材科学与工程；新工科；领军人才；专业建设

一、建设背景

北京林业大学木材科学与工程专业始建于1958年的"木材机械加工"，为了适应国家战略和行业发展需求，分别于1986年和1997年更名为"木材加工"和"木材科学与工程"，具有鲜明的行业特色和扎实的办学基础，是国家级一类特色专业、卓越农林人才和国家级一流本科建设专业，为我国木材科学和木材工业培养了大量杰出人才。

党的十九大提出，我国进入社会主义新时代，经济社会由高速增长转向高质量发展，尤其在竞争加剧的新国际环境下，传统木材工业面临转型升级和产业转移的巨大压力，以"智能制造""绿色制造""工业互联网+"和"全屋定制"为特征的"中国新木业"涅槃而生，对专业人才提出更高要求[1]。围绕新时代新要求，用新时代人才观更新传统的人才培养理念，对传统专业进行"新工科"升级改造，重新定位人才培养目标，调整人才培养方案，从而满足国家和用人单位需求，引领和促进行业发展[2-3]。

二、建设思路

综合考虑学校定位、生源质量和行业需求，对照新工科理念与内涵，构建"一个目标、两个面向、三种能力、四方协同、五项一流"的人才培养新模式，探索涉林特色专业的新工科改造路径。

作者简介：张　扬，北京市海淀区清华东路35号北京林业大学材料科学与技术学院，教授，bjfuzhangyang@bjfu.edu.cn；
于志明，北京市海淀区清华东路35号北京林业大学材料科学与技术学院，教授，yuzhiming@bjfu.edu.cn；
刘红光，北京市海淀区清华东路35号北京林业大学材料科学与技术学院，副教授，bjfuliuhg@bjfu.edu.cn；
张　伟，北京市海淀区清华东路35号北京林业大学材料科学与技术学院，副教授，zhangwei@bjfu.edu.cn；
林　剑，北京市海淀区清华东路35号北京林业大学材料科学与技术学院，副教授，linjian0702@bjfu.edu.cn。
资助项目：教育部第二批新工科研究与实践项"面向新时代的木材科学与工程专业转型升级路径探索与实践"（E-CL20201907）。

一个目标：培养专业领军人才。我国拥有全世界规模最大、产业链最全的木材工业体系，年产值达到 3 万亿元，规模以上企业近万家，从业人员近千万，但我国木材科学与工程专业毕业生年均不足千人，与产业规模不相匹配，特别是能够引领行业发展的科学研究、技术创新、产业服务等领军人才匮乏，难以支撑我国木材工业由大变强的转型升级。

二个面向：面向新科技，面向新经济。领军人才不仅是能适应更应是引领科技和产业发展，领军人才培养的基础是构建领先的知识体系。传统木材科学与工程专业的知识体系立足于经典木材科学理论和传统木材工程技术，与以"数据科技""生物科技"等为代表的新科技和以"信息化""全球化"为特征的新经济存在较大鸿沟，需要对专业知识体系予以重构。

三个能力：科技创新、工程管理和全球服务能力。领军人才不仅具有通用的专业能力，还应具有高水平的专业特长。按照学生个性成长和国家行业需求，分别量身定制以科技创新、工程管理和全球服务能力提升为目标的学术、行业和国际领军人才培养方案。

四个协同：政府机构、兄弟院校、科研院所和领军企业。新时代新发展模式下，国家和行业对人才培养提出新要求，传统以学校为单一主体的育人模式，无法具备领军人才培养所需的全面准确的行业信息、世界领先的科研成果、设施齐全的实践基地、经验丰富的实践导师，但可以通过与政府机构、兄弟院校、科研院所和领军企业协同获取[4]。

五个一流：一流专业、一流师资、一流课程、一流平台、一流管理。专业新工科建设目标是培养专业领军人才，必须拥有世界一流专业为育人载体，拥有科教兼备的一流师资队伍为育人主导，拥有"两性一度"的一流课程为育人阵地，拥有虚实结合的一流实践平台为育人加油站，拥有规范有效的一流教学管理为育人保障。

三、主要措施

（一）以产业为导向，调整专业定位

为了让木材科学与工程专业从被动适应行业发展转型到主动引领行业发展，需要进行专业定位调整（图1）。

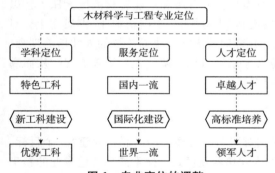

图 1　专业定位的调整

从特色工科到优势工科：北京林业大学木材科学与工程专业是国家级一类特色专业，行业特色显著。通过"新技术"与传统专业知识相融合，提升知识水平；采用"新理念"与传统培养模式相融合，提升育人水平；通过新工科建设，使得专业从特色工科升级为优势工科。

从国内一流到世界一流：北京林业大学木材科学与工程入选首批国家级一流本科专业建设，综合实力国内一流，但国际影响力有待提高。在已有基础上，通过"请进来"，用中国标准培养国外师生；通过"送出去"，用中国标准建设国外专业；主导国际专业标准建设，是世界一流专业建设的关键。

从卓越人才到领军人才：北京林业大学木材科学与工程是教育部首批卓越农林人才重点建设专业，复合应用型人才培养模式已经建成。基于生源质量和区位特点，拟通过提高人才培养标准，优化培养方案，按照学术、行业和国际领军人才进行分类培养，满足行业转型升级对领军型人才的需求。

（二）多方协同育人，创新培养机制

为了改变以高等院校为单一主体的培养机制，将政府机构、科研院所、高等院校和行业企业进行资源共享和优势互补，构建"政产学研"多方协同的育人联盟(图2)，助力于新工科建设和领军人才培养。

(1)政教协同明确育人方向：通过与主管部门建立专业共商机制，使得人才培养方向与国家需求相一致；通过与行业部门建立专业共建机制，使得人才培养能引领和促进行业发展；通过与地方政府建立专业共办机制，使得育人资源和育人手段进一步丰富。

(2)产教协同拓展育人资源：组建由主要高等院校和行业领军企业组成的产教协同育人平台，让高端人才、高新科技和先进装备等三创新要素在校企间共享，让人才培养不与产业脱节，用学校的"智库"去引领行业，培养出符合行业需要的领军人才。

(3)科教协同提升育人质量：与中国林科院木工所、国际竹藤中心、中国科学院自动化所等具有新科技优势的科研院所进行联合办学，将科研院所的人才和科技请进高等院校，将高等院校的学生和课程送到科研院所，协同培育能引领行业创新的领军人才。

（三）聚焦学科交叉，优化课程体系

本项目在前期改革基础上，采用理工农管等多学科交叉，分别对基础平台、专业平台和综合平台进行课程优化调整(图3)，重点突出专业的工科属性和工程管理能力，以适应产业转型升级和新工科建设的需求。

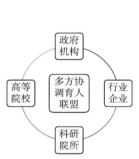 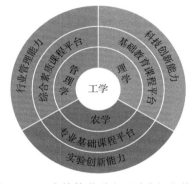

图2 "政产学研"多方协同育人联盟　　图3 理工农管等学科交叉融合课程体系

(1)理工融合重建基础平台：在数学、化学和生物等理科基础课程中引入工程应用，在"木材学""热工学""机械基础"等工科基础课程中强化理论基础，增设服务于新技术的理工融合基础课程，完善创新能力培养的基础课程平台。

(2)农工融合重建专业平台：利用新工科理念改造木材干燥、木工机械等专业核心课程，使得专业知识融合新科技；增设木材智能装备与智能工厂、木制品智能制造技术等农工融合型课程，完善实践能力培养的专业课程平台。

(3)管工融合重建综合平台：将经管理论与专业相融合，开设"木材流通学""木工企业管理"等行业基础课程；将新经济与产业相融合，开设"现代木材工业""木材产业互联网"等行业前瞻课程，完善领军能力培养的综合课程平台。

（四）分类精细培养，丰富育人手段

基于产业转型升级和新工科建设需求，构建分类别和精细化领军人才培养方案(图4)，培养能胜任世界多样性和快速变化挑战的专业领军人才。

(1)学术领军人才培养方案：改革现有梁希实验班的培养方案，夯实专业基础理论，普遍开展创新训练，强化学术能力培养，精选校内外导师，实施本硕贯通培养，把优秀人才

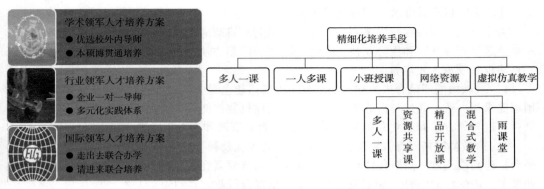

图 4　分类别和精细化领军人才培养手段

留在专业内。

（2）行业领军人才培养方案：加强新科技应用和行业视野培养，引入领军企业高管作为一对一导师，普遍开展创业训练，建立多元化和灵活性实践育人体系，把杰出专业人才留在行业内。

（3）国际领军人才培养方案：重点吸收"一带一路"沿线国家留学生，按照中国专业标准培养，服务产业外迁；UBC 国际班融合国内外专业标准，强化国际行业规则训练，培养全球通专业领军人才。

（五）引培聘相结合，健全师资队伍

根据专业目标和培养方案需求，分析现有师资队伍，拟通过"引、培、聘"相结合的方法，优化师资队伍结构；通过企业挂职、国内交流和国际访学等途径，增强人才培养和行业服务能力。

（1）引进新技术学科新教师：针对现有师资缺乏信息技术、智能制造、绿色制造等新科技背景，拟采用校内选调、新教师招聘和高层次人才引进等多形式予以补充和完善，丰富师资队伍的学科背景。

（2）培养教师的国际化能力：针对教师国际化程度不高，针对性地选派骨干教师去国外著名院校访学，引进国际名师指导年轻教师，鼓励教师参与专业国际化标准的制定，提升师资队伍的国际水平。

（3）聘知名专家为兼职教师：通过选聘高等院校、科研院所、行业协会和领军企业的著名专家和企业家为兼职教授，通过担任实践导师、讲授专业课程和举办前沿讲座等，提升师资队伍的实践能力。

四、初步成效

近年来，我校木材科学与工程专业通过"新工科"建设，在专业方向调整、课程体系优化、培养模式创新、教学资源拓展、国际合作、制度建设等方面取得了一些经验和成果。

（一）调整了专业方向，适应新时代新需求

依托教育部"协同创新背景下林业高层次人才培养模式的改革与探索"等 7 个省部级教改项目成果，对专业方向进行调整和优化：建成涵盖"木材科学与工程""木材科学与工程（家具设计与制造）""木材科学与工程（木结构材料与工程）"三个专业方向的专业群，服务于传统木材加工业延伸的现代家居和木结构两个新兴产业；开设"UBC 中加合作办学班"和"梁希实验班"两个特色人才项目，满足行业发展对国际化人才的需求。

（二）优化了课程体系，提高知识的时效性

在通识教育平台的基础上建立基础教育平台、专业教育平台和综合拓展环节，依据"厚基础、宽口径、强能力、高素质"的培养要求，动态进行课程的增、删、改，确保已有课程的知识有效性、新开课程的知识领先性。

对"木材学""工程木制材料"等基础平台课程进行学科前沿等新理论更新，对"木工机械""木制品生产工艺"等专业平台课程进行绿色智造等新技术补充，对"现代木材工业与可持续发展""木工产业互联网"等综合平台课程进行循环经济等新经济拓展。通过采用"一年一调整、四年新体系"的课程动态调整机制，初步建立能适应时代要求的课程体系，提高知识的有效性和领先性。

（三）创新了培养模式，实现分层分类培养

1. 创建了 1+2+1+X（X=1，2，3……）层次性人才培养新模式

基于学生成长和行业需求，打通了各方向一年级通识教育和学科基础模块，拓宽二、三年级专业课程体系，强化四年级素质教育，尊重学生个人发展需求，在"X"阶段实现"本硕博"贯通培养。

2. 融通第一、第二课堂，形成"一体化"全过程育人格局

将课堂教学与学生兴趣有机融合，在学生课堂教学之外，连续多年开展"材料荟""秀材""走进实验室"等第二课堂活动，同时增强专业文化教育，提升学生专业兴趣，形成"一体化"全过程育人格局。

3. 促进科研与教学相融合，形成"科教"协同育人新模式

在产品类型、加工对象等节点，建立以"长江学者""国家优青"领衔的科研教学团队，促进教学和科研团队一体化建设，满足创新型人才的培养需求；参加"大学生创新创业项目"的学生比例超过50%，本科生出现一批较高水平的科研成果，深造率超过40%。

（四）拓展了教学资源，实现校企协同育人

1. 依托学院优质资源，改善实践教学条件

依托北京市实验教学示范中心、大学生创新实验室、"985"优势学科平台、"211工程"、教育部和北京市重点实验室等优质资源，成立实验教学中心，统筹规划，资源共享。

2. 推进校企联动培养，搭建协同育人平台

加强校企协同育人，与60余家企业建立实践基地，获批国家级大学生校外实践教育基地1个；充分依托3个"国家创新联盟"和在行业协会的影响力，为本科生实习实践提供高标准服务。

（五）加强了国际合作，实现专业国际化

1. 将国际化人才和课程请进来

开设暑假学期国际课程，邀请国内外知名专家进行英文授课和学术讲座，外教数量在同类专业名列前茅；连续四年与丹麦皇家建筑艺术学院定期联合举办"家居设计营"特色活动。

2. 推进专业师生和课程走出去

通过与加拿大 UBC 的联合办学，实现专业群与国际标杆专业"同频共振"，培养 200 余名国际化专业人才；鼓励教师访学交流，先后有 40 余教师到美国、英国、加拿大等交流访学。

（六）完善制度建设，形成长效激励机制

1. 注重师资队伍培养，推进课堂教学改革

创新青年教师校内外双导师制，成立专业教学工作坊，成立8个教研团队，鼓励进行

教学创新,推进信息化教学。近年多名教师获得北京市教学名师、北京市青年教学名师、北京市青年教师基本功比赛一等奖,80%以上青年教师获得校级以上教学奖励,上线慕课7门、国际公开课2门。

2. 建全教学管理制度,完善考核奖励机制

建立"专业群—专业—教研室"三级管理制度,调动教师积极性;健全教学管理及评价制度,完善教师年终考核中工作量的认定及奖励机制,提高教师投入教学的积极性及教学成果产出,近五年获得省部级以上教学成果奖6项。

五、展 望

新工科建设是木材科学与工程专业转型的必由之路和升级的历史机遇,这是一条没有前人经验可借鉴的探索之路,但只要坚持以国家行业需求为导向,以立德树人为根本任务,以学生为中心,继续在培养理念、培养模式、质量标准、课程内容和育人方法上进行改革与创新,努力将行业特色转化成新工科优势,可建成符合新时代要求的木材科学与工程专业。

参考文献

[1] 袁炳楠. 大数据时代木材科学与工程专业卓越工程师培养新方式的探索[J]. 安徽农业科学,2004(36):13158-13159.

[2] 吴爱华,候永峰. 加快发展和建设新工科主动适应和引领新经济[J]. 高等工程教育研究,2017(1):1-9.

[3] 刘琪,冒国兵. 新工科建设背景下材料科学与工程专业建设与综合改革探索[J]. 黑龙江工业学院学报,2019,19(5):25-28.

[4] 徐晓飞,丁效华. 面向可持续竞争力的新工科人才培养模式改革探索[J]. 中国大学教学,2017(16):6-10.

[5] 马中青,孙伟圣. 浙江农林大学林业工程类专业人才培养体系的构建与实践[J]. 教育教学论坛,2019(3):160-161.

Exploration and practice of new engineering construction for Wood Science and Engineering specialty

Zhang Yang Yu Zhiming Liu Hongguang Zhang Wei Lin Jian

(College of Materials Science and Technology, Beijing Forestry University, Beijing 100083)

Abstract In the new era and new development mode, the development of new technology and new economy promoted the transformation and upgrading of the wood industry. Objectively, the traditional Wood Science and Engineering major needs to carry out the construction of "new engineering", to cultivate more leading talents and meet the needs of the country and the industry. This paper put forward the idea of "new engineering" major construction with the theme of "one goal, two directions, three abilities, four directions, and five first-class", and a series of specific measures was adopted such as adjusting the specialty positioning, multi-party collaborative education, optimizing the curriculum system, classifying and fine training, and improving the teaching staff. The Wood Science and

Engineering major of our university has gained some experience and achievements in the adjustment of specialty direction, optimization of curriculum system, innovation of training mode, expansion of teaching resources, international exchange and cooperation, and construction of teaching system.

Keywords Wood Science and Engineering, new engineering, leading talents, specialty construction

以项目实践为中心的教学改革实践

——新工科指导下的计算机类人才培养实践与探索

蒋东辰　赵传钢　高宝

（北京林业大学信息学院，北京　100083）

摘要：国家为主动应对新时代科技与产业变革、服务国家战略、面向未来发展，提出新工科这一深化工程教育的改革计划。该计划关注社会发展需求，打破传统专业课程相对分离的现状，实现教育培养与生产需求相融合。结合北京林业大学网络工程专业教学实践，我们从 2017 年起开始践行新工科实践教学模式的尝试，通过"以项目为中心的计算机类人才培养"教学改革，探索出一套在现有课程体系下符合"新工科"发展要求的教学实践培养模式。该模式能充分利用现有师资与教学力量，通过教学、实验、生产实践与学生培养的有效联融合，达到优化专业培养结构、更新人才知识体系、引入工程创新教育、提升学生竞争力等目标。通过 4 年的教学改革实践，已形成了与"新工科"培养目标相适应的教学培养和专业建设模式，实现预期目标。

关键词：新工科；项目实践；人才培养；课程体系

一、引　言

2017 年，教育部发布《关于开展新工科研究与实践的通知》，意在帮助国家应对新时代科技革命与产业变革带来的挑战，让教育改革创新主动服务于国家的创新驱动发展、"中国制造 2025"等重大战略[1]；通过"新工科"建设，推动高校加快体制机制创新，做好未来科技创新领军人才的前瞻性和战略性培养，抢占未来科技发展先机。"新工科"建设要求高等院校在教学培养环节实现从学科导向转向为以产业为导向、从转移分割转向跨界交叉融合，为新兴领域和未来战略重要领域主动布局和培养工程科技人才[2]。

在深入理解国家"新工科"建设目标，立足学校专业建设与发展，我们深入分析了现有计算机专业人才方面存在的问题，北京林业大学网络工程专业教师从 2017 年开始，逐步推进"以项目实践为中心"的教学实践和计算机类人才培养。该项教学改革实践以"新工科"建设中提出的以产业需求为导向，探索实践，将专业建设、课程体系设置、课程教学实践与产业需求相结合，形成全方位的交叉融合，期望逐步完成从适应服务到支撑引领的发展新范式。

通过"以项目实践为中心"的教学改革实践，我们探索出一套适合我校特点的产学研相结合的计算机专业人才培养模式：在现有学科体系和专业课程设置的条件下，通过人才培养思维与教学内容的调整，践行了"新工科"的交叉融合、继承创新等建设要求。在为期四年的改革尝试中，我们实现了优化专业培养结构、更新人才知识体系、引入工程创新教育、

作者简介：蒋东辰，北京市海淀区清华东路 35 号北京林业大学信息学院，副教授，jiangdongchen@bjfu.edu.cn；
　　　　　赵传钢，北京市海淀区清华东路 35 号北京林业大学信息学院，副教授，zhaochuangang@bjfu.edu.cn；
　　　　　高　宝，北京市海淀区清华东路 35 号北京林业大学信息学院，副教授，gaobao@bjfu.edu.cn。
资助项目：北京林业大学教育教学研究一般项目"融合综合能力培养的计算机课程教学设计"（BJFU-2019JY078）。

提升学生竞争力等目标。实践培养取得了良好的效果，也受到了参与学生和用人单位的广泛认可。

本文将从整体思路与步骤安排、案例实施介绍、效果评价等几方面整理总结"以项目实践为中心的计算机相关专业人才培养"的教学改革实践。

二、整体思路与步骤安排

"以项目实践为中心"的人才培养模式的关键是围绕真实的软件开发项目开展教学和实践活动，其目的是促进学生将所学知识用于解决实际问题，提升学生解决现实复杂问题的能力。在实际使用该模式时，可从项目选择、课程关联、项目实施、考查考核等几个方面设计实施。

在项目选择时，不建议采用书本上已简化或由教师模拟给出的题目，建议根据企事业单位的真实需求确定题目。真实的需求能够让学生体会到项目的价值。同时，企事业单位软件开发能力有限，由学生帮其解决现实问题，既可锻炼学生的实践开发能力，又能解决企事业单位的需求，一举两得。但需要注意：并非所有需求都适合用于以项目实践为中心的人才培养。这是因为实践培养还应与现有课程体系一致，完全与课程体系分离的项目既会影响学生的正常上课，也会增加教师和学生的负担。"以项目实践为中心"并非为了做项目而做项目，其最终目的还是让学生能够学以致用、以用促学，实现教育培养与项目实践的融合。

选定实践项目后，需将项目分拆以实现与课程体系的关联。该分拆并非工程项目实施的任务分拆，而是基于教学知识点的分拆，使项目开发与课程体系相关联。对软件开发类项目来说，可从基础原理方法、实践方法工具、项目关键技术、软件开发管理等几个方面考虑；将实践项目所需的基础理论、关键技术、技能分解到与项目相关的若干课程中去。以此为基础，相关课程任课教师可在完成课程内容讲解的同时，阐述相关知识点与实践项目的具体关联情况；此外，还可将部分课程的实验、课程设计布置成项目某一功能或模块实现。这样，学生在学习课程的同时，就可逐步了解实践项目的开发内容，同时也能明确当前所学知识在现实需求中的具体应用。

在完成前期预备课程后，实践项目还需安排1~2门课向学生阐述项目的框架流程和整体实施方案，学生在该阶段以分组的方式协调配合，共同完成项目的开发和整合。需要说明的是：项目开发并非要求每个学生都需完成所有模块，开发过程中沟通、协调、配合对学生实践能力的培养也十分重要；学生需要在教师组织、指导下，通过配合协作完成一个项目。这对学生今后工作生产十分有益，其也能提升学生共同解决复杂问题的能力和自信。

最后，对学生的考核也不再以单一的考试或简单的程序检查完成。由于项目来源于企事业单位，完全可以邀请相关单位的工作人员以"验收"的形式对项目成果评价。在技术方面，还可邀请相关IT企业的技术人员对学生解决项目问题所使用的技术方法进行针对性的讲解和评价。需要注意：对学生实践结果的考核应该重反馈、重评价、轻考核。其目的一方面是让学生能从整体上了解一个完整项目开发的各个环节；另一方面，也能通过反馈、评价，让学生从产品、技术等不同角度了解自身知识和能力的水平以及自身工作的价值。

三、案例实施介绍

自2017年起，以项目实践为中心的人才培养教改先后在北京林业大学网络工程专业2015级、2016级、2017级、2018级逐年展开，先后开展了以"教学综合管理系统""企业内部文件检索系统""数学知识检索与知识分析""代码查重系统"等实践项目。接下来，本文将重点结合网络工程专业 2016 级的项目培养实施展开介绍。

(一) 项目与课程的关联

"数学知识检索与知识分析"是一个以搜索引擎、公式字符串解析、中文自然语言处理、Web 展示为核心内容的实践项目。学生需基于指定的数学教材,实现对数学文本、公式的检索平台的搭建和用户展示。该项目能够结合网络工程专业的众多课程,能够实现实际需求与专业课程学习的有效关联,具有良好的现实意义与示范价值。通过该项目,学生既能够通过编程实践课程知识,又能够动手解决现实中数学公式检索中的技术痛点,有效地实现了教育与产业需求的结合。根据网络工程专业的 2015 版教学大纲,与该项目相关联的专业课程共有 13 门(表 1)。

表 1 基于喜好度的均衡分组原则满意度调查结果

关联课程类别	相关课程
基础原理方法	操作系统、计算机网络、数据结构、计算理论
实践方法工具	C 语言、C++、Unix 环境编程、网络编程、Web 编程
关联技术方法	搜索引擎、编译原理
软件项目管理	信息系统分析与设计、软件工程

"操作系统"和"计算机网络"是理解项目开发环境的基础,属于基础原理方法类课程。在这些课程中,学生需要掌握程序运行和网络通信的基本模型,理解项目开发的背景和需求。"数据结构"是项目实践中的编程基础,项目所需的中文分词、索引创建、公式解析、结果排序/合并、摘要生成等许多功能,都需通过这些课程讲解融合。"计算理论"是数学公式字符串解析的理论基础和编程依据,学生通过课程学习,理解符号解析的基本方法与原理。这些课程是项目开发的前期基础和准备,可以帮助学生学习项目所需的基础原理和算法。在这些课程的教学实践中,要注重要讲解介绍关联知识点与项目功能的内在关联,帮助学生树立课程体系与项目实践之间的关联意识。

实践方法工具类课程较多,有一些甚至是早于实践项目方案设计的,如计算机类基础编程课程"C 语言"和"C++"的学习早于实践项目的计划实施。在项目实施过程中,需要敦促学生根据需求针对性地复习回顾课程内容,增进学生对编程与课程的深入理解。"Unix 环境编程""网络编程""Web 编程"包含项目开发会直接用到的编程技术与开发方法,项目的不少模块都被分解为与课程相关的实验或课设。这些课程与项目的有效结合将能解决项目实现的部分技术难点;学生也能通过项目实践增加对课程学习的认同感、增强课程学习和项目实践的信心。

在关联技术方法类别中,"搜索引擎"和"编译原理"囊括了项目后端开发的各主要部分。学生完成项目开发,实际是对两门课程核心知识内容的全面实现:学习"搜索引擎"能促使学生思考如何实现和进一步完善项目系统,该课程与项目实践形成最紧密的关联;"编译原理"课程中的词法解析和语法解析是项目内容数学公式字符串解析的方法基础,由于 2015 版教学计划中该课程是选修课,部分内容需要指导教师在"计算理论"课程讲解和项目开发过程中做适当的补充。

"信息系统分析与设计"与"软件工程"是两门项目管理类的课程。"信息系统分析与设计"阐述了一般项目实现中所需考虑的系统设计问题,其能促使学生对模块化开发进行思考。"软件工程"是与项目实践同步展开的,学生边完成项目边学习课程。相对于单纯的理论学习，这种方式能促使学生直观系统地理解软件工程在项目开发中的作用；同时，学生也会将软件工程的方法应用到项目开发中，进而提升项目开发的效率。

（二）实验、开发与考核

以项目实践为中心培养的关键还是项目的落实实施，具体项目的开发实践主要包括三个层面的内容：关联课程实验安排、项目实践过程管理和项目考核。

1. 关联课程的实验安排

从项目与课程的关联分析可看出："计算理论""Unix 环境编程""网络编程""Web 编程""软件工程""搜索引擎"6 门课与项目的具体实施紧密相连。

"计算理论""Unix 环境编程""网络编程""Web 编程"是 4 门前期课程，指导教师将项目实施的部分功能模块分解到这几门课的实验中：在"计算理论"课程实验中安排了四则运算器的解析计算和通用图灵机的程序实现，其目的是为项目中数学公式的解析奠定编程基础；"Unix 环境编程"课程实验安排了文件系统检索、基于 socket 通信的多进程问答服务、网络爬虫和网页去噪，其目的在于实现项目实践中检索服务模块的部分功能；"网络编程"以分布式投票协议、网络聊天协议的实现为实验内容，学生可类比完成项目检索通信协议设计和实现；"Web 编程"的实验是将网络抓包数据以图表形式在 Web 页面上展示，这为检索系统的 Web 界面设计和开发提供了前期准备。将项目实践与前期课程实验相关联，一方面可帮助学生建立课程和项目间的关联，同时也帮其意识到所学课程并非孤立，而是构成相互关联的课程体系；另一方面，在前期课程完成项目的主要算法和功能模块，可减少学生在后续开发中面对的问题，分散项目难度。

"搜索引擎""软件工程"是项目实践的 2 门同步课程。"搜索引擎"直接阐述项目开发的框架、整体设计和具体实施方案；项目本身可作为课程的一个实践成果。"软件工程"为项目的有效实施提供支持和补充，学生能够将课上学到的思想方法直接运用于项目的开发管理；同时，项目开发本身也可作为"软件工程"的课程设计或实践教学。这两门课与项目实践相辅相成，学生能够直接体验学以致用、以用促学的感受，增加学习的主动性。

2. 项目实践过程管理

在项目实施过程中，教师的主要作用是将各门关联课程的相关知识点融入项目设计和开发的讲解中，在讲解项目的同时阐述课程知识，促进两者的融合。在项目开发中，学生的时间分配经验不足，指导教师需从整体上把握开发进度，帮助学生树立项目开发时间管理的概念。

为了提升学生的沟通交流、协调配合的能力，项目采用分组模式，由 A、B 两组配合完成。组内成员构成采用基于喜好度的均衡分组方法：学生先根据个人喜好相互打配合分，然后根据学生编程课程的成绩由算法确定整体编程能力均衡的可行分组方法，最后再在所有可行均衡分组中选择整体喜好度最高的分组确定为方案；组间分组则采用随机配对的方式完成。针对分组方案的调研结果显示：基于喜好度的均衡分组方案满足了学生对于分组公平性的要求(表2)，最大限度地保证了学生的合作意愿(表3)。

表 2 基于喜好度的均衡分组方法的均衡性调研结果　　单位：人

满意度指标	非常满意	满意	基本满意	不满意	非常不满意
分组结果中各小组编程能力是否均衡？	1	17	6	0	0
是否满意自己所在小组的编程能力？	7	15	2	0	0

表 3　基于喜好度的均衡分组方法的喜好度调研结果　　　　　　　　　　单位：人

满意度指标	非常满意	满意	基本满意	不满意	非常不满意
实践开始前，对小组其他成员的喜好度？	6	12	6	0	0
实践结束时，对小组其他成员的喜好度？	9	12	3	0	0

从实际效果看，该方案增加了学生间的交流合作，对项目实施起到促进作用：指导教师在项目开发过程中无须再去讲解技术细节，学生能通过组内、组间讨论确定适合自身的技术方案，学生间形成良好的互助学习氛围。

3. 项目考核

除了对课程适当调整外，我们还对项目紧密相关课程的考核方式进行了有益的尝试：降低了笔试成绩所占的比例并在考试中增加实验设计的题型；然后，增加实验成绩的比例，并根据相关算法和功能模块的设计思路、运行效果以及实验中学生配合情况综合确定成绩。这一调整降低了学生对知识记忆和考试的畏惧，使得大多数学生能更为主动地参与项目实践，并在一定程度上避免了传统考核方式重知识轻实践的问题。

在项目的考核验收上，我们邀请企事业单位技术人员、相关 IT 行业从业人员以及周边高校教师参与学生作品评价。学生通过平台展示、PPT 讲解等方式向评委介绍项目实施方案、主要技术方法、项目难点重点等内容。评委基于学生的项目演示、答辩和回答问题情况打分确定最终成绩。这种考核方式使学生能全面体验解实际项目生产的全流程；针对项目各环节的针对性提问促使学生能从不同角度重新审视自己的作品；同时，专业人员的参与还为学生提供进一步交流和学习的机会，促进学生在原有项目基础上进行更深入的思考。

四、效果评价

经过四年三个不同项目内容的实践，参与学生共完成"教学综合管理系统""企业内部文件检索系统""数学知识检索与知识分析""代码查重系统"等四套有实际需求系统。这些系统均为学生独立自主开发，参与学生都能了解整个项目的设计框架和自己所在小组的实现细节；部分优秀成果已应用到相关企事业单位。围绕项目内容，学生共申请转件著作权五项；部分学生还在教师指导下进一步完善相关技术内容，参与申请发明专利两项、参与发表 EI 会议论文一篇。

以项目为中心的培养方式也受到参与学生的好评，学生表示：通过项目实践，原本孤立的课程学习一下变得紧密关联起来；项目实践也极大地提升了自己的编程和解决问题的能力。在网络工程专业 2016 级项目执行后，在针对"是否愿意在大学教育中开展此类实践项目"的调查问卷中，有一半（12/24 人）学生选择"愿意"，另一半（12/24 人）学生选择"非常愿意"，满意度达到 100%。此外，大多数学生都愿意将实践项目作为自己本科毕业设计的基础；不少学生表示愿意在实践项目基础上完成更有挑战的开发和科研工作；部分找工作、考研的学生表示：实践项目是他们面试中的亮点，对有益于个人发展。伴随这几年"以项目实践为中心"的教学改个时间，网络工程专业毕业生越来越受到业界的欢迎，毕业生薪资不断提升。

五、结　语

本文总结了 4 年来网络工程专业学生"以项目实践为中心"的计算机类人才培养教改实践活动，具体介绍了项目的整体设计、具体实施和效果评价。经过 4 年的积累，我们探索出一套在现有课程体系下满足"新工科"发展要求的教学实践培养模式。该模式能加强专业课程体系的内部融合,也能促进课程体系与项目实践的有效关联,实现了将本科教学培养与生产实践、社会需求相关联,提升了学生的综合实践和解决复杂问题能力,为"新工科"在我校现有课程体系下的落实提供了有益的尝试。

参考文献

[1] 钟登华. 新工科建设的内涵与行动[J]. 高等工程教育研究,2017(3):7-12.
[2] 蒋宗礼. 新工科建设背景下的计算机类专业改革[J]. 中国大学教学,2017(8):34-39.
[3] 陆国栋. "新工科"建设的五个突破与初步探索[J]. 中国大学教学,2017(5):38-41.
[4] 蒋宗礼. 本科工程教育:聚焦学生解决复杂工程问题能力的培养[J]. 中国大学教学,2016(11):27-30,84.
[5] 蒋东辰,孙文雪,杨子夜,等. 基于计算机相关课程的编程项目实践探讨——以北京林业大学为例[J]. 中国林业教育,2018,36(4):10-13.

The practice of project-oriented computer talents training: The practical exploration on training computer talents under the guidance of emerging engineering education

Jiang Dongchen Zhao Chuangang Gao Bao

(School of Information Science and Technology, Beijing Forestry University, Beijing 100083)

Abstract Emerging engineering is a plan to deepen the engineering education reform put forward by the state to cope with the new era changes in science and technology and industry, to serve the national strategies and to face the future development. To realize this plan, we need effective ways, such as to focus on social development needs, to end the relative separation status between professional courses, and to realize the integration of education and production needs. In recent years, we have launched the teaching reform of project-oriented computer talents training, and gradually worked out a teaching practice training mode that meets the development requirements of emerging engineering under the existing curriculum system. This paper is to introduce this training mode from the perspectives of its overall philosophy and procedures, cases in practice, effect evaluation, etc., to illustrate how the mode relates and fuses teaching and production practices and how it improves the students' ability to solve complex problems.

Keywords emerging engineering, project practice, talents training, curriculum system

北京林业大学统计学人才培养方案适应性分析

方 良[1]　周在莹[2]　胡明形[1]　陈文汇[1]

(1. 北京林业大学经济管理学院，北京　100083；
2. 清华大学统计学研究中心，北京　100084)

摘要：北京林业大学本科阶段的统计学专业人才培养方案主要依托统计学、经济学和数学学科的交叉融合设计，以模块化方式设计课程体系内容，以国家要求的统计学专业通识教学培养要求为基础。结合北京林业大学统计学的办学历史与特色发展，增加了部分我校特色课程，形成了宽基础、重特色的综合性人才培养方案。

关键词：北京林业大学；统计学；培养方案；培养问题

一、北京林业大学历年培养方案的调整与对比分析

北京林业大学本科统计学专业课程体系由4个方面7个模块构成。4个方面分别为：通识教育平台、学科专业教育平台、专业教育平台和综合素质拓展课程。7个模块为：学校通识必修课、学院学科专业基础必修课、专业核心必修课、专业强化及特色选修课、专业拓展选修课、知识拓展选修课以及综合实践类课程等[1]。

整个课程的培养体系在设计上不仅全面包括了国家对于统计学专业的核心课程要求，而且还着重增加了"林业统计学""环境统计学""宏观经济统计学分析""保险精算"等特色课程，拓展了"经济学""金融学""信息技术"等与统计学应用密切相关的一些专业课程。本文主要基于《北京林业大学2018级本科人才培养方案》(经济管理学院)、《北京林业大学2019级本科人才培养方案》(经济管理学院)和《北京林业大学2020级本科人才培养方案》(经济管理学院)对我校统计学专业的培养方案的调整与对比分析。

（一）课程设置

从总体来看，在课程设置上2020级培养方案对于通识教育平台、专业教育平台与综合拓展环节的课程基本不变，发生明显变化的模块为学科基础教育平台，该模块由2018级培养方案中"高等数学B""线性代数A"和"计算机应用基础"分别替换为2020级培养方案中的"数学分析""高等代数"和"大学生计算与信息化素养"。以上两门数学类课程的调整旨在注重提升学生的数理统计基础，培养学生计算能力，为有需要进一步深造的同学打下坚实的理论基础[2]。

作者简介：方　良，北京市海淀区清华东路35号北京林业大学经济管理学院，讲师，fl2021@bjfu.edu.cn；
　　　　　周在莹，北京市海淀区中关村北大街清华大学统计学研究中心，副教授，zyzhou@mail.tsinghua.edu.cn；
　　　　　胡明形，北京市海淀区清华东路35号北京林业大学经济管理学院，教授，hmx5416@sina.com；
　　　　　陈文汇，北京市海淀区清华东路35号北京林业大学经济管理学院，教授，chenwenhui77@163.com。
资助项目：北京林业大学课程思政教研教改专项课题"大数据统计建模"(2020KCSZ062)；
　　　　　北京林业大学教育教学研究项目"大数据建模课程教学方法的优化举措及案例库建设"(BJFU2020JY023)。

同样,由 2018 级培养方案的"计算机应用基础"改为 2020 级培养方案的"大学生计算与信息化素养"是顺应社会对于统计学专业的要求,目前,各行各业对于具备数据处理、数据分析能力的人才需求巨大,因此学生必须具备一定的计算机编程能力,而在两版的培养方案中均设有"程序设计基础(python)""大数据统计建模""数据挖掘与商务智能"等课程,对于这些专业课程的学习需要有一定的计算机理论与编程基础。因此,在学科基础教育必修模块进一步加强培养学生编程学习能力基础有助于学生在选择专业强化选修模块与专业拓展选修模块有更多样化的选择与发展,这些课程的开设可以培养学生大数据挖掘算法设计与应用能力、大数据分析建模与可视化分析能力、大数据系统与搭建能力、大数据预测性分析能力[3-4],具体调整见表 1。

对于综合拓展环节稍有改动,2018 级培养方案中的"入学教育及军训"课程删除,改为"军事理论"与"军事技能"两门课程,该模块课程的改变旨在加强高校国防教育对增强学生国防观念,培养学生国防精神,提高大学生体育锻炼能力,只有健康的身体我们才能继续学习好专业知识与技能。

表 1　2020 级培养方案课程调整(较 2018 级)

模块类别	2018 级培养方案	2020 级培养方案
学科基础教育平台(必修)	"高等数学 B"	"数学分析"
	"线性代数 A"	"高等代数"
	"计算机应用基础"	"大学生计算与信息化素养"
综合拓展环节	"入学教育及军训"	"军事理论""军事技能"

从细节看,在专业基础课上,2020 级培养方案保留了"数理统计""实变函数""非参统计""微观经济学""宏观经济学""国民经济核算""金融学 B""投资学""风险管理"等课程,充分保证学生打下坚实的数理基础,培养学生的逻辑思维。在专业必修课上,强化数理统计类课程在统计学科的基础性作用,保证统计学科的完整性,夯实学生的专业基础。同时,由于该统计学专业设置在经济管理学院下,在保证学生数理统计理论的培养基础之上,增加应用更广、更易掌握的信息技术类和经济金融类的课程。这些课程的开设有助于培养学生金融产品的定价能力、交易策略的设计能力、金融风险的管理能力、金融产品的设计能力和金融软件的应用和实施能力等。

(二)学分设置调整

由于上一小节分析的课程设置调整也导致学分发生重大变化,2020 级培养方案中因调整后的课程较为深奥且偏数学理论分析课程讲解,因此,课时安排上会有所增加,学分设置上也进行了相应的调整,2018 级培养方案中的"高等数学 B"由 9 学分变为了"数学分析"的 14 学分,"线性代数 A"由 3 学分替换成"高等代数"的 9.5 学分,另一门"计算机应用基础"调整后课程学分设置上未发生变化。对于统计学专业调整后的 2020 级培养方案明显更注重培养与提升学生的数学功底,对数理统计学所需要具备的基础课程夯实有所加强,教师对这几门课时的加长可扎实学生学习数理统计学的基础,学生对于进一步学习专业的统计学课程如"数理统计学""随机过程""非参统计"与"贝叶斯统计 B"有一定的分析与更好的理解掌握能力。而 2020 级培养方案在学科基础教育平台(必修)模块中的"会计学基础""管理模型与决策基础"是在 2019 级培养方案的基础上进行调整的,将这两门课程放置在专业拓展选修模块。

除以上对于课程调整的设置之外，2018级培养方案与2019级培养方案较2020级培养方案做出较大调整的就是对于各模块学分设置与总学分要求的调整。2018级培养方案中对于公共选修课分为面授与视频课，最低要求进修9学分。其中，面授课要求每门1.5学分，最低选修6学分，分为人文科学、社会科学、数学与自然科学、艺术审美四大类，每类至少选修一门；视频课最低选修3学分，分为精品在线开放课程和学校认证的视频课两大类。而2019级与2020级的培养方案将公共选修课调整为最低选修7学分，较2018级培养方案中的最低要求降低2学分，面授课改为每门1学分，最低要求4学分，视频课最低选修3学分。降低的2学分主要由于面授课每门由1.5学分降低为1学分，面授课选修课程数量不发生变化，最低选修4门课方可达到要求。

北京林业大学统计学专业（经济管理学院）2020级培养方案中的7大模块与2018级与2019级的培养方案相比具体各模块学分调整见表2。通识必修课学分增加1学分的课程为"大学生心理与生活"，近年来高校越来越注重学生心理健康教育，由于学业及生活压力需要对学生进行正确的疏导。健康的心理是一个人全面发展必须具备的条件和基础，因此增加心理健康辅导课程，促进大学生身心全面发展。学科基础教育平台学分的增加主要由于上文所分析的"数学分析""高等代数"课程的替换，增加了该部分学分的总体水平，同样，综合拓展环节增加2学分是由于上文分析加强了军事理论学习所致，其余各模块基本未发生明显变化。

表2 2018级至2020级培养方案各模块学分调整

模块分类	2018级	2019级	2020级
公共选修课学分	9	7	7
通识必修课学分	44	45	44.5
暑期学期学分	3	3	3
学科基础教育平台	52.5	64	55.5
专业核心课学分	41.5	41.5	37.5
本专业选修课学分	≥24	≥24	≥24
毕业论文（设计）学分	≤8	8	8
综合拓展环节学分	7	9	9
总学分	≥197	≥201.5	≥188.5

总之，各模块课程对于统计学专业培养方案中的学分与学时调整最终影响到统计学专业对于学生毕业时总学分的要求。北京林业大学经济管理学院下的统计学专业本科阶段学制为4年，毕业要求达到本专业培养目标及相关要求，修满本专业规定的学分，毕业论文合格，方可毕业。其中，2018级培养方案中统计学专业学生毕业至少修满197学分，2019级培养方案调整为至少修满201.5学分，到2020级培养方案总学分要求整体降低，至少修满188.5分，其中把2019级培养方案中必修课内讲课、研讨和专业选修共154.375学分调整为2020级培养方案的141.625学分，必修实践环节由37.125学分调整为36.875学分（图1）。

二、北京林业大学学生对培养体系适应情况分析

为进一步了解当前我校统计学学科的建设现状，我们采取问卷调查的方式对本校统计学专业的本科学生进行了调查。样本数量为77人（共发放问卷90份）。其中，大一、大二、大三、大四学生占比分布分别为32.47%、24.68%、15.58%、27.27%，样本分布较为均匀。

首先，针对"你是否了解统计学培养方案"的问题，有56名学生认为自己非常了解，占比

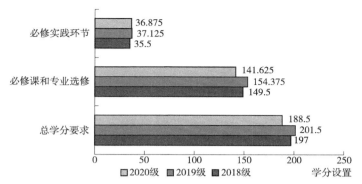

图1 2018—2020级培养方案学分调整变化比较条形图

72.73%；了解情况为一般的学生12名，占比15.58%；仅有9名学生认为自己不了解，占比11.69%。可以看出绝大部分学生对统计学培养方案关注度较高，对自身专业有所了解(图2)。

针对"你认为目前课程难度如何"的问题，有65名学生认为偶有吃力的课程，但整体难度一般，占比84.41%；认为学起来很吃力的学生有11名，占比14.29%；1.30%的学生认为所学课程很难，学起来很吃力；仅有1名学生认为课程不难，没有吃力的课程。可以看出，大部分学生对于课程难度适应良好，但有科目普遍认为较难，课程设置的难易度水平中等偏上(图3)。

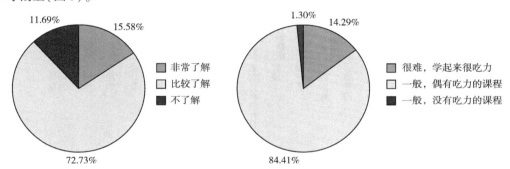

图2 学生对于培养方案了解程度　　图3 学生认为所学课程难易程度情况

我们进一步了解其认为的较难课程。较难的科目中"数学分析""高等代数""贝叶斯统计""时间序列分析""寿险精算""多元统计分析""非参数统计"出现频次明显较高。其中，选择"数学分析"课程有39名同学，占比50.65%；"高等代数""贝叶斯统计"以及"时间序列分析"分别有28名、27名以及25名同学选择；而认为"Python"与"大数据建模"困难的同学仅各有1名。可以看出，数学类课程以及推断统计类课程对我校学生来说难度较高，而大数据类课程难度较低(图4)。

针对大四学生进行了课程必要性的调查"你认为哪些课程无必要?"大四学生提出的无必要课程主要包括了"人力资源管理""市场营销社会医学统计"等课程。可以看出，学生们希望学习更多和统计学相关的专业课程，一些学生认为偏重经济学大类的基础课程重要性不高(图5)。

针对"你认为哪些课程对你帮助性最大"的问题，其中较多人认为"数学分析""高等代数""多元统计分析""统计学原理"等课程对他们的帮助很大。而"Python"与"大数据建模"课程帮助性却较小，结合难易度分析可以说明，可能是当前我校大数据类课程难度较低的原因导致这类课程帮助度较低(图6)。

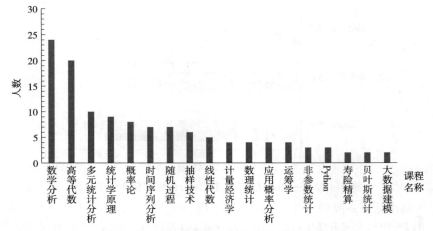

图 4 学生认为帮助最大课程的人数分布情况

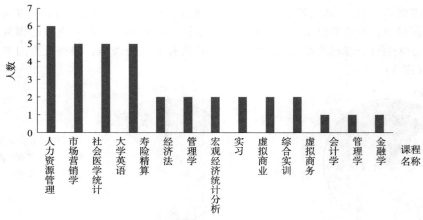

图 5 大四学生课程必要性的人数分布情况

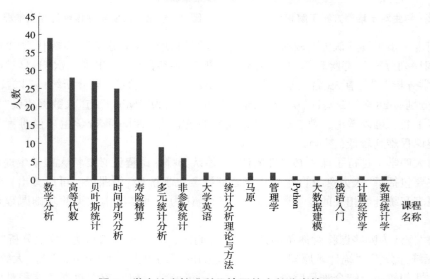

图 6 学生认为较难科目填写的人数分布情况

针对"你是否认为统计软件教学时长过少"的问题,有55名学生认为统计软件教学时长过少,占比71.43%;有21名学生认为统计软件教学时间正常,无须改变,占比27.27%;仅有1.3%的学生认为教学时长过多。由此可以看出,我校当前统计软件教学时长偏少。对于认为需要增加时长的学生进一步调查,主要提出了应该在Python和R等软件上加长教学时长,增设Matlab的必修课程的意见(图7)。

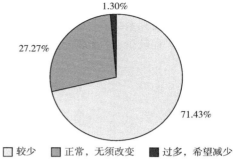

图7　学生认为统计软件教学时长情况

针对"你学习过哪些统计软件"的问题,学生们在课程中学到的统计软件有SAS、SPSS、Eviews、R、Python。其中学习SPSS和SAS的学生数量最多,分别为35名与33名学生;学习R的学生数量最少,仅11名同学。可以看出,当前统计软件教学仍旧以传统的SPSS为主,对于R的教学比较不足(图8)。

针对"你是否认为需要增加一门统计软件课程",59.74%的学生认为应该增设一门统计软件课程,40.26%的学生认为不需要增设一门统计软件课程。可以看出,学生对增加实操性课程的意愿明显较强(图9)。

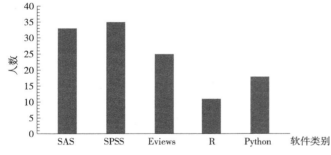

图8　学生已学统计软件频数分布情况

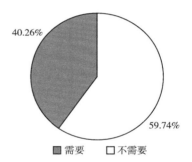

图9　增设统计软件课程意愿调查

在认为需要增加一门统计软件的同学中进行进一步调查,针对"你希望增设的统计软件课程有哪些",增加类别多样化。其中,学生希望增设的统计软件课程中Python、R、SAS以及Matlab明显较多,数据库SQL也位列其中。可以看出,学生希望增设软件类别与社会求职要求趋于一致(图10)。

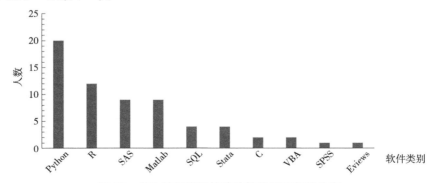

图10　学生希望增设的统计软件课程频数分布

针对"你认为目前接受的统计学培养与预期是否一致",70.13%的人认为目前接受的统计学培养和预期一致,有29.87%的学生认为不一致。其中,认为接受的统计学培养和预期不一致的学生理由有：①侧重于经管类的通识课过多；②对于数学基础的教学较少，也不够清晰、全面和系统；③接触到的数据科学相关课程较少，不能贴合实际，统计软件和统计实操的课程较少，代码建模能力不足（图11）。

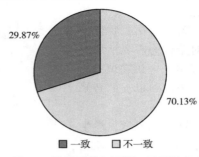

图11　培养现状与预期一致性情况

三、北京林业大学统计学培养问题总结与调整建议

（一）北京林业大学统计学培养问题总结

通过对以上我校当前培养现状的研究现状分析，可以看出，我校虽然在本科生培养过程中有结合本校优势学科进行有特色的统计学方向培养，但从学生的适应性情况分析，结合与国内外统计学优势高校相比[5]，培养体系、课程设置与学分要求等方面的差异显示出我校对于培养统计学专业学生的不足。主要存在以下三方面的问题：

一是数理特征不足，经管类课程特征偏重。通过对比国内外优势高校，在课程设置上，数学能力的培养具有最重要的地位。根据我校2020级培养方案，当前数学类基础课程仅有"数学分析""高等代数""实变函数""随机过程"四门课程。相较于如加利福尼亚州立大学要求数学基础课课程结束后学生要达到掌握三维解析几何的程度、厦门大学要求学生通过8门数学基础课程的水平来说，明显偏少。而与数学课程偏少的现状形成对比的是，当前经济类课程的特征较为明显。虽然在课程设置上必须突出经管学院学科建设特色，但在课程安排上，结合学生调查意愿，可适当删除"模拟商业实习""人力资源管理""会计学基础"等与统计专业衔接不紧密的课程。

二是数据分析能力培养不足，数据科学课程欠缺。数据时代对数据处理、分析的要求逐渐提高，统计专业毕业生能否掌握发现数据内在规律的能力至关重要。当前，统计学培养依然较为传统，偏重统计学理论教学，理论与实践衔接性差。学生虽掌握统计学相关理论，但无法应用至数据分析当中，无法构建数据分析的系统性思维，所学理论浮于表面，普遍存在"所学无用武之地"的感受。

三是大数据理论培养不足，数据结构及相关数据处理课程欠缺。提高学生统计学领域竞争力是本科教育的目标。在大数据时代，如何处理、挖掘海量数据资源是研究热点。通过国内外优势高校课程培养现状[5]可知，国外高校早在几年前开始就已经将"数据结构""编程基础""机器学习""数据挖掘"等课程纳入统计学培养体系，对统计学学生提出较高要求。而我国许多高校目前也逐渐将"数据挖掘""分布式计算"纳入培养方案当中。而当前在我校统计学专业的培养中，虽然增加了"Python"课程，但根据学生调查问卷的分析可知，学生普遍认为该课程较简单且为未发挥帮助作用。

（二）北京林业大学统计学学科培养调整建议

针对以上问题，结合全文分析，可尝试从基础课程建设、专业课程建设、应用课程建设三方面提出一些初步的调整建议：

首先,在基础课程建设方面。经济类统计学专业数学基础不够,统计方法和思想讲得很少,以致学生数学功底和统计分析中处理和分析数据的能力较薄弱。要帮助学生打好牢固的数学基础,提高定量分析的能力,同时也应明确统计专业与数学专业在数学基础上的不同。例如,多元函数极值对统计很重要,但对数学就不一定。再如,矩阵对统计很重要,尤其是矩阵中的正定矩阵、特征根、特征向量。因此,统计学专业的数学基础主要是微积分、数值分析、线性代数和优化理论等。

其次,在专业课程建设方面。目前,我校统计学专业毕业总学分要求188.5学分(目前尚在不断调整中)。其中,统计专业课只占约40学分,还不到四分之一。而美国大学统计学专业本科的专业课学分至少占总学分的一半以上,一般为四分之三左右。随着经济类各专业所学的数学和定量分析方法不断增加,按照培养方案培养的统计学专业毕业生的特色与优势越来越不明显,已不适应人才市场的需求,亟待进行进一步改革和调整。统计学是数量分析的科学方法,几乎可以应用到所有的领域。为满足各领域的要求而在本科阶段开设各领域的课程,如社会学、管理学、医学等是不可能的。应增加统计学专业课程的深度和广度,改进现阶段统计学方法课程过多且平行开设、不突出基本素质教育和基本技能培养等弊端。简化过多的知识层次,体现最新发展的新知识体系,突出核心课程的作用,让学生牢固掌握各种统计方法以及数据科学知识。

最后,在应用课程建设方面。增加统计实践项目至关重要。统计学的生命力就在于它能够不断满足社会应用的需要。大数据时代,海量数据的处理、信息挖掘是决定统计学专业的毕业生能否具有核心竞争力的重要指标。因此,在传统培养的基础上,增加大数据专题教学、大数据案例分析,使学生了解、掌握基本分布式处理方法。新时代的统计学专业大学生对计算机编程语言也应有扎实的基础,如R、Python、stata等都是必备的分析数据和处理数据的工具。总之,要学好统计学,需要具备扎实的数理统计理论,还有与之相关的优化理论、计算机编程能力、统计计算理论、中英文写作技能等。

参考文献

[1] 张泽厚. 我国统计学科建设史上的一次重大变革[J]. 统计研究, 2012, 29(8): 24-26.
[2] 谭希丽, 杨月婷, 刘君, 等. 统计学专业创新人才培养研究[J]. 数学学习与研究, 2017(12): 9.
[3] 潘保国, 胡付高. 大数据时代应用型地方高校统计学专业课程设置的研究[J]. 统计与管理, 2016(10): 10-11.
[4] 何立华. 大数据背景下的经济统计学专业建设:挑战与应对[J]. 科教文汇(中旬刊), 2017(4): 27-29.
[5] 蒋剑辉. 高校统计学专业课程教学方法如何改革[J]. 统计与决策, 2003(3): 31-32.

Adaptability analysis of statistics talent training program in Beijing Forestry University

Fang Liang Zhou Zaiying Chen Wenhui Hu Mingxing

(1. College of Economics and Management, Beijing Forestry University, Beijing 100083
2. Center for Statistical Science, Tsinghua University, Beijing 100084)

Abstract The undergraduate talent training program of Statistics major of Beijing Forestry University mainly relies on the cross integration design of statistics, economics, and mathematics disciplines, and designs the content of the curriculum system in a modular way, based on the national requirements for general education training of statistics major. Combined with the history and character development of Statistics in Beijing Forestry University, some characteristic courses of BFU have been added to form a comprehensive talent training program with a broad foundation and emphasis on characteristics.

Keywords　Beijing Forestry University, statistics, cultivation program, training problem

北美及国内一流林学本科课程体系与教学法对比研究

段 劼[1]　赛江涛[2]　王丹蕾[3]　刘 岩[1]

（1. 北京林业大学林学院，北京　100083；
2. 北京林业大学高教研究中心，北京　100083；
3. 美国华盛顿大学埃文斯公共政策与管理学院，西雅图　98195）

摘要：林学学科非常重视理论与实践相结合。林业在减缓全球气候变化、促进碳达峰与碳中和、保护生态环境中发挥着重要作用。一流的林学人才离不开一流的大学与教学体系。本文通过分析国外两所世界一流大学及国内双一流学科建设高校的林学课程体系，结合调研主要课程教学法，分析了三所高校林学课程体系设置情况。从课堂教学及实践教学两方面分析了国内外林学课程教学法的异同，提出了我国双一流主要林学课程体系设置及教学法建议。

关键词：林学；一流高校；本科教育；课程体系；教学法

当前，自然资源日益枯竭、供给不可持续，生态环境退化破坏、环境承载力透支，成为影响我国乃至全球可持续发展的两大瓶颈。党中央、国务院高度重视林业工作，对林业改革发展和生态文明建设作出了全面部署，赋予林业重大使命和艰巨任务。我国生态文明建设事业迫切需要林业应用型专门人才，完善林业人才培养体系，创新林业人才培养模式，提高林业人才培养质量，这对林学学科的发展提出了更高的要求[1-2]。林学专业集合了传统林学，近年来又融合了现代生态学、园林学、遥感、地理信息系统、现代环境科学、计算机科学等新学科、新技术，开设的各项课程担负着为学生提供最新的林业理论、林业技术、林业政策等任务[3]。新时期林业类本科生教育培养目标应为：继续深造向研究型林业高级专门人才发展，或在林业、农业、环境保护等相关业务部门、企事业单位、大中专院校等就业的复合应用型人才。面临当前激烈的人才储备竞争，如何高瞻远瞩地培养社会急需的高素质、创新型以及具有专业背景的国际化人才，是高校在这场教育竞争中胜出的关键[4]。2018年，习近平总书记在全国教育大会上再次强调要深化办学体制和教育管理改革。不同类型的高校应结合自身定位和区域特性，探索多元化教学模式[5]。作为培养目标的直接反映，教学改革的基本环节是课程体系，教学内容要充分反映林业实践领域对专门人才的知识与素质要求，课程体系应当体现整体性、综合性、应用性，注重分析能力和创造性解决实际问题能力的培养[6]。课程设置正确与否，直接关系到林业人才的培养和将来林业的发展方向。

北美林业产业发达，历来重视林学教育。其中加拿大英属哥伦比亚大学（The University

作者简介：段　劼，北京市海淀区清华东路35号北京林业大学林学院，副教授，duanjie@bjfu.edu.cn；
　　　　　赛江涛，北京市海淀区清华东路35号北京林业大学高教研究室，副研究员，550188739@qq.com；
　　　　　王丹蕾，美国西雅图市华盛顿大学埃文斯公共政策与管理学院，wangdanlei0103@gmail.com；
　　　　　刘　岩，北京市海淀区清华东路35号北京林业大学林学院，硕士研究生，1203338557@qq.com。
资助项目：北京林业大学教育教学改革项目"北美一流大学林学类本科课程体系及专业课教学法对比研究"（BJFU2019JY007）。

of British Columbia)世界排名第 34 位,其林学专业课程起始时间为 1918 年,正式建院时间为 1920 年;美国加州大学伯克利分校(University of California, Berkeley)世界排名第 4 位,其林学专业建立可追溯至 1914 年。本文通过分析这两所国际一流大学的林学类本科课程体系及专业课教学方法,并与我国双一流专业建设高校北京林业大学的林学专业及课程设置进行了对比分析,结合调研国外林学专业留学生关于林学课程开展的实际情况,对课程体系设置和教学方法进行了分析,最后提出了一些将来林学本科教育的发展方向、思路及建议。

一、林学本科专业及课程设置分析

(一)加拿大英属哥伦比亚大学

加拿大的英属哥伦比亚大学林学院下设林学、森林资源管理、城市林业,木材科学和生物经济等专业[7]。其中林学专业旨在为林业众多研究方向提供基础。毕业生大多在包括加拿大的不同国家和地区工作。林学专业提供两个研究方向,两个方向都获得了加拿大林业认证委员会的认可。第一个是森林资源管理方向,课程内容包括生物,物理和社会科学,森林资源特征以及森林管理。第二个是森林经营方向,该方向更强调林业产业的运转经营。林学专业的学生可以在本科入学后在这两个方向之间进行转换。林学专业毕业生共需修满 130 学分的课程。此外,学院认为商业贸易专业可以为森林经营奠定坚实基础,所以学院乃至学校都支持和鼓励森林经营方向的学生辅修商业贸易专业。相关辅修政策也较为宽松,只需要前两年成绩在专业排名前 68%,并且完成两门专业必修经济课程以及选择完成一门数学课即可。

除林学专业以外,学院的森林资源管理专业本科生主要学习综合资源管理,社区和土著林业以及国际林业等方向的课程,该方向毕业生之后可以申请加拿大注册林业从业证书。学院的城市林业专业本科生主要课程内容包括城市生态、可持续发展、社区健康以及气候变化等方向。本专业还有包括本地与国际城市林业的考察实践课程。前两年为专业必修课程,约 30 节课,本科阶段共要求 123 学分。后两年学院提供了两个辅修专业课程及公共选修课,公选课可以在全校范围内选择。

(二)美国加州大学伯克利分校

美国加州大学伯克利分校的林学专业设置在自然资源学院下属的生态系统管理和各学科之间研究方向之下,全称为生态系统管理和林学[8]。该专业通过对森林、林地和草地的生态系统研究和管理,重点关注地球自然资源的保护与恢复。专业课程包括"野生动物和动物保护学""生态系统恢复""牧场管理""水资源政策""火灾科学""地理信息系统和遥感""环境正义和农村社会学"。另外,除了核心课程之外,专业还提供在内华达山脉开展的为期八周的夏季野外实践的必修实践课程。专业提供两个研究方向,包括林学方向和自然资源管理方向。林学方向旨在培养学生成为有着数学、林学和社会基础的未来森林资源的管理者和领导人。通过四年的学习,学生还可以获得加州的专业林务员资格证。自然资源保护方向就为学生提供了关于森林、林地和草地等生态系统的各种研究课程。和国内大学不同,该大学林业专业只提供建议课表。在建议课表中,学生可以自由选择是从化学 P 项目开始还是化学 1A/L 项目开始学习。毕业的要求也不只是单纯地修够学分。而是要根据自己的研究方向合理选择各种课程。此外,还有一大特色是辅修专业。自然资源学院鼓励大家除了主修专业之外,再根据自身兴趣和意愿辅修一门其他相关专业。

(三)北京林业大学

北京林业大学林学专业建于 20 世纪 50 年代初,是我国林业行业人才培养、科学研究和产学联合的核心基地。林学专业本科生进校后经过三个学期通识教育以及学科基础教育后，根据学生个人兴趣和学习成绩等划分专业，取得相应学分后，根据学生个人意愿、学习成绩等划分专业，在第四学期分为林学、森林保护、林学专业城市林业方向、林学专业经济林方向 4 个专业及专业方向进行分类培养[9]。

林学专业主要培养林业关键技术研究领域和行业需要的拔尖创新型专业人才。专业核心课程有"林木遗传育种""林木种苗学""森林培育学""森林经理学"等一系列课程。其中森林培育是林业行业的核心。该专业毕业生需至少修满 181 学分，其中必修实践环节为 57.125 学分。

林学专业城市林业方向目标是培养具有较高综合素质、较强实践能力和创新精神的城市森林构建与经营生产等工作的高层次专门人才。城市林业的核心课程为"城市生态学""树木种苗学""城市林业基础""森林有害生物控制"等。该专业的特色实习为城市森林综合实习。该专业毕业生在四年内至少修满 185.5 学分，其中必修实践环节 57.125 学分。

森林保护专业是北京林业大学的传统优势专业之一。该专业为中国林业有害生物防控技术研究领域输送研究型创新专业人才。专业核心课程包括"普通昆虫学""植物病理学""昆虫分类学"和"森林昆虫学"等。研究森林病害发生与成灾原因、发展和流行规律为本专业的教学重点。在综合实习，学生初步了解与掌握森林有害生物防治规划方案以及有害生物的种类和分布。本专业的毕业生需要修满至少 190 学分，其中必修实践环节 62.375 学分。

经济林专业是北京林业大学于 2018 年申报并由教育部批准的本科专业。主要培养具有经济林现代化栽培、经济林产品贮藏加工、经济林产品市场营销的理论基础和专业技术的复合型人才。该专业毕业生至少修满 192 学分，其中必修实践环节 59.625 学分。

二、专业课教学方法

在这几十年中，我国林学专业课教学方法逐渐丰富。特别是近几年，教学方法不再局限于课本和教室。与生产、科研相结合的教育方法逐渐流行。特别是林业专业的学生，不同的地理环境会孕育出不一样的森林。如何灵活地将在课本上所学到的林业知识应用到不同的实地中，也是学生们需要学习的一项技能。课堂教学和实践教学对于林学专业课教学方法尤为重要。

（一）课堂教学

课堂教学是教学方法的基础，也是每一门课必备的教学方法。通过老师的讲解和书本的辅导，学生可以快速地学习知识。在课堂学习的过程中，老师有多种多样的授课方法。运用现代科技，比如用 PPT 进行课件展示，利用雨课堂进行上课签到，都增大了老师授课的便利性。如何将知识展示给学生，将知识讲得透彻，已经不是一件难事。然而，结合分析北美两所高效林学专业课堂教学，我国林学专业课程的课堂教学还需从以下几方面深入和不断完善。

1. 授课时间多样，注重讨论课

北美两所高校林学课程的授课时间并不固定，基础课多是两节连排，每节课 45 分钟，中间有休息时间，大部分专业课每次授课时间为 45 分钟，每周 2 次课。授课教师常用的课堂教学方式是讨论课。除了对于上课内容的讨论，教师还会布置课后阅读资料以供下一次上课进行讨论。这些阅读资料往往都是目前科研发表的第一手研究成果，而且与课堂有着紧密联系。例如，加拿大哥伦比亚大学林学院在开设的"FRST302 Forest Genetics"中，授课教师在讲解育种技术的发展和不同育种技术的优缺点时，为学生们提供了关于未来育种技术发展的论文以供阅读。通过对这些论文的阅读，学生们在学习已有知识的同时，又可以

掌握最新的科研动态。再通过与老师和同学的讨论，在逐渐锻炼思考能力的同时，学生也能进一步了解如何去做科研。

2. 定时课后讨论，巩固教学内容

除了上课时候的讨论，还有一种讨论是发生在课堂以外，称为办公室时间（office hour）。北美两所高校的林学类课程教师都非常鼓励学生能够在课后去任课教师办公室进行交流，每位教师在第一节课均会告诉同学们本学期的固定办公室时间。教师们会在这个时间内回答学生有关课程内容的各种问题，并进行答疑解惑。这样也可以避免学生对任课教师的不定时咨询，因为教师除了教学还有大量的科研工作需要处理。国内高校类似的沟通机制还未形成，学生与教师通常是以微信、QQ等工具进行即时沟通，发邮件的沟通方式并不是特别普及。这虽然增加了即时沟通效率，但也可能打断教师的连续工作时间。

3. 小班授课为主，保证教学效果

与国内相比，国外高校多以小班授课为主，超过百人的课程较少。特别是林学类包含有实践教学环节的相关专业课程，实践部分往往会再细分到二三十人左右的小班。学生可以按照自己的课表选择合适的班次。这样可以保证每一个学生都有动手操作的机会。而合班授课可能会导致授课教师没有足够精力跟进每一个学生的学习程度，没有足够时间可以去解决学生们的所有问题。对于上课程度的深浅、速度的快慢，因为学生基数太大的原因，教师也很难去把控，让每一个人都有效学习。多人的实践课程也比较常见，会出现部分学生参与度不高的问题，也可能导致另一部分比较积极的同学不能拥有足够的时间和实验材料。

4. 注重助教作用，师生多方受益

北美高校还特别注重发挥助教的作用。国外林业类课程几乎每门课都设置助教，助教一般是由学科的研究生、博士后担任。他们有着相对丰富的专业知识，也有着相关课程的学习经验。这种助教制度带来的好处是多方面的。助教从事助教工作会有一定报酬，他们可以提供专业知识的解答，也可以为学生们其他学习烦恼提供建议。主要任务是协助主讲教师在课堂上开展教学工作，以及组织林学实践活动。对助教来说，不仅有经济收入，还能巩固自己的专业基础知识，因为回答本科同学的问题并不都是非常容易。而对参与课程的本科学生来说，他们获得更多的能够及时解决课程疑惑和问题的机会，也能了解一些助教的科研经历。对于任课教师而言，可以省下解答简单问题以及其他不必要问题的时间。我国大多数高校开展课程教学往往是一位或多位教师授课，几乎没有助教或助教作用发挥不显著。

（二）实践教学

除了课堂教学之外，野外基础教学在农林院校课程设置和人才培育中也占有重要地位[10]。在林学专业的学习中，实践课程又可以分为实验课和实地考察。

1. 实验课

北美两所高校林学室内实验课往往贯穿在整个学期。每周都会有一节实验课，对应本周所讲的理论课程，有利于理论知识与实践结合，帮助学生高效巩固课堂所学理论知识。以加拿大英属哥伦比亚大学"植物生理学"课程为例，学生在学习其理论内容时往往不容易理解，有些概念非常生硬且复杂。例如，在学习植物叶片气孔吸收二氧化碳释放氧气的原理时，学生们可以通过走进实验室，开展监测植物叶片在早、中、晚不同时候吸收的二氧化碳量和释放的氧气量变化的相关试验，从而对光合作用理论知识有深层次认识。这样的课程设置，除了帮助加深理解理论知识之外，还可以帮助学生及时增强动手能力和科研能力。一个个小实验都是对未来科学研究的奠基石。

2. 实地考察

(1) 单项专业课实习

林学类实践课程除了在实验室内开展，还包括野外考察等。与上述实验课类似，国外林学高校野外实践课程也贯穿于整个学期。例如，加拿大英属哥伦比亚大学 FRST307 植物学课程中的"野外植物识别"实践课程，学生们需要在一学期内的实践课中掌握一百多种植物和真菌的样子和拉丁文名。我国大多数植物学课程的实习时间段比较集中，这样学生需要在一周之内认识近百种植物，学生在短时间内进行大量记忆，印象并不是很深刻。

(2) 综合多学科实习

与国外相比，我国林学专业实践会开始一个综合实习，这是具有特色的教学方法。内容也不局限于单独的认识植物，熟悉地理环境，而是拓宽到了测量学、昆虫学和土壤学等内容，是真正的综合实地考察。这种综合性实习可以让学生对自己所学知识有一个系统性的理解和应用。综合实习帮助学生们总结了大学四年生涯所学，也为学生们走向社会提供了良好的桥梁。例如北京林业大学林学学生大三暑假开展的多学科综合实习，学生们通过四周的实习，掌握森林培育、森林经理、森林病虫害等综合内容。

3. 社会实践与企业实习

(1) 国外企业实习项目

加拿大英属哥伦比亚大学林学院开设了 Co-op 实习项目，是由学院、公司和学生三方面共同参与的。学院为学生和公司牵线搭桥。目的是为了在校学生提前获得工作经验，增加工作经历的同时增加就业率。项目会为学生提供简历修改、面试培训、公司介绍等一系列课程。项目学院还能获得更多的人际资源，包括培训研讨会和与经验丰富的员工交流等。合作的企业不限于哥伦比亚省，也包括全世界各地的林业企业。项目可以让学生在大学期间，就可以提前感受工作的氛围和工作模式，帮助学生确认自己的兴趣和未来职业规划；公司也可以提前锁定优秀的学生，省下了招聘和培训新员工的成本，也能较快地寻找到合适的人才；对于学校和学院来说，向行业内著名公司输送自己学校的优秀人才，既提高了学校的声誉，也加强了学校的人脉，有助于与企业建立良好的关系。

(2) 国内企业实习项目

和国外大学类似，国内也有暑期实践活动。如北京林业大学每年开展的暑期社会实践活动，主要结合林学院人才培养特点及林学专业特色，学校、学院会联络地方政府、企事业单位、工厂、林场等基层一线，组织学院学生开展多种形式的科技服务、调研访谈、志愿宣讲与爱国主义教育实践活动。同时，还设立了为增强本科生的创新能力的大学生创新创业训练项目，分为创新训练和创业训练项目两类。项目选题来源包括企业需要的研究课题；教师在教学、科研、生产、管理等方面的研究课题指南；各类竞赛的研究内容以及其他有价值的研究与实践课题。参加此类项目，本科生可以提早了解实验室的日常工作，学习本学科的学术研究方向，与导师沟通研究感兴趣并且有创新性的科研课题，并在导师的指导下开展实验工作，提前为有科研目标的同学积累实验以及学习的经验。有些企业还会在学校设立多种奖学金，建立企业与学校、学院的联系，提前吸引一批优秀学生开展实习，同时提升了企业知名度。

三、我国林学类课程建设建议

（一）鼓励学生开展讨论，完善课程成绩评估方式

学生们的课堂讨论发言对于老师和其他同学都是至关重要的。往往一个学生的问题也会是其他学生的问题。鼓励学生在课堂上问问题，并开展讨论，也会帮助其他学生的学习。

国外林学专业授课过程中，到课率高并不能保证得到较高的分数。而积极举手提问并参与课堂讨论的学生往往能深刻理解课堂内容，从而帮助他们获得较高的结课分数。与国外相比，我国学生主动发言频率较低。建议通过采取包括翻转课堂等形式，让学生逐渐适应活泼的课堂氛围，从不敢发言变为敢于主动提问。同时，鼓励教师采取多种成绩评定方式，将课堂发言与讨论的成绩计入课程总分。真正做到让学生们不仅是到课堂上课，而且是参与课堂。

（二）建立教师固定答疑机制，加强助教辅导

本科生提的问题并不一定都是简单问题，有些问题是需要思考和讨论的。尤其是林学类课程，有些课程兼具综合性与应用性，往往需要教师和学生面对面交流。建议教师设立固定的课后辅导时间，鼓励学生去办公室面对面问问题，提高知识吸收效果。此外，建议加强林学类专业课助教队伍建设。近年来，我国本科教育规模不断壮大，专业课教师无法跟踪到每一位参与课堂的学生，加强助教队伍建设尤为重要。从国外相关课程助教体制来看，本科生往往会优先选择与助教联系，助教与本科生年龄接近，而且正在从事科研工作，也有利于本科生了解本专业科研方向。而教师也会从助教那里得到一些本科生对课程内容的反馈，对教学内容进行修正完善。

（三）改善实践课程安排，促进教研产结合

林学类课程注重实践性。通过调研发现，国内多数林学类课程的野外实践和实习时间都安排得比较集中，应适当在理论课讲授过程中增加实践实习课安排。有利于加深学生对某些抽象的林学、生理学、生态学的理论概念认知。同时，建议充分利用学校内部及周边森林教学资源，如校园、公园、林场、社区等。林业的实践性也体现在教学内容与就业的紧密结合上。目前来看，学生进入林业企业开展实践实习，是国内外主要的教研产结合方式。特别是对高年级本科生而言，可以将所学知识与实际相结合，在巩固知识的基础上获得第一手的从业经验，将所学知识进行延伸，促进学生接触多样化的从业领域、多元的工作环境以及国际化的实习机会，让学生更好地了解自身并找到最适合自己的就业方向。学校的就业指导中心可以为学生提供帮助，如完善简历、提高面试技巧等，保障学生在求职的过程中得到全面的锻炼。最终形成"学校—企业—学生"多方受益的教研产林学本科生培养模式。

参考文献

[1] 周洪岩. 高职林业专业人才培养和教学改革研究[J]. 农机使用与维修，2020(8)：111
[2] 毕华兴. 全日制林业硕士专业学位研究生培养的现状、问题及对策[J]. 中国林业教育，2014，32(6)：40-43
[3] 孟京辉，向玮."现代林业经营理论与技术"课程教学改革与实践：以北京林业大学为例[J]. 中国林业教育，2020，38(S1)：71-74.
[4] 王若涵，林宇，张德强，等. 中加合作办学中专业课程设置及教学模式的探索与思考：以北京林业大学中加合作办学项目为例[J]. 中国林业教育，2021，39(4)：27-30.
[5] 付伟，罗明灿，陈建成. 林业高校科研成果向教学资源转化的形式、驱动力及对策研究[J]. 当代教育理论与实践，2021，13(1)：104-109.
[6] 王鹏程，王慧，滕明君，等. 高等农业院校林业专业硕士研究生培养的改革探讨：基于对林业专业硕士及其用人单位的问卷调查[J]. 中国林业教育，2017，35(6)：25-32.
[7] University of British Columbia. UBC Faculty of Forestry[EB/OL]. [2021-11-1] https://forestry.ubc.ca/.
[8] University of California. Berkeley Rausser College of Natural Resources [EB/OL]. [2021-11-1] https://nature.berkeley.edu/.

[9] 北京林业大学林学院. 北京林业大学 2020 级本科人才培养方案(林学院)[Z]. 北京, 2020.
[10] 霍天琢, 孔石, 田野, 等. 本科实践教学改革对专业人才培养的影响——以东北林业大学野生动物与自然保护区管理专业为例[J]. 科教文汇, 2020(9): 66-68.

A comparative study of undergraduate curriculum system and teaching methods in North America and Domestic first-class forest science

Duan Jie[1] Sai Jiangtao[2] Wang Danlei[3] Liu Yan[1]

(1. College of Forestry, Beijing Forestry University, Beijing 100083;
2. Higher education research center, Beijing Forestry University, Beijing 100083;
3. Evans School of Public Policy & Governance, University of Washington, Seattle 98195)

Abstract The discipline of forestry attaches great importance to combining theory with practice. Forestry plays an important role in mitigating global climate change, promoting peak carbon dioxide emissions and carbon neutral, and protecting the ecological environment. The talents of forestry cannot be divorced from first-class universities and teaching systems. This paper analyzed the curriculum system of forestry in two world-class universities abroad and a domestic double-first-class universities, combined with the investigation of the main curriculum teaching methods. It analyzed the similarities and differences in curriculum teaching methods of forestry at home and abroad from classroom teaching and practical teaching and put forward suggestions on the setting of double-first-class forestry curriculum system and teaching methods.

Keywords forestry, first-class universities, undergraduate education, curriculum structure, teaching methods

地理科学类专业资源环境课程体系优化探讨

魏天兴　沙国良　傅彦超

（北京林业大学水土保持学院，北京　100083）

摘要：本文以地理科学类本科专业人才培养方案为研究对象，对国内主要院校开展了专业调研，分析地理科学类下设本科专业的国内培养现状及课程设置，结合专业性质与特点，探讨地理科学类人才培养中关于资源环境的课程体系，提出核心课程建设的具体建议。以期弥补当前培养模式下的不足，进一步完善资源环境人才培养体系和课程设置，使新一轮人才培养方案更切合人才培养目标，从而提高资源环境人才培养的质量，适应社会发展需要。

关键词：地理学；资源环境；课程建设；人才培养

一、引　言

进入新时代，我国高度重视生态文明建设，建立资源节约型和环境友好型社会。坚持节约资源和保护环境的基本国策，统筹山水林田湖草系统治理，实行最严格的生态环境保护制度，为全球生态安全做出贡献[1]。党的十九大报告、中央经济工作会议以及2018年5月召开的全国生态环境保护大会上，均强调了打好、打赢污染防治攻坚战，实现绿色和可持续发展的治理重大需求。"十四五"规划对生态文明建设做出了新要求，立足资源环境承载力转变城市发展方式、生态保护、污染治理、推动绿色发展促进人与自然和谐共生[2]。因此，对资源环境类人才的培养充满了机遇与挑战。大学地理科学类本科专业设置上越来越重视培养基于地理学基础的资源环境人才培养。地理类自然地理与资源环境专业立足于地球表层特征及其变化、自然资源管理、环境保护，资源环境遥感等资源利用和环境发展相关知识与方法；人文地理与城乡规划专业立足于区域规划和土地管理，进行城乡规划设计、土地资源利用和规划、旅游资源规划、区域测绘制图；地理科学专业要求掌握地理科学的基本理论、知识，技能包括自然与人文两部分，还要了解相近专业如资源环境与城乡规划管理、地理信息系统的一般原理和方法；地理信息系统作为辅助工具类被广泛应用，专业侧重点不同，但都对于资源与环境人才培养上具有重要作用。

本研究分析地理科学类下设专业的国内培养现状及课程设置，立足社会需要，结合专业性质与特点，探究地理科学类人才培养方案关于资源环境的课程构成，以期弥补当前培养方案的不足，进一步完善人才培养体系，为高校资源环境课程建设改革与创新人才培养模式，提供理论参考。

作者简介：魏天兴，北京市海淀区清华东路35号北京林业大学水土保持学院，教授，weitx@bjfu.edu.cn；
　　　　　沙国良，北京市海淀区清华东路35号北京林业大学水土保持学院，研究生，sgl2020@bjfu.edu.cn；
　　　　　傅彦超，北京市海淀区清华东路35号北京林业大学水土保持学院，研究生，fu_yanchao@bjfu.edu.cn。
资助项目：新时代背景下的资源环境学课程体系与案例建设（BJFU2019JYZD004）。

二、专业现状及存在问题

地理学作为一门综合类学科包含资源、环境、生态等多个交叉学科内容，一级学科下设自然地理、人文地理、地图学与地理信息系统三个二级学科[3]。本科专业有4个，分别是：地理科学、自然地理与资源环境、人文地理与城乡规划、地理信息科学。在2012年教育部颁布《普通高等学校本科专业目录》中，根据更加适应经济社会发展新需求的原则，新设改善民生急需的相关学科专业，将原来理学门类地理科学类下设的资源环境与城乡规划管理分为"自然地理与资源环境""人文地理与城乡规划"两个专业。这种贴近民生的专业设置，体现了高等教育面向社会发展需求及时调整的原则。伴随国家经济发展、人民生活水平的提高，水土资源短缺、环境污染加剧、生态系统退化、全球气候变暖、极端天气频发等资源环境问题已成为社会关注的焦点问题。人与自然的和谐相处、资源的可持续利用势在必行。

高等院校地理类专业开设情况见表1，可以看出，当前我国开设地理科学专业的院校有156所，其中师范类院校占绝大多数达91所，综合类58所，农林类仅西南林业大学设置了该专业，其他院校6所。开设自然地理与资源环境专业共有60所院校，占我国普通本科院校数量的2%；从院校类型上看，综合类大学17所、理工类9所、农林类3所、师范类26所、其他类型院校5所。开设人文地理与城乡规划专业共有123所院校，占普通本科类院校数量的4%，其中综合类39所、理工类13所、农林类10所、师范类47所、其他类型院校14所。从数量上来看现在地理学科方向上，以培养教师的地理科学专业为主，与环境规划密切的人文地理次之，研究系统科学理论的自然地理开设院校最少。

院校发展历史与重点学科不同，其专业课程体系与人才培养侧重点也具有独特性，如南京大学利用地理学与海洋学科优势，突出地球表层系统科学研究的交叉，中山大学依靠地区经济实力，侧重土地利用规划，北京师范大学侧重开展陆地表层系统地理自然要素过程相互作用与区域分异、自然资源形成机理及资源利用与管理。北京大学专业培养下设自然资源管理与地球系统模拟两个培养模块选修完成模块所有课程。但随着社会发展教育环境变化，多数院校存在专业办学方向不清晰，偏离专业人才培养目标，核心课程设置不突出等现象。

表1 地理类各专业开设院校类别数量

专业名称	师范类		综合类		农林类		理工类		其他		合计	
	数量	占比	数量	占比	数量	占比	数量	占比	数量	占比	数量	占比
地理科学	91	55.49%	58	50.88%	1	7.14%	2	8.33%	4	17.39%	156	100%
自然地理与资源环境	26	15.85%	17	14.91%	3	21.43%	9	37.50%	5	21.74%	60	100%
人文地理与城乡规划	47	28.66%	39	34.21%	10	71.43%	13	54.17%	14	60.87%	123	100%

三、培养目标与课程设置

（一）培养目标

课程是学生学习系统知识的必要途径，课程体系是人才培养的总体规划，人才培养目标决定了课程体系的设置。因此明确专业人才培养目标是学科建设的前提。目前高等院校专业培养目标以学生就业、升学、学科综合素质提升和培养创新性复合型人才为导向。

地理科学类本科专业教育在资源环境视野上由常规尺度向微观和宏观尺度发展，时间尺度由短期向长期发展。在技术上由传统技术走向遥感信息技术，工程上在污染治理、环境修复和城市规划资源开发上发展，这些都成为促进地理学科发展的重要牵引力，同时也是学生未来走向社会岗位的重要因素,这也要求人才应具备宽厚基础、创新性思维和全球视野[5]。

(二)本科课程设置情况

本文的院校培养方案调查信息采用中国教育在线、中国研究生招生信息网查询系统的官方公开信息,并参考学校官方网站信息。按综合、理工、师范、农林院校分类对课程设置进行归类,结果见表2。去除公共基础课课程与技术类课程,将课程依据地理学、资源环境通识、资源与环境管理、城市与区域规划、旅游与生态环境保护分为5个课程组。

表2 部分院校本科地理类专业课程设置

专业名称	院校	课程设置
地理科学	师范类	自然地理学、人文地理学、中国地理、世界地理、经济地理学、城市地理学 地质学与地貌学、气象学与气候学、地表水热平衡、地球概论、灾害地理学、海洋地理学 水文与水资源学、植物学、土壤学、自然资源学、全球环境变化、环境学 环境影响评价、资源价值评估、土地评价与管理、区域可持续发展、区域分析与规划、城市规划 旅游地理学、生态学、生态水文学、景观生态学、旅游资源评价与开发
	综合类	自然地理学、人文地理学、地质与地貌学、中国地理、世界地理、城市地理、经济地理学 环境科学原理、土壤地理学、环境灾害、自然资源学、第四纪环境、水资源与水环境、气候变化 城市规划、土地资源规划、可持续发展、土地退化与整治 环境生态学、生态恢复与生态重建、景观生态学、旅游地理学
人文地理与城乡规划	师范类	自然地理学、人文地理学、中国地理、世界地理、地球科学概论、城市地理学、经济地理学、地理科学导论、灾害地理学、普通地质学、现代地貌学、气候与气象学、文化地理学、社会地理、国土资源学、水文与水资源学 土地评价与土地管理、灾害与防治区域分析与规划、城市规划设计、城市总体规划 旅游资源评价与开发、旅游地理
	综合类	自然地理学、人文地理学、经济地理学、城市地理学、中国地理、世界地理、灾害地理学、地质与地貌学 土地资源学、资源环境经济学、地学可视化与景观模拟、园林规划、土地规划、环境规划、土地管理学、流域规划与管理 城乡规划设计、城乡规划原理、区域分析与规划、景观规划 旅游规划、旅游地理学
	农林类	人文地理学、城市地理学、地貌学、气象学、地质学、农业地理学 水文学、植物地理学、环境学、土地资源学 农业资源规划、土地利用评价与规划、环境影响评价、园林规划、城乡资源管理 区域分析规划、城镇规划 生态学、生态旅游规划

（续）

专业名称	院校	课程设置
自然地理与资源环境	师范类	自然地理学、人文地理学、经济地理学、地球概论、地球概论、城市地理学、地貌学、沉积地质学、普通地质学、气候学 土壤学、土地资源学、水文与水资源学、植物学、第四纪环境、土地资源学、全球变化、环境科学、环境地学 土壤侵蚀原理、土地利用工程、水土保持学、土地资源管理学、水资源开发与管理 土地利用规划、农业气候资源评价、环境影响评价 旅游规划与开发、景观生态学、环境生态学、普通生态学
	综合类	自然地理学、生物地理学、世界地理、中国地理、城市生态学、海洋科学导论、大气科学概论、地质学、地貌学、气象学与气候学 自然资源学、水文与水资源学、土壤地理学、水资源与水环境、水文学原理、植物学、资源学导论、环境科学导论 工程测量、环境监测、水资源管理与评价、自然灾害防治与评价、水土保持学、土地资源管理、城乡规划学、区域经济学 城乡规划理论与方法、区域分析与规划、城市旅游认知与实践、生态学、城市生态学
	农林类	环境概论、林学概论、人文地理学、综合自然地理学、世界地理、世界地理、经济地理学、生态学、地质地貌学、气象学、农业地理学 土地资源学、植物学、土壤地理学、水文学、全球环境变化 荒漠化防治学、环境质量与影响评价、生态环境规划、生态监测、资源管理学、土地评价与管理、水土保持学 城乡规划学、区域分析与规划 景观生态学
	理工类	现代自然地理学、生态学、生态经济学、地貌学、气候学与气象学 土壤学、水文地理学、植物地理学、自然资源学、环境科学、土地资源学 自然资源评价、环境影响评价、水土保持学、生态规划与设计、资源信息系统、土地利用规划与管理、环境规划 恢复生态学

根据表格信息发现，现行课程模式下主要有以下特点：

（1）资源环境通识类课程占比有差异。各类高校地理学基础课类、规划类、生态类课程占比不一致。综合类、师范类、农林类院校地理学基础课程占比分别为32%、44%、33%，师范类地理学基础课程占比最高。资源环境通识类课程占比依次为34%、35%、33%。城市与区域规划类课程师范类院校占比同样最高为31%，农林类和综合类院校开设的课程较少，占比均为19%。旅游与生态环境保护类课程综合类和农林类院校开设较多，占比达到15%和11%，而师范类院校开设的课程仅占3%。资源与环境管理师范类院校开设的最多，占比达到14%。

（2）资源类课程设置单一。大多数院校地理学专业均设有"水文与水资源学"（或"水文学"）"土地资源管理""土地规划""植物地理学"和"土壤学"等单一资源课程，这表明单一资源仍然是目前资源环境人才培养课程学习的基础，对于多种资源综合研究的课程需要进一步加强建设。

（3）虽然课程设置上存在不同，但专业院校特色不够突出。综合类院校开设课程较为全面，资源环境通识、资源与环境管理、城市与区域规划和旅游与生态环境保护类课程均有体现，如"资源学概论""土地资源规划""水文与水资源管理"和"环境生态学"等，师范类院校在地理科学专业设置了大量资源类通识课程如"资源环境导论"和"土壤学"等，农林类院校开展增加了农业林业资源课程，如"农业地理学""农业资源与管理"和"林学"等，但多数学校专业基础课没有区分度，且在专业方向课上提供范围广泛但缺乏系统性。要形成特色和优势就要使各校充分利用开办专业的办学基础与师资条件，充分考虑专业人才培养目标和社会对专业人才的需求等因素。其中专业办学基础与师资条件起了主要作用，如前文所示已有部分院校充分利用自身学科优势与科研平台建设起了系统且具有院校特色的地理学课程。

（三）地理类研究生教育情况

通过完成国家任务来促进学科的发展，是使学科快速发展的驱动力。2017年国家自然科学基金所涉及地理研究单位的数量由2000年165个增加到753个，申请项目单位也不再局限于地理学单位，一些地理学外的地学研究单位与非地学单位（农林、财经院校和科研单位）纷纷设立了与资源环境有关的院系、研究所[4]。

表3 部分院校研究生地理专业研究方向

专业	院校	课程设置与研究方向
人文地理学	师范类	区域经济地理学原理、人文地理学理论前沿专题、城市与区域规划、专题研究、区域开发理论与实践研究、国际经贸地理研究、现代区域经济学、遥感与大数据应用、计量经济学、城乡规划理论与实践区域发展战略、房地产市场研究方法、文化与自然遗产研究、旅游规划理论与实践、城镇化与城市地理、农业地理与乡村发展、中国国情与区域发展热点问题研究、可持续发展研究进展、地缘经济与全球化、国土空间规划、区域经济增长理论与政策
自然地理学	农林类	流域自然地理学、自然资源生态学、资源环境规划、生态系统修复与管理、数字流域、水土保持学、土地资源评价与管理
自然地理学	综合类	乡村地理学与乡村发展、植被—气候关系研究、生物地理学原理与应用、景观生态设计、古环境重建理论与方法、环境地学研究进展、自然灾害风险评价与管理、城市地貌与环境、城市与三角洲过程环境磁学与环境演变
自然地理学	师范类	东北亚地缘关系、泥炭沼泽学、偏振光与高光谱遥感、城乡规划案例分析、地理数学方法数字流域、遥感分析与空间建模、综合自然地理、生物地理、气候变化与区域响应、土壤地理、第四纪环境、水资源与水环境、沼泽植被与土壤

由表2可知，研究生（硕士、博士）研究方向存在较大出入，更偏向使用大数据新方法新模型研究区域生态学、环境变化。研究生的培养方案和研究方向与本科生不同，研究方向基于项目支持和导师研究内容，因此同一专业的课程对不同研究方向的研究生其重要程度存在区别，如对水文与水资源模拟方向的研究生，其对水资源类课程要求程度更高，生态恢复方向的学生对生态学课程如"景观生态学"和"城市生态学"等学习更多。

四、课程体系存在问题

（一）课程设置缺乏系统性

由于地理学本身的综合性，具有与生态、资源、等多学科交叉特点，院校开设课程涉及范围广，包括地学基础课程与资源环境类课程及技术应用类课程，师范院校的地理科学专业还涉及教育学、心理学等内容。但在资源环境类课程中以单一资源为主，通识导论作为串联起专业学习线索的作用并没有充分发挥出来，课程系统性大大降低，具有严重割裂感，如在部分院校不开设"资源环境导论"，而用"自然资源学""环境科学"作为替代，并且多数院校在选修方向课上不成体系，大量不同方向课程堆叠，学生选择其中几门进行学习，很有可能分属不同领域，本科生刚接触专业知识需要构建完整的理论体系与知识框架，单一课程的累加并不能达成预期目标。

（二）课程间的内容不连贯，缺乏有效衔接

地理学专业课程体系存在着内容不连贯、课程间缺乏有效衔接的问题，突出表现在两个方面，一是地理类与资源环境类课程缺乏有效衔接，结构不合理，缺乏如"资源地理学"等过渡课程；二是专业基础理论课程与实践应用课程相脱节，学生不能做到以现有的理论知识认识应用实践，如"土地利用评价与规划""城市旅游认知与实践"和"土地利用工程"等实践应用类课程，课程难度大，课程完成度低，学生积极性低，选课学生少。

（三）课程结构不合理

教学计划与课程安排在时间上需要调整，部分院校将综合类课程如"自然地理学""环境科学"设置在本科第四学年，对学生整体知识框架构建有一定滞后影响，正确的课程顺序对夯实地理学基础有重要作用，院校受师资等原因在课程顺序上存在较大区别，如有的高校将"资源学导论"在第四学期学习，而有的高校则设置在第五学期。

（四）课程内容多，学时少

地理学内容繁杂，分支学科众多，专业知识容复杂，知识综合，与当前地理学专业课教师授课时长少，形成了剧烈矛盾。利用好地理学科的特点培养更多的具有扎实的专业技能和应用型的人才是摆在院校面前的巨大挑战。

五、资源环境课程设置建议

课程设置，不仅要反映学科的特点，还要符合学科教育与教学规律的客观要求，重点围绕学科定位、研究方向、人才培养目标，使学生学习地学基础知识同时，实现对资源环境基本理论与应用方面的发展，能够综合运用地理学理论和方法高效合理地进行资源评价及其开发、利用、环境保护与管理的研究。协调好理论与实践教学、必修和选修课程的关系，兼顾专业与素质教育的关系[6]。

（一）课程设置初步方案

根据以上要求，考虑课程设置根据各门课程之间内在的联系性，提出把核心课程分为两组，一组是地学类课程，另一组是资源环境类课程。地学类课程包括"自然地理学""人文地理学"等。资源环境类课程，包括"资源环境通识""资源环境开发与管理""城市与区域规划""旅游与生态环境保护"4类核心课程，并追加过渡性课程"资源地理学"。

自然地理学：核心课程包括"自然地理学""地质地貌""水文""气象""海洋科学""土壤学"。

人文地理学：核心课程包括"人文地理""人口地理""文化地理""城市地理学""历史地理学"。

资源环境通识：核心课程包括"资源环境导论""自然资源学""水资源与水环境""土壤环境学""植物与植被资源""环境科学""资源环境生态学"。

资源环境开发与管理：核心课程包括"土地资源管理""环境规划""土地资源学""环境监测""水土保持学""土地退化与整治""荒漠化防治"。

城市与区域规划：核心课程包括"城乡规划理论与方法""旅游景观规划设计""国土规划原理与方法"。

旅游与生态环境保护：核心课程包括"植物生态学""景观生态学""旅游资源开发与管理""旅游地理学"。

（二）自然资源环境类课程建设措施

1. 优化培养方案整体课程设置，完善资源环境课程体系

在培养方案中，合理安排资源环境类课程，资源类课程应包括"自然资源学基础理论""综合自然资源学""部门自然资源学"及"自然资源管理技术"；环境类课程应包括"环境学基础""环境保护与管理技术"等课程。在学科基础教育平台（必修）设置"自然资源原理"（或"自然资源导论"）、"环境学基础"（或"环境概论"）等课程。在专业教育平台核心课设置中，应包含自然资源综合或部门（单一）自然资源学课程，如"水资源学""土地资源学"等，可在这些资源课程中加入环境学的知识，或单设一些环境学课程，如"环境（质量影响）评价""资源环境经济"；在专业教育平台选修模块，可适当设置自然资源与环境管理应用技术课程，如"资源监测""环境监测"等课程，并结合各院校特色设置应用性课程，如农林院校可设"水土保持学""植物资源开发与保护"等课程。

2. 加强综合性资源环境学课程，优化资源环境类课程体系

针对前文所述地理学科专业课程设置现状与不足，课程建设应体现综合性，在"地学前沿方法"的基础上，各专业加强或增设"资源环境导论""地球科学导论"等系统课程；同时注重专业特点，自然地理学与资源环境专业应将经济发展过程中的各种资源环境和生态问题作为着力点，应用自然地理学前沿理论与方法。人文地理学与城乡规划专业应立足社会发展的需求，重点开展"城乡规划与区域规划""土地利用评价与规划""生态规划"等课程，为土地利用规划编制、资源开发政策制定、城市环境管理等提供科学依据与技术支持[7]；选修课程作为课程设置的必要环节应具有模块或方向化特征，使学生选择系统的专业方向而不是选择单一课程。

3. 应增加过渡性课程，联系地学课程与资源环境类课程

为了更好地使地理学基础知识与资源环境学的结合和拓展，应增加过渡性课程和实践类课程。如"资源地理学"是联系地学课程与资源环境类课程，其研究内容应包括：自然资源、社会经济资源、智力资源、信息资源等的分布规律和结构特征，资源的评价和利用，自然资源的合理开发利用和保护等，可与后续资源环境类课程密切联系，如"土地资源管理"和"生态规划"等。实践类课程与实习应与理论学习相对应，如"水文学""环境生态学"设置"水文与水资源评价""资源环境承载力评价"等实践课程，同时在课程教学中，应突出案例教学的重要性，通过典型案例让学生能充分理解所学原理，做到将学科知识与实践融合。

4. 合理安排课程顺序

考虑学生学习与理解能力，在师资力量允许情况下，将综合类向前调整，完善基础理论框架，让资源环境知识融入到其他课程的学习中，引导学生建立正确知识体系。

参考文献

[1]习近平：决胜全面建成小康社会夺取新时代中国特色社会主义伟大胜利——在中国共产党第十九次全国

代表大会上的报告[EB/OL].(2017-10-18)[2021-05-09]http://www.gov.cn/zhuanti/2017-10/27/content_5234876.htm.

[2]中华人民共和国国民经济和社会发展第十四个五年规划和2035年远景目标纲要[EB/OL].(2021-3-13)[2021-05-09]http://www.gov.cn/xinwen/2021-03/13/content_5592681.htm。

[3]国务院学位委员会、国家教育委员会《授予博士、硕士学位和培养研究生的学科、专业目录》[EB/OL].(2018-04-19)[2021-05-09]http://www.moe.gov.cn/jyb_sjzl/ziliao/A22/201804/t20180419_333655.html.

[4]冷疏影,郑袁明,范闻捷,等.2017年度地理学基金项目评审与成果分析[J].地球科学进展,2017,32(12):1319-1331.

[5]史培军,宋长青,葛道凯,等.中国地理教育:继承与创新[J].地理学报,2003(1):9-16.

[6]封志明,江东,雷梅,等.资源科学的学科建设与人才培养模式的实践与思考[J].自然资源学报,2020,35(8):1817-1829.

[7]齐元静,张建军,史明昌,等.自然地理与资源环境专业"三位一体"特色课程体系的建设[J].中国林业教育,2015,33(4):38-41.

Discussion on optimization of resource and environment curriculum system of Geography Science majors

Wei Tianxing   Sha Guoliang   Fu Yanchao

(College of Soil and Water Conservation, Beijing Forestry University, Beijing   100083)

Abstract   Undergraduate professional talent cultivation plan based on geographical science as the research object, on the domestic major colleges and universities to carry out the professional research, analysis of the geographical science class consists of undergraduate training status and the curriculum, combining with the professional nature and features of geographical science talent cultivation on the course system of resources and environment, put forward concrete suggestions of the construction of the core curriculum. In order to make up for the deficiency of the current training mode, further improve the resources and environment personnel training system and curriculum, make the new round of talent cultivation program more suitable for professional cultivation objectives, improve the quality of resources and environment personnel training to meet the needs of social development.

Keywords   geography, resource environment, curriculum construction, talent cultivation

在线教育环境下"高等数学"课程融合式智慧教学设计探究

张桂芳[1]　褚梦雪[2]

(1. 北京林业大学理学院，北京 100083；
2. 北京理工大学数学与统计学院，北京 100081)

摘要：信息化技术的不断发展，让以个性化教学为目的的智慧教学成为可能。围绕"以学生为中心"的教学理念，根据我校"高等数学"课程教学大纲、学情分析、在线教学网络环境的软硬件等特点，研究在线教育环境下"高等数学"课程智慧教学设计。探讨了在智慧教学理念下，结合面对面教学和在线教学优点，通过分析教学各环节采集的全景式数据，对课堂教学内容、教学过程进行重构，借助智慧教学平台"雨课堂"整合、构建在线教学资源，实现融合式教学的方法与途径。

关键词：融合式教学；智慧教学；教学设计；高等数学

2018 年 10 月，教育部印发了《教育部关于加快建设高水平本科教育全面提高人才培养能力的意见》(简称"新时代高教 40 条")[1]，明确提出，高等学校要把本科教育放在人才培养的核心地位、教育教学的基础地位、新时代教育发展的前沿地位。2019 年 2 月，中共中央、国务院印发《中国教育现代化 2035》，明确指出加快信息化时代教育变革，充分利用现代信息技术，丰富并创新课程形式[2]。

随着信息技术与当现代教育的不断融合，各国对于个性化学习的重要性的认识都在不断提升，从多个角度出发对个性化学习展开研究[2-5]，为学生提供个性化教育服务的智慧教学将成为未来教育的发展趋势[6-7]。

智慧教育的深入发展离不开大数据的支撑。将教学过程与结果数据的持续采集，动态汇聚成教学大数据，通过对教学大数据的深度挖掘与多元分析，能够将数据背后反映的教学意义与价值清晰地呈现出来，为个性化教学提供数据支撑[8-9]。

"高等数学"是高等院校的本科教学中重要公共基础课，教学目的是为了培养学生抽象思维能力、逻辑推理能力、空间想象能力、自学能力和创新能力，以及综合运用所学知识分析问题、解决问题的能力，提升学生数学素养。

2020 年 2—6 月，受疫情影响，我校开展了大规模的在线教学。这种不同于传统面授的教学模式，为师生带来了不同的教学感受。通过在线教学，我们深刻感受到在有效利用在线教学资源的基础上，持续建设适用于学生个性化学习的资源，为学生提供更加精准、智能、个性化学习服务的重要性。

作者简介：张桂芳，北京市海淀区清华东路 35 号北京林业大学理学院，副教授，gfzhang@bjfu.edu.cn；
　　　　　褚梦雪，北京市海淀区中关村南大街 5 号北京理工大学数学与统计学院，硕士研究生，chumx1214@163.com。
资助项目：北京林业大学"科教融合"项目"高等数学课程画像研究"(BJFU2019KJRHJY010)；
　　　　　高等学校大学数学教学研究与发展中心教学改革项目"在线教育环境下'高等数学'智慧教学设计研究"(CMC20200215)；
　　　　　北京林业大学课程思政教研教改专项课题"高等数学 D"(2020KCSZ224)。

在教学反思的过程中，我们对学生进行了问卷调查。根据学生反馈，在线教学提供了可以回看的课程资源，学生时间相对自由，避免了课堂大，坐在后排无法看清板书、幻灯片等问题；而面对面授课，课堂氛围更好、注意力可以更集中、师生之间的互动效率更高。有超过30%的学生表示喜欢在线教学，认为在线教学的教学效果相对较好；有50%的学生表示喜欢面对面授课，认为面对面授课的教学效果相对较好。

此外，受疫情影响部分学生因隔离无法到课堂听课，这是目前面对面授课过程中亟待解决的新问题，也说明了将在线教学和面对面教学的优点有效结合起来，开展融合式教学的必要性和紧迫性。

本文在综合考虑我校的教学软硬件条件的基础上，本着"以学生为中心"的教学理念，围绕以学生个性化需求为目标，依托智慧教学平台"雨课堂"，遵循认知负荷理论[10]，围绕"如何将在线资源整合起来，有效应用到'高等数学'课程课堂教学中，提升学生获得感""如何将面对面授课和在线教学的优点有效结合起来""如何应用教与学全景数据，智能反馈支持精准教学"等问题，对"高等数学"智慧教学设计展开了探索与实践。

教学实践和数据分析表明，在智慧教学理念下，借助智慧教学工具，整合在线资源，充分考虑学生的个性化需求，加强课前、课上、课后各环节的学习过程的设计与管理，用数据进行全方位描述，是解决以上问题的有效途径。

一、基于"雨课堂"的融合式智慧教学模式的构建

自2016年9月起，笔者就开始在所承担的"高等数学"课程中进行了基于智慧教学平台"雨课堂"的教学实践[11]。在此过程中，积累了基于手机移动端的智慧教学工具进行教学的经验，采集了授课班级的教学行为数据和教学效果数据。面对面授课和在线教学实践和数据分析表明，基于智慧教学理念的课堂教学模式既适用于面对面授课，又适用于在线教学，特别是"雨课堂"所具有的投稿、弹幕、词云分析等功能，能实时了解学生在学习过程中的痛点和难点，有效提升师生课堂互动沟通效率和课堂感受。因此，我们结合面对面授课和在线教学不同教学场景的学情分析，依托"雨课堂"，设计了智慧教学理念下的融合式智慧教学模式(图1)。

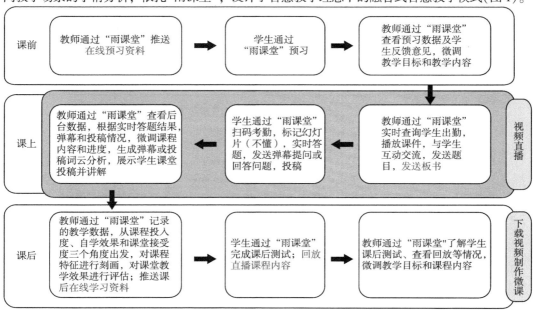

图1 基于"雨课堂"的融合式智慧教学模式

由图 1 可知，基于"雨课堂"的融合式智慧教学模式的关键点是借鉴了在线教学时的直播教学经验，对课上环节进行了改进，需要借助"雨课堂"的录屏直播功能。将面对面授课过程进行视频直播的同时，"雨课堂"也在同步录屏，课程结束后，即刻生成可回放的视频，这样既解决了无法到教室听课的同学的学习困难，又满足了学生"有可回放视频"的愿望。更为重要的是，教师既可以根据学生的问题，告知学生查看回放的具体章节，帮助教师进行精准的答疑辅导；又可通过查看回放视频，对课堂讲解过程精确复盘，从而帮助教师进行教学反思、改进教学环节设计。同时，教师也可根据需要下载视频，通过视频剪辑方式制作微课，帮助教师节省制作教学视频的时间。

二、在线教学资源的构成与整合

由图 1 可知，"高等数学"融合式智慧教学设计研究主要包括课前、课上、课后三个关键环节。经过多轮教学实践，我们确定了各环节的在线教学资源，其构成如图 2 所示，具体内容及适用环节见表 1 所列。我们借助"雨课堂"，将不同类型的在线资源整合在一起，这样学生只需打开"雨课件"，就可以快速查找到对应的学习资源。

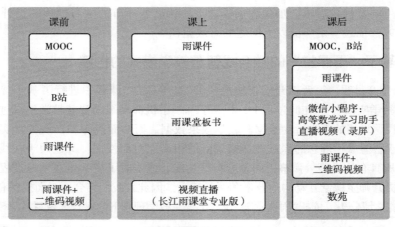

图 2　在线教学资源构成图

表 1　"高等数学"融合式智慧教学在线资源

序号	在线资源	类型	课上环节
1	MOOC	"高等数学——基本概念分析与理解" https：//www.icourse163.org/course/BFU-1205913801	因在线播放效果受教室网络条件影响较大，暂不适合课上使用
		资源共享课"高等数学" http：//www.icourses.cn/sCourse/course_2181.html	
2	B 站	"高等数学"同济版（宋浩） https：//www.bilibili.com/video/av48624233/	
3	新时代大学数学系列教材[12]	通过扫描教材中二维码，观看数字课程网站对应视频	
4	雨课件	多媒体课件	适用

(续)

序号	在线资源	类型	课上环节
5	直播视频回放	视频	课上教师端录屏，视频质量受教室网络和雨课堂运行流畅度影响
6	高等数学学习助手	微信小程序（自制）	不适用
7	数苑[13]	在线学习、测试平台	适用

表1中所示的不同类型在线资源均适用于课前和课后环节，我们根据课前、课上、课后各环节的不同需求、综合考虑学校教学楼的软硬件条件，学生的认知负荷能力等因素而确定，并通过教学实践验证了该整合方式的可行性。

三、教学内容的设计

无论是面对面授课，还是在线授课，智慧教学理念下以学生为中心的教学，均需要对课程教学内容根据课前、课上、课后各环节的不同需求进行分割、重构，对知识点的教授方式进行重新设计。

众所周知，大学一年级学生课程较多，而学习"高等数学"主要是大学一年级的学生，学生课余分配给"高等数学"课程的时间有限。在线教学资源并非多多益善，我们必须根据教学实际需求，根据学生的认知规律以及认知负荷能力，结合教与学全景数据的分析结果，确定适量的在线教学资源，给予恰当的引导，这样才能保证学生有精力及时完成课前、课后的学习任务，有能力理解课上的学习内容，从而保障课前、课上、课后三位一体的教学效果。

（一）教与学的数据分析助力教学精准设计

为了更为精准的设计教学，我们首先根据近年在智慧教学过程中采集的课堂数据，以章节为单位进行分析，提取了课程投入度、自学效果和课堂接受度三个特征维度对"高等数学"课程展开画像分析。

课程投入度主要由学生的预习完成率刻画。数据分析表明学生平均预习完成率整体呈下降趋势，这反映了学生对"高等数学"课程的投入程度随课程进度逐渐下降，但当新知识板块开始时学生对课程的投入程度会有所回升，部分前期未跟上进度的同学会选择在新章节开始时重新投入学习精力。

不同的知识点学生自学起来难度不同，效果也不同。不同章节学生的预习效果，可以作为该知识点是否建议自学的参考，即自学效果特征。我们选取课堂检测得分作为衡量检验预习效果的指标，表2所列即为部分章节自学效果得分。

表2 部分章节自学效果得分

章节	已预习得分	未预习得分	预习效果归一化	自学效果
2-1	9.30	5.71	0.82	明显
2-2	2.75	3.75	0.00	不明显
2-3	7.34	4.00	1.00	明显

(续)

章节	已预习得分	未预习得分	预习效果归一化	自学效果
2-4	8.53	6.67	0.50	较明显
3-6	8.85	8.86	0.25	不明显
4-1	5.00	4.06	0.45	较明显
8-1	7.33	6.53	0.35	较明显
9-1	3.80	4.23	0.15	不明显
9-3	7.03	6.59	0.31	较明显

在课上环节，讲完知识点后会发布对应知识点的训练题，检测学生对知识点的掌握程度。通过到课学生课堂实时答题的正确率，作为衡量该知识点在课堂讲解时学生接受程度的指标。表 3 所列即为部分章节知识点课堂接受度。

表 3　知识点课堂接受度

题目	课堂接受度	对应知识点
2-3 课堂第 3 题	12.6%	第一个重要极限、有界函数与无穷小的乘积是无穷小
4-2 课堂第 2 题	31.4%	等价无穷小、洛必达法则
4-2 课堂第 1 题	50.0%	未定式、可去间断点
9-1 课堂第 1 题	51.6%	微分方程的通解
3-7 课堂第 1 题	53.8%	等价无穷小
4-2 课堂第 3 题	54.9%	洛必达法则、指数函数
4-4 课堂 2 第 1 题	55.3%	拐点、高阶导数求导、幂函数
4-1 课堂第 1 题	57.9%	罗尔定理

课程画像更详细地刻画了"高等数学"课程在教学与学习过程中的特征，为教学设计提供了数据支持。我们可以针对不同知识点的特点，进行教学设计。

例如，根据表 2 中所列 2-3 节总体自学效果明显，但根据表 3 中所列，2-3 节课堂第 3 题对应的知识点包括"第一个重要极限""有界函数与无穷小的乘积是无穷小"。该题设计的初衷是为了承上启下，即第一个重要极限进行后测，对无穷小运算进行前测，借此引入 2-4 节无穷小量的相关讲解。然而，该题的课堂接受度仅为 12.6%。从表 3 中可以发现与无穷小相关的知识点重复出现了 3 次，说明该知识点难度系数较高，学生理解较慢。根据上述数据分析结果，在教学设计中，应适当放缓该部分内容的讲解速度，本着循序渐进的原则做内容设计分割，适当降低学生认知负荷。通过调整课堂实时答题的难度系数，适当增加课前、课后环节与"无穷小"这一知识点相关的在线资源等方式，帮助学生提高该知识点的理解速度，为后继章节内容的学习打好基础，提升学生的获得感。

（二）BOPPPS 模型助力教学流程设计

BOPPPS 模型是一个课堂教学组织过程中强调学生参与式互动和反馈的闭环教学活动模型。BOPPPS 模型主要由课堂导入（bridge-in）、课堂目标（objective）、课堂前测（pre-assessment）、课堂参与（participatory learning）、课堂后测（post-assessment）和课堂总结（summary）在内的六个元素组成。

我们聚焦课程教学目标,根据章节教学目标,遵照"课前预习为辅,课上教学为主"的原则,按照 BOPPPS 模型提供的教学框架,采用"问题+数据驱动式"教学方法,激发学生的积极性,提升课堂参与度,增强学生获得感。作为课堂教学延伸的课前环节和课后环节,分别起到前测和后测作用。

表 4 中是围绕"能够概述函数极值的定义、辨识驻点、极值点、可疑极值点"这一教学目标,设计的基于 BOPPPS 模型 10 分钟"极值的定义"迷你教学演练设计样例。实际教学案例,可以按照具体课时进行设计。

表 4 基于 BOPPPS 模型 10min 迷你教学演练设计表

流程	时间	教学者活动	学员活动	教材设备
导入	1.5min	通过引入《题西林壁》和庐山图片引起学生的兴趣,导入函数的极值问题	听+自主回答	PPT
学习目标	0.5min	PPT 呈现并口述	听	PPT
前测	1min	根据学生的预习数据分析,测试学生对函数的极值知识储备情况	听+自主回答	PPT
参与式学习	4min	PPT+板书的形式:通过提问、讨论方式,引导学生共同探索	参与讨论,共同分析极值的特点、推出驻点与极值点的区别,可疑极值点的分类	PPT+板书
后测	2min	通过实例检验学生对极值的理解程度	听+雨课堂测试	PPT+雨课堂
摘要/总结	1min	总结函数极值的关键要素,点出思考问题	共同思考和回答	PPT

(三)教与学的数据分析结果助力个性化教学

自 2016 年 9 月起,我们采用智慧教学工具"雨课堂"授课;2018 年 7 月起,我们将在线阅卷系统引入到了的期末考试阅卷中,这些现代化信息工具,帮助我们记录、积累了教与学全景式数据(图 3)。

图 3 教与学全景式数据构成图

对于教与学全景式数据的分析结果,可以帮助我们勾勒出学生的学习画像,了解每个学生课前、课上、课下学习轨迹,随时为学生做"体检",既能起到预警作用,又能帮助我们有的放矢,给予精准的个性化指导。例如,图 4 是我们根据"雨课堂"所提供的数据,结合授课班级教学数据生成的曲线图(横轴为学生序号),图中处于各条曲线波谷的学生,就是需要给予特别帮助和指导的学生。

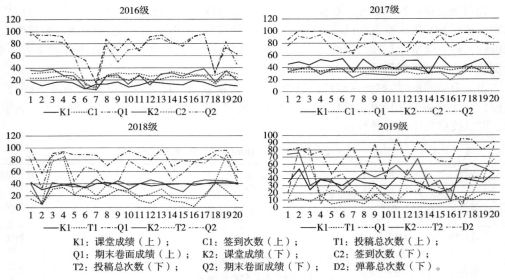

K1: 课堂成绩（上）；　　C1: 签到次数（上）；　　T1: 投稿总次数（上）；
Q1: 期末卷面成绩（上）；K2: 课堂成绩（下）；　　C2: 签到次数（下）；
T2: 投稿总次数（下）；　Q2: 期末卷面成绩（下）；D2: 弹幕总次数（下）。

图 4　教与学全景式数据分析图例

四、结　语

基于智慧教学平台"雨课堂"融合式智慧教学设计，要充分利用课前、课上、课后各环节三位一体的功能。

课前环节，借助"雨课堂"推送的在线资源，主要目的是帮助大部分学生初步地了解定义、定理，让学生在课前就清楚自己学习中存在的问题，这样能让学生带着问题、带着思考进课堂。同时帮助教师根据"雨课堂"记录的预习数据、学生反馈信息，实时了解学生的预习情况，根据学生的反馈，适当调整课上环节教案。

课上环节，需要根据教学目标和学生的预习情况数据分析结果，充分利用智慧教学工具辅助功能，聚焦问题，采用"问题+数据驱动式"教学方法，借助"雨课堂"通过弹幕、投稿、实时答题、随机点名做题等展开师生之间的互动，有效提升师生课堂感受。同时，教师还需根据课堂教学过程中，"雨课堂"提供的数据统计和分析结果，如实时答题的得分情况、投稿内容、弹幕内容、学生标记为"不懂"的幻灯片等，实时动态微调教学内容。当然，这也对教师的课堂把控能力提出了较高的要求。

课后环节，根据课堂教学过程中采集的教学数据的分析结果，教师可以确定适用于课后复习、检测学生学习效果的资料及其呈现方式。通过课后延伸，实现分层个性化的教与学，激发学生的学习内驱力，帮助不同层面的学生得到不同的发展。

对教学过程中采集的教学行为数据和教学效果数据进行分析，根据教学数据抽象出标签化的课程模型，构建课程画像，不但有助于教师根据课程画像，按照不同专业的学生的需求，合理设计个性化教学方案；而且有助于学生对课程结构、知识点等有较为全面的、精准的认识，充分发挥学生学习积极性和主观能动性。

在新型智慧教学工具的辅助下，结合面对面授课和在线教学的优点，通过合理的教学设计将在线教育资源和课堂教学有效地结合，充分发挥智慧教学工具的优势，围绕以学生为主体，教师为主导的教学目标，完善课前、课后环节，重构课堂教学过程，将有助于不同学生及时了解自己的学习情况；有助于教师及时了解每个学生的学习状况，及时督促并帮助自主学习能力较弱、自律性较差的学生；有助于教学的精准化和个性化，有效提升课程教学效果和教学质量。

参考文献

［1］教育部关于加快建设高水平本科教育全面提高人才培养能力的意见［EB/OL］. （2018-10-17）［2021-11-09］. http：//www.moe.gov.cn/srcsite/A08/s7056/201810/t20181017_351887.html.

［2］中共中央、国务院印发《中国教育现代化2035》［EB/OL］. （2019-02-23）［2021-11-09］. http：//www.gov.cn/zhengce/2019-02/23/content_5367987.htm.

［3］李世平，赵蔚，刘红霞. 数据驱动下的学习支持设计与实践［J］. 电化教育研究，2018，39（3）：103-108，114.

［4］闫志明，唐夏夏，秦旋，等. 教育人工智能（EAI）的内涵、关键技术与应用趋势——美国《为人工智能的未来做好准备》和《国家人工智能研发战略规划》报告解析［J］. 远程教育杂志，2017，35（1）：26-35.

［5］贾积有. 人工智能赋能教育与学习［J］. 远程教育杂志，2018，36（1）：39-47.

［6］张茂聪，鲁婷. 国内外智慧教育研究现状及其发展趋势——基于近10年文献计量分析［J］. 中国教育信息化，2020（1）：15-22.

［7］蔡宝来. 教育信息化2.0时代的智慧教学：理念、特质及模式［J］. 中国教育学刊，2019（11）：56-61.

［8］杨现民，李新，邢蓓蓓. 面向智慧教育的教学大数据实践框架构建与趋势分析［J］. 电化教育研究，2018，39（10）：21-26.

［9］陈盈，郭文平，徐盈盈，等. 基于移动学习理念的智慧教学系统［J］. 计算机教育，2020（5）：89-92，96.

［10］张慧，张定文，黄荣怀. 智能教育时代认知负荷理论发展、应用与展望——"第十一届国际认知负荷理论大会"综述［J］. 现代远程教育研究，2018（6）：37-44.

［11］张桂芳. 数据驱动的"高等数学"课程智慧教学探索［C］//黄国华. 打造金课 成就卓越：北京林业大学教育教学改革优秀论文选编：2018. 北京：中国林业出版社，2019：134-138.

［12］李继成，朱晓平. 高等数学：上册［M］. 北京：高等教育出版社，2021.

［13］数苑网［Z/OL］. ［2021-11-09］. http：//www.sciyard.com.

Researches on integrated smart teaching design of *Advanced Mathematics* in online education environment

Zhang Guifang[1] Chu Mengxue[2]

(1. School of Science, Beijing Forestry University, Beijing 100083
2. School of Mathematics and Statistics, Beijing Institute of Technology, Beijing 100081)

Abstract The continuous development of information technology makes it possible for smart teaching for the purpose of personalized teaching. Focusing on the teaching concept of "student-centered", the smart teaching design of *Advanced Mathematics* course is studied under the online education environment according to the characteristics of the syllabus of *Advanced Mathematics* course, learning situation analysis, software and hardware of online teaching network environment and so on. Under the concept of smart teaching and combined with the advantages of face-to-face teaching and online teaching, the ways to realize integrated teaching are studied by analyzing the panoramic data collected in each link of teaching, reconstructing the classroom teaching content and teaching process, and integrating and constructing online teaching resources, with the help of smart teaching platform Rain Classroom.

Keywords Integrated teaching, smart teaching, teaching design, *Advanced Mathematics*

论高校思想政治理论课讲授的"五度"

朱洪强　　邬梦莹

（北京林业大学马克思主义学院，北京　100083）

摘要：思想政治理论课是高校思想政治工作的主渠道主阵地，同时也是高校落实立德树人根本任务的关键课程。思想政治理论课的重要性决定了讲授这一课程必须全程做到高标准严要求，其实现路径是理论讲授的"五度"原则，即理论讲授要讲求高度、广度、深度、精度、效度。高度是前提，广度是保障，深度是核心，精度是关键，效度是旨归。"五度"原则相辅相成，交互融合，共同织就新时代高校思想政治理论课高质量发展的逻辑进路。

关键词：高校思想政治理论课；立德树人；五度；00后

党的十八大以来，以习近平同志为核心的党中央不断强调思政课的重要性，在2021年7月中共中央、国务院印发的《关于新时代加强和改进思想政治工作的意见》中明确指出：思想政治工作是党的优良传统、鲜明特色和突出政治优势，是一切工作的生命线。加强和改进思想政治工作，事关党的前途命运，事关国家长治久安，事关民族凝聚力和向心力[1]。

思想政治工作的重要性，要求学校必须把作为其主渠道主阵地的思政课建设好、讲授好。习近平总书记在学校思想政治理论课教师座谈会上指出："思政课是落实立德树人根本任务的关键课程，思政课作用不可替代，思政课教师队伍责任重大。[2]"思政课建设要求对大中小学思政课课程目标进行一体化设计，其中对大学阶段的课程目标体系是要增强大学生的使命担当。

高校思想政治理论课教学质量和教育水平已取得了长足进步，成绩巨大，但与新时代思政课程建设目标相比，还存有一些差距，主要是教学内容凸显增强学生使命担当，相关内容散见于不同思政课程的不同章节，碎片化严重，系统性缺失；教学方式因循守旧，教学方法创新不多，无法从内容上做到对学生思想困惑的精准回应，也无法从形式上有效吸引学生注意力，更无法激发大学生使命担当意识的生成，致使教学目标达成与学生健康成长不能实现完美耦合。耦合形成时间的长与短、耦合度的高与低，决定着思政课教学的成与败。基于此，高校思想政治理论课的讲授必须坚持高度、广度、深度、精度、效度的"五度"融合，不断地增强课程的针对性、实效性、吸引力。

一、理论讲授要讲求高度

高度是指思想政治理论课教师应该树立"立德"与"树人"的教学理念，站在关乎中华民族伟大复兴的高度、站在为社会主义培养合格建设者和可靠接班人的高度进行理论讲授。

作者简介：朱洪强，北京市海淀区清华东路35号北京林业大学马克思主义学院，副教授，zhuhongqiang@bjfu.edu.cn；
　　　　邬梦莹，北京市海淀区清华东路35号北京林业大学马克思主义学院，硕士研究生，2508546001@qq.com。

资助项目：北京林业大学教育教学研究名师专项"基于00后特点的思想政治理论课教学创新研究"（BJFU2018MS001）。

习近平总书记指出："思想政治理论课的含金量是不亚于任何一门学科的。"思想政治理论课不仅仅是单纯地谈论如何教育人的问题，更重要的是关系国家和民族前途与命运的根本性问题。

从个人的角度讲，高校思政课教师首先应该明白他们授课的对象是谁，在授课过程中自己应该承担什么样的角色，应该进行什么样的教育。当代大学生绝大部分是"00后"，他们代表着国家的未来和民族的希望，是实现中华民族伟大复兴中国梦的主力军和生力军。对他们进行马克思主义理论特别是习近平新时代中国特色社会主义思想的教育，引导他们树立正确的理想信念、政治信仰和政治立场，全面贯彻落实习近平总书记关于大学生责任担当的论述，激励他们不断增强责任担当意识，持续提升他们责任担当的能力。

从民族的角度讲，思政课教师应该知道什么样的人可以实现社会主义现代化强国的奋斗目标，什么样的人可以继承和开创中国特色社会主义伟大事业。"思政课的对象是人，重点是思，方向是政，载体是课。[3]"因此思想政治理论课的教学不仅仅是一门大学生必修课程，更重要的是关系到国家千秋基业的系统工程。思想政治理论课最先讲的就应该是政治，因为政治是关乎国家未来的重要内容。习近平总书记说过："一个人遇到好老师是人生的幸运，一个学校拥有好老师是学校的光荣，一个民族源源不断涌现出一批又一批好老师则是民族的希望。[4]"思政课教师应该具有敏锐的意识、宽广的视野、高尚的人格和家国的情怀，始终不忘初心，牢记使命，只有站到这样的高度，才能够充分意识到自身肩负着为民族复兴生力军铸魂育人的神圣使命，才能对得起老师这个最温暖、最神圣的称谓。

二、理论讲授要讲求广度

广度是指高校思想政治理论讲授要视野宽广，要有世界眼光，能够把握国内外的大局势，运用综合的教学手段进行教学。思政课教师只有具备广阔的世界眼光，具有宽广的知识视野和历史视野，才能更好洞察事物的变化，更加及时准确地发现问题并解决问题。

习近平总书记指出，当前中国处于近代以来最好的发展时期，世界处于百年未有之大变局，两者同步交织、相互激荡。人类社会正处于大发展大变革大调整时代，其中社会信息化和文化多样化深入发展，大学生的理性思考能力会被网络信息覆盖的各种非理性造成的海量信息幻想所冲击，导致大学生的阅读呈现出片面化和碎片化的表征。特别是现在网络上出现大量的虚假信息，会把学生引向对于真理和权威的漠视，转向对自我个性的崇拜。这个时候就亟需思政课教师不断拓宽自己的知识视野，同时要具备充足的学科累积并提升自己的教学素养，利用多样化的信息网络，准确梳理出有用的信息，化被动为主动，创新自己的教学渠道，主动去适应网络信息背景下教学领域的延伸，大力向网络教学渠道拓展。思想政治理论课需要一个创新发展的过程，包括继承传统、面向未来，立足中国、放眼世界。

首先，思政课教师在讲授思想政治理论课的时候应该充分继承中华优秀传统文化，广泛借鉴和吸收优秀人类文明发展成果，以更加广阔的历史视野去讲好课。马克思指出："人们自己创造自己的历史，但是他们并不是随心所欲地创造，并不是在他们自己选定的条件下创造，而是在直接碰到的、既定的、从过去承继下来的条件下创造。[5]"习近平总书记也多次强调我们应该对中华优秀传统文化进行创造性转化和创新性发展，所以思政课教师应该努力学习中华优秀传统文化，取其精华，用于授课。

其次，列宁曾说过："只有确切地了解人类全部发展过程所创造的文化，只有对这种文化加以改造，才能建设无产阶级的文化。[6]"思政课教师应该努力面向世界，认真借鉴西方发达国家教育方面的成功经验，推进思想政治理论课教学的科学化与世界化。

最后，思想政治理论课不是一门孤立的课程，而是与其他各门课程和学科均有或多或少的联系，所以思想政治理论讲授还应借鉴其他学科的最新成果，特别是哲学、心理学、社会学、教育学等学科的最新成果，深度挖掘各门学科之间的联系，发挥所有课程的育人功能，形成协同效应。

三、 理论讲授要讲求深度

深度就是"超越已知"，把握事物发展的规律性。这就要求思政课教师应该在大学生现阶段拥有的理论认知和知识储备的基础上，引导学生努力探索客观事物和本专业领域知识的规律性。深度是思政课教师理论教授的核心维度，只有理论讲授得深入，将学生在初高中"知其然"的基础上深入到大学阶段的"知其所以然"上，加深思政课讲授的深刻性，并结合时事新闻热点，将理论知识讲解得彻底，激发学生的学习兴趣，学生才能真正地有所收获，才能真正达到思想政治理论课的目的，坚定中国特色社会主义信念，为新时代培育新青年。

首先，这是基于思政课教师的功能而言的，思政课教师的一项基本功能就是德性培育提升功能[7]。"00后"大学生身处于现实的社会中，他们的思想行为与社会的发展要求相比，会存在一定的矛盾，而高校思政课教师就充当着"架桥者"的责任，在学生各方面的思想发展与社会发展要求之间架起一座座相互连接的桥梁，把矛盾调控在适当范围内，这就要求思政课教师在理论讲授过程中要有深度，更深层次地挖掘社会要求与学生思想发展的联系，根据思想政治教育的基本规律，结合当代大学生的思想实际，理论联系实际，促进学生实现自由而全面的发展。

其次，思政课教师挖掘思想政治理论课的内容应该要有深度。只是浮于表面的知识以及流于浅层的信息只会让学生对于这门课程更加索然无趣，无法产生对于此门课程学习的浓厚兴趣，认为这门课程寡淡乏味。并且如果一门课程的教学是"结论都是既定的，套路都是明显的，知识都是熟悉的"，老师只是课堂上孤独的朗读者，没有一点对于课程的深入了解，那无论这门课程多么重要，也就只能是教师一个人的独角戏，因为这样的课程是永远无法深入人心的，学生也难以从这样的课程中学习到知识，也就不可能收获到预期的效果。那如何把思想政治理论课上得深入人心并且生动活泼呢？唯有理论讲授得彻底，直抵事物本质的讲授深度。思想政治理论课教师应该以用好讲好国家统编教材为基础，深入开展教材内容研究，吃准吃透教材的基本精神，全面把握教材的重点、难点，切实推动教材体系向教学体系转化再向课堂讲授体系转化。高校思政课教师应该用理论的魅力去征服学生，要讲授彻底的、有深度的理论，教师应该有大格局，有丰厚的知识积累。以前给予老师的定位是"给人一碗水，自己要有一桶水"，现在的教师应该做到"给人一碗水，自己要有一湖水"，这个要求是高质量理论讲授主体的必备，不能一味地只是从讲段子取悦学生来调动课堂的气氛，更重要的是老师应该从备课上下功夫，下苦功，努力钻研教材，给予学生以真正的知识，真正引导学生进步，让真理魅力点燃智慧的火焰。

四、 理论讲授要讲求精度

精度是指思想政治理论讲授过程中要注重学生的特点，讲究个性化的教学方式方法，发挥学生学习的主体性，进行因材施教，实现精准育人。高校思政课教学内容极为丰富，这源自马克思主义理论的博大精深，但是课堂教学时间有限，因此，要在有限的时间内给学生讲解重要内容，并且要调动学生的兴趣，就要求教师要精准把握新时代大学生的特点进行思政课教学。邓小平说过："学马列要精，要管用。"现在大学生绝大部分是"00后"，他们成长于社会快速发展的阶段,因此他们有着各式各样的特点,思政课教师应该在尊重个体差异性的基础上,创新自己的授课方式。

首先,当代大学生是改革开放物质富裕的享受者,他们喜欢个性化的事物,有很强的自我独立意识,不喜欢自己的思想受到家长和老师的束缚,因此思政课教师可以采用"尊重个性,兼顾并用"的方式进行授课[6]。要充分保护学生独特的个性以及个体积极性的发挥,激发学生的创新潜能,把握学生个性与共性的统一,使学生的学习从"要我学"转变为"我要学",从被动学习变为主动学习。思政课教师也应该针对不同学科不同年级的学生,精心地进行课程内容的设计,用当代学生喜闻乐见、生动活泼的方式进行教学,努力调动学生学习的积极性,对症下药,达到事半功倍的效果。思政课教师还可以使用情景教学法,通过给学生预设一种特定的环境,使学生产生身临其境的感觉,找出学生的"情感点",并通过思想政治理论讲授不断扩大这一情感点,使之产生溢出效应,激发学生产生强烈的情感共鸣。

其次,学生是思想政治理论课的教育对象,要坚持因材施教,就要充分发挥学生的主体作用,要求思政课教师要加强教学过程的精细度。是否能充分发挥学生的主体作用,关系到能否培养学生的独立思考能力、能否提高学生的自主性和创造性。在思想政治理论课教学内容愈加丰富以及大学生知识面更加宽泛的情况下,思政课教师就不应该只囿于单一讲授方式,而应顺应新媒体发展趋势,结合时代特点,高度重视网络教学。互联网深度融入大学生的生活,并且潜移默化地改变着学生的思想观念,所以思政课教师还应该通过"互联网+"的形式建立丰富的教学资源宝库,吸引学生的注意力。把"满堂灌"教学转向师生双向互动的过程,在这个过程中可以选一些学生感兴趣的时事新闻,组织大学生进行讨论,在讨论过程中针对思想困惑点和分歧点要进行透彻地系统地讲解,用严丝合缝的推导、庖丁解牛式的剖析、娓娓道来的说理、一针见血的实质揭示,让其真真切切感受到"马克思主义为什么行",真正实现解疑释惑传道授业的辩证统一。

五、 理论讲授要讲求效度

效度是指思想政治理论讲授要讲求实效性,以学生内化于心外化于行的程度作为评判思想政治教育效果的唯一尺度,注重学生的获得感,以不断满足学生成长发展的需求和期待。思政课教学在大学阶段的重点是要帮助学生形成理论思维,实现从学理认知到信念生成的转化,增强使命担当。思想政治教育对象是思想政治教育活动的出发点和落脚点,高校思政课教师要把保证思想政治教育活动的有效性,放在学生获得感的生成和提升上。习近平总书记在全国高校思想政治工作会议上强调,思想政治教育需要关注学生的获得感,以"满足学生成长发展需求和期待"[8]。这反映出党对于思想政治理论课实效性的高度关注,而获得感无疑是评价思想政治教育活动实效性的重要标准。

首先,实际获得是思想政治教育获得感生成的重要前提。教育者的有效供给是实际获得的重要来源,这就要求高校思政教师首先应该关注到学生的内在需求,在遵循学生成长成才规律、思想政治工作规律的过程中,树立正确的教育理念,根据学生的实际情况尤其是成才资源的短板,选择相匹配的教育内容和教育方法,努力提高供给的质量,从而满足学生的内在需求[9]。在这一过程中,教师和学生都分别存在着对于"教"与"学"的预期之差,要缩减这个预期差,是提升思想政治教育获得感的第一步,因此思政课教师应该掌握学生的主体内在需求,为其制定合理的教育目标。思政课教师应该要了解当下大学生的思想状况和个性特点,走进学生的内心去洞察其内在渴求,掌握学生的发展期待,进一步修订基于目标导向的教学内容和教学手段。

其次，主观体验是思想政治教育获得感生成的必然要求。在教学活动中，只有当学生能够感知到自己的实际获得与自己之前的预期相吻合的时候，才会产生一定程度的价值认同，只有自己的实际获得超出自己之前的预期才会产生强烈的认同感。部分学生对于思想政治理论课价值评价低，仅仅将思想政治理论课当作是一门修学分的课程，当作一项学习任务去完成，从而出现到课率、抬头率、点头率偏低的痼疾，扭转这一错误认识，提升他们的课程价值认同是获得感生成的必要条件。在学生主观体验的过程中，教育环体也发挥着十分重要的作用。基于此，思政课教师在进行思想政治理论教授过程中应充分利用可及的教育环体，运用贴近"00后"大学生的课堂语言；在教学内容上要紧扣大学生的现实利益关系，由此增强学生的实际获得的现实感知和价值认同。

高校思想政治理论课的重要性决定了讲授这一课程必须全程做到高标准严要求，其实现路径是理论讲授的"五度"原则，即有高度、广度、深度、精度、效度。其中高度是前提，广度是保障，深度是核心，精度是关键、效度是旨归。"五度"原则相辅相成，交互融合，共同助力大学生使命担当感的增强，共同织就新时代高校思想政治理论课高质量发展之逻辑进路。

参考文献

[1] 中共中央国务院印发《关于新时代加强和改进思想政治工作的意见》[N]．人民日报，2021-07-13(1)．
[2] 习近平．思政课是落实立德树人根本任务的关键课程[N]．人民日报，2020-09-1(1)．
[3] 刘建军．论高校思想政治理论课建设的"高、精、尖"[J]．思想教育研究，2018(4)：87-90．
[4] 习近平．做党和人民满意的好老师[N]．人民日报，2014-09-10(2)．
[5] 马克思恩格斯文集：第2卷[M]．北京：人民出版社，2009：470．
[6] 列宁专题文集：论社会主义[M]．北京：人民出版社，2009：394．
[7] 叶磊．媒介融合背景下大学生思想政治教育路径创新[J]．学校党建与思想政治教育，2019(18)：63-65．
[8] 习近平．把思想政治工作贯穿教育教学全过程 开创我国高等教育事业发展新局面[N]．人民日报，2016-12-9(1)．
[9] 王易，茹奕蓓．论思想政治教育获得感及其提升[J]．思想理论教育导刊，2019(3)：107-112．

On the "Five Degrees" of the teaching of ideological and political theory courses in colleges and universities

Zhu Hongqiang　　Wu Mengying

(School of Marxism, Beijing Forestry University, Beijing　100083)

Abstract　The ideological and political theory course is the main channel of the ideological and political work in colleges and universities, and it is also a key course for colleges and universities to implement the fundamental task of establishing morality. The importance of the ideological and political theory course determines that the teaching of this course must meet high standards and strict requirements throughout the course. The realization path is the "five degrees" principle of theoretical teaching, that is, theoretical teaching should emphasize height, breadth, depth, precision, and validity. Height is the premise, breadth is the guarantee, depth is the core, precision is the key, and validity is the goal. The "Five Degrees" principle complements each other and is mutually integrated, and jointly weaves a logical approach for the high-quality development of ideological and political theory courses in colleges and universities in the new era.

Keywords　ideological and political theory courses in colleges and universities, morality and cultivation, Five Degrees, millennials

农林经济管理专业"数理经济学"参与式教学模式设计

王 会   王卫东   李 强

(北京林业大学经济管理学院,北京 100083)

摘要:"数理经济学"是农林经济管理专业的一门核心课,其内容涉及较多高等数学工具,具有一定的抽象性,理解较为困难,同时也包括微观经济学、宏观经济学中的一些经济模型。课堂教学中如果学生以被动听课为主,则教学效果较为有限;同时学生在先修课程中对这些内容已有一定基础,为更多课堂参与提供了基础。因此,提高学生在课程教学中的主动性和参与性既非常必要也较为可行。本文基于参与式教学理念,提出了"小组学习、三位一体、滚动循环"的教学模式。教学实践表明,这一教学模式取得了较好的教学效果。最后,根据教学实践情况和学生反馈的建议,从教学内容、教学方式两方面提出了改进建议。

关键词:农林经济管理;数理经济学;课堂教学;参与式教学

"数理经济学"是农林经济管理专业的一门核心课,对于深化学生对经济理论的理解、提高经济模型分析能力具有重要作用。"数理经济学"需要用到较多的高等数学工具,具有一定的抽象性,理解较为困难。教学过程中,如果学生以被动听课为主,则教学效果相对有限。为此,基于参与式教学理念,提高学生在课前、课中、课后的参与性,将有效地提高改善教学效果。

一、课程设置情况

数理经济学主要运用高等数学工具来表述和研究经济学的理论。数理经济学在表述和研究经济理论问题时,一般都是从假定的条件出发,然后用数学方法从这些假定条件中推导出理论结论[1]。从经济学课程体系来看,"数理经济学"是中级经济学学习的重要基础,更是高级经济学学习的必要基础。关于该课程在经济学类专业培养方案中的地位,在百度文库上收集了6个课程教学大纲。其中,三分之一是作为"必修课或主干课",三分之二是作为"选修课或限选课"。这也说明,"数理经济学"对于本科中级微观经济学、中级宏观经济学而言,具有重要作用。

(一)"数理经济学"在农林经济管理人才培养方案中的地位

根据《农业经济管理类教学质量国家标准》,在理论教学中设置了"专业基础类课程",要求开设"经济学、管理学类的学科基础课程应不少于3门""统计学、计量经济学等方法类基础课程应不少于2门"。尽管这里未明确列出"数理经济学",但是也是可以包括"数理经

作者简介:王 会,北京市海淀区清华东路35号北京林业大学经济管理学院,副教授,huiwang@ bjfu. edu. cn;
王卫东,北京市海淀区清华东路35号北京林业大学经济管理学院,讲师,wangwd2019@ bjfu. edu. cn;
李 强,北京市海淀区清华东路35号北京林业大学经济管理学院,副教授,qiangli@ bjfu. edu. cn。
资助项目:北京林业大学教育教学研究项目"基于参与式教学的农林经济管理专业'数理经济学'教学优化设计"(BJFU2020JY033)。

济学"的,而且对于经济理论学习而言,"数理经济学"确有必要。

(二)"数理经济学"在北京林业大学农林经济管理专业培养中的地位

"数理经济学"是梁希实验班(农林经济管理专业)的专业核心课,是继"微观经济学""宏观经济学""计量经济学"这三门经济学核心基础课之后的又一门重要的经济类方法性课程。2014年之前,该课程曾对我校农林经济管理专业班开设。从2015级修订培养方案之后,"数理经济学"课程被取消。在2018版培养计划修订时,又将"数理经济学"列为核心课程,并安排在第五个学期开设。

(三)农林经济管理专业开设"数理经济学"的必要性

梁希实验班,定位于培养学术领军人才和行业领军人才,学习"数理经济学"很有必要。其一,有助于理清经济理论和方法。"微观经济学"和"宏观经济学"选用经典的高鸿业系列教材,概念和理论清晰,但是若辅以"数理经济学"会更容易理清经济理论和方法,因此是十分必要的。当然,如果采用"经济学原理+中级微观经济学"的模式,那么"中级微观经济学"会覆盖"数理经济学"的大部分内容,届时"数理经济学"的必要性下降,可以作为选修课开始。某种程度上讲,如果"微观经济学""宏观经济学"介绍了较为深入的理论模型,那么,"数理经济学"则不太必要。实践中,由于"微观经济学"在大一第二学期开设,较难引入过多的理论模型,这使得同学们理论模型基础相对较差,这对本科毕业论文研究、文献阅读乃至研究生培养都是一个比较明显的薄弱环节。因此,在现行培养方案中,开设"数理经济学"很有意义。其二,为阅读文献提供初步基础。较为深入的论文会涉及数理模型,如果学过"数理经济学",学生不一定能全看懂,但是可以理解数理模型的基本框架和思路,这也是有帮助的。其三,为后续研究生学习打基础。读研比例很高,本科阶段的"数理经济学"可以为研究生阶段的微观、宏观、数理提供必要基础。

二、教学内容设计

教学内容设计,遵循三个基本原则:教学内容,要与人才培养方案中的课程体系衔接,也要覆盖基本知识点;时序安排,纯数理方法与经济应用有机结合起来,难度上由浅入深;深度难度,合理选择难度,争取学生能学会掌握。

作为以数学方法表述和研究经济理论的"数理经济学",针对不同层次的经济学课程,也具有不同深度的内容。通常,针对研究生层次"高级微观经济学""高级宏观经济学"中的经济理论,"数理经济学"需要用到数学分析、泛函分析、测度论等较为深入的数学工具。而针对高年级本科生、低年级研究生层次的中高级微观与宏观经济学而言,"数理经济学"则主要涉及静态优化方法、动态优化方法。

在农林经济管理本科培养方案中,"数理经济学"课程设置在第五学期。在此之前,学生已经学习了"微观经济学""宏观经济学"主要的经济学课程,也学习了"高等数学""线性代数""概率论与数理统计"等主要的数学类课程。因此,本课程的定位主要是面向高年级本科生、低年级研究生层次,主要作用是以数学工具更精准地阐释微观与宏观经济理论,同时为学生攻读研究生层次的经济学课程做好基础准备。此外,本课程的理论和方法将为"林业经济学""农业经济学""自然资源与环境经济学"相关内容提供方法支撑,也为进一步经济问题研究提供方法工具。

课程内容设计方面,由于课时为48学时,较为有限,故课程介绍静态优化方法,而未能涉及动态及动态优化方法。因此,本课程的主要目的是:掌握经济学中常用的静态分析、比较静态分析、最优化方法,掌握经济学中的市场均衡模型、国民收入模型、投入产出模型、消费者理论、生产理论的数理经济学表达,学会把现实经济问题抽象为数理经济模型,并进行最优化求解和比较静态分析,为经济实证研究提供必要理论基础。

课程内容与先修课程的关系是,本课程是微观经济学、宏观经济学、高等数学、线性代数的内容的结合和拓展。鉴于这些内容从大学第一学期开始学习,距离第五个学期已有较长时间,需要一定程度的回顾。为此,选用蒋中一的教材《数理经济学的基本方法》。这是在国外广泛使用的数理经济学教材,详细地回顾了经济学所需的数学方法,同时结合微经、宏经的主要模型进行了运用。具体内容方面,选用该教材关于静态分析的前四篇内容,即前十三章。国内同类教材还包括《数理经济学》(茹少锋,科学出版社)和《数理经济学》(谢胜智,西南财经大学出版社),主要针对经济类本科生高年级本科生;《数理经济学》(刘树林,科学出版社)、《动态经济学方法》(龚六堂,苗建军,北京大学出版社)则主要针对研究生。翻译引进的较为适合高年级本科生和低年级研究生的数理经济学教材主要包括《经济学的结构:数量分析方法》(Eugene Silberberg,Wing Suen,清华大学出版社)、《经济学中的分析方法》(高山晟,中国人民大学出版社)等。本课程学习可以参考茹少峰和谢胜智的书中相应章节。

三、 参与式教学模式设计

(一)参与式教学的必要性

参与式教学是一种旨在促进个体参与到群体教学活动当中并最大限度地发挥自身的潜能,以达到个体与个体之间、个体与教学群体之间的积极互动,实现群体教学活动中个体之间的互动学习和共生发展的教学活动。参与式教学把"为学生"转变为"与学生",把"被动出席"转变为"主动融入",在教学策略上注重小组合作、情境体验、游戏探究和交流展示[2]。

"数理经济学"开展参与式教学非常必要。其一,该课程需要用到较多的高等数学,较为抽象,被动学习效果不佳。课上被动地听课、抄笔记、抄公式,理解有限,课下再琢磨、做习题,容易碰到难点。而且,数学内容是前后连贯、逐步深入的,如果课程中间没有听懂,后面的课程内容很难理解。反之,如果采用参与式学习,激发学生积极参与,可以提高课堂教学中学生们对内容的理解程度,也可以及时解决理解上的难点,尽量扫除进一步学习的障碍。其二,该课程内容对学生而言并非全新的内容。数学方面,该课程沿用了"高等数学"和"线性代数"中的微积分、微分方程、矩阵等内容,只是在一些地方针对经济学的需要进行了加深。经济学方面,其运用的经济模型大部分是微观经济学、宏观经济学中阐释过的模型,只是那时多以图表、文字为阐释形式,这里进一步以数学式子进行精确和深入的阐释,同时也增加了一些其他经济模型。因此,该课程与先修课程具有良好的承接和扩展。既然学生对其中部分内容,特别是开始部分的内容比较熟悉,那么可以发挥其主动性,提高其参与程度。综合来看,提高"数理经济学"课程教学的学生参与程度,非常必要且具有较高的可行性。

(二)参与式教学模式优化设计

"数理经济学"参与式教学模式设计的总体目标是,提高学生在教学过程中的主动参与,激发引导学习的主动性,提高学生对知识的理解,改善教学效果。针对这一目标,基于当前信息手段的发展,设计出"小组学习、三位一体、滚动循环"的教学模式。

1. 小组学习

小组学习是参与式教学的重要方式。教学中,将学生分成若干小组,每组3~4人。小组人数不能太少,也不能太多。如果仅为2人,不容易相互监督。如果多于4人,则小组内部较难协调,同时存在搭便车现象。小组的任务是,课前预习中相互讨论难点,课堂讨论中以小组为单位提出难点,课后作业中相互启发。参与式教学中,强调学生课前预习、课堂讨论。对于数理经济学而言,数学内容相对抽象,一些表述较难理解,课前预习难免理解不到位，那么，通过小组学习可以较好地互相解释。参与式教学中，也强调学生课堂讨论，课堂时间有限，所以，以小组为单位发言将可以节约时间。

2. 三位一体

三位一体主要指课前预习、课上讨论和讲授、课后练习的模式。

（1）课前预习。即要求学生课前预习下次课将要讲授的内容。教师提前将课程内容和课件发给学生，便于学生预习。学生预习过程中，以小组为单位交流讨论，总结出需要课堂讨论的问题。

（2）课上讨论和讲授。这是教学的最主要环节。具体而言，可以分为五个环节。①回顾测试：借助于在线调研工具（例如问卷星），以判断题和选择题的形式进行测试，主要目的是测试学生对上次课内容掌握的程度。②作业讲解：讲解上次课布置的作业，由于是数学类课程，解题过程需讲解，印证学生的解答，加深学生对过程的理解。③预习讨论：由各小组提出预习过程中遇到的问题，并进行针对性的简要讲解。因为这些问题是学生预习过程中提出来的，简要讲解即可事半功倍。④课堂讲授：鉴于时间有限，所以，侧重于两个方面的讲解，一个是讲解知识结构框架，另一个则是聚焦重点，剖析难点，讲解关键例题。⑤随堂测试：如果时间允许，可以设计随堂测试，也基于问卷星，以判断题形式进行测试，主要回顾本节课讲解重点。争取让学生们可以当堂学会，合理设计每次课内容，将疑问消除在课堂，做到每节课当堂学会。

（3）课后作业练习。每次课后，布置课后作业进行练习。学生将完成的作业，以拍照的形式，通过微信、钉钉、邮件等在线工具提交，而不再提交纸质版。这样可以缩短作业周期，而且可以与教学周期相匹配。教师可以及时了解学生作业情况，便于下次课上针对性讲解；学生在下次课上听老师讲解时，可以及时确认、修正自己的解答。

3. 滚动循环

滚动循环，主要指前后两次课关于内容的多次重现。主要有两次重现，一次是测试，即上次课后半段的随堂测试、下次课开始时的随堂测试，内容上是重合的，前者为了总结课堂内容，后者为了回顾上次内容。另一次是作业，前一次课布置作业，后一次课讲解作业。通过两次重现，帮助同学们更好地理解课程内容。

参与式教学模式，有利于提高学生的参与程度。学生们需要主动预习、小组讨论、课堂讨论、随堂测试等，避免了被动听课、机械记笔记、课后再花时间自学、考前突击的模式，充分利用了课堂时间，可以提高预期教学效果。当然，这对学生提

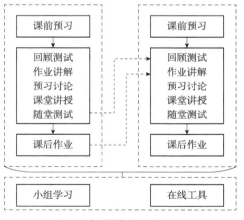

图1 教学模式示意图

出了较高的要求。对于可以主动学习的同学来说，节约了时间，改善了效果，但是，对于已经习惯了被动学习的同学来说，如果不能参与到这一模式中来，仍然沿用之前的被动学习模式，那么由于实际上的课堂讲授时间压缩、讲授内容聚焦，其学习效果可能下降。

四、实施情况与改进思路

（一）实施情况

2020年秋季针对2018级农林经济管理专业开设了"数理经济学"，根据参与式教学模式，结合实际情形调整后实施。

(1)教学内容方面,教材选用蒋中一的《数理经济学的基本无法》,内容覆盖了前13章内容。

(2)教学模式方面。①小组学习:将40名同学分为10个小组,每组3~5人,分组讨论预习、学习、作业中的问题。②课堂组织:每次课上,先请随机抽出的一半小组交流问题,同时,其他小组和同学也可以补充讨论;然后,讲授课程内容,布置课后作业。③课后方面:学生完成课后作业,如有问题,可以在课程微信群、给任课教师发微信交流,并且在课上集中讲解作业中的问题。最后,以开卷考试结课。

与设计的教学模式相比,主要有两个简化,一个是课堂的简要测试,另一个是没有每次课都讲解作业,而是每章结束之后集中讲解整章作业。这些调整主要是因为课时有限而精简的,尽管并非课堂讲授的关键环节,但是对教学效果有一定影响。

(二)效果反馈

课程结束之后,也就是结课、考试、成绩评定完成之后,对学生进行了匿名、自愿的问卷调研。问卷主要针对教学内容和难度、教学环节、问题与建议三个板块,共有40名同学,收回22份有效问卷。

1. 内容设计与整体效果

关于课程内容,64%认为课程内容适中,认为偏少和偏多的分别占比9%和27%,总体上,课程内容比较适中。关于课程难度,55%认为适中,但是认为偏难和太难的比例分别为41%和5%,看来课程还是有较大难度。不过,这已经是必需的难度,实践中也很难进一步降低难度。

表1　课程内容调研情况　　　　　　　　　　　　　　　　　单位:%

	太少 (小于20%)	偏少 (20%~40%)	适中 (40%~60%)	偏多 (60%~80%)	太多 (大于80%)
本学期课程的内容	0	9	64	27	0
本学期课程的难度	0	0	55	41	5
有多少内容是新的内容	0	45	36	18	0
关于新的内容掌握了多少	5	5	23	36	32

2. 教学环节效果

关于主要教学环节的效果,调研了学生的意见。以作用较大和作用很大占比之和排序,从高到低分别为布置作业(95%)、讲解作业(91%)、课前预习(77%)、课堂讨论(55%)、小组学习(23%)。整体上,同学们还是比较习惯于课堂讲授、布置作业、讲解作业的教学模式。对于课前预习和课堂讨论,也有较高的认可度,这也反映出学生们具有较好的参与性、主动性。最后,对于小组学习,同学们的认可度较低,可能与同学们很难有时间一起讨论、小组多是分工协作为主,而不是花时间一起讨论、共同学习有关。最后,需要说明的是,73%的同学认为本课程对于专业培养作用较大或很大。

表2　课程教学环节调研情况　　　　　　　　　　　　　　　　单位:%

	作用很小	有些作用	一般	作用较大	作用很大
课前预习的作用	5	14	5	55	23
分组讨论学习的作用	36	14	27	18	5
课上大家提出问题讨论的作用	14	14	18	50	5

(续)

	作用很小	有些作用	一般	作用较大	作用很大
布置课后作业的作用	0	5	0	41	55
讲解课后作业的作用	0	0	9	59	32
本课程对专业培养的作用	5	5	18	50	23

3. 困难与建议

最后询问了同学们学习中的主要困难，超过半数的同学认为困难主要在于"数学太抽象，不好理解""教材太厚太啰唆，不容易把握住思路"，还有45%的同学反映作业整章讲解而非及时讲解也形成了一定困扰。相应地，关于改进建议，86%的同学建议"及时讲解作业题"，41%的同学认为可以"增加随堂练习"。这两条也是原教学模式中设计的内容，只是由于实施过程中时间有限而进行了压缩。

表3　课程学习困难与教学建议调研情况　　单位:%

课程学习的主要困难	占比	改进教学效果的建议	占比
数学太抽象，不好理解	50	及时讲解作业题	86
教材太厚，不容易把握住思路	55	增加随堂练习	41
作业题需要讲解，不知道做得对不对	45	增加小测验	27
真的很忙，没有时间预习和复习	27		
同学们都很忙，很难有时间互相讨论	18		

（三）改进思路

根据教学实践情况和同学们的反馈建议，从教学内容和教学设计两个方面提出改进思路。

（1）教学内容方面。①整体上，教学内容比较合适，即可以主要针对静态分析方法，而不涉及动态分析方法。这当然是一个遗憾，不过如果能将静态分析方法掌握到位，那么也会为未来学习动态分析方法奠定基础。②章节安排上，可以适当压缩教材前面基础章节的课时，主要是回顾性内容，可以更为快速地简要回顾，为后续重点章节安排更多课时。③具体讲授时，可以理出章节内容大纲，帮助同学们从厚重的教材文本中掌握内容之间的关系，可以聚焦重点和难点内容，聚焦典型案例，把这些内容讲得更为细致一些。例如，关键步骤和例题在黑板上板书，这也意味着不必面面俱到，可以略过一些内容，留作同学们自己学习。

（2）教学方法方面。①及时讲解作业习题。按照设计，每次课后留作业，同学们完成作业后拍照提交电子版，教师查看电子版，然后下次课上可以及时讲解作业，做到无缝连接、滚动循环。②增加课堂练习。由于课堂时间有限，可以设计基于在线问卷的、判断选择式的随堂测试，主要了解学生关于主要结论的理解和掌握程度。

"数理经济学"由于其内容涉及较多数学和经济学，且与之前课程有一定重合，有必要也有可能开展参与式教学。通过小组学习、课前预习、课堂讨论、随堂测验、课后作业和及时讲解等，可以较好地提高学生的参与度。教学实践表明，这一教学模式取得了较好的教学效果，当然也可以进一步从教学内容、教学方式等方面进一步改进。

参考文献

[1] 蒋中一. 数理经济学的基本方法[M]. 4版. 北京：北京大学出版社, 2006.
[2] 陈时见, 谢梦雪. 参与式教学的形态特征与实施策略[J]. 西南大学学报(社会科学版), 2016, 42(6): 91-95.

Design of participatory teaching model of *Mathematical Economics* for the major of agricultural and forestry economics management

Wang Hui　Wang Weidong　Li Qiang

(School of Economics and Management, Beijing Forestry University, Beijing　100083)

Abstract　*Mathematical Economics* is a core course for the major of agricultural and forestry economics management. The course involves many higher mathematical tools, which is abstract and difficult to understand, and it also includes some economic models in microeconomics and macroeconomics. In the class if students listen passively, the teaching effect is not good. At the same time, students have a certain foundation for these contents in the prerequisite courses, which provides base for their participation in the class teaching. Therefore, it is necessary and feasible to improve students' initiative and participation in class teaching. Based on the concept of participatory teaching, this paper puts forward the teaching mode of "group learning, trinity and rolling cycle". Teaching practice shows that this teaching model has achieved good teaching results. Finally, according to the teaching practice and the suggestions fed back by the students, this paper puts forward some improvement suggestions for its teaching contents and teaching methods.

Keywords　agricultural and forestry economics management, *Mathematical Economics*, class teaching, participatory teaching

"泛函分析"思想融入"数学分析"的教学研究

梁 斌

（北京林业大学理学院，北京 100083）

摘要："泛函分析"是一门统一分析学、代数学等学科中思想与方法、且更能反映数学本质的课程，具有高度综合性和抽象性的特点。本文结合"数学分析"的教学内容以及课程特点，积极探索"数学分析"的教学改革，将"泛函分析"的思想融入在教学过程中，使学生多层面多角度观察思考问题，提高学生的数学修养，培养学生的科学研究能力。

关键词：教学改革；数学分析；泛函分析

一、研究背景

（一）课程与学情分析

"数学分析"是高等院校数学专业最重要的基础课程，也是数学专业本科生首先接触到的基础课程之一。"数学分析"课程不仅为后继课程提供了必要的基础知识，且在培养学生抽象思维能力、逻辑推理方法、数学创新能力、辩证与统一思想等方面具有重要的作用。"数学分析"课程，一直受到学院领导、教师及学生的高度重视，重点高校也多将"数学分析"课程作为重点课程来建设。

北京林业大学理学院"数学分析"的教学，前后跨度3个学期，共计90+90+92=272学时。尽管其总学时较多，但由于教学内容较多，致使相对学时较少；且与其他院校相比，理学院目前尚未设置"数学分析"习题课，致使目前的教学强度相当大。另外，单一的教学形式和庞杂堆砌的理论，使得学生对知识体系理解浅薄，学生无法理解背后更为本质的内容或者方法，致使其科学素养和创造力的培养大打折扣。

对"数学分析"的教学内容和教学方式进行改革势在必行，事实上，国内很多同行都做了很多的研究，这里不再赘述。如何提高教师的"数学分析"的教学水平，丰富教学内容，提高学生对知识体系的理解，如何使学生对所学的数学知识有一个统一的认识和提高，使学生更深刻掌握基本理论知识，多层次、多角度思考问题，提高其数学修养并培养其科学研究能力，正是本文所关心的问题。

从20世纪初开始，人们逐渐意识到经典分析学、微分方程、积分方程等数学分支，在处理问题时的所体现的思想和方法上在很多时候都惊人地相似[1]，在此情形下，"出现了用统一的观点来理解19世纪数学各个分支所积累的大量实际材料的必要性[2]"，"泛函分析"作为一门新的数学分支应运而生。

"泛函分析"的基本概念和方法正是代数和分析在方法上的统一[3]。因而，"泛函分析"的理论体系，甚至是其蕴含的思想和方法，与生俱来就具有高度综合性和抽象性的特点。

作者简介：梁 斌，北京市海淀区清华东路35号北京林业大学理学院，讲师，liangbinmath@163.com。
资助项目：北京林业大学教育教学改革项目"泛函分析的思想在数学分析教学中的应用"（BJFU2021JY093）。

"数学分析"主要的研究对象是欧式空间或者其非空子集，以及其上定义的函数或者映射，主要内容是空间或者集合的性质，函数或者映射的性质，比如是实数的完备性理论，函数的连续性、可微性，函数的积分学，级数理论等。而内容高度综合化和抽象化的"泛函分析"，其主要研究的是各种抽象的赋范线性空间，以及定义在抽象赋范线性空间上的泛函或者线性算子。比如说，函数是从数集到数集的映射，泛函是从更一般的抽象空间到数集的映射；有限维线性空间上的线性变换是线性空间之间的线性映射，而线性算子则是不同抽象线性空间之间的映射，或抽象空间到自身的映射。为了建立完善的微积分理论、级数理论，在"数学分析"中首先介绍了数列和函数的极限理论，引入极限的思想。在"泛函分析"中，只要合理定义抽象空间上的距离或度量，就可得到抽象空间中点列的极限。进一步，函数的极限就易推广为泛函的极限，连续函数的概念也就自然推广到连续泛函。另一方面，将欧式空间中"向量模长"，进行推广，便可得到距离和空间上的线性运算相容的范数结构[4]。

（二）"泛函分析"思想融入"数学分析"教学的初衷

毛泽东在《矛盾论》中提到，当人们认识了一般事物的共同本质之后，就以这种共同的认识为指导，继续向着尚未研究过的各种各样的具体事物进行研究，找出其特殊的本质。我们在"数学分析"教学中进行的改革，恰恰是这句话在"数学分析"教学中的真实实践。

正如前面论述的，"泛函分析"中的诸多概念、空间结构特征、性质正是"数学分析"相关内容的抽象概括，"泛函分析"所涉及的诸多思想和方法也正是"数学分析"和"高等代数"的统一体现，"泛函分析"从更高的层面反映出"数学分析"诸多内容的本质。自然地，"数学分析"和"泛函分析"两门课程，具有内在的传承关系，这也是将"泛函分析"思想融入"数学分析"教学的一个原因。

北京林业大学理学院的"泛函分析"课程，与其他高等院校数学专业培养方案不同的是，"泛函分析"课程只是一门数学专业选修课，且被安排在大四的上学期，无论是在课程设置还是时间安排上，都不利于学生的学习和相关教学的展开，这导致多年以来，虽然理学院设置了"泛函分析"课程，但由于所选人数较少，未能最终开课，也使得那些即将攻读数学研究生的学生，在研究生第一年就落后于其他同学。

作为一位所学专业和科研方向始终为"泛函分析"的老师，我们认为"泛函分析"的基本知识和方法对于数学系的学生必不可少，即使在学生的本科阶段无法系统地对其教授"泛函分析"，但倘若能在其他课程教授过程中，将"泛函分析"的思想和方法融入其中，也必将会使学生受益匪浅，特别是对那些有志于攻读数学专业研究生的学生。

在多年"数学分析"的教学过程中，我们发现在课堂上教授"数学分析"基本内容的时候，如果将"泛函分析"的思想和方法融入教学过程中，学生可以更深刻地理解"数学分析"基本内容，从居高临下的角度了解所学知识的本质特征。值得强调的是，作为授课老师，我们深知"泛函分析"的高度抽象性和复杂难度远远超过"数学分析"，所以在"数学分析"的教学中，我们将重点放在将"泛函分析"的思想融入到教学内容上，而非将"泛函分析"的相关内容讲授给学生。

（三）"泛函分析"思想融入"数学分析"教学的意义

改革的主题应该是如何切实提高学生的数学修养与运用数学知识解决问题的能力。从这个意义上说，改革的重点不是如何增加数学内容和增加什么内容，而是如何使我们的学生更好地掌握现有的内容，如何掌握现有内容所折射的数学思想。

在某种意义上，"泛函分析"提供了一种知识框架，它把数学专业各分支学科中的重要内容与结论结合在一起，按照一定的理论体系统一起来。前面已经提到，"泛函分析"相当于从更高的层面和更全面的角度将经典分析和代数学的内容、方法和思想统一起来，更能反映出相关内容的本质和规律。因此，将"泛函分析"思想融入"数学分析"教学中，从某种意义看，体现了辩证统一的观点，对"数学分析"的教学工作，以及数学专业学生培养和课程建设有着重要意义。

1. "泛函分析"思想融入"数学分析"教学，有利于学生理解"数学分析"的知识体系，特别是知识背后的本质特征

"泛函分析"既然是从更高的层面和更全面的角度将经典分析和代数学的内容、方法和思想统一起来的，自然更能反映出相关内容的本质和规律。因此，将"泛函分析"思想融入"数学分析"教学，势必使学生对所学的"数学分析"知识，乃至高等代数知识，有一个统一的认识和提高，有助于学生建立完整的知识体系，有利于学生更好地把握数学概念之间的区别联系，便于学生从更本质的角度思考理解问题，提高角度与站位，也有利于培养学生严密的逻辑思维能力和应用所学知识解决实际问题的能力。"泛函分析"思想可使得学生从更高维度和角度切实感受到"泛函分析"在数学其他领域的广泛应用与重要意义，激发出学生学习"泛函分析"的兴趣。

2. "泛函分析"思想融入"数学分析"教学，对学生今后学习"泛函分析"起到积极作用

著名数学家徐利治先生指出"泛函分析是一门很优美的数学，它的高度概括性，应用的广泛性以及表达形式的简洁性，常能激发善教者和善学者的赞美和喜悦[5]"。但正是如此，也使得学生对"泛函分析"这门课程比较畏惧，最终敬而远之。在"数学分析"的教学过程中，教师有意无意地融入"泛函分析"的思想，通过"数学分析"中比较具体的对象或者结论，说明"泛函分析"的研究对象和研究方法，使得学生较早地接触"泛函分析"，为今后的学习奠定了基础。

3. "泛函分析"思想融入"数学分析"教学，有助于培养学生创新意识和实践能力，促进教学质量的提升

在"数学分析"的教学中，从"泛函分析"的角度阐述"数学分析"的内容，使学生获得知识迁移，通过分析概念和结论，得到本质的特征，将更有利于学生理解抽象难懂的数学概念和定理，有利于加深对分析类课程的理解，有利于加强对学生的思维训练和创新能力的提升、有利于全面培养和提升学生的综合素质。

4. "泛函分析"思想融入"数学分析"教学，将提高课程团队教师的学术水平和教学能力

"泛函分析"对于任何一个从事数学工作的学者，甚至某些自然科学领域的研究者而言都是必备的知识。若在"数学分析"的教学中融入"泛函分析"的思想，对授课老师最基本的要求则是需要老师们掌握"泛函分析"的基本理论，以及熟悉"泛函分析"的基本思想，以便在授课时游刃有余，信手拈来。于是就需要课程团队教师以提升学生综合素质为教学目的，灵活运用多种教学方法和手段，学习"泛函分析"的相关理论，做到学思结合，完善教学技能，促使教师随时关注学科发展动态、学握最新研究成果，在促进"数学分析"课程教学质量提升的同时，也将显著提高团队教师的整体学术水平和教学水平。

5. "泛函分析"思想融入"数学分析"教学，有助于将科研方法和科研精神带入课堂，引导学生提前踏上科研道路

科研精神是每个科研工作者都应该具备的一种崇高精神，是贯穿于科学活动和科研工作之中基本的精神状态和思维方式，体现在科学知识中的思想或理念。通过课程教学改革，以科研反哺教学，根据学生学习和教师科研过程的相似性，任课教师在教学过程中需要探索科研精神、总结科研方法，将科研的规律性运用于具体知识的讲授过程中。将"泛函分析"思想融入"数学分析"教学，正是目前我们所做的教学改革工作，我们将科研方法和科研精神带入课堂，以引导学生慢慢具备科研精神，踏上科研道路。

二、"泛函分析"思想融入"数学分析"教学中的应用

本节中我们将通过一些具体的教学实例,说明"泛函分析"思想融入"数学分析"教学的应用。

"数学分析"作为数学专业的核心基础课程,本身就具有较为抽象的特点,而"泛函分析"作为更加抽象的存在,若想将"泛函分析"的思想融入"数学分析"教学中,必然需要学生首先对"数学分析"的相关内容基本掌握,在此基础上,才能有所作为,否则必然导致学生对"泛函分析"产生畏惧心理,也将导致学生对"数学分析"课程作出错误的判断。因此在教学中,需要遵循基本的教学规律和教学规则,始终围绕教学目标,明确教学的总体方向,由浅入深、由易到难、由简到繁、层层深入,逐步展开教学活动。

下面我们将从几个具体的教学为例,具体说明"泛函分析"思想融入"数学分析"教学的实践过程。

1. 利用"泛函分析"思想,将"数学分析"欧式空间的结构抽象化,引出内积空间、Hilbert 空间的概念

在欧式空间 R^n 的概念中,基本结构是其代数结构,要求 R^n 为一个线性空间,然后在 R^n 上定义出一个合适的内积(度量)结构,便得到了我们熟知的欧式空间。在介绍"数学分析"中欧式空间 R^n 的概念和基本性质之后,为了使得学生了解更深次的内容,拓宽学生的知识面和思维方式,从欧式空间的线性空间结构和内积结构这两个本质特征出发,引出内积空间、Hilbert 空间的概念。

在教学中,我们需要结合多媒体,便于学生详细了解数学知识,本文由于篇幅有限,这里就不再介绍具体的数学知识,只是从教学设计上介绍"泛函分析"思想是如何融入"数学分析"的教学中的。将欧式空间的内积运算,推广到一般的复线性空间,使得欧式空间只是其中的一个特例,自然需要满足欧式空间内积运算所具有的性质,这里需要强调推广的内积运算所满足的四点基本条件,即内积运算的本质。有了内积运算,类似的可以诱导出复线性空间的范数和度量的概念,这两个概念也是欧式空间中向量的范数和距离的推广,进一步验证范数和度量的本质特征,提高学生知识迁移的能力。最后结合实数的完备性,从 Cauchy 数列都收敛的角度出发,介绍一般赋范空间的完备性条件,进而得到完备的内积空间,即 Hilbert 空间,实现了从欧式空间到 Hilbert 空间概念上的拓展。

2. 将"泛函分析"思想融入函数连续性的教学中

"数学分析"课程在介绍了数列的极限理论以后,自然地引出了函数的极限概念及相关的性质,做出进一步的深化,可以向同学们介绍有界线性泛函的概念。

这里简单回忆一下函数连续性的概念。

定义 1:设 $f(x)$ 为 $D \subseteq R^n$ 上的函数,$x_0 \in D$。如果 $\forall \varepsilon > 0$,都存在 $\delta > 0$,使得当 $\|x - x_0\| < \delta$ 时,总有 $|f(x) - f(x_0)| < \varepsilon$,则称 $f(x)$ 在 x_0 处连续。

在函数极限定义中,两点 x 和 x_0 的距离只是欧式距离,函数值 $f(x)$ 和 $f(x_0)$ 的距离是两个实数的距离。于是只要合理定义线性空间上的距离,就可得到赋范空间中点列的距离,引入了拓扑结构,从而可以介绍连续(有界)线性泛函的概念。

定义 2:设 $f(x)$ 为赋范线性空间 $(X, \|\cdot\|)$ 上的线性泛函(线性复值函数),即对任意 x,$y \in X$,$\alpha, \beta \in \mathbb{C}$ 都有 $f(\alpha x + \beta y) = \alpha f(x) + \beta f(y)$。对给定的点 $x_0 \in X$,如果 $\forall \varepsilon > 0$,$\exists \delta > 0$, s.t. 当 $\|x - x_0\| < \delta$ 时,就有 $|f(x) - f(x_0)| < \varepsilon$,则称 $f(x)$ 在 x_0 处连续。如果 $f(x)$ 在 X 上每一点都连续,则称 $f(x)$ 为赋范线性空间 $(X, \|\cdot\|)$ 上的有界线性泛函。

通过与函数连续性的对比,学生便能发现有界线性泛函的概念并非人为构造的概念,

本质上可以看成"数学分析"相关概念的延伸。

3. 从"数学分析"的 Brouwer 不动点定理到 Banach 不动点定理（压缩映像原理）

有界闭区间上的连续函数具有较好的性质，比如有界性定理、最值定理和介值定理等，不动点定理也是其中著名的一个。不动点定理表明有界闭区间到自身的连续映射一定存在不动点，推广到欧式空间 R^n，便是著名的 Brouwer 不动点定理：欧氏空间中闭单位球到自身的连续映射至少有一个不动点。相关理论的证明涉及迭代算法，是计算函数或一般映射不动点的基本方法，下面的结论就是一个具体的体现。

定理 1：设 $f(x)$ 在 R 上连续，且 $\forall x, y \in R$，函数 $f(x)$ 满足：
$$|f(x)-f(y)| \leq k|x-y| \quad 0<k<1$$
则存在唯一的 $\xi \in R$，s.t. $f(\xi)=\xi$。

上述结果虽然只是"数学分析"课程中的简单结论，却从本质上反映出某类不动点定理的本质，即完备的赋范空间上的压缩映射有且只有一个不动点。

定理 2：设 $\langle X, d \rangle$ 是完备距离空间，$T: X \rightarrow X$ 是压缩的线性映射，即存在 $0<q<1$，使得 $d(Tx, Ty) \leq q d(x, y)$，则 T 在 X 中恰有一个不动点。

"数学分析"中还有很多概念和结论，都蕴含着"泛函分析"的思想，是我们在教学过程可以挖掘的。比如求导运算和不定积分运算都可以看成是某种线性算子；再比如，在构造函数时，我们可以将已知的函数延拓为新的函数，并保持着原函数的某些性质，这里本质上体现着"泛函分析" Hahn-Banach 扩张定理的思想；再比如，"数学分析"中的 Borel 有限覆盖定理的作用，是从覆盖闭区间的无限个开区间中能选出有限个开区间也覆盖这个闭区间，这里正体现着将无限转化为有限的思想，这也可以看成"泛函分析"思想的体现。因为"泛函分析"处理的对象大多具有无穷维的特征，很多时候是将无穷维转化为有限维的情况，再进行处理。

三、结　语

在本文中，我们通过尝试将"泛函分析"的思想融入"数学分析"的教学中，在介绍"数学分析"的基本概念或定理时，揭示相关内容背后的本质特征，并简单介绍与此对应的"泛函分析"的内容，引出"泛函分析"中相关的概念和定理。实践表明，将"泛函分析"的思想融入"数学分析"的教学中，凸显了数学知识间的联系，增强了师生之间的互动，有利于激发学生学习数学的兴趣，提高学生的创新思维能力，有助于培养学生的问题意识、创新意识和实践能力，实现教学质量的提高。值得注意的是，我们认为"泛函分析"的思想融入"数学分析"的教学，未必适用于"数学分析"每一部分知识的教学，教师在教学过程中应根据教学内容灵活处理，我们更偏向于在讲授多元函数部分时融入"泛函分析"的思想。

我们相信这一教学理念与模式对数学专业学生培养和课程建设有着重要意义。我们将来还会不断尝试通过挖掘"数学分析"和"泛函分析"这两门课程更多的内在关系来促进"数学分析"课程的教学改革与研究。

参考文献

[1]吴正，潘欣，王良龙. 泛函分析教学改革探讨[J]. 合肥师范学院学报，2017，35(6)：54-56.
[2]A. D. 亚历山大洛夫. 数学——它的内容、方法和意义[M]. 北京：科学出版社，2001.
[3]L. 戈丁. 数学概观[M]. 北京：科学出版社，2001.
[4]赫海龙. 对泛函分析课程教学的若干思考[J]. 大学数学，2019，35(4)：42-47.
[5]徐利治. 数学方法论选讲[M]. 武汉：华中工学院出版社，1983.

Study on integrating functional analysis idea into *Mathematical Analysis*

Liang Bin

(College of Sciences, Beijing Forestry University, Beijing 100083)

Abstract　*Functional Analysis* is a course which reflects mathematical ideas and methods of classical analysis and algebras, and can better reveal the essence of mathematics. Functional Analysis is also highly comprehensive and abstract. In this paper, we will actively explore the teaching reform of *Mathematical Analysis* based on the contents and characteristics of *Mathematical Analysis*, and try to integrate Functional Analysis idea into the teaching of *Mathematical Analysis*. We will help students have a good understanding on questions from multiple aspects, and improve students' mathematical cultivation and cultivate their scientific research ability.

Keywords　teaching reform, *Mathematical Analysis*, functional analysis

国际人才培养视域下"风景园林设计"双语课程教学模式初探

王晞月　李　倞

（北京林业大学园林学院，北京　100083）

摘要：21世纪经济全球化的宏观背景和世界性趋势使得国际化的人才需求与日俱增，也敦促高等教育人才培养目标和模式的相应转变。风景园林学科的设计类双语课程是以国际化人才培养为重要目标，以"双一流建设"和学科国际化发展、美丽中国建设与传承为重要使命，是发展具有国际视野和家国胸怀的青年国际人才力量的锚点与窗口。本文从国际化人才培养的视角出发，深入剖析现有高校开展双语课程教学的特点与困境，通过对现阶段相关专业"风景园林设计"双语课程教学学情的充分调研分析，有针对性地梳理基于现阶段情况展开双语教学的可实施路径和可复制的教学模式，以北京林业大学现阶段课程体系为例，提出了教学模式优化的参考性建议，以期为风景园林及相关学科的设计类课程展开双语教学提供一定参考。

关键词：双语课程；双语教学；国际化人才培养；风景园林

　　随着全球经济一体化的发展，国际行业市场的竞争日益激烈，高校国际人才培养的重要性逐渐凸显出来。高等学校的根本任务是培养高素质创新性拔尖人才，如《国家中长期教育改革和发展规划纲要（2010—2020年）》指出：牢固确立人才培养在高校工作中的中心地位，着力培养信念执著、品德优良、知识丰富、本领过硬的高素质专门人才和拔尖创新人才。

　　专业课程双语教学的模式是为适应国际人才竞争不断升级的形势需求的举措，是培养"具有国际视野、通晓国际规则、能够参与国际事务和国际竞争的国际化人才"的有利平台。2001年教育部《关于加强高等学校本科教学工作提高教学质量的若干意见》也提出积极推动使用英语等外语进行教学的建议，按照"教育面向现代化、面向世界、面向未来"的要求，为适应经济全球化和科技革命的挑战，本科教育要创造条件使用英语等外语进行公共课和专业课教学。

　　在此背景下，双语教学的研究和实践探索成为高校教育工作者的重要责任。随着"双一流"建设的展开，高校双语课程教学的研究和改革探索也将逐步深入。我校风景园林专业和园林专业开设"风景园林设计"双语课程十余年，经过多年的教学实践与经验积累，取得了良好的教学成效，但也面临一定的发展与改革瓶颈。本研究的开展是在双一流建设背景下，以培养具有国际素养的人才为目标，通过对现阶段风景园林专业"风景园林设计"双语课程教学学情的充分调研分析，有针对性地梳理基于现阶段情况展开双语教学的可实施路径和可复制的教学模式，以北京林业大学现阶段课程体系为例，进行双语教学体系优化改革的探索与思考，以期为风景园林及相关学科的设计类课程展开双语教学提供一定参考。

作者简介：王晞月，北京市海淀区清华东路35号北京林业大学园林学院，讲师，wxy402@163.com；
　　　　　李　倞，北京市海淀区清华东路35号北京林业大学园林学院，教授，lilang@bjfu.edu.cn。
资助项目：北京林业大学教育教学研究一般项目"国际人才核心素养培养视域下的风景园林设计双语课程的体系构建与实践探索"（BJFU2021JY01）。

一、双语课程教学的特点与发展困境

双语教学即用非母语进行部分或全部非语言学科的教学方式。国际通行的一般意义的双语教育基本要求是：在教育过程中，有计划、有系统地使用两种语言作为教学媒体，使学生在整体学识、两种语言能力以及这两种语言所代表的文化学习及成长上均能达到顺利而自然的发展。因此，双语课程教学的核心并非是语言能力本身的提升与学习，而是对于学科专业文化内涵的表达与渗透、培养学生在不同语境背景下相互拓展知识内涵的能力，以整体提升学生国际化的专业视野，使其具备适应国际市场需求的核心专业素养。

"风景园林设计"双语课程是风景园林学科课程体系中的核心专业课程。以北京林业大学 2017 版人才培养方案为例，本方案中将风景园林专业本科的培养目标定为：培养具有良好道德品质、身心健康，适应国家生态环境和人居环境建设，具有风景园林规划与设计、风景名胜区及城市各类绿地规划设计、园林建筑及园林工程等方面基本理论、知识、专业技能和素质的高级研究及复合型并重的工程技术人才。在此背景下，专业课程的双语教学具有其特殊性，首先不同于一般理论类和设计类专业课程，授课语言是汉语；亦不同于纯粹的英语教学，授课内容专业性很强，授课教师不是语言教师。这使得双语课程的教学具有其特殊性：不易兼容性，因此双语课程的开展往往面临各种实施不畅的境地。主要困境体现在以下几个方面：

1. 师资力量的限制性问题

由于"风景园林设计"双语课程是一门具有综合性和学科交叉特征的应用性课程，双语教学的开展对于专任教师在学科种类、知识深度、外语水平、文化认知和国际视野等方面提出了巨大的挑战。因此诸多风景园林专业院校在推行双语教学的过程中都存在师资方面的限制性问题，可实施双语教学的师资比例不足。高校专任教师的英文能力素养大多可以进行日常交流和简单学术讨论，但是使用英语进行专业课程的讲授对于教师的语言能力要求非常高、备课耗费的时间成本较大，尤其在本科生数量庞大的院校中推行尤为困难。因此这有赖于教师自身在综合素养上的自我提升及相关院系针对双语教学要求，对于师资队伍遴选、建设和力量发展的综合考量。

2. 语言介入方式与程度问题

双语教学中英语教学内容的选择、课堂中中文与英文的使用比例及英语的介入方式等方面都是影响双语教学质量的关键性问题。在英文介入课堂的程度上，全英文授课不仅对教师来说是个挑战，对于学生亦难以接受。因此，一方面需考虑学生英语能力并不相同，接受能力有限，另一方面也需考虑设计课程的核心教学内容是否会因非汉语沟通的原因而使得原本教学内容的信息传达受到折损，否则双语课程不仅会影响课堂知识点的准确传达、使教学效果打折扣，甚至可能因理解困难导致学生产生焦虑、逃避等负面心理，影响专业学习的积极性和自信心，乃至影响学生未来专业发展以及人生规划。

二、"风景园林设计"双语课程教学学情调研

本研究将风景园林相关专业的本科学生针对"风景园林设计"双语课程教学的相关问题进行了调研分析，进一步明确了学生对于相关问题的看法和偏好。本次调查共发放问卷 100 份，对北京林业大学园林专业、风景园林专业的学生进行了抽样问卷调查。调查共收回问卷 98 份，有效回收率 98%。其中，女生占 74.1%，男生占 25.9%，大二学生占 31.5%，大三学生占 29.0%，大四学生占 39.5%。基本能够表征已参与过风景园林设计专业课程的本科生对于本课程相关内容的基本观点与感受，如图 1 所示，从获取的调查问卷结果来看，

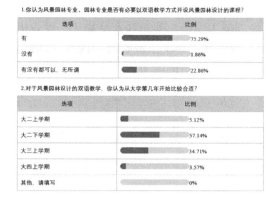

图1 "风景园林设计"双语课程相关问题调研结果(2018级、2019级风景园林及园林专业学生抽样调查)

大致可归纳为以下几个方面：

（1）双语教学的必要性认同：大多数学生（75%）认为有必要在本科期间以双语教学的方式开展"风景园林设计"课程。仅2%的同学认为没有必要采用双语教学的方式。整体上学生对于"风景园林设计"课程开展双语教学的必要性表示认同。

（2）双语课程的介入时期：绝大多数学生（92%）认为大二下与大三是以双语教学的方式开展"风景园林设计"课程的最佳时间。多数学生认为，前三个学期设计基础相对薄弱，理解能力欠佳；大四相对精力不足，容易造成资源浪费，因此中间三个学期最适于开展设计课的双语教学。

（3）双语教学的可接受程度：大多数学生（74%）认为双语教学的内容占比应在一半以下。但选择希望英语内容占比10%~30%，30%~50%以及50%~70%的学生比例相对比较接近，基本可见学生对于双语的接受程度并不相同。一方面需考虑到学生年级不同、英语能力存在差异，另一方面也需考虑设计课程的核心教学内容是否会因非母语沟通的原因而使得原本教学内容的信息传达受到折损。

（4）双语教学的内容偏好：大多数学生（76%）倾向于将课堂中关于"国外风景园林设计的实践案例及设计方法解析"部分的内容设为双语教学的主要内容，部分同学也选择将"前沿学科与行业动态"（38%）和"国外景观设计理论"（21%）作为双语教学的内容；部分同学认为"选一本国外经典或者优秀专业著作作为教材或教辅"（25%）亦是很好的选择。选择相应的且合宜的双语教学内容能够一定程度上提高学生的学习积极性和接受程度。

（5）英语能力的阶段性评估：以北京林业大学园林学院学生为例，根据调查分析，园林专业和风景园林专业2020级学生，大一结束后四级通过率达到93.7%，500分以上的达到64%，其中600分以上8.3%；园林专业和风景园林专业2019级学生，大二结束后六级通过率达到81.7%，500分以上的达到43.5%，其中600分以上6%。也即双语课程的讲授内容难度分别控制在4500词汇量的及6000词汇量上下的范畴，属于该阶段学生较容易接受的范畴。

三、"风景园林设计"双语课程教学模式思考

针对现阶段风景园林学科双语课程介入困难、实践不足等现实问题，根据上述对于专业课双语教学的背景探讨与教学方法综述，结合本校风景园林专业本科生对于双语教学的相关调查与座谈结果，下文将浅谈"风景园林设计"课程双语教学模式的若干可实施路径。

（一）输入与输出并重的特色化双语教学

设计类专业课程的教学适宜于采用成果导向教育（outcome-based education，OBE）的教

学方式,即教学设计和教学实施的目标是学生通过课程教育过程后所取得一定成果输出。这样的专业性质特征要求教师从传统的强调输入转向输入与输出并重的教学模式。在双语教学的介入过程中,同样应注意"理解"与"表达"并重,在使用英语教授教学内容的同时,应创造适宜的机会锻炼学生使用英语进行观点表达、方案介绍的能力,以使得学生具备适应国际市场的基本能力。进而构建一个"学习—产出"驱动整个课程活动和学生的双语教学结构与系统(图2)。

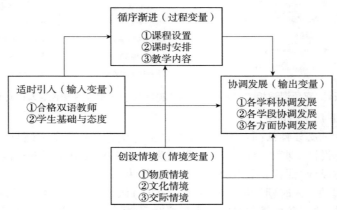

图2 浸润式双语教学模式流程图[11]

基于产出导向法理论,通过输入—输出—输入(input-output-input)的三阶段方式实现学生从知识学习到能力培养的应用型人才培养模式。第一阶段输入来自教师讲授及相关英文素材,通过理论学习和案例分析,学生获得知识和信息的输入。第二阶段以产出为导向,通过小组讨论、方案设计和课题研究讲解演示等途径,提高学生英语语境下的输出表达能力。第三阶段,学生在前两个阶段基础上进行总结,获得专业能力的提升和理论知识体系架构的逐渐完善。

(二)结合实际情况的弹性双语教学

结合对于各学校教师的走访与座谈调研结果可见,开展设计课双语教学的主要困境集中于:可应对双语教学的师资力量不足、学生对于英语教学的接受能力相对有限等。为针对性解决这些问题,亦不"因噎废食",需考虑结合院校与学生的实际情况量身定制相应的双语教学方案,弹性地介入设计课程的双语教学内容,分层次、分阶段地适应需求、靠近目标。如针对低年级到高年级不同程度的学生从专业词汇入手逐渐过渡到案例讲解和表达;对于师资力量相对缺乏的情况采用结合微课、视频课等方式融合双语内容。另外,可结合院系实际资源情况,灵活融合案例式双语教学、参与式双语教学、网络化双语教学、教研结合式双语教学和实践性双语教学等多样的方式,配合以适当的双语考核方式,并采用教科书、英文板书与多媒体多种教学手段,选择适宜的教学形式展开弹性的双语教学。

(三)理论与实践结合的专业化双语教学

专业课程的双语教学是以培养和提高学生的科研创新、实践创新能力为目的,以培养学生科学素养为核心的。从对于风景园林专业学生的调查问卷结果可见,国外风景园林设计的实践案例及设计方法解析和前沿学科与行业动态是最受学生欢迎的双语教学结合点。一方面基于风景园林专业的综合性和应用性的学科特征,其教学目的是在风景园林学相关基础理论和专业知识的基础上递进式训练学生的多类型、多尺度规划设计能力,另一方面,与专业生产实践、社会发展需求相契合的实际需要,也是推动风景园林设计类课程教学改革的外在动力。再者,基于具体实例使用案例教学法(结合图片等形象化场景展示)展开双语教学相对于单纯的理论知识讲解更生动、易懂，容易达到更加高效的教学成果。因此对于风景园林课程的双语教学中的理论与实践的内容配比上应更多向实践教学和案例讲解倾斜。将国际前沿的新技术、方法、理论等有机融入到课程教学、课外拓展环节；通过阅读、讲解外文资料等，可加强学生在外语环境下专业能力的培养和锻炼。

（四）高效资源整合的精英化国际人才培养

"风景园林设计"双语课程的实施一方面依托于风景园林一流学科发展路径的宏观指引，另一方面更依赖于专业院校在教学资源、教学平台方面等的全面支持。在双语教学的整体推动过程中，许多院校面临了本科生源基数大、双语教学资源短缺等问题。然而，双语教学的目的不仅仅是提高学生的英语应用能力，重要的是转变学生学习思维和学习方法，要通过学习、运用国外的一些案例和教学方法（如 Tutorial 和 Seminar），培养学生双语学习的兴趣，从而使学生养成辩证思维模式，提高其双语的应用能力和专业的创造与应用能力。据此，可考虑采用以下实施策略进行高效率的资源整合，逐步、分阶段实现双语教学的介入。

1. 培养专项师资力量

在教师队伍的选拔、组建与人才培养方面，结合双语教学的具体需求考虑培养专项师资的先锋力量，逐步探索适宜本院校专业学生的双语介入模式和程度，支撑和引领未来双语教学体系的可持续发展。

2. 协同国际客座教师

以科研、教学及人才培养等多元目标为着力点，充分发挥一流学科优势与外国客座教授（或讲师）的引领作用，开展国际化教学师资团队建设。

3. 引入外源资源库

在师资相对匮乏的情况下，充分利用网络开源资源，结合各个学期的教学专题遴选具有针对性、具有较高教学价值的双语资源，构建双语课程外源资源库，使得学生有机会掌握国际前沿的学科动态，与国际信息面充分接轨。

4. 结合专题国际讲座

以北京林业大学园林学院情况为例，自 2017 年起，至 2021 年共举办 4 届世界风景园林师高峰讲坛，2021 年举办了 7 期"Master TALKs"大师讲堂，共计邀请本行业国内外专家学者 32 人次，其中母语为英语的专家学者占 85%；讲座涉及的高频主题有"风景园林设计实践""绿色基础设施""城市开放空间系统"等，而相关内容均与本科教学内容与设计专题有极高关联度。跨项目、跨年级、甚至跨院校的合作有利于对国际教学资源的高效率利用，因此对于双语课程的教学应面向更广阔的平台，鼓励产、学、研的充分融合，力求促进我国现阶段复合型、创新型国际人才培养，协同助力美丽城乡人居生态环境建设。

表 1 风景园林设计课程双语结合教学方式及相关特征

	双语结合教学方式	难度可控性	师生互动性	教学内容可拓展性
输入 （input）	教师双语讲授	强	强	中
	英语资源多媒体教学	中	弱	强
	双语微课、慕课及视频课	中	弱	弱
	英文著作、文献阅读讲解	中	中	强
	国际学术论坛及讲座	弱	弱	中

(续)

	双语结合教学方式	难度可控性	师生互动性	教学内容可拓展性
输出 (output)	小组讨论及辩论	弱	强	强
	研究专题综述汇报	中	弱	强
	设计方案汇报	强	中	中
	案例分析讲解	强	弱	中
	场地调研报告	强	弱	弱

综上,双语课程改革实践的开展纵然面对诸多困难及发展改革的瓶颈,却是学科面向国际化发展、学生获取迈向国际市场的核心竞争力的重要支撑,是培养国际化创新型人才的重要途径,也是"双一流建设"的窗口。各相关院校应试图整合利用院系资源和教师力量,选择适宜的教学模式展开各年级的双语教学任务并据此设计完整的课程大纲和系统的教学知识链。根据教学大纲和培养方案针对教学材料进行优化升级,不拘泥于教材;输入和输出、教学与实践并举,采用产出导向法,促进产学融合,提高创造力和应用能力;对应采用科学化的评价方法,适当增加形成性评估比重,重视过程学习大于学习结果。

参考文献

[1] 国务院办公厅. 关于印发统筹推进世界一流大学和一流学科建设总体方案的通知[EB/OL]. [2015-11-5]. http://www.gov.cn/zhengce/content/2015-11/05/content_10269.htm.

[2] 教育部. 关于印发《关于加强高等学校本科教学工作提高教学质量的若干意见》的通知教高[2001]4号[EB/OL]. [2001-8-28]. http://www.moe.gov.cn/s78/A08/gjs_left/s5664/moe_1623/201001/t20100129_88633.html.

[3] 中华人民共和国教育部. 国家中长期教育改革和发展规划纲要工作小组办公室 国家中长期教育改革和发展规划纲要(2010~2020年)[EB/OL]. [2010-7-29]. http://www.moe.gov.cn/srcsite/A01/s7048/201007/t20100729_171904.html.

[4] 方志,刘扬. "双一流"背景下大学生国际化培养研究——以北京某高校X学院为例[J]. 北京航空航天大学学报(社会科学版). 2020, 33(2):134-142.

[5] 贺小星,孙喜文. 双一流背景下"精密工程测量"双语教学研究与实践[J]. 测绘工程, 2020, 29(1):76-80.

[6] 李满园,吴国玺. 风景园林设计双语课程设计与评价[J]. 大学教育, 2019(3):66-68.

[7] 苏永生. 新工科背景下双语教学改革探讨与实践——以安徽工程大学为例[J]. 科技视界, 2021(5):2.

[8] 徐雅洁,白雪. 风景园林学创新型双语课程教学模式的探讨——以"风景园林学导论"课程为例[J]. 科技创新导报, 2018, 15(22):3.

[9] 刘玲娣. 论高校双语教育的误区及对策:基于华南农业大学双语教学的实证研究[J]. 湖北民族学院学报:哲学社会科学版, 2017, 35(4):171-179.

[10] 王齐放,刘洪卓,赵喆. 双语教学中多媒体课件的设计与实践[J]. 教育教学论坛, 2018(30):148-149.

[11] 姜宏德. "浸润式"双语教学模式的建构与实践[J]. 教育发展研究, 2004(6):32-34.

[12] 苏永生. 新工科背景下双语教学改革探讨与实践:以安徽工程大学为例[J]. 科技视界, 2021(5):2.

Research on the Bilingual Teaching Model and Curriculum System of *Landscape Architecture Design* from the Perspective of International Talents Cultivation

Wang Xiyue　Li Liang

(School of Landscape Architecture, Beijing Forestry University, Beijing　100083)

Abstract　The global trend of economic globalization as the macro background in the 21 century has kept pushing high the demand for international talents to bring about correspondingly transitions of related training goals and models of higher education talents. The bilingual curriculum of the landscape architecture discipline with the cultivation of international talents as the important goal, the "double first-class construction" and discipline internationalization for the beautiful China sustainable development as the important mission has been taken as anchoring point and platform for developing young promising talents with international vision and patriotic sense. From the perspective of international talent cultivation, this paper analyzes the characteristics and constraints of bilingual curriculum of colleges and universities. Through survey analysis of the current situation of the *Landscape Architecture Design* bilingual curriculum and by taking the current curriculum system of Beijing Forestry University as an example, the workable pathways and replicable bilingual teaching models are extracted with referential suggestions put forward for optimizing the teaching model for designing improved bilingual curriculum of the landscape architecture and related disciplines.

Keywords　bilingual curriculum, bilingual teaching, international talent cultivation, landscape architecture

国家一流本科线下课程教学改革成效与路径

——以"动物生理学 A"为例

翁 强 袁峥嵘 韩莹莹 张浩林

(北京林业大学生物科学与技术学院,北京 100083)

摘要:动物生理学是研究动物生命活动及其规律的科学,具有抽象性、系统性、微观性、实验性、动态性和知识进展快等特点。本文对标国家线下一流课程要求,从课程建设成效及课程建设的特色、课程建设成果解决教学问题的方法、课程建设成果的推广应用效果以及课程建设成果的创新点 4 个方面描述"动物生理学 A"如何从精品课程走向一流课程发展的创新路径与改革成效,旨在为我校其他课程的一流课程申报与建设工作提供参考。

关键词:国家一流本科课程;动物生理学 A;改革成效;路径

  课程是实现人才培养目标的主要载体,课程质量直接决定人才培养质量。为贯彻落实习近平总书记关于教育的重要论述和全国教育大会精神,落实新时代全国高等学校本科教育工作会议要求,把立德树人成效作为检验高校一切工作的根本标准,深入挖掘各类课程和教学方式中蕴含的思想政治教育元素,建设适应新时代要求的一流本科课程。教育部于 2018 年提出了一流本科课程建设计划,从 2019 年到 2021 年,完成 4000 门左右国家级线上一流课程(国家精品在线开放课程)、4000 门左右国家级线下一流课程、6000 门左右国家级线上线下混合式一流课程、1500 门左右国家虚拟仿真实验教学一流课程和 1000 门左右国家级社会实践一流课程认定工作,即实现一流本科"双万计划"[1]。全面开展一流本科课程建设,目的就是要提高教师教学能力,完善以质量为导向的课程建设激励机制,形成多类型、多样化的教学内容与课程体系[1]。"动物生理学 A"作为生物科学与技术学院生物科学专业的核心课程,2019 年经北京林业大学推荐,申报了国家线下一流本科课程,2020 年获得教育部认定首批国家线下一流本科课程。作者作为"动物生理学 A"课程负责人,在课程目标、教学理念、教学方式、思政元素方面总结和凝练了该课程 20 余年间的教学改革与建设实践,在 2021 年获得了北京林业大学教学改革成果一等奖(获奖题目:国家级一流本科线下课程教学改革示范)。下面笔者对标国家线下一流课程要求,从课程建设成效及课程建设的特色、课程建设成果解决教学问题的方法、课程建设成果的推广应用效果以及课程建设成果的创新点 4 个方面描述该课程如何从精品课程走向一流课程发展的创新路径与建设实践,旨在为我校其他课程的一流课程申报与建设工作提供参考。

作者简介:翁 强,通讯作者,北京市海淀区清华东路 35 号北京林业大学生物科学与技术学院,教授,qiangweng@bjfu.edu.cn;
    袁峥嵘,北京市海淀区清华东路 35 号北京林业大学生物科学与技术学院,副教授,zryuan@bjfu.edu.cn;
    韩莹莹,北京市海淀区清华东路 35 号北京林业大学生物科学与技术学院,副教授,thinkinghyy@126.com;
    张浩林,北京市海淀区清华东路 35 号北京林业大学生物科学与技术学院,讲师,haolinzhang@bjfu.edu.cn。

资助项目:北京林业大学课程思政教研教改专项课题"免疫学"(2020KCSZ090)。

一、课程建设成效及课程建设的特色

（一）打造了具有林学特色"动物生理学 A"金课

按照国家一流本科课程的建设标准，"动物生理学 A"在课程目标上注重高阶性，坚持知识、能力和素质的有机融合，培养学生解决复杂问题的综合能力。"动物生理学 A"课程在教学内容的编排上，突出多学科融合，创新教学内容，充分实现了以学生为中心的教学。我们在全国首创提出了林学动物生理学特色教学，引入了林业特色动物生理学内容，增加了野生动物特殊生理学的教学内容，如野生动物的冬眠特征及机制、野生动物季节性繁殖、野生动物着床延迟等。这一特色教学内容改革将动物生理学与林学交叉融合，为动物生理学确立了更宽广的研究基础，适应了新时代对林学人才培养的要求，打造了深受学生欢迎的具有林学特色的动物生理学课程。

（二）构建了多元化的"以学生为中心"的教学模式

"动物生理学 A"课程将"以学生为中心"的教育理念融入了课程教学全过程，旨在提高学生主动学习的积极性；通过课程设计、教学内容编排、课程资源配置等方面进行深度优化，潜移默化地融入思政元素；在教学实施过程中运用启发式、探究式、讨论式、参与式的"四式教学法""混合互动教学模式""创客教学法"等多元化教学组织形式；利用雨课堂、网络教学平台、微信公众号等现代信息技术，充分发挥课程教学的学术性、互动性和延展性，旨在提升课堂教学质量[2]。例如我们应用"创客教学法"在"动物生理学 A"教学实践中，学生主动将所学的理论知识应用到生活实践之中，学生自主设计并制作了"测谎仪""血压仪""自制触控笔""灭虫灯"等创意作品，充分调动了学生的学习兴趣和主动性，培养了学生的创客思维能力，提高了学生的创意创作、独立思考、动手实践及团队协作能力；同时"教学相长"也提高了教师自身的创新创意能力和教学水平，进而有效地提升了教学效果[3]。

（三）建立了"科教融合、协同育人"的创新人才培养模式

科教融合是实现高校科研与教学相互促进和互动发展的重要手段，对于一流本科课程建设和创新型人才培养具有重要的推动作用[4]。在"动物生理学 A"教学过程中，我们有意识地将学术前沿科研成果有机融入教学中，拓展学生思路，激发学生创新思维；利用学科的科研优势与科研资源，将课堂教学内容延展至课外实践探索，为学生提供参与科研的机会和平台；教学团队教师依据"动物生理学 A"知识内容在学生品德、课堂学习、科研实践等各方面对学生进行个性化指导，鼓励学生将课堂知识学以致用。例如我们指导学生将课堂上学习到的动物生理学理论知识与学生科研训练计划项目、挑战杯、学科竞赛等学生素质提升类项目进行有机融合，通过项目资助和竞赛奖励对学生的课堂知识实践环节进行激励，切实提高学生完成教学内容的积极性，实现了科研与教学相互融合和相互促进。

二、课程建设成果解决教学问题的方法

（一）明确"立德树人"的课程教学目标

在"立德"方面，"动物生理学 A"课程在传统的课程教学知识与能力培养目标的基础上，深入挖掘教学内容中的思政元素，在教学过程中潜移默化地融入"思政与德育"内容，通过正面教育，引导、感化与激励学生，悉心培育学生健全人格。在"树人"方面，我们坚持"以学生为中心"的培养模式，在课程教育过程中，注重塑造学生自信与自律的品格，锻炼学生解决复杂问题的能力，正确引导学生个性化发展，为国家培养知识、能力与素养相融合的全面发展人才[5]。例如，我们在"动物生理学 A"第一次课中就讲到我国首位诺贝尔

生理学或医学奖获得者屠呦呦发现青蒿素防治疟疾等传染性疾病的事迹，青蒿素的发现是我国中医中药走向世界的一个代表，这一思政内容的引入一方面增强学生对我国文化遗产的自信，另一方面也让学生体会科学家潜心钻研、锲而不舍、攻坚克难、坚持真理的精神。

（二）践行创新性的"四式"教学方法

"动物生理学 A"课程团队教师在教学中不断提升自身教学艺术与教学方法，积极践行"启发式、探究式、讨论式、参与式"的"四式"教学方法，鼓励与引导学生主动观察与思考，启发与帮助学生积极讨论与实践验证，深化师生之间的课堂交流，扭转课堂上学生被动接受知识的局面，提高学生的课堂参与度，帮助学生学习知识获取与创新实践的教学方法，促使学生主动参与学习最新知识的过程，形成了以学生为核心，以自觉性、发散性为特征的学习模式，达到将知识与理论内化为创新能力的目的。例如，我们讲授动物生理学生殖系统雌激素的生理学作用时，经典内分泌学认为雌激素与雌性动物生理机能紧密关联，我们通过启发式教学，强调经典理论的同时，突破传统思维定式，引导学生思考这类激素是否在雄性动物体内也发挥着内分泌功能，进而鼓励学生分小组讨论、自主探索和发现新的知识点。

（三）利用现代信息技术，开展互动性课堂教学

"动物生理学 A"利用"雨课堂""智慧树"等现代信息化的智慧教学工具，及时了解学生的学习动态与存在问题，在课前、课中与课后实现了与学生的全时段互动交流；利用网络教学平台与微信公众号等技术平台，以课程的知识为切入点，进一步拓展课程知识内涵和外延；通过现代信息技术的辅助，形成师生之间、生生之间的多维度互动网络，丰富教学形式与教学内容，让教学活动更高效。例如，利用我们动物生理学公众号和教研室的网站平台，与同学全时段互动交流学习，不仅拓展了教学内容，同时有效地保证了课堂教学效果。

（四）搭建多维度的课程考核评价体系

课程考核评价是保障高等教育质量的有效措施，课程质量直接影响人才培养质量的提升。"动物生理学 A"在课程成绩评定方面，增设了过程性考核，通过"期末考试成绩（50%）+平时成绩（10%）+过程性考核成绩（40%）"的方式进行综合评定。期末考试成绩以卷面成绩为准；平时成绩以随堂测验、问答为准；过程性考核侧重考查学生的主动学习过程，包括网上学习、网上讨论、线上测试等；针对学生的讨论式讲座等参与式教学活动，通过学生自评、小组互评与教师评价三个方面的综合得分考核学生对动物生理学基础知识或前沿知识的理解，通过多维度的评价体系更加公正、公平、全面地评价学生的学习效果。

（五）加强教师队伍及教育教学能力建设

建设好国家一流本科课程，最重要的是要建设一支高素质专业化的一流教师队伍，这就要求教学团队教师要有一流的教育教学水平[6]。在"动物生理学 A"课程建设过程中，我们不断研究教学中出现的具体问题，如教学内容、方法手段和过程管理等教育中的问题，解决课程教学中教师怎么"教"好和学生怎么"学"好的问题。例如我们在课程教学中的集体备课，经常讨论"为何教""教什么"和"如何教"。我们四位主讲教师依据各自擅长的专业特长，每学年都以较高的教学评价分完成教学任务。自从"动物生理学 A"课程建设以来，我们教学团队教师已发表与教学相关的教改论文 20 余篇。同时，在"动物生理学 A"一流课程建设过程中，我们教师不断提高自身授课技能和教学水平，讲授的"动物生理学 A"内容先后获得"北京市教学名师奖""北京市青年教学基本功比赛一等奖""北京林业大学青年教学基本功比赛一、二、三等奖"，目前"动物生理学 A"课程已形成了一支老中青相结合的优秀教育教学团队。

三、课程建设成果的推广应用效果

（一）教学成果和经验与国内高校同仁交流分享

在"动物生理学 A"课程建设过程中，相关教学与人才培养经验和总结在《高校生物学教学研究》（高等教育出版社）、《秉烛者的思考与实践》（中国林业出版社）、《中国林业教育》、《黑龙江畜牧兽医》等国家级核心期刊发表了《"四式"教学模式在"动物生理学"教学中的应用》《"科研式"教学法在动物生理学教学过程中的探索与实践》《国家级线下一流本科课程建设与改革实践研究——以动物生理学课程为例》等相关教改论文。同时，教学团队教师参加"北京林业大学国家生物学理科基地教学论坛""更新教学理念，培养优秀人才：高校生物学教学改革与发展创新研讨会"和多届"全国大学生创新创业实践联盟年会"，与国内高校同仁进行教学改革经验交流与分享。"动物生理学 A"课程建设成果和林学特色内容受到各级领导和同行专家的高度肯定，教学成果和经验在相关林业兄弟院校得到了很好地推广应用。

（二）课程建设中优秀教学团队的示范引领作用

在"动物生理学 A"国家级一流本科课程的改革与实践中，教学团队以此为契机进一步加强了师资队伍建设，通过集体备课，共同讨论课程大纲修订与教案准备，参与校内优秀本科教案比赛，积极发挥了"北京市教学名师"及"青年教师教学基本功比赛"获奖者的示范和引领作用，增强和提高了教师教学水平和教学技能，提升了教师个人的教学艺术能力，有效提高了"动物生理学 A"的教学质量，为学校和其他生命科学类课程的建设起到了很好的示范引领作用。例如，教学团队的"北京市教学名师"和"北京市青教赛一等奖"获得者经常被邀请在学校和学院(包括其他学院)进行教学示范和教学指导。

（三）课程建设成果的示范引领作用引发社会关注

《中国绿色时报》和《北林报》先后 3 次报道了"动物生理学 A"教学团队"以学生为中心"培养生物类创新型人才的实践成果；中央教育电视台也在"全国教育新闻联播"节目中以题为"以榜样的力量引领人，着眼国家战略需求培养人"就"动物生理学 A"教学团队在课程思政方面的成果进行了新闻报道；首批国家级一流本科课程(北京林业大学"动物生理学 A"课程入选)的相关讯息在教育部网页、校内新闻、媒体公众号、社会媒体等广泛宣传，这在学校和社会上产生了积极影响；同时，"动物生理学 A"20 余年间的教学改革与建设实践，在 2021 年也获得了北京林业大学教学改革成果一等奖(获奖题目：国家级一流本科线下课程教学改革示范)。

（四）人才培养质量受到其他高校认可

在"动物生理学 A"课程建设中，教学团队注重学生综合素质培养，通过将"动物生理学 A"课堂教学内容延展至课外实践探索，开展科教融合协同育人，鼓励学生将课堂知识学以致用，锻炼学生的逻辑思维与动手能力，训练学生解决复杂问题的能力，指导学生们在国家、省市级生命科学竞赛中取得了优异成绩，有效地提高了本科教学质量。参加"动物生理学 A"课外科研培训的本科学生毕业后顺利进入国内外顶尖高校继续深造，并取得了优秀学术成果，学生们的科研素质与综合能力受到录取学校的广泛认可。

四、课程建设成果的创新点与总结

课程是人才培养的核心要素，课程质量直接决定人才培养质量[7]。总结"动物生理学 A"在一流本科课程建设中的经验和实践路径，我们感到有如下创新点：

(1)"动物生理学 A"课程目标上注重高阶性，坚持知识、能力和素质的有机融合；在教学内容上，全国首创提出了林学动物生理学特色教学，引入了具有林业特色的动物生理学内容，增加了野生动物特殊生理学的知识点，打造了深受学生欢迎的具有林学特色的"动物生理学"课程。

（2）构建了多元化的"以学生为中心"的教学模式，在教学实施过程中运用启发式、探究式、讨论式、参与式的"四式教学法""混合互动教学模式""创客教学法"等多元化教学组织形式；利用雨课堂、网络教学平台、微信公众号等现代信息技术，充分发挥课程教学的学术性、互动性和延展性，提升了课堂教学质量。

（3）"动物生理学 A"建立了"科教融合、协同育人"的创新人才培养模式，在动物生理学教学过程中，有意识地将学术前沿科研成果有机融入教学，将课堂教学内容延展至课外实践探索，鼓励学生将课堂知识学以致用，指导学生将课堂上学习到的理论知识与学生科研训练计划项目、挑战杯、学科竞赛等学生素质提升类项目进行有机融合，实现了科研与教学相互促进。

（4）将思想政治教育元素"润物细无声"地融入到了"动物生理学 A"的教学中，通过"树人"方式，正面教育，引导、感化与激励学生，注重塑造学生自信与自律的品格，锻炼学生解决复杂问题的能力，正确引导学生个性化发展，为国家培养知识、能力与素养相融合全面的发展人才。

回眸"动物生理学 A"建设路径，我们深切感到一流本科课程建设不是一朝一夕就能完成的，需要在教学理念、教学目标、教学内容、教学方法、教学资源、教学实施、教学测评等方面创新和形成自己的特色；需要有一支优秀的课程建设团队；一流本科课程建设要通过优化教学设计、信息化教学设计，使课程内容和教学方法更加丰富和先进；一流本科课程建设还要在教学过程中反复实践和锤炼，不断充实、丰富和完善。打造和建设一流本科课程永远在路上[8]。

参考文献

[1]教育部. 关于一流本科课程建设的实施意见[EB/OL]. [2019-10-30]. http：//www.moe.gov.cn/srcsite/A08/s7056/201910/t20191031_406269.html.

[2]翁强，韩莹莹，袁峥嵘，等."四式"教学模式在"动物生理学"教学中的应用[J]. 高校生物学教学研究（电子版），2020，10(2)：28-31.

[3]袁峥嵘，韩莹莹，翁强."科研式"教学法在动物生理学教学过程中的探索与实践[J]. 黑龙江畜牧兽医，2015(12)：177-180.

[4]刘升学，彭仲生，王莉芬. 科教融合视域下高校创新人才培养：以南华大学为例[J]. 教育理论与实践，2020，40(36)：10-12.

[5]孙康宁，刘会霞. 关于立德树人与一流课程建设的几点思考[J]. 中国大学教学，2020(10)：49-53.

[6]史仪凯. 一流课程建设和教学的关键在提升教师的教育教学水平[J]. 西北工业大学学报（社会科学版），2020(1)：50-57.

[7]涂健，宋祥军，邵颖，等. 动物病理学从精品课程向一流课程发展的路径与实践[J]. 生物学杂志，2021，38(5)：120-123.

[8]江怡. 如何摆正教与学的辩证关系：对一流本科课程建设的反思[J]. 中国大学教学，2020(11)：11-16.

The effect and path of the teaching reform of the national first-class undergraduate offline courses: Take *Animal Physiology A* for example

Weng Qiang Yuan Zhengrong Han Yingying Zhang Haolin

(College of Biological Sciences and Technology, Beijing Forestry University, Beijing 100083)

Abstract Animal physiology is the science of studying animal life activities and its laws. It has the characteristics of abstract, systematic, microscopic, experimental, dynamic, and rapid progress in knowledge. This article describes the requirements of the first-class national offline courses, and describes *Animal Physiology A* from four aspects: the effectiveness of curriculum construction and the characteristics of curriculum construction, the methods of curriculum construction results to solve teaching problems, the promotion and application effects of curriculum construction results, and the innovation points of curriculum construction results. The innovative path and reform effect of how to develop from a top-quality course to a first-class curriculum is to provide a reference for the application and construction of the first-class curriculum of other courses in our school.

Keywords national first-class undergraduate course, *Animal Physiology A*, reform effect, path

建构主义在环境设计"空间教学"中的应用

——以"空间概念"课程为例

姚 璐

(北京林业大学艺术设计学院,北京 100083)

摘要: 空间教学在环境设计专业教学体系中既是基础又是核心,空间的认知与建构是环境设计专业人才培养的重要内容。但由于空间的概念较为抽象以及传统教学中以教师为主的教学模式,学生在学习相关课程的时候存在一定困难,学习的主动性与创造性有待提高,也难以实现全方位能力培养。建构主义教育理论强调以学生为中心,鼓励学生在情境中进行主动探索。笔者结合近几年"空间概念"的课程教学,尝试将建构主义理念应用到空间教学中,对课程框架、教学内容与设计进行了探索改革,将知识讲解融入情境学习,强化动手实践能力与团队协作精神,将学生的学习从被动变为主动探索,并在多样的教学环节中培养学生建立起对自身文化的认知与自信,取得了良好的教学效果。

关键词: 空间教学;建构主义;环境设计;情境学习

环境设计是一门集合了功能、艺术与建构技术为一体的综合学科,研究对象涵盖了人居环境中的室内外环境,具体专业方向为室内设计与景观设计。在环境设计专业整体教学体系中,关于空间的教学贯穿始终,对于空间的感知与建构是环境设计专业学生的基本功与核心能力。"空间概念"课程是学生进入环境设计专业学习的首要环节,是环境设计专业重要的学科基础课程。课程的目标是使学生初步具备空间感知的能力,建立起对空间的认知以及基本的空间概念,并能够掌握运用空间要素构成空间的方法与原则,进而提升学生对于空间形式的敏感度,鼓励和启发对于空间创造性的营造和表达。

"空间教学"对于环境设计专业来讲既是基础又是核心,然而由于空间本身概念较为抽象,学生较难理解,以及传统教学中多以教师知识传授为主的单一教学模式,难以充分调动起学生的积极性与探索性。如何改变传统的教学模式,建立起以学生为中心的教学模式,充分调动起学习积极性、激发学生的创新能力以及动手协作精神是课程教学的问题与挑战。建构主义教育理论(constructivism)是20世纪50年代由心理学家皮亚杰(J. Piaget)提出的,该教育理论强调以学生为中心,鼓励学生对知识的主动探索。笔者在近几年的教学中,尝试将建构主义教育理念应用到"空间概念"课程教学中,对课程体系和课题设置做了一些探索与实践,取得了一定的教学效果。

一、传统"空间教学"的问题与困境

(一)从二维到三维的思维转化问题

环境设计专业的"空间教学"涵盖了基础年级的空间构成要素与方法的讲解,以及在不

作者简介:姚 璐,北京市海淀区清华东路35号北京林业大学艺术设计学院,讲师,yaolu@bjfu.edu.cn。
资助项目:北京林业大学教育教学研究项目"基于创新能力培养的环境设计实践型课程教学研究——以'空间概念''专题设计实践'课程为例"(BJFU2019JY103)。

同空间类型中的具体应用。此类教学中的困境首先是从平面到立体的思维转变。艺术设计专业的学生在进入专业之前受过较好的美术基础教育，对二维空间中的形式美构建法则较为擅长，但往往进入到空间设计领域遇到思维难以转化的问题。如何处理从平面到立体、从二维到三维的空间转变成为很多学生的难题。很多学生在空间构成的训练中较难建立起三维立体的空间意识，对空间的操作还停留在平面装饰层面，较难转变为空间设计思维。

（二）教师为中心的教学模式难以激发主动性与创造力

环境设计专业中有关空间的教学知识占比较高，特别是在基础年级的空间构成类课程中，教学大纲中需要讲解的构成方法类型较多，相应的训练内容也较繁重，涉及空间中的点线面要素、水平与垂直的空间限定、空间形式法则以及空间中的组合关系与秩序原理等相关知识的讲解与练习。传统的教学模式为教师在课堂上一一讲授基本的构成空间的方法，学生对于构成空间的方法进行逐一练习。这样的方式既阻碍了学生创造力的发挥，也不利于对若干方法的综合运用。

（三）训练项目抽象单一较难实现对学生的全方位培养

传统的空间教学中，对空间的感知与练习多就空间讲空间，设置的练习题目也多在抽象的空间中进行练习（例如在一个九宫格空间盒子中进行空间构建），一是学生较难理解，不利于学生自主学习的积极性与创造力的培养；二是因为没有相关情境的设置，也不利于有效地将情境感知与动手协作结合起来；三是对空间建构形式的把握多就形式美的基本法则进行灌输，教学中多以空间构成的方法和原则为主，较难能够从思想引领、动手实践、团队精神等多角度对学生进行全方位的引导与培养。

二、建构主义教育理论对教学的启示

建构主义的提出最早可以追溯到18世纪，哲学家维柯（Giovanni Battista Vico）指出人只能清晰地理解他们自己建构的一切，此后很多学者从事与此思想有关的研究[1]。对建构主义思想做出发展并应用到教育领域的主要人物之一是心理学家皮亚杰（J. Piaget），他的建构论（constructionism）思想认为学习者与环境的相互作用为"同化"与"顺应"，进而把同化和顺应平衡理论发展成为认识结构的双向建构学说。其认识论思想对教学具有一定的启发性[2]。建构主义发展出很多派别，但其核心观点是强调学生不是空着脑袋来到课堂的，他们具有利用现有的知识经验进行推理的理性能力，学习不是简单的知识由外到内的转移和传递，而是学生主动地建构自己的知识经验的过程[1]。建构主义提倡在教师指导下以学习者为中心的学习，既强调学习者的认知主体作用，又不忽视教师的主导作用，教师是意义建构的帮助者、促进者，而不是知识的提供者与灌输者。学生是信息加工的主体，是意义建构的主动建构者，而不是知识的被动接受者和灌输者的对象，是通过自己发现的方式进行学习的[3]。

总结建构主义教育理论可以得出，其教育理念提倡学生的自主知识建构、情境式学习与协作式学习。设计教育强调学生学习的自主性与创造力，强调合作与团队精神，将建构主义运用于设计教育具有可行性与必要性。建构主义教育思想下的艺术设计教学课程应遵循以下原则：①强调以学生为中心；②强调"情境"对意义建构的重要作用；③强调协作学习的关键性；④强调学习过程的最终目的是完成意义的建构。基于这样的教育理念，笔者在"空间概念"的课程教学中开展了一系列探索改革。

三、基于建构主义的"空间概念"课程教学

（一）课程设置的系统框架

空间的教学通过组织和编排空间语言构成空间环境，课程的目标旨在通过课程让设计

成为一种思考和研究的过程。课程通过具体的空间操作的教学与练习锻炼学生能够通过空间造型和空间感知进行表达与传递,进而创造性地体现其社会及文化认知[4]。北京林业大学艺术设计学院"空间概念"课程教学安排在第3学期,共48学时,授课对象为环境设计专业创新实验班大二学生。课程的整体安排分为知识讲授与课程训练两大部分,这两部分的内容相辅相成,同步进行。知识讲授分为:感知空间—空间限定—构成空间的形式—构成空间的组合关系与秩序原理—空间中的行为与心理,共5个板块,课程设置理念为将理论知识通过案例与实地参观等方式在构建的情境中学习。课程训练分为3个阶段,阶段一为从平面到立体,阶段二:有顶的平台,阶段三:生长建构(表1)。由于空间课题的介入具备一定的难度,它需要"二维—三维"的视知觉转化训练、"体验—感知—转译"感知觉强化训练以及感知觉物化的形式转化训练等。课内直观的模型空间练习比单纯的画面空间训练在辅助理解方面更有优势[4],因此课程训练环节设置的思想为"设计结合模型",一切设计推敲及方案表现均以模型的方式进行表达,这样的要求也训练了学生的动手能力以及团队协作精神。通过理论的讲解加之实践环节的训练帮助学习建立空间概念,最终试图通过二者结合完成"意义的建构",即建立起对传统空间美学的认同与文化自信(图1)。

表1 课程具体安排

课程名称:空间概念(Space Concept of Design)
学 时 数:总学时48 学分数:3 开课学期:3
课程类别:学科基础课
主讲教师:姚璐

教学阶段	知识讲授板块	课程训练板块	授课地点
阶段一	感知空间 空间中的基本要素	练习1:从平面到立体	艺术设计学院实验中心
阶段二	空间限定 构成空间的形式	练习2:有顶的平台	艺术设计学院实验中心 校园设计场地
实地考察	中国传统建筑园林空间认知	认知地图	故宫、颐和园等
阶段三	构成空间的组合关系 构成空间的秩序原理 空间中的行为与心理	练习3:生长建构	艺术设计学院实验中心

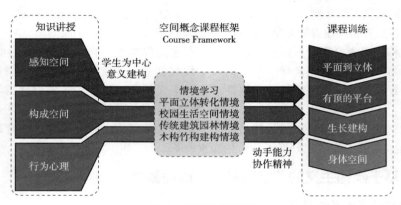

图1 课程设置思路

(二)融入情境学习中的理论讲解

1. 平面立体转化情境

为解决初学者对空间概念难以理解、平面到立体思维难以转化的问题,在理论讲解的"感知空间"章节,以中西方经典绘画作品、艺术创作为切入点,从以往的知识进行迁移建构,透过艺术家对空间的表达讲解空间的概念、空间的特征以及空间的体验,通过艺术作品中的形式美感理解空间中的形式美感,通过艺术作品中的点线面要素组织,理解空间中的点线面要素以及构成的一般规律。并以中西方空间概念的进行对比,说明不同文化背景下的空间体验,引导学生正确认识中国传统文化,培养学生建立起对自身文化的认知。

2. 校园生活空间情境

在"空间中的基本要素""空间限定"这两章讲解中,带领学生通过测绘身边的校园生活空间,让学习融入真实的生活空间情境。在熟悉的空间环境中理解环境设计空间的点、线、面以及空间中的水平限定与垂直限定的方法与表现。通过真实空间的测绘以及结合后续的课程训练,学生在情境中理解空间限定的元素与方法,感受不同的空间限定作用,更容易理解建构空间的相关法则。

3. 传统建筑园林情境

在"构成空间的形式""构成空间的组合关系与秩序原理"等章节的讲解中,通过实地踏勘,走进真实的中国传统建筑园林空间,让学生在经典的情境中学习感悟。通过对中国传统建筑中常见的木结构、竹结构、砖石结构、夯土结构的空间形式的讲解,引导学生理解空间形式的形成原因,形成背景,以及不同材料结构对空间形式的影响。同时辅助带领学生参观以木结构、竹结构为基础的建筑、家具等方面的展览,加深对于构成空间形式的这些结构的理解。在园林空间中,通过对于步移景异的空间层次的感受与描摹,引导学生感受空间的形式与行为心理、生活方式、文化认知之间的关系,以此引导学生理解长期以来传统园林空间的形成与文人生活方式的互动关系,以及园林空间中反映出的可持续环境观,进而引导学生建立对生态文明建设以及可持续发展观的认识。

(三)课程训练的三个阶段

1. 从平面到立体

建构主义认为学生具有利用现有知识经验进行推理的理性能力,学习不是简单的知识转移和传递,而是学生主动地建构自己的知识经验的过程,即通过新经验与原有知识经验的相互作用来充实、丰富和改造自己的知识经验[1]。所以在第一个阶段,我选取了3幅艺术作品,分别是胡安·米罗的抽象表现主义的作品《The Gold of Azure》、保罗克利《不确定的平衡》、张芝草书《冠军帖》,让学生任选其一进行图像分析,进而将作品转化为立体空间(图2)。通过这样的训练方式,让学生主动地通过已有的知识经验构建对空间的认识,完成由二维向三维的思维转化(图3)。

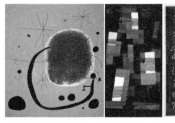

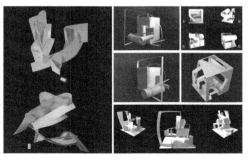

图2 "从平面到立体"练习   图3 "从平面到立体"优秀作业

2. "有顶的平台"

在这个训练中,给定学生一个校园空间场景,要求在指定场景中设计一处供人休憩的平台。其中需包含能够部分遮盖平台的顶盖(水平、拱形、斜向均可),学生需推敲功能的合理性以及结构的合理性。课题的设定针对的是空间限定知识的运用,"平台"指的是空间的水平限定,提示学生可以考虑基面、基面抬升、基面下沉等动作,"有顶"说明了顶面要素对空间的限定作用,顶面可以采取多种表达方式。同时,强调在真实的校园空间中的表现,鼓励学生充分调动感官,赋予空间主题与故事,并最终通过模型的方式进行场景化的表达(图4)。

图4 "有顶的平台"优秀作业

3. 生长建构

阶段三的训练旨在让学生体验设计作为一种思考与研究的过程,鼓励学生通过自主学习研究传统木结构、竹结构空间,通过模型制作、构筑物搭建等方式学习木构竹构的构成空间方法以及自然生长型空间的可持续智慧,并融入动手实践能力的锻炼以及团队合作精神的培养,希望能够激发学生的创新素养。课题的具体要求为在校园中选择场地,用木材或竹材构建一个 3m×3m×3m 的空间。要求空间的构筑方式具有生长性特征,即由空间的子单元以一定的组织方式构成整体空间,子单元具有可重复、可拆卸组装的特点。学生以 3~4 人一组合作完成,需完成整体空间 1∶5 模型,以及子单元构件 1∶1 模型。最终成果由学生们在艺术设计学院实验中心动手协作完成,特别是在做到 1∶1 构件的时候,操控机器切割木构件、竹构件的成就感和团队分工协作的愉悦感成为初入专业学生的难忘回忆(图5~图6)。

图5 学生在实验室制作 1∶1 构件　　图6 部分课程成果

四、结　语

通过 2018 年至 2021 年 4 次课程的探索与实践,"空间概念"课取得了一定的改革效果。这个过程中共举办课程成果展览 3 次,学生优秀作品参加专业竞赛并入选行业重要展览,多年教学评价均在 95 分以上,获得授课班级学生的持续好评与认可。反观成果背后的原因有三:①得益于让学生在情境中学习,通过以往的知识与真实的空间感受,使得抽象的概念变得可感知可传达,并能够见缝插针融入思政元素,进行全方位的培养。②让学生成为课堂的主人，支持并挑战学生的思考，在第一堂课就跟学生强调"没有标准答案，没有唯一解"，鼓励学生多样化的表达。③强调动手实践，一切想法都通过模型表达，甚至加入1∶1构件制作以及现场搭建环节，学生感受到亲手创作空间的乐趣，动手能力得到锻炼提升，小组合作也有助于团队协作能力的养成。

图7　课程展览

"空间"是环境设计的核心，空间的教学是丰富有趣的，它涵盖了形式操作、材料与构造的研究，学生也通过空间触及文化认知与时代精神。空间设计的学习是挑战与成就并存，痛苦与快乐相伴的，从抽象概念到具体建构，从技术到艺术，从形式美感到文化理解。空间的本身不仅仅是形式、构造，更是容纳生活方式、审美倾向、文化认知的载体和容器。建构主义教育理念使得空间的教学更好地调动起学生学习的积极性与主动性，激发了学生的创新精神与合作精神，学生的学习从被动变为主动探索，并在多样的教学环节中逐渐形成对自身文化的认知与自信。

参考文献

[1] 张江萍. 论建构主义在当代中国设计教育中的应用[J]. 艺术百家，2010(A01)：380-383.
[2] 沈葆春，云天英. 建构主义知识观对中国现代教育的启示[J]. 社会科学战线，2012(2)：2.
[3] 张红辉. 论抛锚式教学模式与艺术设计教学[J]. 装饰，2007(5)：2.
[4] 姚翔翔. 空间教学，从概念到体系：基于芬兰阿尔托大学建筑设计课程的教学思考[J]. 南京艺术学院学报(美术与设计)，2018(4)：3.
[5] 原博，陈辉. SPACE64+2 的空间体验：一次空间构成的课程思考[J]. 装饰，2008(8)：4.

Application of constructivism in "space teaching" of environmental design: Taking the course of *Space Concept* for example

Yao Lu

(College of Arts and Design, Beijing Forestry University, Beijing　100083)

Abstract　Space teaching is not only the foundation but also the core in the teaching system of environmental design. The cognition and construction of space is an important content of talent training of environmental design. However, due to the abstract concept of space and the single teaching mode dominated by teachers' knowledge in traditional teaching, students have some difficulties in learning relevant courses, their learning initiative and creativity need to be improved, and it is also difficult to foster students' multiple qualities. Constructivist education theory emphasizes student-centered teaching mode and encourages students to explore in the learning situation actively. Combined with the teaching of *Space Concept* in recent years, the author tries to apply the concept of Constructivism to space teaching, explore and reform the system framework, teaching content and design of the course. First, the author try to integrate theory into contextual learning. Second, practical ability and teamwork spirit are emphasized in the course training. In addition, the course focus to cultivate students to establish their own cultural cognition and self-confidence in a variety of course parts. The above measures have achieved remarkable results.

Keywords　space teaching, constructivism, environmental design, contextual learning

基于"两性一度"金课标准的一流实践课程建设

——以"木制品胶黏剂与涂料基础实验"课程为例

龚珊珊　李京超　周文瑞　李建章

(北京林业大学材料科学与技术学院，北京　100083)

摘要："木制品胶黏剂与涂料基础实验"是木材科学与工程专业的一门专业基础实践课程，对于完善木材胶黏剂与涂料理论基础知识体系，培养学生解决木制品胶接与涂饰复杂问题的综合能力至关重要。现阶段该课程存在教学手段单一、学生很少主动思考、实验设计性差等问题，教学效果较差。根据"两性一度"的金课建设标准，笔者通过建设多维度的培养目标，创新实践教学方法，打造"理实融合"实验课堂等对本实践课程进行全面改革，充分调动学生的积极性，发挥学生的主体地位，提升"木制品胶黏剂与涂料基础实验"教学质量，努力打造一流实践类课程。

关键词：两性一度；金课；实践教学；木制品胶黏剂与涂料基础实验

一、"两性一度"金课标准的提出与含义

在高等学校本科教学体系中，实践教学环节对发展学生的综合素养、提升学生的专业水平、提高人才培养质量非常关键。作为特色鲜明的高校，北京林业大学秉承"知山知水，树木树人"的办学理念，坚持"把精彩论文写在大地上"，坚持实践育人，坚持深化教育教学改革，提高人才培养质量。"木制品胶黏剂与涂料基础实验"作为一门具有专业特色的实践类课程，主要是针对木材科学与工程专业三年级本科生开设的一门专业基础课程，具有工程性强、实践性强等特点。通过胶黏剂合成和胶黏剂检验方法的实验，不仅能够帮助学生进一步加强巩固"木制品胶黏剂与涂料基础"课程基础理论知识的理解，还能够增强学生的实践操作技能，提高学生发现问题、分析问题及解决问题的能力，培养学生严谨认真的科学态度和创新能力。为了将基础理论与工程实践紧密结合，培养国家发展需要的创新型应用型人才，新的教学模式必不可少[1]。

2018年11月24日，在第十一届"中国大学教学论坛"上，教育部高等教育司司长吴岩在"建设中国金课"报告中提出了"两性一度"金课标准。"两性一度"，即高阶性、创新性、挑战度。"高阶性"是指知识、能力、素质的有机融合，培养学生解决复杂问题的综合能力

作者简介：龚珊珊，北京市海淀区清华东路35号北京林业大学材料科学与技术学院，讲师，gongshan0722@bjfu.edu.cn；
李京超，北京市海淀区清华东路35号北京林业大学材料科学与技术学院，讲师，lijingchao@bjfu.edu.cn；
周文瑞，北京市海淀区清华东路35号北京林业大学材料科学与技术学院，高级实验师，zhouwenrui1997@126.com；
李建章，北京市海淀区清华东路35号北京林业大学材料科学与技术学院，教授，lijzh@bjfu.edu.cn。
资助项目：北京林业大学课程思政教研教改专项课题(2020KCSZ149)；
教育部第二批新工科研究与实践项"面向新时代的木材科学与工程专业转型升级路径探索与实践"(E-CL20201907)。

和高级思维。"创新性"是指课程内容反映前沿性和时代性，教学形式呈现先进性和互动性，学习结果具有探究性和个性化。"挑战度"是指课程有一定难度，需要跳一跳才能够得着，老师备课和学生课下有较高要求[2]。以"两性一度"为标准的"金课"突破了微课、MOOC的课程理念和形态[3]，是新时代具有中国特色的一流课程，其最终目的是提升教学质量[4]。

二、"木制品胶黏剂与涂料基础实验"课程教学现状

目前，"木制品胶黏剂与涂料基础实验"课程以教师讲授为主，存在学生实验课堂学习积极性差、实验过程缺乏独立思考、实验项目及考核方式单一等问题，具体表现有以下几个方面：

（一）教师方面： 教学手段单一，与学生互动不足

目前，在"木制品胶黏剂与涂料基础实验"教学中，通常是教师花费四分之一时间讲解实验内容和示范操作，然后学生直接对照实验讲义步骤进行实验操作，完成实验。学生在实验过程中，很少思考需注意哪些问题、遇到异常现象怎么处理以及采用相应方法的原因。这种以教师和教材为中心的"灌注式"教学，不利于学生"科学创新"思维的培养；同时，实验过程中，由于学生人数比较多，教师无法兼顾所有学生，与学生深度交流不足，导致教师无法根据学生差异性因材施教，实验教学效果较差。

（二）学生方面： 学习主动性较差，缺乏独立思考

由于胶黏剂合成实验时间较长，操作过程较复杂，为了尽快完成实验任务，大多数学生选择按部就班参照实验步骤操作，主动学习意识较差，往往造成实验过程控制不精确，实验结果与预期相差太大；对于实验操作过程中遇到的问题，直接向老师求助，缺乏自主思考和探索意识，无法做到理论结合实际，导致学生解决实际生产问题的能力不足。学生完成的实验报告十分相近，很少有创新性思考，表现出其学习积极性和主动性差，无法完成实践课程预期的培养目标。

（三）课程方面： 实验课程设计性差，考核方式单一

"木制品胶黏剂与涂料实验"课程以验证性实验内容为主，设计性较差，虽然在一定程度上能够强化学生对理论基础知识的掌握，但很大程度上限制了学生的创新性思维，对培养学生解决复杂问题的综合能力和科研素养等的作用发挥不够。此外，课程考核方式往往根据实验报告评定，形式单一，难以做到公正、客观，在一定程度上也削弱了学生学习的积极性和对实验课程作用的深度思考。

三、"木制品胶黏剂与涂料基础实验"课程"金课"的建设策略

基于上述分析，根据"两性一度"金课标准，结合"木制品胶黏剂与涂料基础实验"课程教学现状，以"白乳胶的实验室制备"为例，主要从课程教学目标、教学方法和教学内容等方面，开展以学生为主体的实践教学改革，对实验课程的"金课"建设进行初步探索（表1）。

表1 "两性一度"金课建设路径

建设标准	建设维度	建设原则	"两性一度"金课建设具体措施
高阶性	教学主体	以学生为中心	①须符合学生成长认知规律；②关注学生个体基础知识和能力差异化，针对不同学生类型因材施教
	教学目标	知识、能力、素质相融合	在知识传授和能力培养目标基础上，强调素质养成目标。包括：①协作完成实验，培养团队协作能力；②无醛胶黏剂的广泛应用，增强学生的专业认同感；③探索实验影响因素，并提出解决方案，培养学生"追求真理、严谨治学"的求实精神，"集智攻关、团结协作"的协同精神等

(续)

建设标准	建设维度	建设原则	"两性一度"金课建设具体措施
创新性	教学方法	引导启发法	①创新实验教学方法,在实验教学过程中,引导学生从小组讨论(设计方案)到对比引导(实验现象),再到自主探究(解决方案),循序渐进,逐步深入;②启发学生动脑、动手、动心;③实现知识、能力、素养相融合的多维度培养目标
挑战度	教学内容	理实融合,实践育人	①重构教学内容,将传统的单一验证性实验项目设计为具有一定挑战的综合性实验项目;②实践训练与理论教学同步进行,充分打造"理实融合"实验课堂,使抽象的乳液聚合理论知识形象化、具体化;③培养学生科学实验的思维策略和科研素养
	考核方式	形成性、综合性	①理论知识部分(课前预习、结果测试等);②实践部分(小组内评、制备胶黏剂性能、实验报告等)

(一)建设多维度培养目标,体现高阶性

在符合"木制品胶黏剂与涂料基础实验"课程教学大纲的前提下,根据布鲁姆的教学目标分类法[5],实施知识传授、能力培养与素质养成并重的多维度教学目标,开展以学生为主体的实践教学改革,使学生真正融入实验教学中,不断加强理论知识的深入理解,提高学生发现、分析、解决问题的能力,并强化专业信念,培养学生解决复杂问题的综合能力和科学实验的高级思维。

(1)知识传授:将学所乳液聚合理论知识融会贯通,并指导实验开展,完善知识体系是本次实验课的知识目标。鉴于学生已学过乳液聚合相关内容,具备白乳胶制备的理论基础知识,在实验过程中,引导学生灵活运用所学理论基础知识(图1),自主思考并分析白乳胶制备的影响因素,做到真正完善乳液聚合制备白乳胶的知识体系。

(2)能力培养:发现白乳胶制备中出现的问题,对问题综合分析,并提出解决方案,形成创新实验的综合能力是本次实验课的能力目标。在实验过程中,引导学生运用所学理论知识讨论设计、分组开展、协作完成实验项目,发挥学生主观能动性,培养学生的实践操作技能;针对实验过程中需调控的参数(引发剂用量、反应温度等),引导学生思考并探讨白乳胶制备的关键影响因素(图2),锻炼学生独立思考和分析问题能力,培养学生自主设计创新型、综合型实验项目的能力。

(3)素质养成:在传授知识和培养能力的基础上,培养学生团队精神和专业认同感是本次实验课的素质目标。实验过程中,引导学生分组协作探索实验影响因素,并解决实验过程中出现的破乳、无法升温等现象;实验完成后,指导大家用自己制备的白乳胶黏接木材,亲身感知胶黏剂的性能和实际应用(图3),培养学生"追求真理、严谨治学"的求实精神和"集智攻关、团结协作"的协同精神,增强学生的专业认同感和专业自信。

(二)运用"引导启发"教学方法,突出创新性

灵活运用教学方法对实践课程进行设计,是保证实践课程教学效果的关键。在白乳胶制备过程中,我们运用"引导启发法"[6],依次通过"小组讨论—对比引导—自主探究"的教学方法创新实验教学(图4),循序渐进,逐步深入,启发学生动脑、动手、动心,激发学生潜能,从而完成知识、技能、素质有机融合的育人目标,最终培养学生解决复杂问题的综合能力和科学实验的高级思维。

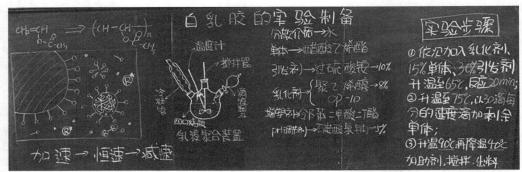

(a)理论知识讲解

① 穿好实验服，佩戴好口罩、手套。
② 实验室中应保持清洁、安静和良好的秩序，切勿嬉笑打闹。
③ 养成及时记录的好习惯，凡观察到的现象，有关的重量、体积、温度、时间及测试数据等，都应立即如实地写在记录本中实验过程中。
④ 本实验应实时留意观察反应温度，出现温度异常或发生意外立即报告教师进行处理。
⑤ 注意节约，爱护公物。公用仪器和药品用后立即归还原处。
⑥ 醋酸乙烯酯蒸汽有毒，应佩戴自吸过滤式防毒口罩，如果有皮肤接触，请立即脱下污染的衣服，用肥皂水和清水彻底清洗皮肤。
⑦ 实验结束，把合成的树脂倒入指定容器，将自己使用的仪器、实验台面清洗、整理干净，把本组通用仪器放回橱中。含有树脂的废水不能倒入下水道，要倒入废物缸中。

(b)安全培训

(c)实验示范

图1　理论知识讲解及实验教学示范

(a)实验操作　　　　　(b)分组协作　　　　　(c)结果讨论

图2　学生实践操作及讨论问题

　＋　　→　

(a)白乳胶　　　　　(b)林材　　　　　(c)工艺品

图3　学生合成的白乳胶样品及粘接的工艺品

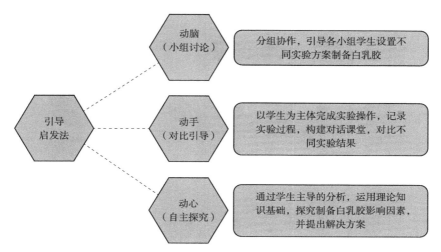

图 4 "引导启发法"创新实验教学

小组讨论法：实验课前，教师指定微课视频或 MOOC 等学习资料，并启发学生小组讨论，引导学生深入理解乳液聚合理论知识，结合反应机理，从反应温度、引发剂用量、搅拌速率等参数设计不同制备方案，培养学生独立思考的能力。

对比引导法：实验过程中，引导学生分组协作，以学生为主体完成实验操作，启发学生通过实验过程记录和合成白乳胶性能，对比实验结果的差异性，增强学生动手操作能力。

自主探究法：结合所学理论基础知识，引导学生自主探究制备白乳胶影响因素，对于不理想的实验结果，充分发挥学生的主观能动性，提出相应解决方案，并启发学生解决其他胶黏剂制备或企业存在的问题。

(三)打造"理实融合"实验课堂，增加挑战度

在创新型应用型人才培养上，知识体系的构建是课程建设的关键，在教学内容上，以传统实验为基础，要丰富设计性、综合性实验项目，合理增加实验课程难度、拓展实验课程深度[3]。对于"木制品胶黏剂与涂料基础实验"课程，在保留"胶黏剂黏度测定实验""白乳胶固体含量测定实验"等传统验证性实验的基础上，可将单一的部分验证性实验项目设计为具有一定综合性的实验项目，例如，传统的"白乳胶的实验室制备"实验教学中，学生直接根据实验讲义步骤要求，按部就班地进行实验操作，实验整体设计性较差，导致学生对乳液聚合反应的理论知识一知半解，无法满足学生的求知欲和科研探索精神。根据乳液聚合机理，引导学生分组讨论并独立设计不同实验方案(图5)，探究反应温度、引发剂用量、单体滴加速度等对实验结果的影响，总结提出改进方案，培养学生科研思维能力。同时，鼓励学生查阅乳液聚合新理论与新技术，探讨通过共聚合、构建核壳结构等方法，解决普通白乳胶最低成膜温度高、耐水性差等问题，增加"白乳胶的实验室制备"实验挑战度。

总之，在实验操作过程，需要将理论知识与实验技能有效融合，使教学内容体系化，引导学生通过实验操作深入理解理论知识，充分打造"理实融合"的实验课堂[7]，注重学生创新能力和科研素养的培养。

此外，针对传统实验教学中考核方式单一、不全面的特点，优化考核方式，提高课程的挑战度；对于理论知识部分通过课前预习与测试相结合的方式考核，对于实践操作部分，通过小组内评、制备胶黏剂性能及提交的实验报告等多种方式考核评价[8]，综合两个考核指标，评价学生整体学习情况，调动学生实践课程的学习热情。

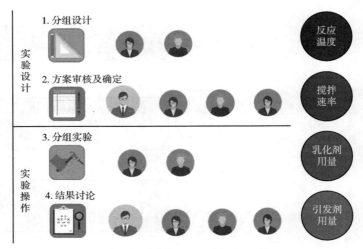

图5 学生分组设计综合性实验方案

四、"两性一度"金课的建设效果分析

(一)实践教学评价

针对"木制品胶黏剂与涂料基础实验"课程改革,通过问卷调查、课后采访等,及时听取了学生的建议与反馈。结果显示,"两性一度"金课标准在本次实验课程中取得了较好的教学效果。

1. 问卷调查

问卷调查对象为参加并完成了"木制品胶黏剂与涂料基础实验"课程的学生。调查以匿名方式进行,发放问卷35份,收回有效问卷34份。基于"两性一度"金课标准的教学设计理念应用到"木制品胶黏剂与涂料基础实验"课程中,提高了学生的学习主动性。大部分学生表示,通过实验课程,提高了他们灵活运用所学知识及独立思考问题的能力,增加了对木材科学与工程专业的信心,对科研有了兴趣,同时分组协作培养了团队意识。

表2 "两性一度"金课理念建设实践课程满意度问卷调查结果

序号	问卷内容	满意程度			
		非常满意	满意	基本满意	不满意
1	实验室及实验安全培训	87%	12%	1%	0%
2	灵活运用已学理论基础知识	90%	6%	4%	0%
3	独立思考问题能力提升	88%	10%	2%	0%
4	实践操作技能提升	90%	10%	0%	0%
5	理论知识和实践技能融合情况	85%	15%	0%	0%
6	解决复杂问题的综合能力提升	88%	10%	2%	0%
7	团队协作能力提升	80%	20%	0%	0%
8	科研素养提升	90%	9%	1%	0%
9	对"木制品胶黏剂与涂料基础实验"课程学习兴趣提升	86%	12%	2%	0%

2. 课后采访

实验课后,同学们认为通过实验课学习,"加强了对理论知识的深入理解""提升了自己的实践操作技能""和同学们一起协作完成实验，意识到团结协作的重要性""通过实验课的学习，激发了自己的科研兴趣，想继续读研深造"等。大家一致认为，实验过程安排合理，同学们的积极主动性明显提高，具有很强的收获感。

（二）实践教学新问题分析

"木制品胶黏剂与涂料基础实验"作为传统的验证性实验课程，尤其是胶黏剂的制备耗时较长，实验流程也较复杂，因此，在课堂教学中，对学生和老师都是很大的挑战，学生针对实验课堂所需的理论知识储备不足，不能有效进行实践操作，且无法应对实验过程中遇到的突发问题。为确保实践课堂教学的顺利完成，学生需提前查阅大量相关资料，设计合理的实验方案；同时，授课教师针对实验过程中可能遇到的状况需提前做充分的准备。

五、结　语

从学生制备白乳胶的应用和课后反馈说明，针对本课程的"两性一度"金课标准的一流实践课程建设，达到了教学目标的高阶性、教学方法的创新性和教学内容的挑战度要求。通过"木制品胶黏剂与涂料基础实验"课程教学改革，加强了学生对专业知识的深入理解，提高了学生的实践操作技能，培养了学生的团队协作意识和严谨求实的科研素养，增强了学生的专业自信，表明"两性一度"金课标准在该实验课程中的初步探索和实践，取得了较好的实践教学成效。

参考文献

[1] 王卉. 建设新时代"金课"推动高校教学改革的研究[J]. 高等教育，2019(10)：207.
[2] 吴岩. 建设中国"金课"[J]. 中国大学教学，2018(12)：4-9.
[3] 秦莉晓，谭芸妃，董立春，等. 基于"两性一度"的化工原理实验课程"金课"建设的探索与实践[J]. 化工时刊，2020，34(10)：45-47.
[4] 韩笑，王超，罗玲. "双万计划"背景下双创教育混合式金课建设探索[J]. 高教论坛，2021(8)：25-30+37.
[5] 郭卫芸，王永辉，余小娜，等. 基于布鲁姆分类认知理论的工程类课程全过程设计与实践[J]. 农产品加工，2021(12)：99-101+105.
[6] 王钿. 混合式"金课"的内涵、特征及建设要素[J]. 教师教育学报，2021，8(6)：70-76.
[7] 王新荣. 搭建"理实融合"平台开展网络育人探索与实践[J]. 科技资讯，2021，19(2)：23-25.
[8] 李玲，闫旭宇，李国伟. 一流本科课程建设背景下生物化学教学模式探索与实践[J]. 黑龙江科学，2021，12(19)：20-21.

The construct of first-class practical courses based on the golden standard of "Two Characteristics and One Challenge": Take *the Experimental Course of Wood Products Adhesives and Coatings Basis* for example

Gong Shanshan　Li Jingchao　Zhou Wenrui　Li Jianzhang

(School of Materials Science and Technology, Beijing Forestry University, Beijing　100083)

Abstract　*The Experimental Course of Wood Products Adhesives and Coatings Basis*, as a professional basic course for Wood Science and Engineering students, plays an important role in improving the theoretical basic knowledge system and cultivating students' comprehensive ability to solve complex problems of wood products bonding and painting. At present, there are some problems in this course, such as single teaching method, few students' active thinking, poor experimental design, etc., and the teaching results are poor. According to the gold course construction standard of "two characteristics and one challenge", the authors carry out a comprehensive reform of this practical course by constructing multi-dimensional training objectives, innovating practical teaching methods, creating experimental classes of "theory and reality integration". The above reform fully mobilizes the enthusiasm of students and exert students' main body status, which improves the teaching quality of "Wood Products Adhesives and Coatings Basis" experimental course, striving to create first-class practical courses.

Keywords two characteristics and one challenge, gold course, practical teaching, *the Experimental course of Wood Products Adhesives and Coatings Basis*

基于 BOPPPS 模型的"微生物学实验"教学的探索与实践

郑 菲　国 辉　何湘伟　何晓青

（北京林业大学生物科学与技术学院，北京　100083）

摘要：微生物学实验是微生物课程中的重要组成内容，也是农林院校生物学专业的关键基础课程。为了实现培养学生创新能力、实践能力以及合作能力的目标，笔者将 BOPPPS 教学模型引入到微生物学实验课的教学过程中，以学生为教学主体，精心设计了导入、学习目标、前测、参与式学习、后测、总结六个教学环节，对微生物实验课的教学方法进行了探索与实践。实践表明，BOPPPS 教学方法的运用，不仅提升了微生物实验课的教学质量和效果，而且对于促进学生主动获取知识、建构知识、形成自我的知识体系和实践体验也具有良好的效果。

关键词：微生物学实验；BOPPPS 教学；教学探索；教学效果

一、引　言

自新冠肺炎疫情暴发以来，生物安全已然成了全世界共同关注的重要内容。在全球抗疫的过程中，以清华大学、中国军事医学科学院为代表的我国一大批院校及科研单位运用分子生物学、生物化学、组学研究等多种生物技术揭示了病毒的作用机制，研发了抵抗病毒的疫苗制剂，为全球的抗疫工作作出了突出贡献。作为一名"微生物学"的任课教师，通过高质量的教学工作，帮助学生打好理论基础，使学生熟练掌握病毒、细菌、真菌等微生物相关的生物技能，对其将来成为生物、医学等领域的重要储备力量具有不可替代的重要意义。然而，随着基因编辑、合成生物学等科学技术的不断进步以及学生获取知识欲望的不断升高，传统的教学手段已然无法满足现代教学的需求。因此，如何运用新型的教育教学方法构建一流课程，成了目前"微生物实验"教学中的重点研究内容。

BOPPPS 教学模型是目前被认可并推崇的一种教学方法，该教学方法以建构主义和交际法为理论依据，采用以学生为中心、以教师为主导的教学模式来实现良好的教学效果[1]。BOPPPS 教学模型分为六个联系紧密的环节，即导言（bridge-in）、学习目标（objectives）、前测（pre-test）、参与式学习（participatory learning）、后测（post-test）、总结（summary）。BOPPPS 模型为教师提供了一种循序渐进的教学方式，使得教师能够更加顺利合理地开展

作者简介：郑　菲，北京市海淀区清华东路 35 号北京林业大学生物科学与技术学院，讲师，zhengfei0718@ bjfu.edu.cn；

　　　　　国　辉，北京市海淀区清华东路 35 号北京林业大学生物科学与技术学院，副教授，guohui@ bjfu.edu.cn；

　　　　　何湘伟，北京市海淀区清华东路 35 号北京林业大学生物科学与技术学院，副教授，hexiangwei@ bjfu.edu.cn；

　　　　　何晓青，北京市海淀区清华东路 35 号北京林业大学生物科学与技术学院，副教授，lenahe@ bjfu.edu.cn。

资助项目：北京林业大学课程思政教研教改专项课题"微生物学"（2020KCSZ089）。

教学工作。同时，作为一种新型的教学模式，从培养创新思维的角度看，BOPPPS 模型还能够帮助学生更加清晰合理地分析问题，找到自身盲点，开拓思想。

二、基于 BOPPPS 模型的"微生物学实验"课程教学探索的措施

随着生物技术的发展，学科之间的融合逐渐体现在各个领域。对于"微生物学实验"课来说，其教学内容与当前高新技术如基因编辑、宏基因组学、合成生物学等高度关联，这为我国培养复合创新型人才指明了方向[2-4]。为了实现良好的教学效果，我校生物学院微生物学课题组的教师团队开设了系列"微生物实验"课程，旨在培养学生对常见微生物进行筛选与鉴定的操作技术、对微生物生理生化特性进行检测与分析的能力等，具有较高的实践性和理论性，有助于学生生物知识体系的构建。然而，由于目前"微生物学实验"课程存在着较强的教学理论性和综合实践性，在深入开展专业课堂教学的实践中仍然具有诸多现实问题，例如，实验课的教学周期长，知识连贯性较低；学生在实验过程中参与实验设计的过程比重相对较弱等，造成学生学习的积极性受到打击。因此，基于 BOPPPS 的教学理论和教学方法，将其中的六个环节融入"微生物学实验"课的全过程，并且"润物细无声"地融入思政元素，帮助学生建立技术强国的意识，把学生培养成合格的社会主义建设者和接班人。下面笔者将结合基于 BOPPPS 模型的"微生物学实验"课程的教学与探索谈谈建设课程的具体措施（图 1）。

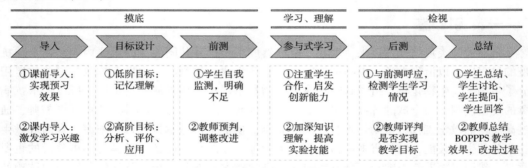

图 1　基于 BOPPPS 模型的教学设计

（一）导　言

微生物学实验的研究对象较为微观，主要包含真菌、细菌、病毒等肉眼难见的一类生物，相比于植物学、动物学等研究对象来说，微生物概念相对抽象，学生凭借想象很难理解具体的知识点，因此，授课难度大大增加。在此种情况下，如何利用"导言"有效地调动学生学习的积极性成为了首要解决的难题。一个好的课堂引入，例如视频、图片、实物等具象化的呈现，将有助于激发学生的学习兴趣和注意力，从而展开创造性的学习。

从教学的设置和安排来看，"微生物学实验"课程通常包含 20 个学时，5~6 个独立的小实验（表 1），涉及显微镜的使用、无菌操作、接种培养、消毒灭菌等微生物学基本实验技术，实践性和应用性都较强。在微生物细胞形态学实验中，我们设计了细菌、放线菌和真菌的染色观察。课程开始前，教师将几个已经发霉的馒头拿到实验室让大家进行观察，并请大家描述霉菌宏观的形态学特征，并就此提出问题"霉菌微观的细胞结构是什么样的呢"，引发学生思考。这种基于现象提问式的引入，不仅能让学生有强烈的实物感和参与感，还可以很好地激发学生学习的求知欲。此外，播放视频、引入社会热点、讲述科学前沿等也都是不错的引入方式。例如，在讲述环境微生物的分离实验时，结合环境污染等现实问题进行开篇，能降解塑料的微生物和酶的发现就是其中很好的例子。塑料垃圾的处理不仅仅

对地球环境有影响，还关系到国家的能源安全，而科学家经过不懈的努力成功地从垃圾场周围环境中分离出了可降解塑料的微生物，进一步解析了关键酶的降解塑料机理，对于社会的可持续发展及科技的进步都具有极其重要的意义。在这一案例中不仅可以使学生建立科学素养，同时也激发学生的科学热情。

表1 微生物实验课程安排

实验序号	实验课内容	培养技能
1	培养基的制备	无菌操作技术
2	原核微生物的形态学观察	显微镜的使用、染色技术
3	真核微生物的形态学观察	
4	微生物生理生化实验	实验设计
5	土壤微生物的筛选与分离	纯种培养技术
6	微生物保藏技术	菌种保藏

（二）学习目标

学生如果没有目标就会感到前途渺茫，教师如果没有目标就无法合理地进行教学，因此BOPPPS第二阶段学习目标一定要制定好，要根据教学大纲进行学习目标和教学目标的撰写，并且要将传统的掌握、知道、明白等字眼改变成为能讲述、能操作、能应用，从认知情感以及技能操作等方面设立可行的教学目标。教师一定要向学生明确地表达出来，让学生明确本节课的教学目标，从而有针对性地开始学习。

教学目标的设立不是凭空而论的，一定要把握课程大纲，精准制定。首先，作为一名一线任课教师，我们要研究学生，了解学习者的需要，以学生的身心发展特点作为教学目标设定的理论依据。不同年级的学生知识理论水平差异巨大，不同专业背景的学生对所学知识的关注侧重点也各不相同。例如，对于生物技术专业大三的学生来说，他们经过大二年级的"生物化学""分子生物学"的学习，建立了初步的生物学知识体系和基本的实验室操作技术，因此，在大三年级学习"微生物学实验"时，他们能够将相关的背景知识运用到微生物个体中，这对于教师来说，在设立教学目标时就要综合考虑，在理解微生物学知识点的基础上，创新式地融合各学科的知识点和实验技术，构建更加系统的知识网络；其次，在设立教学目标时，还要结合当代社会生活的需求。"微生物学实验"作为生物学相关专业的核心课程，其传递的知识信息和技能训练不应只是局限于课内实践，而是应该结合当前社会发展的需求，使学生意识到知识的价值，从而获取更大的学习动力。此外，教学目标的设立还应该将学科发展考虑在内。著名的高松院士在《跨学科研究和教育是时代发展的需求》一文中指出，大学的学科建设既要考虑现有的基础和优势，更应该着眼于未来学科前沿和经济发展需求，这就要求学科教师不能再以专业教育为中心，培养某一专业人才为目标[5]。例如，在进行微生物生理生化反应这一实验时，教学目标要结合生物化学、分子生物学等相关学科的知识，融入微生物学最新科研进展，使学生能够综合应用微生物实验技能对相关的生物学现象进行深入分析。

（三）前测

所谓的前测就是第三阶段，通过一些小测验小问题等试探学生对上节课和本节课知识了解以及掌握的多少。教师可以根据前测中学生的反应，来具体地更改本节课的教学方式和教学任务。通过因地制宜适时地改变教学方法和教学内容，适当增加或减少本节课的教学任务，可以使学生更加清晰明了，有方向有目标地学习。

事实上，前测还可以很好地反映学生的自主学习能力。教师可以提前向学生推荐相关的书籍、文献、视频、公众号等，布置相关的学习任务。例如，在进行微生物培养基制备实验时，教师推荐相关资料让大家提前了解微生物的生长条件、pH值、温度、营养要素等。在上课时，结合雨课堂新型教学工具，采用单选、多选和填空等形式，对学生进行前测，旨在了解学生的知识盲区及薄弱环节，然后进行针对性地教学，达到事半功倍的教学效果。

（四）参与式学习

参与式学习是BOPPPS教学模型中的关键环节。苏格拉底曾指出：学习是一个相互合作的对话过程。在参与式学习的过程中，教师是参与式教学活动的设计者、组织者，而学生则是该过程中的核心和主体。参与式学习的本质其实是合作，这也是参与式学习的理想方式。在具体的参与式课堂教学中，不同能力水平的学生被分成一个个小组，以小组成员合作的形式完成特定情境下的任务。参与式学习的方式有多种，互动教学的类型多样，例如，分组探讨式、问题归纳式、角色互换式、情景模拟式、案例分析式等，其核心思想都是为了实现共同的目标和任务，学生必须相互支持、相互鼓励和相互帮助，积极交流思想和反馈信息，并对自己的行为和承担的工作负责。

传统的微生物实验课教学环节，都是教师先对实验原理、过程进行讲解，然后由教师进行演示，接着学生自行操作。对于小班教学来说（5~10人），这样的教学方法具有一定的可行性，学生基本能够按部就班地完成实验，但存在实验现象描述不准确，实验数据处理有困难，学生不能借助所学知识创造性地解决实际问题，难以应对综合性、设计性、创新性实验等。此外，对于30人的大班来说，教师在讲台上的演示细节并不能被所有学生捕捉到，而教师也难以做到手把手地指导每一位学生。基于此，笔者认为教师可以将参与式学习运用到"微生物实验"的教学过程，学生不仅可以参与"学"，也可以参与"教"的过程：①为避免教师演示过程的不清晰，教师可以提前录制微课，将实验注意事项、实验材料、实验器具、实验步骤等录制成视频，让学生提前观看学习，从整体上把握课程内容；②在课上教师讲解实验原理后，将实验过程分为两个循环，例如，在进行细菌的革兰氏染色实验时，第一轮实验先让学生进行小组讨论并完成实验操作，并请同学们把染色结果的照片分享到学习群里，并按组详细讲解实验操作过程，然后由其他组的同学和老师对实验的细节进行指正和补充；③各组学生带着修正后的意见进行第二轮实验，教师观察并记录学生解决问题的详细过程和学习成果。在此过程中，学生积极参与了教与学的过程，通过互动行为和体验交流，能够更加深刻的领悟知识点和实验技术细节。

（五）后　测

所谓的后测就是临近本节课结束，教师通过一些小测试小问题等检查本节课学生的掌握情况。通过学生们回答问题的情况，教师可以判断本节课的学习目标是否达成，学习任务是否完成，从而能够更好地进行下一节课的教学设置。后测的方式有多种，形式多样。对于微生物实验课来说，线上线下相结合的方式能够比较好地反映出学生对课堂内容的掌握情况。例如，在线上采用雨课堂的方式让学生完成随堂练习，在线下对学生的实验技能进行考核等方式。此外，教师还应该针对学生的后测结果进行相应的反馈和点评，增强学生的学习成就感。

（六）总　结

作为BOPPPS教学模式的最后一步，总结是必不可少的，但是目前大多数教师都忽略了这一步骤。教师在教学结束之后，应该引导学生进行自我总结，将本节课所学习的内容，归纳重点难点，方便课后整理。在"微生物学实验"课后，教师可以引导学生完成两部分的课程总结，包含理论部分和实验技能部分：①理论部分，可以在每节课的最后5分钟，由学生进行总结发言、提出问题、讨论问题、回答问题，再由教师进行相应的指导；②实践部分，可以进行线下的实验技能演示等。总结的目的不仅在于让学生对知识和技能的重难点加深印象，更重要的是启发学生思考，培养学生的创新思维能力，提高学生分析问题和解决问题的能力。

此外，教师的自我总结也至关重要。由于每个专业每个班级的学生知识基础、专业背景存在一定的差异性，因此，当完成一轮BOPPPS教学过程后，教师应当根据学生课上的表现，对当节课上BOPPPS教学环节进行总结回顾，改进教学策略，最终达到高质量的教学效果。

三、提升"微生物学实验课"BOPPPS教学法效果的策略

虽然BOPPPS教学方法目前已经比较成熟，但是教学效果良莠不齐，有的教师能够灵活自如地将BOPPPS教学方法运用在课程教学中，而有的却只能取舍其中的某个环节，无法实现闭环教学过程。因此，如何提升BOPPPS教学法在"微生物学实验"课的教学效果也是笔者关注的重点内容。

（一）转变思维观念，由"教师主导"转向"学生核心"

越来越多的新型教学方法推崇学生是学习的主体，所有的教学活动和教学过程都应以学生为核心，由教师创设一个良好的教学环境，学生则通过参与式学习、互动式学习等方式完成知识的获取及创新。因此，教师和学生都应该积极转变思维观念，摒弃传统的"教师主导"思想，转向以学生为中心的新型课堂，这样才能充分发挥学生学习的主动性、创新性和实践性。

（二）因材施教，充分考虑学生学情

专业背景不同、年级不同的学生，其知识基础、学习压力也存在很大差异，因此，在实施BOPPPS教学的过程中，教师应该综合考虑学生的学习情况和个性特征，根据课程大纲和教学目标，合理规划教学内容和教学难度，过于简单或复杂的知识结构都不利于调动学生学习的积极性，易造成学生的厌学情绪和畏难情绪。此外，教师还应综合考虑课程内容与学生专业背景的契合性，例如，对于食品专业的学生来说，可以侧重食品微生物发酵的相关内容；对于森保专业的学生而言，应注重林业微生物的应用技能培养等。因此，教师在实施BOPPPS教学前要充分调研学生的学习背景，避免教学内容出现主观化、肤浅化和片面化等，影响教学的质量和效果。

（三）加强信息化技术和平台的运用，改进教学手段

随着雨课堂、微课等新型信息化教学手段的出现，传统的实验教学手段已经满足不了学生获取知识的欲望。信息化教学技术和教学平台，不仅符合当代大学生的成长特点、思维习惯和学习热情，而且也有利于"微生物学实验"课安全、有序、高效地开展。笔者在BOPPPS教学环节中，也成功运用了多种线上线下相结合的策略，例如，利用雨课堂完成前测和后测的过程，利用微课让学生提前熟悉课程内容并完成参与式学习的环节等。

（四）鼓励学生积极合作，营造和谐的教学氛围

合作是当代大学生应当具备的一种重要能力，有利于培养学生的高层次思维，促进学生们的共同发展。在合作的过程中，每一位组员分工明确，各司其职，不仅能够增强同学们的责任感和在集体中的存在感，同时也能够促进组员们之间的思维交流，使学生们的能动性和创造性也得以提升。当然，学生积极合作并不意味着教师的放任自由，而是放弃了传统课堂中教师的"主导"的角色，反而在合作模式下，对教师的"引导"作用要求更高。教师在课堂上应当为学生做好引导工作，鼓励学生积极合作，营造和谐的学习氛围，成为学

生主动学习和创造学习的坚强后盾。

四、结 语

"微生物学实验"是一门生物学专业重要的基础实践类课程，需要不断地结合前沿科学技术和研究成果，借助新型的、先进的教学方法将知识和实践技能传递给学生。BOPPPS教学模型将教学过程科学的分为六个关联紧密的环节，为实现高质量的教学效果提供了方向：①导入环节，建立知识点的逻辑关系，激发学生的学习兴趣；②教学目标环节，由传统的明白、熟悉、掌握等低阶目标过渡到实验技能创新应用的高阶目标；③前测环节，精准地了解学生的学情，针对性地设计教学过程；④参与式学习环节，培养学生的合作精神、创新意识、科学素养；⑤后测环节，与前测环节交相呼应，增强学生学习的成就感；⑥总结环节，使学生巩固知识，促进教师完善教学过程。通过巧妙地设计BOPPPS的各个环节，成功地将其运用在微生物学实验课的教学过程中，旨在为国家培养出具有创新能力、实践能力、合作能力的复合型人才。

参考文献

[1] 曹丹平, 印兴耀. 加拿大BOPPPS教学模式及其对高等教育改革的启示[J]. 实验室研究与探索, 2016, 35(2): 196-200.

[2] 李洋, 申晓林, 孙新晓, 等. CRISPR基因编辑技术在微生物合成生物学领域的研究进展[J]. 合成生物学, 2021, 2(1): 106-120.

[3] 曲泽鹏, 陈沫先, 曹朝辉, 等. 合成微生物群落研究进展[J]. 合成生物学, 2021, 1(6): 621-634.

[4] 赵宇卓, 吴尽, 杨天雄, 等. 基于宏基因组学的野生动物肠道微生物研究进展[J]. 野生动物学报, 2021, 42(2): 568-574.

[5] 高松, 跨学科研究和教育是时代发展的需求[J]. 科学中国人, 2021(15): 29-31.

Exploration and practice of *Microbiology Experiment* based on BOPPPS methods

Zheng Fei　Guo Hui　He Xiangwei　He Xiaoqing

(College of Biological Sciences and Biotechnology, Beijing Forestry University, Beijing 100083)

Abstract　*Microbiology Experiment* is an important part of microbiology curriculum, and also an basic course for biology majors in agricultural and forestry colleges. In order to achieve to cultivate the students' innovation ability, practical ability and cooperation ability, the author introduced BOPPPS model into the teaching process of *Microbiology Experiment*. With students as the main body of teaching, six parts of the BOPPPS teaching method are carefully designed: Bridge-in, Objectives, Pre-test, Participatory Learning, Post-test, Summary. The BOPPPS teaching method includes six parts, Bridge-in, Objectives, Pre-test, Participatory Learning, Post-test, Summary. It shows that the application of BOPPPS teaching method not only improves the teaching quality and effect of *Microbiology Experiment* course, but also has a good effect on promoting students to actively acquire and construct knowledge, and form their own knowledge system and practical experience.

Keywords　*Microbiology Experiment*, BOPPPS methods, teaching exploration, teaching effect

基于一流课程建设的"森林真菌学"实践教学模式探索

员瑗　司静　戴玉成　崔宝凯　何双辉

（北京林业大学生态与自然保护学院，北京　100083）

摘要："森林真菌学"是微生物学、微生物生态学和森林保护学等专业的核心基础课程，目前的课程内容、教学手段和评价体系并不能满足现阶段本科教学的人才培养需求，如课程思政元素挖掘不充分、前沿性和时代性内容拓展不深入、教学方法和手段运用不灵活等。笔者以"两性一度"一流课程建设原则为要求，坚持知识、能力、素质有机融合，将知识传授、创新能力培养及素质教育贯穿"森林真菌学"实践教学的各个环节。深入挖掘思政元素，构建全员全程全方位育人大格局；优化课程设计，及时将学术研究、科技发展前沿成果引入课程；改革实践教学手段，深度融合微课、互联网+、云课堂等现代信息技术；严格考核考试评价，增强学生努力学习后收获能力和素质提高的成就感，建设并逐步完善了"森林真菌学"课程的实践教学模式。

关键词：森林真菌学；一流本科课程；实践教学

一、引　言

在新时代中国特色社会主义的时代背景下，为贯彻落实习近平总书记关于教育的重要论述和全国教育大会精神，落实新时代全国高等学校本科教育工作会议要求，必须深化教育教学改革，必须把教学改革成果落实到课程建设上，让课程优起来、教师强起来、学生忙起来、管理严起来、效果实起来，形成中国特色、世界水平的一流本科课程体系，构建更高水平人才培养体系，这也是"双万计划"（即经过三年左右时间，建成万门左右国家级和万门左右省级一流本科课程）的基础[1]。

"森林真菌学"是高等农林院校微生物学、微生物生态学和森林保护学等专业的核心课程，是"菌物资源学""微生物生态学""植物病原真菌学""药用真菌学"等课程的基础[2]。"森林真菌学"实践教学是森林真菌学教学的重要组成部分，是理论教学的扩展，是知识到应用的重要途径，目前的课程内容、教学手段和评价体系并不能满足现阶段本科教学的人才培养需求，对其进行教学实践改革不仅可以极大地促进"森林真菌学"理论课与实践课的教学水平、培养学生解决复杂问题的综合能力和高级思维，也是建设高水平一流本科课程的要求[3]。

笔者以"两性一度"一流课程建设原则为要求[4]，坚持知识、能力、素质有机融合，将知识传授、创新能力培养及素质教育贯穿"森林真菌学"实践教学的各个环节。深入挖掘思

作者简介：员　瑗，北京市海淀区清华东路35号北京林业大学生态与自然保护学院，讲师，yuanyuan1018@bjfu.edu.cn；
　　　　　司　静，北京市海淀区清华东路35号北京林业大学生态与自然保护学院，副教授，jingsi1788@126.com；
　　　　　戴玉成，北京市海淀区清华东路35号北京林业大学生态与自然保护学院，教授，yuchengdai@bjfu.edu.cn；
　　　　　崔宝凯，北京市海淀区清华东路35号北京林业大学生态与自然保护学院，教授，cuibaokai@bjfu.edu.cn；
　　　　　何双辉，北京市海淀区清华东路35号北京林业大学生态与自然保护学院，副教授，heshuanghui@bjfu.edu.cn。
资助项目：北京林业大学课程思政教研教改专项课题项目"地球系统科学概论"（2020KCSZ017）。

政元素，构建全员全程全方位育人大格局；优化课程设计，及时将学术研究、科技发展前沿成果引入课程；改革实践教学手段，深度融合微课、"互联网+"、云课堂等现代信息技术；严格考核考试评价，增强学生努力学习后收获能力和素质提高的成就感，建设并逐步完善了"森林真菌学"实践教学模式。

二、"森林真菌学"实践教学存在问题

"森林真菌学"实践教学的课程目标，是通过观察、采集、鉴定等手段，掌握不同环境条件下真菌间及真菌与环境间的相互作用规律，了解不同生境真菌的多样性，并探讨对真菌资源的可持续发展与利用，目前存在以下问题：

（一）课程思政元素挖掘不充分

挖掘课程思政元素的深度直接对课程建设效果产生影响，当前"森林真菌学"实践教学对思政元素的挖掘深度不足，主要原因是：①教师没有系统性地总结归纳本课程中涉及的思政元素，对运用、讲授思政元素的方法技巧了解不够，没有深入研究，使用的教材相对滞后，不利于教师深入挖掘顺应时代潮流的思政元素；②对课程思政的必要性认识不到位，聚焦立德树人的根本任务还有差距，授课过程中仅单纯讲解内容，未能深入挖掘课程中蕴含的理想信念、核心价值观和做人做事准则等思政资源[5]。

（二）前沿性和时代性内容拓展不深入

传统的"森林真菌学"实践课程内容主要是对理论教学的延续，而且知识点较分散缺乏系统性。课程内容与教师自身的科研工作联系不够紧密，对具有前沿性和时代性内容的拓展程度还不够深和广。随着科学研究的进步、新物种、新分类单元的发现和对森林真菌理解程度的深入，教学人员需不断跟进森林真菌学发展的前沿动态并需要在教学内容上做及时的更新和完善。

（三）教学方法和手段运用不灵活

传统的"森林真菌学"实践课程教学采取的是教师讲、学生记的"填鸭式"教学手段，这种教学手段要求学生首先要沿固定的采集线路寻找菌物并观察菌物的基本特征，其次教师做简要的菌物形态特征的讲解，学生记录真菌鉴定特征并整理笔记，实践教学模式与理论教学的区别仅仅是"室内"或"室外"，本质未变[3]。这种传统的实践课程模式忽视了实践对理论的反哺作用，降低了学生探究课程奥秘的兴趣，影响了学生独立思考的主动性和积极性，导致"森林真菌学"实践教学课程的教学目标无法实现。

（四）考核评价方式设置不科学

课程考核是评价学生学习成果、检测教学效果的重要手段[6]，而目前的"森林真菌学"实践课程考核存在过程性评价占比少、考核模式单一等问题。同时，由于实践课程内容的差异性，对于实践课程采用的单一考核方式，也从很大程度上影响了"评价考核"对学生的激励作用。

三、"森林真菌学"课程实践教学模式探索

（一）深入挖掘思政元素，建设适应新时代要求的一流本科课程

为了满足"森林真菌学"课程的发展需求、体现现代生命科学的教育特点，本着知识、能力、素质有机融合的原则，深度挖掘本课程蕴含的思想政治教育元素和精神内涵，提升课程的引领性、时代性和开放性。在"森林真菌学"课程实践增加食用真菌栽培实验（表1），引入2020年4月习近平总书记点赞的"小木耳，大产业"作为经典案例[7]，使学生

表 1　"森林真菌学"课程实践教学组成及思政元素

课程名称	教学模块	章节	思政元素
"森林真菌学"课程实践	基础实验	实验一：培养基的配制、灭菌与消毒	深度分析、积极思考、大胆质疑、解决问题的科研能力；严谨认真的科研态度；应用理论知识解决生产实际问题的能力；团结协作意识；专业信心和认同感；国家需求、社会责任
		实验二：森林真菌的分离与纯化	
		实验三：森林真菌物种鉴定	
	拓展实验	实验四：酸奶和面包制作	
		实验五：食用真菌栽培	
		实验六：森林真菌活性成分提取与应用	
	综合实践	森林真菌多样性调查	学以致用，理论结合实际；科研创新精神
		森林病原真菌多样性调查	
		森林真菌资源应用现状调查	

了解森林真菌在脱贫攻坚和乡村振兴中的重要应用，树立学生的专业信心和认同感。同时将我国食用菌领域唯一的中国工程院院士李玉获得"全国脱贫攻坚楷模"荣誉称号事迹作为经典案例引入课堂，引导学生投身科研，矢志战贫，激发学生的社会责任感和使命感，如图1。

（二）优化重构教学内容，建设聚焦科技发展前沿的一流本科课程

根据教育部关于一流本科课程建设基本原则，笔者对森林真菌学课程实践部分的知识框架进行了梳理，将课程内容优化重构为基础实验、拓展实验和综合实践3个教学模块（表1），增加了研究性、创新性和综合性内容，以补充书本知识、拓宽学生视野，引导学生分析、质疑、创新的能力和精神。比如，将传统的"霉菌、酵母菌的形态观察及计数实验"更新为"酸奶和面包制作"，增加实验趣味性和高阶性，让学生在制作酸奶、

李玉院士指导木耳生产

图 1　课程思政经典案例

面包的过程中对其中原理产生好奇，从而启发学生对知识的渴求与兴趣。在"森林真菌学"授课过程中融入该领域的最新研究进展和教师的最新科研成果，将科研优势转化为教学优势，在实践教学过程中穿插最新分类系统、食用菌栽培新技术、有毒蘑菇等，激发学生对学习和科研的双重兴趣。比如在综合实践前，教师根据最新分类系统提前准备真菌基本信息和图片提供给学生（表2），给学生充足的时间查阅相关资料，激发学生的探究性学习热情。

表2 "森林真菌学"综合实践资料信息示例

标本信息	标本图片	标本信息	标本图片
名称：毒蝇鹅膏菌 拉丁名：*Amanita muscaria* 特点：可用于生产防腐剂、香料脂、人造果子香等生产		名称：桑黄 拉丁名：*Sanghuangporus sanghuang* 特点：抗氧化、增强免疫力、抗肿瘤等药用价值	
名称：云南暗孔菌 拉丁名：*Phaeolus yunnanensis* 特点：造成针叶树病害		名称：长裙竹荪 拉丁名：*Dictyophora indusiate* 特点：食用价值	
名称：绚孔菌 拉丁名：*Laetiporus sulphureus* 特点：造成木材褐色腐朽		名称：微酸多年卧孔菌 拉丁名：*Perenniporia subacida* 特点：造成木材白色腐朽	

（三）创新改革教学方法，建设线上线下混合互补的一流本科课程

根据学生认知规律和接受特点，创新"教与学"模式，强化现代信息技术与教育教学深度融合，以"森林真菌学"实践教学基础实验模块中的森林真菌物种鉴定为例，笔者综合运用以下几种教学手段以达到加强教学效果的目的。

1. 分组探究式现场教学

森林真菌形态特征的识别和检索表的使用是鉴定工作的第一步，笔者采用探究式学习的教学策略，开展教学工作。选择20种代表性森林真菌标本供学生观察，以便学生了解不同分类单元森林真菌的典型特征，该环节安排8学时。首先，将学生分成若干小组，每小组5人，观察宏观形态特征，并制作玻片标本观察显微结构特征，讨论不同分类单元森林真菌最显著的鉴定特征；其次，教师讲解森林真菌检索表的使用和编制方法，学生根据上述森林真菌的异同点，编制检索表；最后，每组根据观察结果提交检索表。

2. 自主翻转式微课教学

翻转式微课教学可以让学生担当课堂主角，鼓励学生多到图书馆或上网查阅与森林真菌相关的知识，极大地激发学生的学习激情，拓宽知识获取途径，提高学生查阅文献、语言表达和课件制作的能力。授课前，分组布置题目，进行典型森林真菌鉴定的视频制作，要求学生搜集相关森林真菌照片、视频等资料，例如森林真菌的生境、宏观特征、显微结构、标本制作及鉴定过程等，并制作课件。课堂上，学生依托多媒体讲授小组课题内容，并实时录制，教师综合小组互评结果择优上传至微课平台。授课后，学生可以通过微课平台巩固和复习课程内容。

3. "互联网+"云教学

在"互联网+"云教学模式下，学生可以将实践课程中遇到的困难上传网络，通过网络平台筛选信息、获取答案，使学生随时解决课程难题，提高学生的鉴别力、自主学习能力。随着分子生物学的快速发展，分子标记已成为森林真菌物种鉴定的重要手段，学生可利用NCBI、Index Fungorum、Mycobank等在线数据库进行序列下载、比对分析、构建森林真菌分

类单元的系统发育树(图2)。运用"互联网+"方法进行鉴定,不仅可以提高鉴定结果的准确性,还可以加强学生对森林真菌资源的了解。

(a) (b)

图2 运用在线数据库进行标本鉴定示例

(四)完善过程评价体系,建设"跳一跳才能够得着"的一流本科课程

笔者将"森林真菌学"课程实践评价分学习态度、学习能力和团队协作3个模块,占课程总成绩的比例分别为35%、35%和30%。旨在通过加强学生课堂内外、线上线下的评价,丰富考核方式,增加对学生创新性、综合能力的考核,细化评分项,从而增强学生通过努力学习获得能力和素质提高的成就感。

表2 "森林真菌学"课程实践考核评价体系

考核模块	考核内容	优秀(≥90分)	良(75~89分)	合格(60~74分)	不通过(<60分)
学习态度(35%)	线上出勤	全勤	事假2次及以内	事假2次以上	无故旷课1次及以上
	线下出勤	全勤	事假2次及以内	事假2次以上	无故旷课1次及以上
	课程参与度	积极参与	参与	消极参与	不参与
	实践报告完成情况	对实践课程内容进行全面总结,具有创新性	对实践课程内容进行全面总结,质量高	对实践课程内容总结基本正确,但不完整	对实践课程总结粗糙,质量差
学习能力(35%)	实验设计	合理	比较合理	基本合理	不合理
	实验操作	操作熟练且规范	操作比较熟练且基本规范	操作不熟练但基本规范	操作不熟练且不规范
	实验记录	详细准确	比较详细准确	基本准确但不详细	粗糙且信息有误
	结果分析与思考	结果正确且深入思考	结果正确但未进行深入思考	结果基本正确但未进行深入思考	结果错误且未进行反思
	翻转课堂情况	内容非常丰富、物种鉴定完全准确、照片视频清晰、语言简洁流畅	内容丰富、鉴定基本准确、照片视频比较清晰、语言流畅	内容较少、鉴定大部分不准确、照片视频不清晰、语言不流畅	内容少且鉴定全部错误、无照片视频、语言无逻辑
团队协作能力(30%)	小组任务完成情况	高质量完成	完成	低质量完成	未完成
	团队配合	分工明确、配合默契	分工明确、完成任务	分工不明确、基本完成	分工不明确、未完成

四、结　语

"森林真菌学"实践教学是森林真菌学课程教学的重要环节，该课程的教学改革实践对于提高"森林真菌学"实验及理论课的教学水平均有极大的促进作用，本文建立的基于"互联网+"背景下"森林真菌学"实践教学的新型课堂教学模式尚未见相关报道，为本教学改革的一个创新与特色之处，为"微生物学野外实习"课程的建设与快速发展提供了新的思路，能改变传统的注入式教学模式，使学生真正成为学习的主体，全面培养学生的创新精神和实践能力。本教学改革的另一个创新与特色之处为视频制作主体由教师逐渐转换为学生，观看对象及评价对象为参与实践教学的师生，这样能够有效强化"森林真菌学"实践教学的内容，更直观地反馈学习效果，充分发挥学生的主观能动性，有效提高学生的综合素质。

参考文献

[1] 教育部. 教育部关于一流本科课程建设的实施意见[EB/OL]. [2019-10-30]. http://www.moe.gov.cn/srcsite/A08/s7056/201910/t20191031_406269.html.

[2] 池玉杰, 倪志英, 吴韶平. 东北林业大学"菌物学"课程实践教学的探索与改革[J]. 中国林业教育, 2012, 30(6): 69-71.

[3] 赵长林. "菌物学"课程野外实习教学改革与实践[J]. 中国林业教育, 2020, 38(1): 59-62.

[4] 李智, 赵豫西, 魏玲丽. "两性一度"思维下的应用型本科精品在线开放课程建设[J]. 应用型高等教育研究, 2020, 5(4): 75-80.

[5] 汤苗苗, 董美娟. 高校课程思政建设存在的问题及对策[J]. 学校党建与思想教育, 2020(637): 54-55+70.

[6] 杨金水, 袁红莉, 李宝珍. "双一流"建设背景下农业微生物学课程教学改革的探索[J]. 微生物学通报, 2020, 47(2): 641-648.

[7] 孙昉. 发展特色产业, 助推乡村振兴: 柞水县"小木耳、大产业"的探索与启示[J]. 新西部, 2020(Z7): 50-52.

Exploration of practice teaching of *Forest Mycology* based on the construction of first-class curriculum

Yuan Yuan　Si Jing　Dai Yucheng　Cui Baokai　He Shuanghui

(School of Ecology and Nature Conservation, Beijing Forestry University, Beijing　100083)

Abstract　*Forest Mycology* course is the core foundation curriculum of Microbiology, Microbial Ecology and Forest Protection. However, its existing curriculum content, teaching means and evaluation system can't meet the talent training needs of undergraduate teaching, such as the ideological and political elements of the curriculum have not been fully excavated, lack of cutting-edge content, and teaching methods have not been flexibly used. Based on the Goal of "High-level, Innovation and Challenge" to construct first-class curriculum, we insist on imparting knowledge, training innovation ability and building quality running through all aspects of *Forest Mycology* practical teaching to achieve the organic integration of knowledge, ability and quality. We have built and gradually improved the practice teaching mode of *Forest Mycology* through the following aspects: Deeply excavate the ideological and political elements of the curriculum to build a general pattern of cultivating students in whole-process and omnibearing; Timely introduce the latest achievements of academic research and scientific and technological development to optimize the design and content of the curriculum; Comprehensively integrate modern information technologies such as Micro-lectures, Internet+, Cloud classroom into the curriculum to reform the means of practical teaching; Formulate a strict curriculum evaluation system to enhance students' sense of achievement after acquiring knowledge.

Keywords *Forest Mycology*, first-class curriculum, practice teaching

基于科教融合的一流本科课程建设探索

——以"草地生态学"课程为例

平晓燕　纪宝明　李耀明　苏德荣　张　静

（北京林业大学草业与草原学院，北京　100083）

摘要："科教融合"是引领高等教育人才培养模式变革的新理念，是系统培养高水平复合型本科人才和一流本科课程建设的重要途径。本文从科研思维锻炼、课程体系的构建和教学模式的改革等三个维度，分析"草地生态学"课程传统教学存在的问题和开展科教融合模式的适宜性，分析草业科学专业一流课程建设的特点，提出科教融合背景下"草地生态学"课程的建设理念和科教融合协同创新的实现途径，力争让课程教学模式从"教师为中心"转向"学生为中心"，为培养高水平研究型创新人才提供参考。

关键词：科教融合；一流课程；协同创新；人才培养；创新思维

一、研究背景

2018年8月，教育部、财政部和国家发展改革委联合发布的《关于高等学校加快"双一流"建设的指导意见》指出：高校需"以多层次多类型一流人才培养为根本，引导学生成长成才"。教育部于2019年发布的《关于一流本科课程建设的实施意见》中强调要"树立课程建设新理念，推进课程改革创新，完善以质量为导向的课程建设激励机制，建设适应创新型、复合型和应用型人才培养需要的一流本科课程，课程要提升高阶性、突出创新性和增加挑战度"。两个《意见》的提出对本科生的人才培养提出了更高的要求。以"双一流"建设为代表的新时期重点大学的培养目标在于培养中国特色的研究型人才，本科教学在国家创新体系培养中处于根本和基础地位。如何提升课程知识的基础性和延展性，培养学生的判断力、想象力和创造力是本科教学的重要目标。

"科教融合"是引领高等教育人才培养模式变革的新理念，强调高校教师坚守科研的育人性和教学的研究性，实现教学内容的更新、教学方法的变革和人才培养目标的重新定位[1]。学术志趣和学生的认知需求密切相关，让学生致力于探寻知识和发现未知世界是学生科研工作的驱动力。史静寰和黄雨恒[1]对比了4所世界一流大学梯队的研究结果表明，本科教育教学改革的关键内容在于人才培养中实现科教融合，为本科生提供高质量的研究性学习经历，其中课程改革为主要的切入点。

研究型大学肩负国家顶尖人才培养的重任，构建"本研一体"的人才培养体系任务就显得尤为紧迫，通过统筹规划本研人才培养的全过程，整体涉及本研衔接过渡，乃至贯通一

作者简介：平晓燕，北京市海淀区清华东路35号北京林业大学草业与草原学院，副教授，pingxy@bjfu.edu.cn；
　　　　　纪宝明，北京市海淀区清华东路35号北京林业大学草业与草原学院，教授，baomingji@bjfu.edu.cn；
　　　　　李耀明，北京市海淀区清华东路35号北京林业大学草业与草原学院，讲师，yaoming8486@163.com；
　　　　　苏德荣，北京市海淀区清华东路35号北京林业大学草业与草原学院，教授，suderong@bjfu.edu.cn；
　　　　　张　静，北京市海淀区清华东路35号北京林业大学草业与草原学院，讲师，zhangjing_2019@bjfu.edu.cn。
资助项目：北京林业大学教育教学研究一般项目"科研反哺教学在草地生态化学教学的探索研究"（BJFU2020JY110）。

体的教育教学计划，努力提升高端创新人才培养模式[2]。人才培养模式的改革是教学改革的核心，高等学校应该充分发挥自身的科研优势，把教学与科研有机结合起来，共同为培养人才服务[3-4]。随着高校科学研究社会服务功能的价值日益增强，科研与教学的关系曾经走入冲突与对抗，如何重建科学研究与教书育人的良性循环，成为当代高等教育改革与发展的重大理论与实践问题，也引起了学者的广泛关注。科教融合代表了高等教育人才培养的理性认识和前瞻性的教学模式，尊重学生的"求知本性"，引领学生的探究式学习，最终发掘学生的创新性和创造力。科教融合要从着重"结果-产出"向着重"学生-过程"的转变，从大学生创新训练计划向面对全体学生的课程嵌入式扩展，科研活动要与课程知识实现有机融合，将科研训练融入四年的本科课程体系中。

新时期国家对新农科创新型人才培养的需求日益加强，专业人才培养的滞后与脱节已成为制约新农科快速发展的核心问题和重要瓶颈。北京林业大学作为国家农林领域的"双一流"建设高校，具有很强的研究型大学的特性，大学生兼具教学对象和科研主体的双重身份，体现了教学和科研目标的高度一致性，且本科生投入科研的能动性和创造性均较高。因此本文针对草业科学涉及生态文明建设以及双碳计划紧密相关的"草地生态学"课程为基础，通过多种途径，期望通过课程教学改革，实现课程从传统的课堂讲述和知识点掌握的"低阶性"向科教融合背景下的"高阶性、创新性和挑战性"的转变，从而为一流课程的建设提供参考，实现科教融合背景下创新人才的培养。

科教融合的教学理念与教学实践已在国内较多研究生课程中得到推广和应用，并取得了较好的教学效果[5-6]，但针对本科教学的改革措施中运用科教融合还相对较少，这限制了该教学理念的运用与改进。因此笔者针对"草地生态学"课程实施了科教融合的教学改革，致力于培养创新型人才，提高人才培养质量，为我国培养高素质、创新型和国际化的卓越农林人才提供途径和参考。

二、"草地生态学"课程教学改革的迫切性和适用性

（一）传统课程教学存在的问题

"草地生态学"课程是草业科学专业大三上学期的一门专业必修课，本课程的前序课程包括"植物学""草地培育学""普通生态学"等，学生在授课前已掌握较多专业知识，并对生态学相关的基础概念和理论具有一定的了解。课程现用教材编写于1996年，距今已超过25年，课程知识体系内容陈旧，教材的教学理念和教学内容赶不上当前新农科的快速发展，具有较强的滞后性，缺乏学术前沿知识和内容，因此按照教材照本宣科地讲述课程基础知识会让学生产生枯燥厌学的情绪，学生缺少独立思考的训练机会，通常是被动性地上课，缺乏学习兴趣和动力，导致教学效果大打折扣，因此单纯的授课型教学无法让学生产生兴趣和能动性，课程教学改革刻不容缓。

（二）"草地生态学"课程科教融合的适用性

教育部、农业农村部、国家林业和草原局于2018年发布了《关于加强农科教结合实施卓越农林人才教育培养计划2.0的意见》，其中明确提出打造多层次、多类型和多样化的中国特色高等农林教育人才培养体系，推进教学方法改革，实施探究式、讨论式等多种教学方法，最终实现学生学习能力、实践能力和创新能力的综合提高。北京林业大学草业科学专业入选了国家第一批卓越农林人才培养计划，为国家培养草地管理方面的应用复合型人才是当前本科生培养的重要任务。卓越农林人才的培养必然要采取与常规大学本科教学的普通农林人才相区分的人才培养模式，其中，科教融合正是借助于研究型高校的创新优势，发挥高校科研融入教学的创新思维模式，系统培养高水平复合型本科人才的重要途径。

"草地生态学"课程在科教融合的实施中具有独特的优势,体现在授课学生前期对草业科学及生态学基础知识的学习,使得学生对专业基本概念有了较好的掌握。因此,"草地生态学"课程可以摆脱常规的授课模式,较适宜采用案例式教学或研讨式教学,或基于课程基础概念和理论,增加课程知识的运用和创新。在当前国家高度重视生态文明建设的背景下,系统学习课程知识并将其用于草原管理将具有较好的应用前景,学生对于课程知识的应用与创新具有较高的积极性和参与度。因此,基于以上两点,科教融合的教学模式非常适宜"草地生态学"课程。

(三)草业科学专业一流课程特点及实现途径分析

国家第一批草业科学专业的一流课程共有三门课程入选,包括"草地培育学"(兰州大学)、"草坪学"(北京林业大学)和"牧草栽培学"(西北农林科技大学)。笔者2021年暑期参加草学教育指导委员会举办的"草业科学专业"教育教学研讨会,对草业科学专业一流课程的建设途径和方式有了一定的了解。其中,一流课程建设非常强调"以学生为中心",注重过程性考核和认知的高阶性培养[7-8]。本专业的课程结构和课程体系已经较为完善,大一大二学年以通识教育和专业基础教育为主,大三学年以专业教育为主。"草地生态学"课程开设于大三学年,本科生教育更加注重学生的个性化培养,课程知识不能停留在初级认知层面,要注重培养学生的知识运用能力和创新能力,因此,笔者根据课程特点,采用科教融合的模式,开展课程教学改革和探索,加强学生对于课程知识的实际应用能力,培养学生的创新思维。

三、科教融合背景下"草地生态学"课程建设探索

(一)科教融合背景下"草地生态学"课程建设理念

"草地生态学"课程拟从科研思维锻炼、课程体系改革和教学模式的改革等三方面进行课程建设(图1),首先学生在课程学习过程中发现科学问题,开展研究方法与实践,最终解决问题,通过这个过程综合锻炼学生的创新思维能力和团队合作意识,在科研活动中巩固了课程知识,提高了课程知识的挑战度,课堂授课模式从知识传输过渡为主的"教师为中心"逐渐向能力传输为导向的"学生为中心"逐步转变,最终实现科教融合背景下的创新型人才培养。

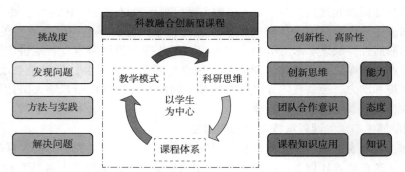

图1 科教融合创新型"草地生态学"课程建设理念

(二)"草地生态学"课程科教融合的实现途径

"草地生态学"课程在教学过程中注重创新型人才的培养,突出将科研思维训练融入课程的具体授课过程,实现教学和科研的互相支撑与联动,在促进教学效果的同时又提升了学生的科研思维能力,科学研究的成果为教学内容提供新观点、新内容和新的研究案例。具体实现路径如图2,主体思路是将科研思维的训练融入课程教学过程中,在课程教学改革

与创新过程中，突出"四个结合"，把大学生创新训练计划、科研项目、课程知识相关的研究案例与课程知识点和教学目标进行深度融合与创新，实现科教融合背景下"草地生态学"课程的协同创新。

课程注重为学生提供以研究为导向，具有包容性和创新性的学习环境，增强学生课程知识的应用性和创新性，鼓励学生积极参加本学科和跨学科的研究。学生对新知识的渴望和探究无法从教材中得到解答，可通过科研项目来实现创新思维的培养和创新型人才的培养，该培养模式也突破了以往教学过程的课程知识考核的固有模式，将教学知识运用到科研过程中，注重学生理论联系实际的能力和科研创新思维能力的培养，将过程性考核贯穿整个教学过程。

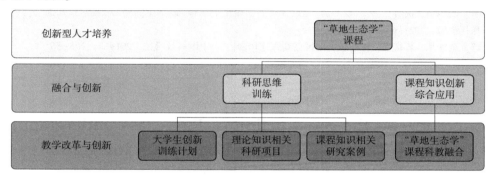

图 2 "草地生态学"课程科教融合的实现途径

在课程学时上，前半部分注重课程知识的讲述与课程目标的实现，在后半段注重学生的科研能力和创新能力的培养，积极开展基于研究的教学和以探索为本的学习，开展实践教学，由学生基于课程知识提出感兴趣的领域，通过文献查询、发现问题、结合课程知识设计实验、验证课程理论，为课程知识和科研活动的有效融合和扩充提供思路，进而培养学生的创新能力和创新思维。通过课堂的案例式分析、研讨式教学和实践式教学，让学生对课程基础知识有了更深刻的认识，参加基于课程知识相关的科研成果和双创项目，获得扎实和全面的基础知识储备、基本的科研思路方法与迁移运用的能力，其中课程知识的获取是基础和前提，发现科学问题是提升创新思维的途径，通过设计方案、实施方案到获得结果，并对研究结果进行分析，提升课程理论的实施效果，做到理论知识学习与创新思维能力的紧密衔接和高效融合，最终实现教学内容的创新性和高阶性。

四、结 语

国家对高等教育的重视，对卓越人才、创新型人才的渴求日益强烈，其中科教融合是提高本科生教育质量、培养创新引领型技术人才，实现协同创新的重要途径和关键，要求高校应该以科学研究引领教学，将科学研究前沿提出的问题贯穿教学全过程[9-10]。本文从课程知识的运用、创新思维培养和团队合作意识的提高等三个维度，总结当前"草地生态学"课程科教融合协同创新的实现途径，提高学生的主动学习能力，让课程教学模式从"教师为中心"转向"学生为中心"，提升学生的主人翁意识和创新思维能力，为培养高水平研究型创新人才提供了具体的途径，可为草业科学专业课程教学体系改革和教学模式发展提供参考。

参考文献

[1] 史静寰, 黄雨恒. 本研一体, 科教融合: 研究型大学提高人才培养质量的重要途径[J]. 高等理科教育, 2020(3): 29-34.

[2] 钟秉林. 人才培养模式改革是高等学校内涵建设的核心[J]. 高等教育研究, 2013, 34(11): 71-76.
[3] 姚江林. 科教融合提高高校办学质量[J]. 中国高等教育, 2012(5): 44-45.
[4] 刘玉荣, 张进, 韩涛, 等. 基于协同创新, 科教融合理念培养创新型人才[J]. 高教学刊, 2021, (2018-6): 35-37.
[5] 肖光春, 赵伟, 许崇海. 基于科教融合的机械工程研究生培养途径与方法[J]. 大学: 研究与管理, 2021, 26(4): 75-78.
[6] 黄玉军. 基于科教融合模式下食品类研究生科技创新能力的培养: 以扬州大学乳品生物技术与安全控制研究团队为例[J]. 科技视界, 2021(13): 21-23.
[7] 葛文杰. "双一流"建设背景下的高等工程教育重塑与课程教学深度改革[J]. 中国大学教学, 2021(9): 53-61.
[8] 杨晶, 胡冬华, 高乔, 等. "双一流"建设背景下物理化学课程"以学生为中心"教学模式探究[J]. 教育信息化论坛, 2021(6): 47-48.
[9] 温辉, 金继承, 郭毓东. 科教融合助推创新人才培养[J]. 中国高校科技, 2019(3): 55-56.
[10] 施建军. 以科教融合为主导创新人才培养模式[J]. 中国高校科技, 2012, Z1(1): 15-15.

Exploration on the construction of First-class undergraduate courses based on science and education integration: Taking *Grassland Ecology* as an example

Ping Xiaoyan Ji Baoming Li Yaoming Su Derong Zhang Jing

(School of Grassland Science, Beijing Forestry University, Beijing 100083)

Abstract Science and education integration (SEI) is a new concept which could lead the reformation of talent training mode in higher education. It is an important way to systematically cultivate high-level compound undergraduate talents and the construction of First-class undergraduate courses. From the three dimensions of scientific research thinking training, the construction of curriculum system and the reform of teaching mode, this paper firstly analyzed the problems existed in the traditional teaching of Grassland Ecology and the suitability of science and education integration. Meanwhile, we analyzed the characteristics of the First-class curriculum construction of Pratacultural Science, and the way to realize the collaborative innovation of the science and education integration were proposed lastly. We aimed to convert the status of 'teacher-centered' to 'student-centered' based on our reformation projects. Our results would be beneficial for cultivating high-level research-oriented innovative talents.

Keywords science and education integration, first-class courses, collaborative innovation, talent development, innovative thinking

基于聚类分析的学生评教指标和评语挖掘研究

——以北京林业大学为例

马 宁[1,2]　张荣秋[1]　孟玲燕[2]　陈俊生[3]

(1. 北京林业大学经济管理学院，北京　100083；
2. 北京林业大学党委教师工作部(教师发展中心)，北京　100083；
3. 北京林业大学理学院，北京　100083)

摘要：深入研究学生对所学课程的评价数据和留言信息，对于全面掌握本科教学情况，不断提高本科教学质量具有重要意义。根据北京林业大学2020—2021学年学生评教情况来看，学生对于所学课程的整体满意度较高。为了进一步提高北京林业大学本科教学质量，本研究以学生评教数据和留言信息为研究对象，通过对低分评价数据的挖掘，为高校评教领域的研究提供新的视角。本研究运用聚类算法挖掘低分评价的原因，分析不同学生群体最关注的指标和需求；对评教文本进行词语聚类，认为学生对于教师能力、教师态度等方面具有较高的关注度，在此基础上提出进一步提高北京林业大学本科教学质量的建议。

关键词：学生评教；教学质量；文本挖掘；主题词聚类

一、引　言

高校评教制度起源于美国，经历长期发展，已成为美国高校教师评价的常规工作。1985年起，国内各高校开始展开学生评教活动，并逐步走向完整化、规范化[1]。学生评教在国内绝大多数学校已存在数年时间，积累了大量数据，由于能够获得学生对课程学习的直观反馈，因而作为高校监测教学质量的重要手段。但学生评教存在评教数据失真、教师评分缺乏区分度、评语文本难量化等问题，评教的可信度不高，难以发挥其评估效果[2]。

为了获取海量数据中的有用信息，学者开展了广泛研究。传统的评教分析多使用李克特量表式的问卷，研究学生评教中的评教行为偏差[3]，这种方式忽略了评教系统中原有的数据。近年来，数据挖掘和文本分析技术飞速发展，为评教分析提供了新的思路和工具，学者开始探索评教数据的有效性[4-5]、挖掘教学需求[6]及分析评语情感极性[7]等。贾文军等人利用数据挖掘中的聚类分析方法，研究大学生关于网课话题的微博和慕课等平台的评论数据，分析得到疫情期间学生在线学习的反馈[8]；杨安康指出高校的评教数据需要多角度

作者简介：马　宁，北京市海淀区清华东路35号北京林业大学经济管理学院，教授，maning@bjfu.edu.cn；
　　　　　张荣秋，北京市海淀区清华东路35号北京林业大学经济管理学院，本科生，15681790907@163.com；
　　　　　孟玲燕，北京市海淀区清华东路35号北京林业大学党委教师工作部(教师发展中心)，副研究员，lilian1101@bjfu.edu.cn；
　　　　　陈俊生，北京市海淀区清华路35号北京林业大学理学院，副研究员，chenjunsheng@bjfu.edu.cn。
资助项目：北京林业大学教育教学改革项目"大数据分析视角下的本科教学质量评价研究——以北京林业大学为例"(BJFU2021JYZD005)。

的聚类分析，利用评教数据对老师分类，再由专家对整个教师群体作出评价[9]；而 LDA 主题模型和情感分析技术则成为文本分析的主要工具，前者将教学评价内容的主题映射为学生需求，构建了在线教学用户需求指标体系[6]，后者将文本进行极性分类、抽取观点，以云图形式直观地展现教师教学优缺点，提出一套完整的基于情感分析的学生评教文本分析方法[7]。

回顾现有文献，笔者认为仍存在以下不足之处：①现有研究多重视评教的文本数据，忽略了评分指标和评论文本的联系。②在高校的评教数据中差评数量往往远低于好评数量，致使现有研究对差评数据分析相对较少。本文以北京林业大学 2020—2021 学年评教数据为研究对象，通过聚焦评教系统中的负面评论，采用聚类分析的方法，从学生评分和评论文本中提取内容，寻找导致学生低分评价的因素，为教学管理者优化评教体系提供一定参考，促进教师不断提升教学能力和水平，进而持续提高本科教学质量。

二、研究数据与研究方法

（一）数据获取

评教系统由"课程与教师评价""课程学习自我评价""教师个性化标签"组成，共有三个部分，覆盖近 3000 门课，共有 3177 条负面评价。因为评价理由为选填项，故其中 21% 的评价具有文本数据。本文所研究的评教数据包含理论课和实践课两类数据。在分析数据前已完成脱敏处理，删去学生姓名、教师姓名、教工号等信息。学生评教记录的格式和指标项内容见表 1。

表 1　学生评教记录说明

列名	数据内容（示例）	说明
上课年级	XX 专业 19 级	将班级脱敏处理后得到上课年级
指标 1	不太满意	我对本门课程授课教师的总体满意度
指标 2	不太满意	老师潜移默化地传授做人做事的道理
指标 3	不太满意	老师对这门课教学认真负责，讲课投入，讲解清楚
指标 4	不太满意	老师善于与我们交流，启发我们思考，耐心给予指导
指标 5	不太满意	老师注重课堂管理，善于维持课堂秩序
指标 6	不太满意	老师能将现代信息技术与课堂教学有机融合
指标 7	不太满意	这门课程激发了我学习相关知识的兴趣和热情
指标 8	不太满意	通过课程学习，我理解并掌握了重要的知识点，有收获
指标 9	不太满意	课后作业、答疑、讨论等，对我学习课程知识很有帮助
评价理由 1	太差了　上课不尊重学生……	学生自行填写

（二）实验方法

1. 数据预处理

针对评分数据使用 Python 进行初步探索性分析，判断有无缺失值，之后归纳教务系统的各评价项含义，替换指标 1 至指标 9；同时将"非常不满意"赋分为 1，"不太满意"赋分为 2，依据满意度依次递增，转换后评价记录见表 2。针对文本使用去除重复评论、分词、去停用词、去空行的一系列清洗步骤。通过中文文本处理的 jieba 工具进行分词，而停用词则采用哈工大停用词表和词频统计后添加的高频无意义词汇构成。部分否定词如"不""没""并不"等否定副词去掉，会使原文语义发生极大变化，故剔除停用词中相关词语。另外考虑到评语的教育特点，建立教育主题词词典，其中含有高频词汇如"上课""讲解""课堂"等去掉后不利于理解评语含义；而"念 PPT""作业量""毫无情感"等词语是经词频统计后，发现机器存在错误分词现象，需要人工加入自定义词典。

表 2 处理后的负面评价记录

上课年级	评价理由 1	总体评价	传授道理	讲课情况	耐心交流	课堂管理	技术融合	激发兴趣	学有所得	课后花费时间的有用性
xx 专业 2019 级		2	2	2	2	2	2	2	2	2
xx 专业 2019 级		2	2	3	2	2	4	1	2	1
xx 专业 2019 级		2	2	2	2	2	2	2	2	2
xx 专业 2019 级		2	1	1	1	1	1	1	1	1
xx 专业 2019 级		2	2	2	2	2	2	2	2	2
xx 专业 2019 级	太差了 上课不尊重学生……	1	1	1	1	1	1	1	1	1

2. 聚类算法选择

聚类算法是一种非监督的算法，按照某个标准将一个数据集划分为不同组别，既要保持组内较高的相似性，也要注意各组间的差异。常见的聚类算法共四种，即基于划分的聚类、基于层次的聚类、基于密度的聚类和谱聚类[10]。每一类别的聚类算法有多种实现方式，本文将使用主流的 Kmeans 算法、凝聚型层次聚类、DBSCAN 聚类进行研究，通过主成分分析法降维，将不同方法的聚类结果可视化，进而选出最适合的分组结果进行分析。图 1 和图 2 展示了理论课数据清洗后的效果，删除了离群点和噪声点，实践课清洗过程与之类似，由于篇幅原因不再赘述。

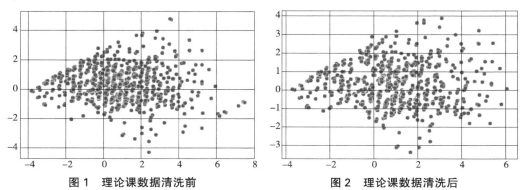

图 1 理论课数据清洗前　　　　　图 2 理论课数据清洗后

Kmeans 和凝聚型层次聚类通过使用肘部法则和平均轮廓系数法确定 K 值；其他参数保持默认，旨在选出最优的模型再进行后续的调整参数步骤。DBSCAN 算法采用 K 距离曲线法确定适宜半径，最小阈值取 Kmeans 聚类后各组类别数的均值。关于评语的聚类是通过算法发现文档中的特征，把文本表示为高维空间点，经过计算距离将相近的点聚为一个簇。对负面评价进行预处理后，使用 TF-IDF 方法进行特征提取，使得文本向量化，再对理论课和实践课评语分别进行聚类。考虑计算空间和速度，选择 Kmeans 算法进行文本聚类分析，根据聚类结果的可解释性决定最终聚类数目。

三、聚类分析

（一）评分聚类结果

1. 理论课分析结果

理论课负面评教记录原有 2544 条数据，经过清洗后保留 2396 条。对清洗后的数据分别使用三种聚类方法，将聚类后结果进行可视化，由图 3 可知，在都采用默认的参数进行聚类情况下，Kmeans 是最适合理论课进行聚类的方法。此外，杨安康提出通过 Kmeans 聚类算法计算各点与聚类中心的距离，可以区分典型和非典型数据[9]。本文先分析负面评价的整体特点，再依据各组的典型数据，归纳出聚类后各群体的特点。

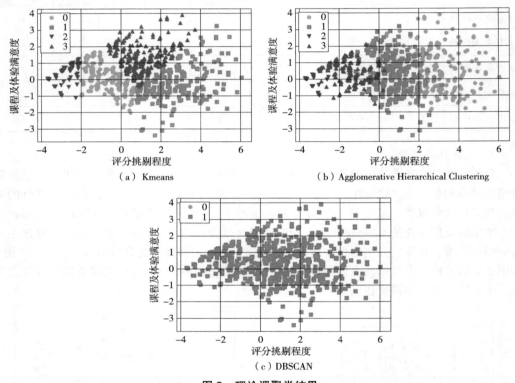

图 3　理论课聚类结果

总体来看，负面评价中指标"总体评价"的评分平均值为 1.88，填写非常不满意即打 1 分的占 11.9%；教师授课情况相关指标显示，教师们在"传授道理"方面得分较低；从课程及学习体验的相关指标则可以看出"激发兴趣"这一项需要老师格外注意，在负面评价中共有 77% 的人认为不太满意或非常不满意，它在所有指标中得分最低。而从不同年级来看分析，给出差评的最多的上课年级为 2018 级和 2020 级，而 2019 级和 2020 级在子指标的打分较宽容。

经过调整参数后最终的聚类结果如图 4 所示，将指标 1 至指标 9 的数据降为二维，依据数据分布情况分析四类群体特点。横坐标为评分挑剔程度，从左至右由挑剔过渡到宽容；纵坐标为课程及体验满意度，从上至下由满意过渡到不满意。挑剔型学生对各指标打分较低，其平均值在 1 分左右；反之，宽容型学生除了在"总体评价"打分较低，其余各项的均值在 3~4 分之间；根据各群体打分特点，按照挑剔程度给四组群体分别命名为"非常挑剔型"（群体 2）、"挑剔型"（群体 0）、"适中型"（群体 3）、"宽容型"（群体 1）。

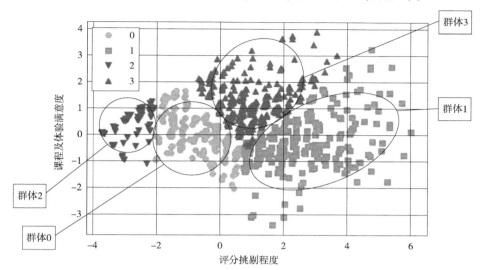

图 4 理论课 Kmeans 聚类结果

"非常挑剔型"学生对各项指标都认为非常不满意，相较于教师授课情况的指标，他们更关注课程及学习体验，尤为在意课程能否激发自身学习相关知识的兴趣，课后额外花费时间对学习的有用性。从不同年级的视角分析，这一群体的学生主要来自 2018 级；而 2019 级的学生相较于获得课程体验，他们更重视"耐心交流"，希望和老师进行深入的沟通。

"挑剔型"学生为理论课负面评价中占比最多的人群，他们除了"激发兴趣"也同样关注"耐心交流"这一指标。2017 级和 2020 级学生对"传授道理"比较重视，2019 级则关注老师讲课是否投入与负责、讲解得是否清楚。

"适中型""挑剔型"和"宽容型"学生中 2020 级占比最多，大约为 37%。"适中型"学生最关注课程及学习体验下的三个指标"激发兴趣""学有所得""课后花费时间的有用性"，2018 级和 2020 级侧重于"学有所得"，希望学习能有收获；2017 级在意作业、讨论等需要花费课外时间的活动对学习的效用；而 2019 级认为"学有所得"和"课后花费时间的有用性"同等重要。

"宽容型"学生相较于"激发兴趣"，更需要老师传授做人做事的道理。分析各指标在不同年级的分布发现，2018 级和 2020 级为该群体的主要人群；2017 级人数占比最少但打分最宽松，2020 级相较于其他同类群体打分最挑剔。

2. 实践课分析结果

实践课包含课程设计和学院实习，原有 559 条数据，经过人工浏览和程序清洗保留 501 条，后续步骤和处理理论课时一致。最终将实践课的评分数据划分为 3 类，按评分中低分出现频率，将各群体命名为"挑剔型"（群体 1）、"适中型"（群体 0）、"宽容型"（群体 2），其中"适中型"学生为实践课负面评价的主要人群，结果如图 5。和理论课的评分相比，参与实践课的学生对教师授课相关指标更重视，在课程学习体验上评分高于理论课；他们最关注指标为"讲课情况"和"激发兴趣"。在各年级的评分中，实践课 2018 级进行负面评价的学生更多，而理论课中是 2020 级居多；在子指标上，2017 级最关注"耐心交流"，2018 级和 2019 级关注"讲课情况"，而 2020 级最重视"传授道理"。

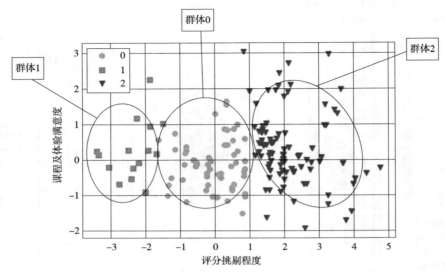

图 5 实践课 Kmeans 聚类结果

深入分析实践课中的三个群体发现,"挑剔型"学生最渴望老师能做到"耐心交流",由于实践课对学生的知识应用和实践能力有较高的要求,在完成学习任务时学生会碰到较多困难,再加上时间限制的因素,若老师未能充分解答问题或者态度消极,容易让学生产生老师不耐烦的印象,导致较低评分的产生。此外,"挑剔型"学生中 2018 级和 2020 级对"技术融合"这一指标不满。

"适中型"学生则需要"激发兴趣",课程能否激发他们学习相关知识的热情是他们评分的关键。然而 2017 级学生相较于激发兴趣,更重视课程上是否有收获及课外花费时间的效用,关注"学有所得"和"课后花费时间的有用性"。

"宽容型"学生对老师的授课情况提出要求,希望老师上课能更负责,讲解的清晰且投入。2018 级和 2020 级为这一群体的主要人群,他们较为关注"传授道理",希望学习更多做人做事的道理。

(二)评语聚类结果

评教的评分数据和文本数据都是学生主观看法的载体,而文本包含学生对课程设置的要求、对老师教学的建议、对作业课堂展示的感受等内容,信息量更大,从而通过文本分析可以获得教师教学更细致的改进方向。理论课和实践课的词语聚类以 4 个主题最优。通过编写程序,按词频降序输出每个组别中的前 10 个高频词语,人工筛选并删除教育主题词,最后理论课和实践课的词语聚类结果分别见表 3、表 4。根据每一组的词语特征总结评价特点,由于两者都是基于学生视角的差评分析,本文将两者类型进行了合并,进一步通过主题的特性来归纳学生的评价标准。

表 3 理论课负面评价聚类结果

类别	聚类词集合	类型定义
0	无聊、希望、问题、刻板、平淡、不喜欢、态度、认真、听不懂、太快	上课趣味性低,答疑的态度不积极,缺乏师生互动
1	时间、视频、要求、论文、收获、激情、学习、找不到、资源、占用	视频课上课与结课的相关问题

(续)

类别	聚类词集合	类型定义
2	作业、布置、太多、不明白、不合理、时间安排、莫名其妙、过多、太难、负担	不满意作业难度和作业量，不清楚作业要求
3	PPT不清楚、声音、重点、逻辑、知识点、不知所云、说话、很小	信息技术手段应用不足

表4　实践课负面评价聚类结果

类别	聚类词集合	类型定义
0	指导、严格、很少、希望、没学到、有用、标准、互动、太少	对指导方式不满意，获取的知识太少、有用性低
1	作业、知识、理解、问题、不见、实质性、随意、解答、手写	作业对学习帮助不显著，同时教师缺乏解答、讲评
2	要求、实验课、不清楚、没听懂、浪费、建议、取消、形式主义、浪费	不理解实验要求，课程流于形式
3	安排、不合理、时间、太多、无关、研究生、混乱、紧张、太差	对助教不满和时间安排的不合理

从理论课和实践课这两类课程的主题可以分析出学生评语反馈的五项评价标准，结果见表5。上课时学生获取知识的量级和能否学有所得是依靠教师的表述和知识储备，而他们对课程进度、时间调整的负面评论，反映了教师的教学经验和教学规划能力，从而识别出"教师能力"这一标准。由于高校教师不仅有教学任务，部分实验课或者实习是由教师的研究生担任助教进行教学，部分学生出于对助教知识面的质疑，更倾向由老师一直参与课程，若老师出现频率低，则学生会产生老师不负责的想法；在本科学习过程中，由教师主导的课堂居多，从而教师的教学方式成为学生感受最直观，也是最能反映教师态度的一个指标，从"对指导方式不满意"和"对助教的不满"识别出教师态度这一标准。关于"答疑、作业解答、讲评"等涉及了课程的互动性，学生也对上课的趣味性存在需求，于是将这一类特性归纳为"授课特点"。对于"不清楚实验要求""不清楚作业要求"的说明和"信息技术手段应用不足"识别为授课内容，教师需要使用信息技术进行课程内容的表述，缺乏技术使用能力和表述能力都会影响授课质量。"作业难度和作业量大小"及"视频课上课与结课相关问题"则反映了"教学方法"存在的问题，进行负面评价的同学认为作业过多且没有学习效果。

表5　评语反馈评价标准

评语类型	评价标准
获取的知识太少；对时间安排的不满	教师能力
对助教不满；对指导方式不满意；课程流于形式	教学态度
上课趣味性低；答疑的态度不积极；缺乏师生互动；教师缺乏解答、讲评	授课特点
信息技术手段应用不足；不清楚作业要求；不理解实验要求	授课内容
视频课上课与结课的相关问题；不满意作业难度和作业量	教学方法

四、结　语

通过对理论课和实践课评教指标的分析,评分平均值最低的为"激发兴趣",评语中"上课趣味性低"也是主要的差评类型,教师在教学时要格外重视这一指标。为了进一步提升本科教学效果,根据本文研究结论,教师应该针对不同学生群体进行因材施教。

"非常挑剔型"和"适中型"学生关注"学有所得"与"课后花费时间的有用性"两个指标,同样评语也反映学生获得知识太少以及不满意作业难度和作业量。面对这类学生,教师需要从教师能力和教学方法上反思,如何通过设计授课内容、作业、讨论等,使得学生有收获,能够学懂、学透知识点,更有效的帮助学生学习。

"宽容型"学生关注"讲课情况"和"传授道理",对教师讲课责任心和清晰度提出要求;评语中"对助教不满""不清楚作业要求、实验要求"等也反映了教师在教学态度和授课内容上待改进的地方。在这类学生的课程中,教师需要注重课堂思政,通过言传身教的方式向学生传授做人做事的道理;也要端正态度,重视讲解的清晰度。

"挑剔型"学生关注"耐心交流",其中实践课学生希望老师做好"技术融合",而理论课学生需要教师"传授道理";评语中"信息技术手段应用不足""缺乏师生互动"反映了实践课教师在授课内容上需要关注自己的信息技术应用,理论课教师在授课特点方面需要增加课堂互动。

除了以上几个方面,通过对评教的文本挖掘还发现了在教学中存在的其他问题。对于理论课,学生反馈了教学方法和授课特点方面的需求:①视频课的上课资源不便于获取,结课考核形式不明确;②学生需要老师及时讲评作业与解答问题。而对于实践课,在教师能力和教学态度方面需要改进:①合理安排课程时间和进度;②改进指导方式,避免课程流于形式。针对这些问题,理论课教师应该提供视频课开课与结课说明,合理规划、开设习题课;实践课教师应优化教学安排,深度参与课程,提升学生实践体验。

参考文献

[1] 苏娜. 基于西安工业大学的学生评教理论与实践研究[D]. 西安：西安工业大学, 2009.

[2] 林琳. 学生评教的困境、根源及其改进方向[J]. 当代教育科学, 2019(8)：11-14.

[3] 周继良, 汤其成. 高等学校学生评教行为偏差研究：基于南京仙林大学城若干大学的分析[J]. 大学教育科学, 2012(2)：30-34.

[4] 苑迎春, 雒明雪, 陈江薇. 基于机器学习的高校学生评教信度分类分析[J]. 河北农业大学学报(社会科学版), 2021, 23(3)：127-132.

[5] 马秀麟, 衷克定, 刘立超. 从大数据挖掘的视角分析学生评教的有效性[J]. 中国电化教育, 2014(10)：78-84.

[6] 田园, 宫婷婷. 基于LDA模型的在线教学需求数据主题挖掘研究[J]. 情报科学, 2021, 39(9)：110-116.

[7] 陈玉婵, 刘威. 基于情感分析的学生评教文本观点抽取与聚类[J]. 计算机应用, 2020, 40(S1)：113-117.

[8] 贾文军, 郭玉婷, 赵泽宁. 大学生在线学习体验的聚类分析研究[J]. 中国高教研究, 2020(4)：23-27.

[9] 杨安康. 基于多尺度聚类分析的学生评教大数据深度挖掘与趋势分析[J]. 中国大学教学, 2019(12)：65-68.

[10] 邵洪雨. 短文本聚类及聚类结果描述方法研究[D]. 大连：大连理工大学, 2014.

Research on mining students' teaching evaluation indexes and comments based on cluster analysis: Take Beijing Forestry University as an example

Maning[1,2]　Zhang Rongqiu[1]　Meng Lingyan[2]　Chen Junsheng[3]

(1. College of Economics and Management, Beijing Forestry University, Beijing　100083;

2. Teacher Work Department of the Party committee, Teacher Development Center, Beijing Forestry University, Beijing　100083;

3. College of Science, Beijing Forestry University, Beijing　100083)

Abstract　An in-depth study of students' evaluation data and message information on their courses is of great significance for comprehensively mastering undergraduate teaching and continuously improving undergraduate teaching quality. According to the teaching evaluation of students in the academic year 2020-2021 of Beijing Forestry University, students are highly satisfied with the courses they have learned. In order to further improve the undergraduate teaching quality of Beijing Forestry University, this study takes the students' teaching evaluation data as the research object, and provides a new perspective for the research in the field of teaching evaluation in Colleges and universities through the mining of low score evaluation data. This study uses clustering algorithm to mine the reasons for low score evaluation, and analyzes the indicators and needs most concerned by different student groups; This paper makes word clustering on the teaching evaluation texts, considers that students pay high attention to teachers' ability and teachers' attitude, and puts forward some suggestions to further improve the undergraduate teaching quality of Beijing Forestry University.

Keywords　teaching evaluation in colleges and universities, quality of education, text mining, subject word clustering

强化工程案例教学的"水资源利用与保护"课程改革及实践

李 敏 黄 凯 梁 帅 邱 斌 党 岩

（北京林业大学环境科学与工程学院，北京 100083）

摘要：近年来随着工程教育理念的逐渐深入，工科专业人才的工程思维能力培养变得越来越重要。"水资源利用与保护"是一门典型的"软知识"和"硬工程"相结合的课程，为强化专业学生的工程思维及可持续发展意识，在该课程教学中开展了工程案例教学的改革实践与探索。通过收集多维度的工程案例，构建案例资料库，增加工程案例教学内容，形成了全过程、全方位的案例教学模式。在案例教学的基础上，推进课程考核方式的改革，将课程学习的形成性评价落地落实，激发学生学习兴趣。

关键词：水资源利用与保护；工程案例教学；考核方式；形成性评价

  水资源是一切生命之源，是人类赖以生存的重要资源和物质基础，也是制约社会经济发展的主要因素之一。我国水资源总量较为丰沛，但人均水资源仅为世界平均的四分之一，加之多年来的过度开发，导致我国水资源严重不足，水资源供需矛盾日益尖锐，面临的形势也愈发严峻[1]。2014年初，习近平总书记从国家发展全局的战略高度，明确提出"节水优先、空间均衡、系统治理、两手发力"的治水思路，以及"以水定城、以水定地、以水定人、以水定产"的发展要求，确立了水资源的重要战略地位，并为我国水资源的科学利用与保护指明了方向。

  北京林业大学环境科学与工程学院于2011年开始设置"水资源利用与保护"课程，该课程是给排水科学与工程专业的核心课，课程内容主要包括水资源合理开发利用与保护方面的基础知识，地表水及地下水资源量的评价与水源水质的评价，水资源的供需平衡分析，地表水及地下水取水工程的类型、结构与设计计算方法等。该课程具有鲜明的"软知识+硬工程"的特点，学生不仅需要掌握水资源量计算与供需平衡分析、水文学、水文地质学、地下水动力学、水资源评价与规划等方面的相对理论的"软知识"，还要掌握各种类型地表水及地下水取水构筑物的结构特点、适用范围、选取原则、设计计算等与工程实践密切相关的"硬工程"技能。

  为了适应工程教育理念，满足专业毕业要求及培养目标中对学生解决复杂给排水工程问题的需求，培养学生的环境保护和可持续发展意识，强化对学生"硬工程"技能的培养，案例教学是一种非常有效并值得探索的教学手段和模式[2-3]。通过工程案例教学，可以培养学生在分析问题、解决问题、团队合作及沟通交流与表达等方面的综合素质[4-5]。但由于

作者简介：李 敏，北京市海淀区清华东路35号北京林业大学环境科学与工程学院，教授，minli@bjfu.edu.cn；
     黄 凯，北京市海淀区清华东路35号北京林业大学环境科学与工程学院，副教授，huangkai@bjfu.edu.cn；
     梁 帅，北京市海淀区清华东路35号北京林业大学环境科学与工程学院，副教授，shuai_liang@bjfu.edu.cn；
     邱 斌，北京市海淀区清华东路35号北京林业大学环境科学与工程学院，教授，qiubin2015@bjfu.edu.cn；
     党 岩，北京市海淀区清华东路35号北京林业大学环境科学与工程学院，教授，yandang@bjfu.edu.cn。

资助项目：北京林业大学教育教学改革项目"'水资源利用与保护'课程实践教学强化及理论体系完善"（BJFU2017MS003）。

"水资源利用与保护"课程在我校开设时间较短,存在工程案例素材不够丰富,案例教学内容不够深入,课程的工程实践特点不够突出等问题。因此,课程教学团队在教改项目的支持下,调研了其他院校该课程实践教学环节的设置情况,开展了我校基于强化工程案例教学的"水资源利用与保护"课程教学模式的改革与实践工作。

一、强化课程的工程实践属性,构建工程案例资料库

课程教学团队多方联系设计院等相关单位,多渠道收集获取了我国不同地区的各类地表水及地下水取水工程案例资料,涉及水资源供需平衡分析、地表水和地下水取水工程方案、设计计算及工艺图纸、动画、视频等方面,初步形成了用于课程教学的工程案例资料库,具体信息见表1。

表1 "水资源利用与保护"课程工程案例资料库

案例类型	案例地点	案例内容	案例时间
水资源供需平衡分析	北京市	某水厂取水工程供需平衡分析	2011
	北京市	某水厂取水工程供需平衡分析及方案比选	2016
取水口迁移工程	东莞市	某水源取水口迁移工程方案设计	2019
取水工程	南通市	某电厂取水水工部分初步设计	2004
	杭州市	某水源应急取水工程方案设计	2010
	绵阳市	某水厂取水工程方案设计	2012
	茂名市	某电厂取水水工部分初步设计	2013
	长春市	某水厂取水工程方案设计	2016
	长沙市	某水厂取水工程方案设计	2016
构筑物工艺图纸		岸边式及河床式取水泵房工艺图纸	—
		取水头部及取水管工艺图纸	—
		移动式泵船及缆车式取水泵房工艺图纸	—
动画、视频		岸边式矩形取水构筑物内部构造三维动画	—
		岸边式圆形取水构筑物施工过程视频	—

收集的工程案例主要包括水资源供需平衡分析、水源取水口迁移工程、取水工程几个方面,其中,取水工程案例资料涵盖了不同类型的地表水和地下水取水构筑物,以固定式地表水取水构筑物为主,包括岸边式和河床式及取水头部,这也是目前应用最为广泛的地表水取水构筑物类型。此外,也收集了一些活动式取水构筑物的工艺图纸,包括浮船式和缆车式。在方案设计及工艺图纸案例资料的基础上,还收集了取水构筑物的三维动画及施工过程现场记录等视频资料,这些资料比工艺图纸更加立体生动,方便学生直观地认识取水构筑物的外部造型及内部结构,对学生建立感性认识有非常大的帮助。工程案例所在地包括我国多个北方和南方城市,有一定的典型性和代表性。根据以上资料,目前已初步构建了"水资源利用与保护"课程工程案例资料库,大大丰富了工程案例教学素材,满足了课程实践教学的需求,为培养学生认识和解决给排水复杂工程问题奠定了良好的基础。

二、增加工程案例教学内容,形成课程的全方位案例教学模式

基于构建的工程案例资料库,在传统课堂理论知识点教学的基础上,探索将不同特点的

工程案例全流程、全方位地融入课程重要教学节点，并结合翻转课堂教学，形成了"水资源利用与保护"课程的全方位案例教学模式。几个主要的案例教学环节的内容和目标如图1所示。

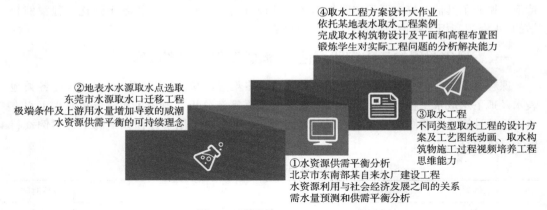

图1 工程案例教学的内容和目标示意图

（一）水资源供需平衡分析工程案例教学

在讲授水资源供需平衡分析部分的内容时，以北京市东南部某自来水厂建设工程为例，介绍近年来该地区人口增长、高新产业基地快速发展及自备井置换工作带来的需水量增加，导致该地区存在水资源的供需矛盾。2014年南水北调中线工程正式为北京市区供水，一定程度上缓解了水资源紧张程度，因此该拟建项目分析了新形势下北京市的供水格局及东南部地区的需水量和供需平衡情况，说明了工程建设的必要性。通过该案例的介绍，使同学们对水资源利用与社会经济发展之间的关系有了生动的理解，也了解了如何进行一个地区的需水量预测和供需平衡分析，以及调水工程在解决水资源空间分布不均问题方面发挥的重要作用。

（二）地表水水源取水点选取工程案例教学

在讲授地表水水源取水点选取部分的内容时，以东莞市水源取水口迁移工程为例，介绍2001年以来广东地区连年遭遇干旱，东江流域迎来连续枯水年，河流径流量逐年减少，加之社会经济迅速发展带来的上游用水量的持续增加，导致枯水季海水在潮汐作用下向内河回溯，形成咸潮，对东莞市几个主要水源的原水水质造成影响，因此需要对原取水口进行迁移。通过该工程案例，向同学们说明取水点选取的重要性，在选择取水点时不仅需要考虑泥沙运动对河床演变的影响，沿海地区也要考虑咸潮对水源水质的影响。在考虑咸潮影响时，一方面要考虑极端气象条件下，如连续枯水年，可能导致的海水回溯，也要考虑社会经济发展引起上游用水量增加导致的咸潮问题。通过该案例介绍，还可以进一步培养同学们对水资源供需平衡分析中各不同规划水平年概念的深入理解，以及在取水工程设计时的可持续发展意识。

（三）不同类型取水设施的工程案例教学

取水工程是"水资源利用与保护"课程教学内容的重中之重，也是体现该课程培养学生"硬工程"技能的主要内容。在讲授这一章节时，将收集的各种具有典型性和代表性的取水工程案例给同学们进行讲解，首先利用取水构筑物的动画案例资料让同学们对构筑物有一个感性的认识，将构筑物在河岸边所处的位置、取水口与河流的关系、难以理解的构筑物内部的结构和形式通过三维动画的方式展示给同学们，大大激发了同学们的学习兴趣。然后结合不同类型取水工程的工艺图纸进一步介绍集水井、取水泵站的内部构造以及取水头部、进水管的具体形式，循序渐进地让同学们了解复杂的取水构筑物。最后通过取水构筑物施工过程视频向同学们讲解工程设计图纸如何在现场得以实现，了解施工与设计之间的协调配合以及施工过程的复杂性,帮助同学们初步树立复杂工程问题的概念。图2是部分取水构筑物的示例。

(a) 岸边式取水构筑物

(b) 取水泵房内部结构

(c) 缆车式取水构筑物

(d) 浮船式取水构筑物

图2 不同类型取水构筑物示例

(四)取水工程方案设计大作业

教学过程中增加取水工程方案设计部分的内容。基于实际工程案例,选取某地表水取水工程作为课程方案设计的依托工程,将取水规模、取水水源洪水位、枯水位、河床标高、取水泵房室外地坪标高、净水厂稳压配水井水位等基本资料提供给同学们。要求同学们设计取水构筑物的形式和构造,计算取水构筑物的进水孔格栅面积和尺寸、格网面积和尺寸,计算确定集水井进水孔的高程、位置、泵房和输水管的高程,完成取水构筑物的平面布置和高程布置示意图。通过取水工程方案设计,培养了学生查阅与使用工程规范和标准的习惯,锻炼并提升了学生对实际工程问题的分析能力和解决能力。

以上是对教学过程中几个知识点的工程案例教学的介绍,通过需水量预测及供需平衡分析案例、水源取水点迁移案例、不同类型取水工程案例的学习,将"水资源利用与保护"课程的重要知识点全部串联起来,最后是学生自己主导完成的取水工程方案设计大作业,通过这些教学环节的紧密连接构成了该课程的全方位案例教学模式。

三、 完善课程教学大纲, 加强课程学习的形成性评价

基于工程教育理念,教学团队在近几年教学改革工作的基础上,进一步完善了课程的教学内容和教学大纲,强化了课程的工程实践属性,并改进了课程考核方式,加强了课程学习的形成性评价。

(一)融合工程教育理念, 完善课程教学大纲

教师团队定期讨论课程教学内容,并结合工程教育理念,明确了课程对专业人才毕业要求指标点的支撑作用,并制定了详细的课程学习目标、达成途径和评价依据(表2)。在此基础上,将毕业要求指标点分解到各章教学内容和教学环节中,制定了符合工程教育认证的课程大纲。

表2 "水资源利用与保护"课程支撑的毕业要求指标点及其与课程目标等的对应关系

课程支撑的毕业要求指标点	课程目标、达成途径、评价依据
工程与社会：能够利用工程相关背景知识合理分析与评价给排水复杂工程问题的解决方案对社会、健康、安全、法律与文化的影响	课程目标：能够根据水资源量计算、水源水质评价以及水资源供需平衡分析等相关知识，合理分析与评价取水点、取水构筑物等给排水复杂工程方案对社会、健康、安全、法律与文化的影响
	达成途径：通过学习水资源量计算、水源水质评价等相关知识，掌握地表水及地下水水源的特征与水源地选取原则。通过学习各类地表水和地下水取水构筑物的适用条件、构造及组成，掌握取水构筑物的选型和计算方法，并分析取水工程方案对社会、健康、安全、法律与文化的影响
	评价依据：习题、大作业、课程考试
环境和可持续发展：能够理解给排水复杂工程问题对环境的影响，具有环境保护和可持续发展意识	课程目标：能够理解水循环和水资源更新周期的概念，理解取水工程对环境的影响；理解水资源供需平衡分析的重要性，在解决给排水复杂工程问题时具有环境保护和可持续发展的意识
	达成途径：通过学习水循环的概念，理解地球上不同类型水资源的更新周期。通过学习水资源开发利用率、不同水平年的水资源供需平衡分析等知识，理解水资源可持续利用的重要性，认识到取水工程对环境的影响，在解决给排水复杂工程问题时具有环境保护和可持续发展的意识
	评价依据：课堂汇报、习题、大作业、课程考试

（二）改革课程考核方式，加强课程学习的形成性评价

本课程在工程案例教学的基础上，增加了取水工程方案设计大作业的内容，基于此，我们也推进了课程考核方式的改革，进一步加强了对课程教学过程的考核，包括课堂参与情况（出勤、回答问题、积极提问等）、课堂汇报、习题、大作业等方面。目前已将过程考核的比重提高至40%，其中取水工程方案设计大作业占20%，具体评分标准如图3，随着对取水工程方案设计工作的深入开展，考虑将该部分比重继续提高至30%。

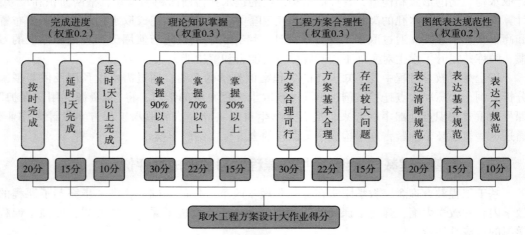

图3 取水工程方案设计大作业评分标准

基于课程构建的多元化的课程过程考核方式，可以及时发现教学中存在的问题。通过课堂参与、课堂汇报、习题等方面的考核，可以随时了解学生对知识点的掌握情况和学习进展情况；通过对取水工程方案设计大作业的考核，可以了解学生对复杂工程问题的理解、分析和方案制订能力。一系列的考核有助于在教学过程中持续获得反馈，为教学计划的及

时调整、教学方法的改进提供依据,从而将课程学习的形成性评价落地落实。

四、结 语

"水资源利用与保护"是一门典型的"软知识"和"硬工程"相结合的课程,不仅要求同学们掌握水文水资源计算分析方面的理论知识,而且要掌握取水工程方面的工程技能。全方位工程案例教学模式符合工程教育理念,不仅是对传统基于理论知识点的教学模式的一种很好补充,而且可以强化同学们在解决复杂实际问题时的工程思维能力、环境保护和可持续发展意识。此外,基于案例教学,同步推进了课程考核方式的改革,将课程学习的形成性评价落地落实,进一步激发学生的学习兴趣。当然,目前工程案例教学还处于探索阶段,如何更好地将案例教学有机融入传统的知识点教学、合理分配教学时间、深化案例教学内容都需要在今后的教学过程中持续地进行改革与完善。

参考文献

[1] 李广贺. 水资源利用与保护[M]. 2版. 北京:中国建筑工业出版社, 2010.
[2] 张荔. "水资源利用与保护"课程新型案例教学模式探讨[J]. 西安建筑科技大学学报(社会科学版), 2011, 30(3):90-93.
[3] 陈淑芬, 刘静, 伏苓. 《水资源利用与保护》课程教学方法改革研究——以山东建筑大学给排水科学与工程专业为例[J]. 山东建筑大学学报, 2016, 31(2):200-204.
[4] 赵海华. 《水资源利用与保护》课程理论教学体系改革与探讨[J]. 教育教学论坛, 2014(19):34-35.
[5] 黄天寅, 沈耀良, 张天月. 《水资源利用与保护》课程教学合作团队学习模式探索[J]. 南通大学学报(教育科学版), 2010, 26(1):88-90.

Reform and practice of engineering case teaching in *Water Resources Utilization and Conservation* course

Li Min　Huang Kai　Liang Shuai　Qiu Bin　Dang Yan

(College of Environmental Science and Engineering, Beijing Forestry University, Beijing　100083)

Abstract　In recent years, the concept of engineering education becomes more and more important, cultivation of engineering thinking ability of undergraduate students in engineer majors has been put forward for higher requirements. *Water Resources Utilization and Conservation* is a typical course that combines "soft knowledge" and "hard engineering abilities". In order to strengthen the engineering thinking ability and sustainable development consciousness of undergraduate students, reform practice of engineering case teaching has been carried out in this course. By collecting multi-functional engineering cases, building case study database, and inducing case teaching to classroom, a full-process and all-round engineering case teaching model for the course was formed. On the basis of case teaching, course assessment methods have also been reformed, mainly paying attention to the formative evaluation of the course, to stimulate students' interest in learning.

Keywords　*Water Resources Utilization and Conservation*, engineering case teaching, course assessment methods, formative evaluation

新工科背景下"机械原理"讲纳行创一体化模式改革与实践

王亚雄　康　峰

（北京林业大学工学院，北京　100083）

摘要："机械原理"是机械类专业的主干专业基础课程，着重培养学生工程思维和机械系统设计能力。在新时代新工科背景下，应从教学内容、教学方法、实践教学、持续培养等方面全面改革，以适应时代发展和国家需求。本文对照新工科要求，明确了新时代下林业高校机械原理课程教学目标，提出了讲、纳、行、创一体化改革思路；提出了基于教学目标和知识脉络图的教学设计方法，并建立课程设计、学科竞赛、大创/科研项目三位一体的实践教学模式，以改善教学质量，持续提升学生创新思维和能力。

关键词：新工科；机械原理；教学目标；知识脉络图；创新意识

　　新时代背景下新工科建设肩负着培养卓越工程师、"提升国家硬实力"的重任，对工科各类课程建设提出了"提升高阶性、突出创新性、增加挑战度"的基本原则[1-2]。要求课程目标坚持知识、能力、素质有机融合，培养学生解决复杂问题的综合能力和高级思维；教学内容体现前沿性与时代性，及时将学术研究、科技发展前沿成果引入课程；教学方法体现先进性与互动性，大力推进现代信息技术与教学深度融合，积极引导学生进行探究式与个性化学习；课程设计增加研究性、创新性、综合性内容，加大学生学习投入[3]。

　　"机械原理"是机械设计制造及自动化和车辆工程专业（以下简称机械类专业）的一门主干专业基础课程，是体现机械类专业特点的重要课程[4]。经过多年发展，该课程演化成为既"经典"又"长新"的一门专业基础课。"经典"是指该课程已形成稳定的核心知识体系，"长新"则指与其他学科交叉性强，随着科技不断发展，其应用成果更新发展速度愈来愈快。"机械原理"两大特点决定了课程需要不停思变，否则无法焕发课程活力。那么，新工科建设背景下"机械原理"课程如何顺应新时代教育改革要求，重新凝练思路、找准切入点，形成具有可操作性的教学实践方式，则是需要破解的第一难题；针对林业高校"机械原理"课程，现有教学内容老旧，融入学科前沿知识不够，结合农林特色教学案例不足，是亟待解决的另一难题；此外，长期以来教学中存在着重知识、轻工程、轻设计的情况，实践教学内容多年没有本质上的改变和提高，学生工程思维能力和解决复杂工程问题的能力不足等状况急需扭转。本文通过深入研究和分析当前"机械原理"课程的教学目标、教学内容及教学手段同新时代新工科要求之间的差距，对"机械原理"理论课和实践课教学模式进行了重构。

作者简介：王亚雄，北京市海淀区清华东路35号北京林业大学工学院，讲师，yaxiongwang87@bjfu.edu.cn；
　　　　　康　峰，北京市海淀区清华东路35号北京林业大学工学院，教授，kangfeng98@bjfu.edu.cn。
资助项目：北京林业大学教育教学研究项目"融入'可视化'理念的《机械设计基础》教学改革研究"（BJFU 2021JY043）；
　　　　　北京林业大学教学名师项目"网络环境下的'机械原理'微课建设"（BJFU2017MS008）。

一、讲纳行创一体化课程教学实践改革思路

结合新工科和一流课程的要求，依据"机械原理"课程对专业毕业要求的支持关系，课程需从"掌握工程和专业基础知识""专业基础知识的应用""机械结构设计与研究"等几方面对毕业要求进行支撑。本着"学生中心、产出导向、持续改进"的思想，提出了讲（课堂讲授）、纳（吸纳案例）、行（知行合一）、创（创新意识）融合一体的"机械原理"理论课和课程设计教学改革思路，以解决目前存在的问题。

二、讲——课堂讲授

目前，大学课堂中普遍存在学生"缺位"现象。教师在教，学生不在学；教师主动教，学生被动学；教师完成"教"，学生未完成"学"[5]。造成这些现象的一个主要原因是教师采用注入式和灌输式的教学方式，抹杀了学生的主体性。本文构建了基于教学目标和知识脉络图的教学设计模式，也称为"定标—布网—摘星"理论教学模式。

（一）定 标

起源于加拿大的 BOPPPS 有效教学结构在北美十分盛行，已被包含中国在内的 30 多个国家和地区所接纳。BOPPPS 结构将课堂教学分为导入 B（bridge-in）、学习目标 O（learning objective）、前测 P（pre-test）、参与式学习 P（participatory learning）、后测 P（post-assessment）、总结 S（summary）六个环节[6]，其中起决定性作用的是学习目标 O，由它来决定其他 5 个环节如何设计和组织；而这里"O"指的是对于一讲或某一知识点学生的学习目标，是最基础的层次，可称为"小 O"。每一个"小 O"的得出则需要教师从专业培养角度出发，逐层明确课程、章节、知识点的地位与逻辑关系，细化到每个知识点的教学目标，实现"三 O 精准定标"。

"大 O"：课程在专业培养方案中所处的地位。以"机械原理"为例，该课程在机械类专业培养方案中处于专业基础核心课地位，着重塑造学生工程思维和实践能力，课程"大 O"是突出"机械系统传动方案设计"。

"中 O"：明确各章节在课程中的地位，并捋顺相互之间的逻辑关系。如图 1 所示，"机械原理"可按照基本组成、典型机构、静力学与动力学、系统整体设计四方面理顺各章节逻辑关系。

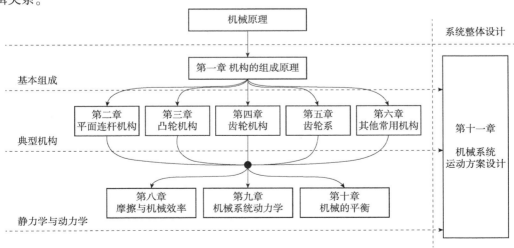

图 1　各章节逻辑关系图

"小O":细化到对于某一具体知识点学生应掌握的程度,对应BOPPPS结构中的学习目标。

其中,"大O"和"中O"可在课程开始时(如绪论一讲),在课件或教学资料中就明确给学生介绍清楚,帮助学生从宏观的角度明晰"我学这门课、这一章有什么用""各章之间是什么关系"。"小O"则是在讲解各章节具体内容时,结合下面介绍的知识脉络图明确展示给学生,让学生清楚"各知识点应该掌握到什么程度""知识点之间是什么关系"。

(二)布　网

教学目标明确后,梳理知识脉络图。以章节为单位,根据"小O"分"理解、应用、设计"三个不断递进的层级,确定各知识点学生应该掌握的程度,并以知识脉络图的形式呈现出来。图2所示为"平面机构的组成原理"一章的知识脉络图以及各知识点学生需要掌握程度。

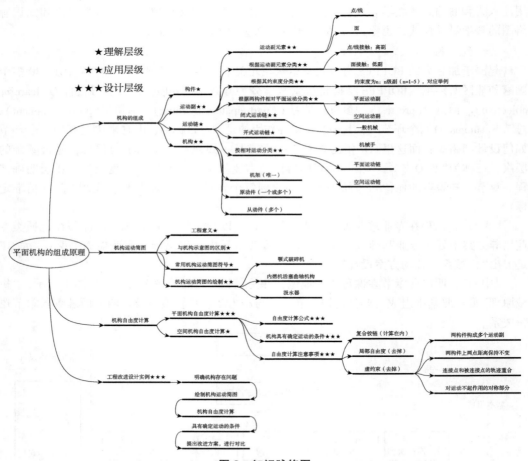

图2　知识脉络图

教师在每一章授课开始时,把该章知识脉络图的源文件提供给学生,一是为了让学生在学习时清楚"这个知识点我需要掌握的什么程度""它和其他知识点之间什么关系",二是学生可以结合自身学习经历和感悟,在源文件上进行添加和备注,最终形成自己内化后的知识脉络图。这好比把学习笔记改良成电子版,可以不断衍生进化。在该章内容讲授结束后,教师可再次回到知识脉络图,帮学生理顺知识点,也让学生对照自己是否达到了各知识点的掌握程度,以查漏补缺。

（三）摘 星

布网后进行有效的教学结构设计，促使学生摘取智慧之星。一讲的内容通常是为了详细阐述或者介绍 1~2 个核心知识点或者理论。针对核心知识点，总体遵循"问题导入—逻辑展开—总结归纳—扩展升华"的思路进行教学设计。由引例出发，引出本讲要解决的问题，使学生对本讲要接触的新知识了然于心，并引发学习兴趣，建立良好的课堂互动关系；从已掌握的知识点入手，引出本讲的核心知识点或概念。需要注意的是，教师不可理所当然地认为学生熟悉已讲授过的知识点。对于本讲所涉及的已授知识点，务必进行必要的前测或回顾，以确保学生始终能跟上思路，保持良好的学习兴趣。引出本讲知识点后，进行逻辑展开。逻辑展开主要涉及本讲教学内容，根据授课内容的特点可采用适合的教学手段，着重要体现出对教学重点和难点的把握和处理上。对于"机械原理"这种典型的工科课程，笔者比较推崇以板书为主、课件为辅的教学方式。整讲接近尾声时，对本讲核心内容进行结论总结，然后再回归到开篇引例上，使得学生通过本讲内容对开篇引例有了新的认识。更重要的是，在结尾时再用实例升华本节教学的重点和难点，进而激发学生课后深入思考知识点的动力。图 3 所示就是依照以上思路制作的"转子的静平衡"一讲的教学流程设计。

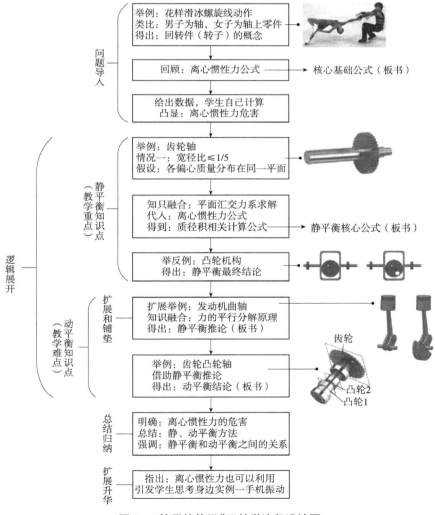

图 3 "转子的静平衡"教学流程设计图

"定标—布网—摘星"模式同样适用于慕课的设计与制作。慕课通常将章节内容划分成若干知识点,然后录制成 10min 左右的视频"微课程",以保持学习者的注意力,提高学习效率[7]。但因视频时长限制,知识点被"碎片化",容易给学习者造成知识点杂乱、无从下手的感觉。采用慕课与知识脉络图相结合的方式就可以改善这个问题。

三、 纳——吸纳案例

为解决"机械原理"课程融入学科前沿知识不够、结合农林特色教学案例不足的问题,以培养学生设计能力为主线,结合时代背景和学科特色,将仿生学、现代工业、智能农林装备等方面的学科前沿融入核心知识点。图 4 所示为新纳入的部分教学案例。机械仿生兽涉及仿生学,无级变速对应汽车和农业领域,风力发电机涉及新能源领域,而果园高位作业调平台来自笔者实际科研项目,属于林业装备领域。案例与知识点进行融合时可遵循以下原则:

(一)深对浅、 浅对深, 剖分细化

若知识点相对浅显,可引用能够代表学术前沿的实例。让学生感觉到看似高深的实例,其理论基础原来是相对较浅显的知识,从而形成强烈反差,加深学生印象。但学术前沿成果往往除了基础理论外还结合了其他技术或者知识,这就需要教师对实例进行剖分细化,并逐步引导到相关知识点上。比如,"曲柄存在条件"为较浅显的知识点,笔者为了提升内容精彩程度,以被世人称为"当代达·芬奇"的荷兰人 Theo Jasen 所设计的机械仿生兽入手[图 5(a)],着重分析仿生兽腿部的多连杆机构,将其拆分成 2 个曲柄摇杆机构和 1 个双摇杆机构,进而强调机构中具有周转副的构件是关键构件,明确周转副是曲柄存在的前提条件,从而引出所讲授内容。对于抽象难懂的知识点,则尽量贴近生活举例,将抽象理论具象化,消除学习屏障。比如,图 3 中"转子的静平衡"核心是离心惯性力的平衡,相对比较抽象。因此,笔者选取大众非常熟悉的一项运动项目——花样滑冰作为开篇实例,展示双人滑中经典的动作——螺旋线,选手们正是利用离心惯性力完成这个动作。随即将男选手比作轴,女选手比作安装在轴上的回转件,提出刚性转子的概念,并引出本讲内容。

(二)实例骨骼化, 静态变动态

由于现实案例中的机械传动本质通常被外形所掩盖,无法让从未接触过该领域知识的学生直接快速地识别出来,教学效果欠佳。因此,需要将实例"骨骼化",即去掉外形,采用剖分、透视或以原理性结构的方式呈现出来[图 4(b)无级变速器和 4(c)风力发电机];将骨骼化的机构静态图制作成 GIF 动图,让教学课件动起来,直接呈现机构传动效果。图 4 中凸轮机构、发动机曲轴、机械仿生兽、无级变速器、风力发电机和齿轮、果园调平台升降和俯仰动作均采用动图方式演示运动效果。

四、 行——知行合一

"机械原理"课程设计是学生将理论课知识用于实践的重要环节。笔者将课程设计、学科竞赛、大创/科研项目有机结合,建立三位一体的实践教学体系,培养学生创新精神和解决实际问题的能力。在课程设计启动伊始,即从竞赛类、工程类和基础类三层次设置题目,其中竞赛类题目依据全国机构创新设计大赛要求设定,工程类题目来自实际科研项目或工程实际,而基础类题目主要以牛头刨床传动方案设计等传统设计题目为主,力求满足不同层次学生的需求,充分调动学生的学习兴趣和研究热情。竞赛类、工程类课题在课程设计结束后可进一步延伸为学科竞赛和"大创"项目,并与"机械设计""机构创新科技训练"等后续课程有机结合,形成设计成果。

（a）机械仿生兽

（b）无级变速带传动

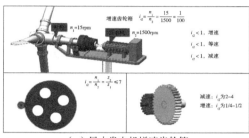
（c）风力发电机增速齿轮箱

（d）果园高位作业调平平台

图 4 部分吸纳的教学案例

五、创——创新意识

"讲纳行创"一体化思想始终将学生创新意识、综合素质培养贯穿教学与实践的全过程。"机械原理"课程的最终目标是学生能够进行机械系统传动方案设计，但用实际系统去验证方案的效果不切实际。因此，在理论课伊始，就提供给学生虚拟样机和机构创新设计虚拟仿真软件，以及典型机构的软件实例。要求学生随着课程进程，自己动手实现相应机构的虚拟仿真，并鼓励学生在遵循基本原理的基础上对典型机构进行改进，培养创新意识。在课程设计中要求学生将最终设计出来的机械系统传动方案形成虚拟样机，并进行仿真分析和优化。这就好比学写字一样，先学握笔，再学笔顺，然后才能创新，形成自己的风格。此外，课程设计结束后，竞赛类、工程类课题会延伸成学科竞赛和"大创"项目，达到"结课不结题、停课不停学"的效果，保证学生创新实践能力处于高水平持续性发展的状态，为有效达成专业培养目标奠定坚实基础。

六、结　语

"机械原理"作为机械类专业的主干专业基础课，是学生真正踏上机械设计之梯的第一个台阶。围绕新时代背景下新工科对"机械原理"课程的教学内容、教学手段、学生能力、持续培养等方面的需求，本文提出的"定标—布网—摘星"的教学模式具有可操作性和扩展性，让教学改革有章可循；三位一体实践教学体系能够契合不同类型学生的水平和期望，持续提升学生学习的内驱力；"讲、纳、行、创"一体化教学实践改革为机械专业基础课程的改革和"一流课程"建设提供了可供参考的思路。

参考文献

[1] 钟登华. 新工科建设的内涵与行动[J]. 高等工程教育研究，2017(3)：7-12.
[2] 胡瑞年，刘璞. 新时期高校"新工科"建设及发展路径研究[J]. 决策与信息，2019，505(1)：113-124.

[3] 教育部. 教育部关于一流本科课程建设的实施意见[EB/OL]. [2019-10-30]. http：//www.moe.gov.cn/srcsite/A08/s7056/201910/t20191031_406269.html.
[4] 郑红梅. 推进机械原理课程改革提高学生工程实践能力[J]. 内燃机与配件, 2018, 273(21)：239-240.
[5] 余文森, 宋原, 丁革民. "课堂革命"与"金课"建设[J]. 中国大学教学, 2019(9)：22-28.
[6] 辛姝泓. 以打造"金课"为目标的可持续改进混合式教学模型构建[J]. 教育现代化, 2019, 6(103)：65-67.
[7] 董世魁, 马俊伟, 刘世梁, 等. 大学课程慕课制作与运行[J]. 中国大学教学, 2019(11)：24-28.

Reform and practice of the integrated mode including instruction, adoption, behavior and innovation of *Mechanisms and Machine Theory* under the background of new engineering

Wang Yaxiong　Kang Feng

(The School of Technology, Beijing Forestry University, Beijing　100083)

Abstract　*Mechanisms and Machine Theory* is the main professional basic course for mechanical majors, which focuses on cultivating students' engineering thinking and mechanical system design capabilities. Under the background of the new engineering education, the teaching content, teaching methods, practical teaching, continuous training and other aspects need to be comprehensively reformed to adapt to the development of the times and national demand. According to the requirements of new engineering, this article clarifies the teaching objectives of the *Mechanisms and Machine Theory* course in the forestry college of the new era. In this article, integrated reform ideas were proposed, including instruction(classroom teaching), adoption(case supplements), behavior(unity of knowledge and action) and innovation(innovation consciousness). Based on the teaching objectives and knowledge context diagram, the teaching design method was also proposed, and the trinity of practical teaching mode includes curriculum design, subject competition and scientific research projects, which will improve the teaching quality and continuously enhance students' innovative thinking and ability.

Keywords　new engineering, *Mechanisms and Machine Theory*, teaching objectives, knowledge context diagram, innovation consciousness

融入专业特征与历史使命，提升思政课吸引力

——基于北京林业大学"自然辩证法概论"课程调研

徐保军　　韩静怡

（北京林业大学马克思主义学院，北京　100083）

摘要：作为一门思想政治理论课，"自然辩证法概论"同时肩负着理工科研究生的科学精神与人文精神融合的教化功能。调查结果表明，理工科研究生更关注专业需求，重视课程现实意义，期待深刻而不失活泼、具象化的教学风格。在教学实践中，教学主体应关注客体学科特征，将授课与学生专业背景相结合，提升教学针对性；内容设计上既要追溯历史以正本清源，也要结合实际回应现实；教学设计上则要注重教学环境的营造。

关键词：自然辩证法概论；吸引力；针对性；生态

作为高校硕士研究生的思想政治理论课，"自然辩证法概论"着眼于帮助学生掌握马克思主义的自然观、科技观、科学技术社会论等重要内容，具有跨学科属性。新时代背景下，如习近平总书记所指出的："学科之间、科学和技术之间、技术之间、自然科学和人文社会科学之间日益呈现交叉融合趋势"[1]。"自然辩证法概论"课程的意义和价值更加凸显，它关乎理工科研究生历史使命与专业使命的教导，很大程度上承担着理工科研究生的科学精神与人文精神融合的教化功能，也关乎理工科研究生的科学史、科学哲学以及逻辑思维能力等多方面的训练。

简言之，"自然辩证法概论"课程一方面需要完成思政课教学的基本任务，解决"培养什么人、怎样培养人、为谁培养人"的根本问题，提升学生的历史使命，另一方面，应该根据学生的学科背景及具体需求，坚持"以生为本"，增强教学内容和方法的针对性，以学校资源为依托，打造具有学校特色的"自然辩证法概论"教学体系，提升课程的课堂吸引力和学生获得感。

一、调研设计及结果分析

"自然辩证法课程"在北京林业大学的授课对象均为理工科研究生，学生学科背景多具生态、农林属性，以生态学、植物学、林学等为主。本次调查覆盖北京林业大学"自然辩证法概论"课程的全体选课学生，调研时间自 2019 年秋季学期持续至 2020 年底，调查方法主要包括访谈调查、问卷调查。

访谈调查采用"焦点小组"调查方法，即在每学期初从每个授课班级随机抽选 4~5 名学

作者简介：徐保军，北京市海淀区清华东路 35 号北京林业大学马克思主义学院，副教授，xubaojun@bjfu.edu.cn；
　　　　　韩静怡，北京市海淀区清华东路 35 号北京林业大学马克思主义学院，硕士研究生，joycehan96@163.com。
资助项目：北京市重点建设马院项目首届思政课(含课程思政)教学重难点问题研究项目"'自然辩证法概论'课程吸引力提升路径研究"（JXZNDWTYJXM202206）；
　　　　　北京林业大学一流学科建设项目"生态文化的建构与传播路径探索"（2021XKJS0212）。

生组成一个焦点小组,随时监测课程效果、学生需求、课程期待等,并在期中、期末进行开放式讨论,任课教师据此做出相应调整;问卷以"'自然辩证法概论'课程对理工科学生的吸引力"为主题,包括单选、多选、填空三类题型,涉及课程认知、课程内容、教学方式、教学期待等内容,目的在于了解本课程对理工科学生的吸引力要素,增强教改针对性,为后续"自然辩证法概论"课程的教学研究、实践、改革提供支撑,共回收有效问卷409份。

(一)学生整体状况分析

受文理分科和专业思维定式影响,理工科研究生群体对哲学社会科学,尤其是马克思主义理论的了解程度普遍低于同学段的人文社科类专业学生。据课堂表现来看,该群体在背景知识方面有着不同程度欠缺,大多数人对纯理论知识兴趣较低,对现实问题兴趣较高,多数学生普遍对教师课堂上补充的历史或时政问题更有兴趣。根据课堂观察与调查结果,该学生群体大致可分为三类:①学生本人对哲学或马克思主义理论有着浓厚兴趣,此类学生无论面对纯理论的学习还是较为具体的实例讲授,都能够保持较高的专注度;②学生对课本知识不了解或不感兴趣,但对教师介绍的实例感兴趣,此类学生的抬头率在教师提及历史或时事问题时会明显提高,作为中间群体,该类学生占比最大,课程对其的吸引力主要来自课堂内容与教师授课方式;③极少数学生课堂参与度较低,对课程内容兴趣不大,仅在教师提及与自身密切相关或娱乐话题时有所反应,此类学生更关注是否能拿到高分,而非是否能够收获知识。

在课堂上,仅有第一类学生在纯理论学习时能够保持较高的专注度。每当授课教师提及不需要太多人文社科背景的实例时,学生的整体抬头率与参与课堂互动的意愿明显提高。据此推测,思政课吸引力的提高,关键在于满足第一类学生知识需求的基础之上,通过一定手段吸引占比最大的第二类群体,努力为第三类群体提供打开兴趣的窗口。

(二)关注专业需求,重视现实意义

思政课要关照学生现实需求,从"需求侧"入手,了解学生的专业和情感需求[2]。研究生阶段的学习不同于本科阶段,学生有更加明确的学术导向,也需聚焦专业学习,对非专业课程的学习普遍不够重视也属正常现象。"焦点小组"的访谈印证了这个结论,受访同学普遍表示,他们在研究生阶段的首要任务是提升专业技能。问卷结果表明,多数学生选择"自然辩证法概论"课程的原因在于"学院选课要求"(86.06%)。最初,在不了解"自然辩证法概论"课程的情况下,持淡漠、疏离态度的学生较多,但当课程内容涉及专业相关的科研伦理、科学技术与社会的内容时,学生表现出了较大兴趣,如提及"贺建奎基因编辑事件"时,大家普遍乐于表达自己的观点,大多数同学开始认同自然辩证法的现实意义,表示"了解之后很感兴趣",且认为课程的学习对本专业的学习是有帮助的(82.64%),绝大多数同学认同"现代科学技术需要人文精神支持"(97.13%),90.22%的学生认可"科学技术的哲学层面的研究应该落在对科技的指导上",从结果上达到了课程学习的要求和目的。

从选课的无奈到情感的认同,关键在于在完成教学要求的同时,服务好学生的"需求侧"。在教学实践中,应当有针对性地向学生传授与其专业背景相关的科学史知识、辩证法思维及社会热点事件等内容。

(三)教学风格要求深刻而不失活泼,需重点考虑教师授课风格、学生兴趣

思政课的一个重要任务在于激发和调动学生学习和接受马克思主义理论的积极性、主动性,思政课吸引力的有无或大小关系着思想政治教育的实效性,思政课教师在这方面承担着特殊使命,发挥着关键作用[3]。作为理论知识和学生中间的桥梁,教师是提高思政课吸引力的重要因素,教师生动、幽默的授课方式能够为课堂内容加分,有助于提高抬头率、出勤率。调研表明学生一方面期待理解深刻的理论知识,但另一方面又希望以一种相对活

泼、愉快的方式获得知识。比如在"您最想在课堂上收获什么"选项上(图1),多数同学在选择"对自然辩证法的系统认识"(64.55%)的同时,也选择了"愉悦轻松的课堂氛围"(60.39%)。学生普遍期待能拥有快乐而不失启发的课程体验。

访谈结果显示,研究生群体对非专业课程的学习效果更多受本人兴趣和教师授课方式影响,而非受专业学习驱动。在课程设计上,应多追踪学生需求、特征,有的放矢地改造授课方法和形式。

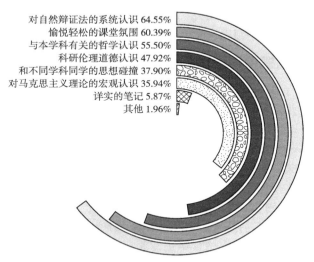

图1 学生最想在课堂上收获的内容

(四)授课手段上期待理论结合时事、案例,参与方式上学生期待有别于传统认知

在具体的授课方式上,学生希望老师多讲有趣的案例、时事和历史事件,少讲抽象理论(图2)。比如,多"结合时事或历史案例,通过视频讲解"(75.55%)、"加强课堂内容与学生思想需求的实际联系"(64.55%)。参加"焦点小组"访谈的同学也反映,受学科背景所限,他们对抽象理论的理解存在困难,普遍建议多结合时事、案例的讲解,减少纯粹抽象理论的阐述。比如在讲述科研伦理问题时,适当引入与学生学科背景相关的案例或时事,一则可以提高课堂吸引力,二则也更有利于启发学生对自身科学研究的伦理思考,47.92%的同学希望收获"和科学研究有关的科研伦理道德认识",55.55%的同学期待"和学科有关

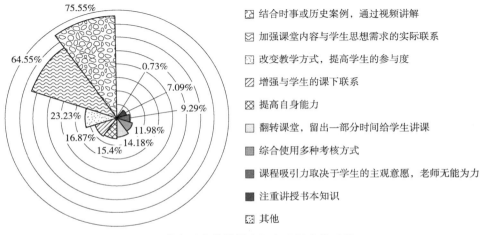

图2 学生眼中能够提高课堂吸引力的手段

的哲学认识"。从这个角度来看,"自然辩证法概论"课程在价值观引领的同时,也应充分考虑学生学术成长的理论需求、实践需要,以此增强思政课的说服力。

在学生互动参与方面,大部分学生期待参与课堂和线下互动。在问题"您认为什么样的自然辩证法课堂是您理想中的课堂"的回答中,大量学生选择"学生多参与,多互动""大家可以讨论"。但同预期有所不同,近年来被诸多高校倡导的"翻转课堂"等新型教学模式得票率仅为 14.18%(图 2),而参与"焦点小组"访谈的同学表示,在班级规模较大、课时有限的情况下,他们更期待通过老师讲授去系统学习"自然辩证法"相关理论,虽不排斥讨论等形式,但应充分考虑学生的参与度、时长分配、学生工作量等问题。

二、"自然辩证法概论"课程吸引力建设的几点思考

调研数据表明,"自然辩证法概论"课程吸引力建设需要关照教学主体和教学客体特征,实现教学内容、教学方法和教学载体的相互融合。其中,教学内容是提升课程吸引力的核心因素,教师是提升课程吸引力的主体因素,教学方法是提升课程吸引力的重要因素,与此同时,环境是影响课程吸引力不可忽视的因素[4]。

(一)教学主体应关注客体特征,提升教学针对性,发挥自身优势

"自然辩证法概论"授课主体是老师,服务对象是学生,课程吸引力的提升要充分尊重学生主体地位,从"需求侧"入手,增强课程感染力和说服力。

(1)应充分分析学生的学科特征。以北京林业大学为例,本校学科多具绿色、生态、博物等特征,可以在教学内容设计上结合学生专业背景、学术特色,从学科史、现实实践等角度将自然辩证法的相关理论同风景园林、水土保持、生态文明建设等学科结合起来,打造具有本校特色的"自然辩证法概论"课程。

(2)努力将授课教师的学术优势转化为教学优势。目前,北京林业大学在生态文明建设、博物学等领域具备较强的学术优势,可以借助博物学文化专业委员会、生态文明建设中心等平台优势、学术研究优势,引入相关资源,在完成教学任务的同时,为北京林业大学的理工科研究生提供相关学科的历史、文化知识教育。比如,博物学史研究领域中的林奈、达尔文、海克尔等都是本校学生熟知却非真知的博物学家,将博物学史、生态文明等研究成果融入教学既可以帮助学生更好地理解马克思主义的自然观、科技观、科学技术与社会等理论,也有助于学生对自身学科的理解。

(二)教学内容设计既要追溯历史、正本清源,也要呼应现实

教学内容的首先任务是正本清源,完成教学的目标、重点和难点。经典与历史研究并重是"自然辩证法概论"授课必要且必需的选择,一方面,把握经典是为了正本清源,"自然辩证法概论"课程教学需要回到恩格斯这一理论起点,思考《自然辩证法》的历史背景与时代意义,另一方面,只有在特定的历史语境中才能真正深刻理解自然辩证法相关理论的时代意义,包括理工科研究生自身学科的发展史[5]。

教学内容的设计要关注现实,回应热点问题。正如习近平总书记所言:"一种理论的产生,源泉只能是丰富生活的现实生活,动力只能是解决社会矛盾和问题的现实要求。[6]"参与本课程调研的理工科研究生多为"95 后"甚至"00 后",这个年龄群体既有关注社会现实、愿意为社会问题发声、表达欲更强的普遍性,也有思维方式更直接、人文社会科学背景知识不足的特殊性,如何将其普遍性与特殊性相结合、打造更适合该群体特征的"自然辩证法概论"课堂,每一位授课教师都需要时时思考。理论只有落地,才能在当下社会中帮助学生重新审视人、自然、科技、社会的关系,从经典理论的深度与高度去理解"人与自然是生命共同体"等重要论述。

（三）改进教学方法，营造教学环境

调查结果显示，学生普遍期待更多样的教学方法，尤其是启发式、参与式的教学方法，如图 2 所示，他们也期待以多样的方式加入师生的互动中，交流自己的思考，具体的方法包括但不限于问题讨论、主题演讲、辩论等。

营造独特的教学环境也有利于提升课堂魅力，增强教学吸引力，提升学生的参与感、获得感。比如研究史料的引入可以营造独特的历史语境，提升学生参与度和课堂吸引力。以"自然辩证法概论"的教学实践为例，授课教师会结合学生学科背景和学术兴趣，在讲到具体的知识点，如科学的社会文化属性时，会将自身收藏的一些史料，如《伦敦植物志》的铜版画等史料带入课堂进行展示，结合相应问题和知识要点进行讲述，取得了较好效果。这个过程中，任课教师在讲述马克思主义自然观背景渊源的同时，也为生物学科背景研究生的学科史、学科文化的教育教化提供了补充，学生也表现出了极大兴趣。

三、在历史与现实映照中探寻时代精神

恩格斯在《自然辩证法》中多次指出以往的科学家由于缺乏唯物主义立场与辩证法思维而走向的思维歧途，"想把历史的发展和纷繁变化的全部丰富多样的内容一律概括在'生存斗争'这一干瘪而片面的说法中，是极其幼稚的"[7]。自然辩证法不仅是学生了解马克思主义理论的一个窗口，也为学生探索新时代提供了正确的马克思主义方法论工具。

(1) 为学生提供正确的价值引领。在教学实践过程中，应当将思政课"立德树人"的根本任务放在首位，保证教育影响的一致性与连贯性。例如，在建党 100 周年之际，向学生补充介绍自然辩证法在新时代的新发展、中国共产党领导下的科技事业发展、优秀红色科学家故事等内容，提高学生的认同感、归属感、使命感，解答好"培养什么人、怎样培养人、为谁培养人"的根本性问题，引导其做好新时代的社会主义建设者、接班人。

(2) 为学生带来更贴近实际的知识增量。近年来，科技伦理问题频出，科技向善、科技与资本的关系等话题屡次成为社会热点，在教学实践中，既要讲好教材内容，也要结合其学科历史背景与现实问题，使学生能够将课堂内容应用于日常科研之中，在提升学生课堂获得感的基础上提高课程吸引力。

(3) 为学生的科研与学习提供方法论意义上的指导。引领学生正确理解辩证唯物主义，自觉按照科学的思维方式进行科学研究，解决思维困惑、科研困惑。

总之，提升思政课吸引力，需要打造适合高校自身特色的教学体系，在保证思想政治课理论守正、强化学生历史使命的同时，培养他们的科学精神与人文精神，加强相应的科学史、科学哲学以及逻辑思维能力训练。当然，任课教师培训、校本教材编制、专业结合度、班级规模等都是需要密切关注的问题。

参考文献

[1] 习近平. 努力成为世界主要科学中心和创新高地[J]. 求是，2021(6)：1.
[2] 李恺，万方坤. 增强针对性，提升思政课亲和力[J]. 中国高等教育，2020(6)：16.
[3] 彭洁. 论教师人格魅力与思政课吸引力[J]. 贵州师范大学学报(社会科学版)，2006(5)：84-88.
[4] 江燕，班高杰. 提升思政课教学的吸引力和感染力[J]. 中国高等教育，2017(11)：51-53.
[5] 徐保军，韩静怡. 自然辩证法教研的守正与创新[J]. 自然辩证法研究，2020(8)：95.
[6] 习近平. 在党的十九届一中全会上的讲话[J]. 求是，2018(1)：1-10.
[7] 恩格斯. 自然辩证法[M]. 北京：人民出版社，2015：300-301.

Integrate professional characteristics and historical mission to enhance the attraction of ideological and political courses: Taking *Introduction to Dialectics of Nature* in Beijing Forestry University for example

Xu Baojun   Han Jingyi

(School of Marxism, Beijing Forestry University, Beijing   100083)

Abstract   As an ideological and political course, *Introduction to Dialectics of Nature* plays an important role in the education of scientific spirit and humanistic spirit for masters in the field of science and engineering. The survey results show that students pay more attention to professional needs and the practical significance, looking forward to a profound but lively and concrete teaching style. In teaching practice, teachers should pay attention to the students' educational background, combine the teaching content with the students' major, and improve the pertinence of teaching. With regard to the content design, we should not only trace back to the intellectual history, but also respond to the reality. Last but not least, construction of teaching environment is also necessary in the instructional design.

Keywords   *Introduction to Dialectics of Nature*, attraction, pertinence, ecology

融合式"设计思维"课程教学改革研究

田 原　韩志汝

（北京林业大学艺术设计学院，北京　100083）

摘要：设计思维贯穿于整个设计活动之中，对于设计类专业而言至关重要。在现代高校中，面向不同的设计专业学生，构建融合式的"设计思维"课程是教学实践中培养学生高阶设计能力和综合艺术素质的关键所在。本文通过分析"设计思维"课程发展历程和现状以及融合式课程的内涵与价值，对"设计思维"课程教学模式进行优化，结合"校园改造"教学案例分析该模式的实施情况和效果，在此基础上完善课程评价体系，以提高学生设计思维意识，推动"设计思维"课程深度教学。

关键词：设计思维；融合式教学；课程模式优化；评价体系

一、引　言

"设计思维"课程是现代高校在艺术设计实践教学中的基础主干课程，既要求引导学生建立设计思维意识，又要求培养不同设计专业的学生从理论出发，立足于专业研究方向，结合其他专业发现问题、分解问题以及进行设计、创新、优化等综合能力，培养拥有综合素质的专业设计人才。因此，"设计思维"课程融合化发展、构建融合式课程框架以及优化教学内容与评价体系显得尤为重要。

二、融合式设计思维课程的特征、内涵与价值

设计思维最早出现于西蒙 1969 年出版的《人工科学》中，该书提出人工科学与自然科学的一个重要差别就是人工科学离不开人的设计，人工与自然的融合离不开人的思维，这被认为是设计思维的雏形[1]。1987 年彼得·罗在其《设计思维》一书中正式首次提出了设计思维的概念，并逐渐应用于商业领域。2003 年斯坦福大学设计研究院开设"设计思维"课程，正式将设计思维引入教育领域。20 世纪 90 年代末，"设计思维"课程在我国教育领域进行了初步尝试，随着社会的发展和对拥有综合素质的专业设计人才需求与要求的不断提高，"设计思维"课程需要实现融合式的发展以满足社会发展需求。因此需要明确设计思维的特征、融合式"设计思维"课程的内涵与价值，合理构建"设计思维"课程。

（一）设计思维的特征

在众多设计思维模型中，最具典型的设计思维模型是斯坦福大学设计研究院的 DEIPT 模型（共情、定义、构思、原型、测试），具有以下特征：①情境性：围绕以用户为中心的情境设定，其源于生活且设计满足实际需求[2]；②创意性：通过发散和集合两种思维方式进行方案创新、设计创新；③迭代性：设计是一个不断更新迭代的过程，随需求的变化而调整；④可度量性：各个阶段的成果及最终结果都可实现度量，从而对整个设计结果进行评价。

作者简介：田　原，北京市海淀区清华东路 35 号北京林业大学艺术设计学院，副教授，676544362@qq.com；
　　　　　韩志汝，北京市海淀区清华东路 35 号北京林业大学艺术设计学院，硕士研究生，895040512@qq.com。

(二)融合式"设计思维"课程的内涵与价值

所谓融合式设计思维课程,就是在疫情常态化的背景下,面对设计学科的综合、设计理论方法的融合、结课作业形式的协作,融合式"设计思维"课程在保持 DEIPT 模型核心思想不变的前提下,主要有三个融合方面:①与相关专业课程融合(将相关专业课程理论引入"设计思维"课程作为设计实践活动的理论支撑),即在设计过程中以相关专业课程所学理论为基础,通过多元化技能和手法表现设计结果;②学科融合化,即最终设计结果展示包含环境设计、工业设计、平面设计、交互设计、公共艺术、动漫等多种艺术设计专业内容;③融合设计实践,运用设计思维融合外部元素进行设计解决实际问题。

在上述三个方面具有以下三点价值:①通过相关专业课程融合,让艺术设计专业理论在学生层面相互贯通、加深教学关联性;②不同设计学科之间融合,在"设计思维"课程的框架内,提高不同学科学生之间协同合作,借助小组的形式和设计的包容性,激发学生的兴趣和创意能力;③教学活动与设计实践相结合,使得教学具有很强的实践性,通过设计实践让艺术设计教学付诸实践,检验教学效果。

三、 融合式课程模式优化

设计是一个不断更新迭代的过程,设计思维更是这个过程中贯穿始终的存在。"设计思维"课程模式的优化,在原有"设计思维"课程模式和 DEIPT 模型的基础上,对部分阶段进行融合,并重新修订各个阶段的命名方式,对设计思维课程进行全面优化,如图 1 所示。

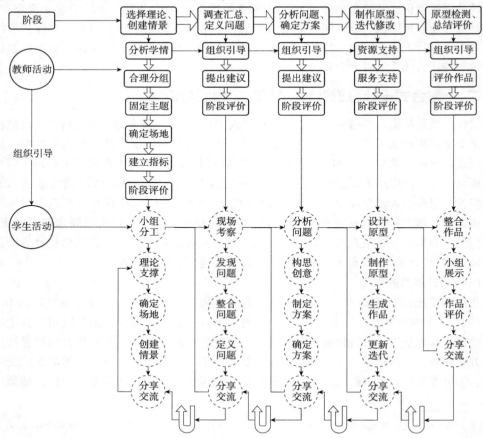

图 1 融合式设计思维课程教学模式优化

(一)选择理论、创建情景

在"设计思维"课程教学活动中,教师扮演了组织者、引导者、支持者、服务者、评价者等众多重要角色,对教学的效果起着重要作用。因此教师需要从实际学情出发,根据不同学科,事先了解各学科已授课程、技能以及擅长领域,组织学生合理分配设计小组,使得各设计小组和各学科学生均衡参与课程作业,公平参与指标评价。在疫情常态化的背景下充分考虑课程实践场地范围、主题和指标,为学生选择理论支撑、场地指明方向,帮助学生巩固设计理论知识和技能。在合理分组后,指导学生在实际生活中自由创建情景,通过摄影、拍摄照片、文献综述等形式形成汇报PPT,培养学生发现生活、思考问题和创新性解决复杂问题的能力,同时要求学生查阅文献资料,为设计活动提供理论支撑,所选理论应符合设计活动要求,改变学生面对问题时急于表现结果而忽略设计过程、缺乏推敲的学习错误。

此阶段最后,学生可以通过小组讨论、投票等形式确定统一的设计场地、支撑理论和小组分工并进行分享交流,教师根据小组选取理论、场地和分工情况进行阶段性评价和指导,确保理论支撑性和各学科学生分工明确、公平、合理。

(二)调查汇总、定义问题

该阶段是帮助学生建立设计思维意识的首要环节,教师根据前一阶段确定的理论、场地和分工,组织学生进行调查,充分调动学生的思维,鼓励学生通过实地考察、共情移情、调查问卷、情景描述、现场互动等外部元素明确用户的真实需求和所需解决的问题,指导学生形成以用户为中心的设计意识。此后先由各小组进行问题梳理汇总,由教师指导学生绘制问题定义过程图,准确定义问题和需求。

各小组需要在此阶段制定分工细化表和进度计划表,已便各学科学生各自发挥长处,完成小组设计成果。其中分工细化表中需要明确设计成果的展示形式和组成部分,由小组成员自由分配作业任务。教师根据各小组调查的深入程度、问题定义图和问题定义准确程度进行阶段性评价,给出指导建议。

(三)分析问题、确定方案

该阶段是"设计思维"课程教学中的关键环节,学生依据上一阶段定义的问题和需求,通过头脑风暴、设计联想形变、世界咖啡等方法对定义的问题和需求进行分析,发掘用户痛点和设计创新点,构思创意并提出创新性的设计方案。教师根据学生思维类型引导学生进行发散式思维思考和集合式思维思考,指导学生制作思维导图,同时全程参与学生的探讨交流,并给出自己的建议以督促学生不断修订和优化设计方案,帮助学生在创新性、经济性、可行性的基础上选定设计方案。

教师在此阶段应当依据小组设计方案的创新性、可行性、经济性和可持续性等方面,结合各小组进度计划表和团队协作情况进行阶段性评价,必要时可以邀请专家共同进行评议。

(四)制作原型、迭代修改

该阶段是设计方案作品化的过程,也是学生具体体现设计理论、表现设计理念的环节。学生根据小组成员学科和分工细化表,按照确定的设计方案制作设计成果,运用建模软件、渲染软件、绘图软件、视频剪辑软件等制作方案的平面图、分析图、效果图、插画、视频等能够具体表现设计成果的视图信息。

在设计成果作品化过程中,教师指导学生站在用户视角,不断打磨优化设计原型,从学生视图化信息中指出设计原型中可能存在的问题和不合理的地方,对学生设计原型存在的问题进行讲解答疑并给出解决建议。最后由教师根据各小组设计方案转化程度、作品表现效果以及手法，结合各小组进度计划表和分工细化表，对各小组和各小组成员进行阶段性评价。

(五)检测原型、总结评价

该阶段学生要对设计作品汇总成设计成果展示 PPT 并对设计思维过程进行文字描述总结，由教师组织学生进行小组成果展示、讲解、分享交流，采用调查问卷、班级投票和作品评价表等方式获得信息反馈以做出评价。在本阶段学生通过各小组成果和心得分享能够发现自身在设计各个环节中的不足，明确设计的严谨性，运用理性创新的视角去设计解决问题。

在此阶段教师是聆听者也是评价者，同时也是用户者之一，要求教师根据各小组成果展示 PPT 内容多元化程度、完整度、讲解程度以及表现效果，对照各小组进度计划表和分工细化表，本着客观、公平、公正的态度，以包容和发展的眼光进行阶段性评价。

四、教学案例及效果分析

(一)案例介绍

融合式"设计思维"课程教学模式能够帮助艺术设计专业学生加固理论知识，理解贯通学习内容，经过理论融合、学科融合和设计实践融合，拓展"设计思维"课程教学内容、推动教学深度。笔者以北京林业大学艺术设计学院研究生"设计思维"课程为例分析该教学模式的效果和实施情况。该课程以"校园改造"为主题，共有 76 名不同专业方向的研究生参与到北京林业大学改造项目，其中包括了环境设计、视觉传达设计、交互设计、工业设计、公共艺术、动画专业共六个学科。

1. 选择理论、创建情景

在"选择理论，创建情景"阶段，教师首先了解各学科已授课程对各学科学生的学情进行分析，了解各学科已授理论、技能，并组织 76 名学生按照各学科学生比例进行平均分配，使得各小组学科人员组成同等化、合理化。其次，给学生讲解往届学生的课程优秀作业案例并确定"校园改造"主题，要求以北京林业大学为场地范围融合已授学科理论，以理论为支撑创建校园改造情景。各小组在教师的组织引导下，通过小组讨论、投票等方式确定支撑理论、校园内选址和大体分工。其中各小组所选取理论均可作为理论支撑，如社会系统理论、城市印象学和新城市主义等理论。在校内选址上，各小组成员所选取地址均具备改造条件和需求，如闪电广场、主楼前广场和档案馆等区域(北京林业大学校内)。此外各小组还需要根据往届优秀课程作业按照各学科特点在组内大体分工，最终由教师统一进行调整。

2. 调查汇总、定义问题

在"调查汇总、定义问题"阶段，教师根据前一阶段的结果组织学生进行项目实地调查，引导学生以用户为中心进行设计，指导学生通过用户需求信息收集汇总并完成设计前期分析内容，包括问题定义过程、理论分析、场地分析、人群分析、功能分析。学生则通过共情移情、调查问卷、情景描述、现场采访等方式收集用户需求信息，找到用户的需求痛点和设计的创新点，将不同的人群需求、功能需求、场地问题整合汇总转化成问题定义过程图。此后由教师组织学生进行交流分享，指导各小组修改纠正、相互借鉴、吸收经验。最终各小组均通过多元化调查方式完成问题定义图，同时小组内成员共同制定项目进度计划表，确保每一步按时完成，明确"分析问题、确定方案"阶段各小组内各学科成员工作内容。

3. 分析问题、确定方案

在"分析问题、确定方案"阶段，各小组根据前期分析内容通过头脑风暴、设计联想形变、世界咖啡等方法分析问题解决方法，由教师指导学生进行平面方案迭代优化，如图2学生设计形变练习所示，各小组根据教师给出的建议最终确定平面方案，确保设计方案的可行性、创新性、经济性和可持续性。最终各小组成员通过思维导图等方式梳理逻辑关系，确定不同创新性的校园改造设计方案，教师与各小组共同交流分享选定最佳方案。

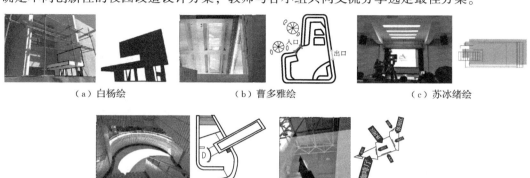

图 2　学生设计形变练习（韩志汝　乔漪鸿　曹多雅　白杨　苏冰清　柴思琦）

4. 制作原型、更新迭代

"制作原型、更新迭代"阶段由各小组成员首先通过 SU、3D MAX 等建模软件生成空间模型。教师通过各小组空间模型指出存在的问题并提出修改建议，各小组按照教师的建议不断优化空间模型更新迭代。此后由各小组成员在空间模型的基础上完善方案表现内容，包括方案的平面图、分析图、效果图、插画、视频等内容，丰富设计方案展示形式。

5. 检测原型、总结评价

"检测原型、总结评价"阶段，各小组将设计方案展示内容进行整合并形成展示 PPT。各小组成员对设计思维课程感受形成文字描述，在课堂由教师组织各小组学生进行设计成果展示分享交流，通过各小组最终的展示讲解和心得体会对各小组及小组成员进行评价总结。

（二）效果分析

在设计思维课程结束后，教师收集了各小组对"设计思维"课程的心得体会和设计方案展示 PPT，通过各小组心得体会的总结和学生访谈两种方式对融合式"设计思维"课程进行了分析。

1. 心得体会

针对学生的洞察意识、团队协作参与程度、发现与解决问题的能力以及教学模式接受度，教师首先阅读各小组的心得体会，各小组对设计思维各个阶段进行了详细的文字描述，从选取理论到最终展示，均提及"设计思维"课程对其自身形成用户为中心的设计意识、设计的严谨性以及设计思维的价值起到了重要的作用，在理论支撑和合理构建思维方式上也得到了巩固和提升。

2. 学生访谈

在 11 个学生小组中，教师随机抽取了 4 个小组对该教学模式进行了深入的交流。有的小组学生表示"设计思维"课程带给他们的不仅仅是理论的巩固、思维构建的方法等收获，还有在课程中与不同学科同学协作完成整套校园再造设计方案所带来的喜悦和成就感；有的小组学生表示在经历设计思维课程后，自己的设计意识实现了由为己到为他的转变。所有接受访谈的同学对融合式"设计思维"课程均表示满意。

因此，融合式"设计思维"课程有助于学生在认识事物和设计实践中熟悉完整的设计流程、构建合理的设计思维和掌握正确的设计方法。学生在该模式下将理论与实践相结合，能够把自身置入依据学科理论、运用设计思维、解决现实问题的过程之中，提升从发现问题到解决问题再到形成方案转化的综合能力。

五、评价系统的完善

在对学生课程的学习考核中，实践成绩、小组作业和个人作业占比分别为50%、40%和10%。"设计思维"课程从小组成绩到每个学生的成绩，从小组作业到个人作业应当充分权衡不同学科方向学生的占比成分进行公平评分。要求各小组每一位成员认真参与"设计思维"课程的每一个阶段，根据各小组成员的进度计划表、分工细化表和阶段性评价，对照每一位学生实际表现情况给予课程评分。

（一）小组作业

小组作业为设计成果展示PPT，由小组分数和个人表现分数两部分组成，各占小组作业的50%。其中小组作业考核标准包含以下四个方面：完整性(25%)、合理性(25%)、创新性(25%)、整体表现效果(25%)；个人表现分数考核标准包含以下两个方面：小组分工完成度(50%)、分工部分表现效果(50%)。

（二）个人作业

个人作业为建筑插画，要求表现内容与小组设计成果相关，个人作业考核标准包含以下四个方面：关联性(25%)、创意性(25%)、准确性(25%)、表现效果(25%)。

课程结束后将每一届学生作业作为本门课程的资料数据库进行沿袭，逐步更新改革课程实验课题，进一步收集教学改革效果各项数据，为今后"设计思维"课程进一步融合化发展提供依据[2]。

六、结　语

以融合式"设计思维"课程为试点，以点带面，引导学生对专业理论逐步串联并运用到设计实践之中，优化教学模式和流程，带动并提高学生设计实践教学的参与度，强化学生设计流程的过程和思维训练，提高学生设计思维意识、激发学生创造力，指导学生运用设计思维、融合外部元素创新性地解决实际问题。完善针对学科方向的评价体系，弥补融合式教学阶段性评价的短板。总之，在疫情常态化背景下，高校艺术设计专业结合线上、线下和封闭校园开展教学活动，构建设计类专业融合式课程体系、教学组织和方法是十分必要的，推动"设计思维"课程深度教学仍需持之以恒地探索下去。

参考文献

[1]王亚文,王长元. 设计思维导向的虚实结合工程实践教学探讨[J]. 高等工程教育研究,2021(5)：71-75.

[2]殷大雷. 融合式专业课程体系模式探索[J]. 北方文学,2019(2)：173.

[3]黄建文,刘旭红,池钧. 城市设计课程多维融合教学模式初探.[J]. 建筑教育,2016,34(4)：168-170.

[4]刘春花,范劲松,冯圣媖. 整合式设计思维课程开发研究[J]. 工业设计,2019(2)：44-45.

[5]耿雅静,刘立言. 面向教师设计思维发展的研究策略[J]. 教学教育论坛,2021(7)：133-136.

[6]罗建平,蔡军,李潭秋. 设计思维视角下的设计问题复杂性探究[J]. 包装工程,2021,41(24)：132-138.

[7]王志军,严亚玲. 教育领域设计思维评价[J]. 开放教育研究,2021,27(5)：34-43.

[8] 戚玥尔. 以创新思维与应用能力培养为导向的产品设计类课程教学改革与实践[J]. 设计, 2021, 34(7): 78-80.
[9] 于佳佳, 富尔雅. 创新设计思维[M]. 北京: 清华大学出版社, 2019.
[10] 张同, 张子然. 设计思维与方法[M]. 上海: 上海交通大学出版社, 2012.

Research on teaching reform of *Design Thinking* course

Tian Yuan   Han Zhiru

(College of Art and Design, Beijing Forestry University, Beijing   100083)

Abstract   Design thinking runs through the whole design activity, which is very important for design majors. In modern colleges and universities, building integrated *Design Thinking* curriculum for different design majors is the key to cultivate students' high-level design ability and comprehensive artistic quality in teaching practice. This paper optimizes the teaching mode of *Design Thinking* curriculum by analyzing the development process and current situation of *Design Thinking* curriculum and the connotation and value of integrated curriculum The teaching case analyzes the implementation and effect of the model, and on this basis, improves the curriculum evaluation system, so as to improve students' design thinking consciousness and promote the in-depth teaching of design thinking curriculum.

Keywords   *Design Thinking*, integrated teaching, optimization of curriculum model, evaluation system